高等学校会计学与财务管理系列教材

会计与商务智能财务分析基础

KUAIJI YU SHANGWU ZHINENG CAIWU FENXI JICHU

主　编　杨忠海　李瑛玫
副主编　李　潭　王　静

科学出版社
北京

内 容 简 介

基于数智化时代背景,按照《高等学校课程思政建设指导纲要》的精神,担当起立德树人的育人责任,本书突破会计学课程原有教材内容框架,将会计基础知识、财务报表分析、商务智能分析技术、课程思政和上市公司实际案例有机融合在一起,对会计学教材内容进行"五位一体"的改革和创新。全书共七章:第一章和第二章介绍会计基础理论和会计信息生成的基本原理;第三章和第四章以一套完整的制造业企业案例阐述会计信息生成的基本过程;第五章介绍解读和分析会计信息的载体——财务报表的基本方法;第六章为商务智能财务分析的基础知识;第七章详细阐述运用商务智能分析工具 Power BI 和上市公司公开数据对上市公司进行可视化与商务智能财务分析的操作过程。每章均结合章节内容,导入思政案例,并配备复习思考题和练习题。

本书适合作为高等院校经济类和管理类专业的基础必修课程教材,也可以作为经济类和管理类专业硕士研究生和企业管理人员学习与拓展会计基础知识、财务分析基础知识及商务智能财务分析基础知识的专业参考书。

图书在版编目(CIP)数据

会计与商务智能财务分析基础 / 杨忠海,李瑛玫主编. -- 北京:科学出版社, 2025.1
高等学校会计学与财务管理系列教材
ISBN 978-7-03-074435-7

Ⅰ. ①会… Ⅱ. ①杨… ②李… Ⅲ. ①会计分析-高等学校-教材 Ⅳ. ①F231.2

中国版本图书馆 CIP 数据核字(2022)第 256098 号

责任编辑:王京苏 邵 筱 / 责任校对:贾娜娜
责任印制:赵 博 / 封面设计:楠竹文化

科学出版社 出版
北京东黄城根北街 16 号
邮政编码:100717
http://www.sciencep.com

北京中石油彩色印刷有限责任公司印刷
科学出版社发行 各地新华书店经销

*

2025 年 1 月第 一 版 开本:787×1092 1/16
2025 年 8 月第二次印刷 印张:19 3/4
字数:468 000
定价:78.00 元
(如有印装质量问题,我社负责调换)

前　　言

党的二十大报告指出，"要坚持教育优先发展、科技自立自强、人才引领驱动，加快建设教育强国、科技强国、人才强国，坚持为党育人、为国育才，全面提高人才自主培养质量，着力造就拔尖创新人才，聚天下英才而用之"①。毫无疑问，提高人才培养质量，是推动高等教育内涵式发展的关键支撑。我们已经进入"大智移云"时代，网络技术、商务智能和人工智能（artificial intelligence，AI）的发展已经对传统会计产生了深刻的影响，高等院校经济类和管理类专业的会计学课程也应当顺应时代的潮流，进行深刻的变革和重塑，以响应人工智能发展和会计数字化转型对数字化管理人才的需求。会计学是经济类和管理类专业的基础必修课程，开设本课程的目的在于，让经济类和管理类专业的学生能够了解与掌握会计信息生成的基本原理、基本过程，以及解读与分析会计信息的基本方法，塑造学生正确的世界观、人生观和价值观，赋能学生基本的财务思维、数据分析思维和经济决策能力。但现有的会计学教材，要么阐述会计基础知识和账户分类、会计凭证、会计账簿、账务处理程序等内容，要么是基础会计学与中级财务会计知识的简单融合。国内外尚未有响应数智化时代需求和价值观塑造目标，将课程思政、会计基础知识、财务报表编制与分析基础知识、商务智能分析技术和上市公司实际案例有机融合在一起的会计学教材，导致经济类和管理类学生在学习会计基础知识的基础上，仍然不具备基本的职业道德素养、财务思维和数据分析思维，也不了解如何通过数据分析客观公允地解决企业运营过程中存在的商务问题和会计问题，更不具备从全局视角和战略视角透过企业的会计报表，发现企业可能面临的风险和机遇，帮助企业规划未来和创造商业价值的基本能力。

本书基于数智化时代背景，突破会计学原有教材的内容框架，注重经济类与管理类专业本科生的世界观、人生观和价值观的塑造，以及会计基础知识、财务思维和数据分析能力的培养。本书共分为七章。第一章和第二章主要论述必备的会计基础理论知识，包括会计的定义、会计目标、会计信息使用者、会计对象与职能、会计假设与会计信息质量要求、会计要素与会计等式、会计科目与账户等重要概念以及复式记账方法。第三章基于一套完整的案例，通过讲解制造业企业的资金筹集业务、供应过程业务、生产过程业务、销售过程业务和利润的形成与分配业务，阐释会计核算的基本流程。第四章以第三章的案例为基础，阐述资产负债表、利润表和现金流量表编制的基本过程与方法，并介绍会计报表附注列示的主要内容。前四章浓缩传统会计学基础的核心内容，并通过

---

① 习近平：高举中国特色社会主义伟大旗帜　为全面建设社会主义现代化国家而团结奋斗——在中国共产党第二十次全国代表大会上的报告，https://www.gov.cn/xinwen/2022-10/25/content_5721685.htm[2022-10-25]。

会计报表原理和编制方法的阐释，实现向报表分析的过渡。第五章主要介绍财务报表分析的概念、方法、逻辑框架和反映企业偿债能力、营运能力、盈利能力、发展能力和现金流量的基本财务指标。第六章主要介绍 Power BI 商务智能财务分析技术与应用基础。第七章基于上市公司实际案例和公开数据，从公司战略视角，详细阐述应用 Power BI 对上市公司的资产负债表、利润表和现金流量表进行可视化与分析的操作过程。至此，学生完成从会计基础到财务报表分析、从单纯会计记账到公司战略布局、从单一学科理论到相关学科贯通实践的高效学习与体验。

本书秉承初心，以立德树人和教书育人为目标，以"专业课教育中贯彻思想政治性教育"为原则，在强化会计、财务分析和商务智能分析的基本理论与基础知识的同时，注重真实应用场景学习、政治思想教育和思想道德培养，强化财务思维、数据分析思维培养，力图使本书具有特色和新意。

本书的特色与新意主要体现在以下几点。

第一，注重内容结构创新。本书突破会计学教材原有内容框架，将会计基础知识、财务报表编制与分析、商务智能分析技术、上市公司实际案例和课程思政有机融入新教材编写，通过"五位一体"方式对现有会计学和基础会计学教材内容进行调整、拓展与创新，系统阐述会计信息生成的基本原理、基本过程以及基本的解读与分析方法，注重培养学生的会计基础知识、财务思维、数据分析思维和职业道德素养。

第二，与时俱进，引入新工具。本书顺应数智化时代潮流，选用全球最具专业权威的信息技术（information technology，IT）咨询公司 Gartner 发布的《分析和商业智能平台魔力象限》报告中多年排名第一的商务智能分析软件 Power BI，进行财务分析部分的讲解，帮助学生掌握新工具，提升学生的财务分析效率，以及商务与财务决策能力。Power BI 为微软（Microsoft）公司开发，可与 Excel 结合使用，更易于被学生快速掌握。Power BI 个人版完全免费，不会增加学生的学习成本和学校课程开发成本，具有更好的普适性和推广性。

第三，注重可操作性。本书一方面以通俗易懂的语言表达和一套完整的案例，详细阐述从业务发生到会计报表生成的整个流程；另一方面采用 Power BI 和上市公司实际案例，以"手把手"的方式，详细阐述数据获取、数据清洗、数据建模和财务分析可视化的全部过程。

第四，注重实际应用场景。本书从公司战略视角和全局视角，采用上市公司实际案例和公开数据，对上市公司的财务报表进行横向、纵向、动态和智能的财务分析，让学生身临其境地体验真实的商务与财务分析应用场景，完成智能商务与财务分析报告，帮助学生更好地理解现实的商务世界，提高学生发现、分析和解决企业运营过程中存在的商务问题和会计问题的能力。

第五，注重挖掘课程的思政元素和学生的职业道德培养。本书在每一章末尾都结合该章内容导入思政案例，教育和引导学生树立爱岗敬业、诚实守信、客观公正、勤奋努力、自强不息和坚守信仰等正确的世界观、人生观与价值观，使学生德智兼修，不仅掌握较高的执业技能，同时兼具高品质的素养和道德。配套课程的教学案例已入选哈尔滨工程大学 2021 年校级课程思政精品案例。

本书在编写过程中，参考大量的相关教材、文章和著作，吸收相关学者的最新研究成果，结合教材编者多年的教学心得与体会编写完成。本书由杨忠海、李瑛玫担任主编，李潭和王静任副主编，其中前三章由李瑛玫编写，第四、五章由李潭编写，第六章由杨忠海和王静编写，第七章由杨忠海编写。杨忠海负责本书编写大纲的拟定、书稿的修改和总纂。

本书已获得哈尔滨工程大学经济管理学院精品教材建设立项资助，配套课程已在哈尔滨工程大学实施完成一轮教学任务，取得了良好的教学效果，学生评价优秀。感谢科学出版社出版本书，感谢科学出版社王京苏编辑的辛勤付出。由于编者水平有限或者疏忽，书中可能存在疏漏之处，恳请各位专家学者、同行和读者予以批评斧正，便于再版时予以修订。

编　者
2024 年 10 月

目　　录

第一章　绪论 1
　　第一节　会计概述 1
　　第二节　会计目标和会计信息使用者 6
　　第三节　会计的对象与职能 9
　　第四节　会计假设与会计信息质量要求 12
　　第五节　会计要素与会计等式 18
　　第六节　会计方法 31
　　第七节　会计人的职业素养 34
　　本章要点 36
　　复习思考题 37

第二章　会计核算基础 40
　　第一节　会计科目与会计账户 40
　　第二节　复式记账原理 48
　　本章要点 58
　　复习思考题 59

第三章　制造业企业主要经济业务的会计核算 62
　　第一节　制造业企业主要经济业务概述 62
　　第二节　资金筹集业务核算 64
　　第三节　供应过程业务核算 71
　　第四节　生产过程业务核算 84
　　第五节　销售过程业务核算 94
　　第六节　利润的形成与分配业务核算 101
　　本章要点 109
　　复习思考题 111
　　练习题 112

第四章　基本财务报表 117
　　第一节　财务报表概述 117
　　第二节　资产负债表 120
　　第三节　利润表 129

第四节　现金流量表 ·· 134
　　第五节　财务报表附注 ·· 136
　　本章要点 ·· 138
　　复习思考题 ··· 139
　　练习题 ·· 139

第五章　财务报表分析基础 ··· 146
　　第一节　财务报表分析概述 ·· 146
　　第二节　财务报表分析逻辑框架 ······································· 150
　　第三节　财务报表比率分析 ·· 152
　　本章要点 ·· 166
　　复习思考题 ··· 167
　　练习题 ·· 167

第六章　商务智能财务分析基础 ··· 171
　　第一节　商务智能财务分析概述 ······································· 171
　　第二节　商务智能财务分析技术 ······································· 174
　　第三节　商务智能财务分析应用基础 ··································· 200
　　本章要点 ·· 218
　　复习思考题 ··· 219
　　练习题 ·· 220

第七章　商务智能财务分析应用 ··· 222
　　第一节　商务智能哈佛财务分析框架 ··································· 222
　　第二节　经营战略分析 ·· 236
　　第三节　投资战略分析 ·· 256
　　第四节　融资战略分析 ·· 261
　　第五节　运营效益分析 ·· 272
　　第六节　综合评价 ··· 295
　　本章要点 ·· 303
　　复习思考题 ··· 303
　　练习题 ·· 304

参考文献 ··· 307

第一章 绪 论

【学习目标】①了解会计的产生与发展;②理解和掌握会计的含义与特点;③重点掌握会计的职能、对象、主要核算方法、基本假设和会计信息的质量要求;④牢固树立优秀会计人职业道德素养的理念。

第一节 会 计 概 述

"会计"一词,既可以指会计这个工作岗位,也可以是从事会计工作的特定人员。众所周知,无论企业、事业单位还是行政机关等组织,都须设有会计岗位、配有会计工作人员;同时,会计还是一门学科,包括会计理论、会计规范和准则等。随着经济全球化的发展,会计也不断跨越国界而发展,并逐渐成为一种国际语言。可以说,经济越发展,会计越重要。那么什么是会计?会计工作都在做什么?会计学科将涵盖什么技能?一个合格的会计人应该具备哪些职业道德素养?在大数据商务智能时代,优秀的会计人还需要掌握哪些特殊的本领?随着深入学习,上述问题都将得到逐一解答。

我们从梳理会计基础知识开始。

一、会计的产生和发展

(一)会计产生和发展的一般过程

1. 会计的产生

会计的产生与发展和加强经济管理、提高经济效益的要求密不可分。人类要生存,社会要发展,就要进行物质资料的生产,生产活动一方面创造物质财富,取得一定的劳动成果,另一方面要发生劳动耗费,包括人力、物力的耗费。在一切社会形态中,人们进行生产活动时总是力求以尽可能少的劳动耗费取得尽可能多的劳动成果,做到所得大于所费,提高经济效益。为了达到这个目标,就必须在不断改革生产技术的同时对劳动耗费和劳动成果进行记录、计算并加以比较与分析,这便产生了原始的计量、计算、记录等行为。这种原始的计量、计算、记录等行为中蕴含着会计思想,就属于会计行为的萌芽。

生产活动的发生是会计产生的前提条件。如果没有生产活动的发生,便不会有会计思想、会计行为的产生。但是,这并不意味着生产活动一发生,便会产生会计思想、会计行为。会计史学者的考古结果表明:只有当人类的生产活动发展到一定阶段,以至于生产所得能够大体上保障人类生存和繁衍的需要时,人们才会关心劳动成果与劳动耗费的比较。特别是劳动成果有了剩余时，原始的计量、记录行为才具备了产生的条件，会计也因此而进入了萌芽阶段，这一时期经历了漫长的过程。据考证，从旧石器时代中晚期到奴隶社会这一时期被称作会计的萌芽阶段，也叫会计的原始计量与记录时代。由此可见，会计并不是在生产活动发生伊始就产生的，它是生产发展到一定阶段，劳动成果有了剩余以后，人们开始关心劳动成果和劳动耗费的比较，更关心对剩余劳动成果的管理和分配，才需要对它们进行计量、计算和记录，因而产生了会计思想，有了会计萌芽。因此，会计是生产活动发展到一定阶段的产物。它伴随着生产活动的产生、发展而产生，也将随着生产活动的发展而发展和完善。

会计在其产生初期还只是"生产职能的附带部分"，也就是说，会计在它产生初期是生产职能的一个组成部分，是人们在生产活动以外，附带地把劳动成果和劳动耗费以及发生的日期进行计量并记录，当时会计还不是一项独立的工作。随着社会生产的发展，生产规模日益扩大且变得复杂，对劳动成果和劳动耗费，仅仅靠人们在劳动过程中附带地进行计量、计算和记录，显然满足不了生产规模日益扩大的复杂需要。为了满足生产发展需要，适应对劳动成果和劳动耗费进行管理的要求，会计逐渐从生产职能中分离出来，成为特殊的、专门委托有关当事人的独立的职能。可见，会计是适应生产活动发展的需要而产生的，对生产活动进行科学、合理的管理是它产生的根本动因。

2. 会计的发展

会计的发展，有一个从简单到复杂，从低级到高级的不断发展过程。西方会计的发展过程可以归纳为三个阶段：古代会计、近代会计和现代会计。

（1）古代会计阶段。从奴隶社会的繁盛时期到 15 世纪末，单式簿记应运而生而且得到了发展。一般将这一时期的会计称为古代会计。

严格意义上讲，自旧石器时代中晚期开始到奴隶社会繁盛时期为止，在这一漫长历史时期中产生的最原始的计量、记录行为并不是纯粹的、真正意义上的会计行为和会计方法。那时，所谓的会计还不是一项独立的工作，而只是生产职能的附带部分，是在生产时间之外，附带地把劳动成果、劳动耗费等事项记载下来。在会计的发展史上，这一时期被称为会计的萌芽阶段，或者原始计量与记录时代。

独立意义上的会计特征是到奴隶社会的繁盛时期才表现出来的。那时，随着社会的发展，劳动生产力不断提高，生产活动的结果除了能够补偿劳动耗费之外还有了剩余产品。剩余产品与私有制的结合，造成了私人财富的积累，进而导致了受托责任会计的产生，会计逐渐从生产职能中分离出来，成为特殊的、专门委托有关当事人的独立的职能。这时的会计，不仅应保护奴隶主物质财产的安全，而且还应反映那些受托管理这些财产的人是否认真地履行了他们的职责。所有这些都要求采用较先进、科学的计量与记录方法，从而推动了原始计量、记录行为向单式簿记体系的演变。

（2）近代会计阶段。在会计的发展史上，一般将帕乔利复式簿记著作的出版和会计职业的出现视为近代会计史的两个里程碑。

1494 年，意大利数学家卢卡·帕乔利的著作《算术、几何、比及比例概要》问世，标志着近代会计的开端。在随后漫长的历史时期内，人们在古代单式簿记的基础上，创建了复式簿记，复式簿记在意大利迅速得到普及并不断发展和完善。随着美洲大陆的发现和东西方贸易的进行，加之各国建立了统一货币制度，阿拉伯数字取代罗马数字、纸张的普遍使用等促使复式簿记传遍整个欧洲，后又传遍世界各国。现在，我们仍然采用复式簿记的方法，并最终完成了复式簿记的方法体系乃至理论体系的建设。

18世纪末和19世纪初发生了产业革命，世界的贸易中心转到了英国，当时的资本主义国家（特别是英国）生产力获得了空前的发展。会计从特殊的、专门委托有关当事人的独立的职能发展成为一种职业。1854年，苏格兰成立了世界上第一家以"自由职业"的身份出现（实际上是为公司股东服务）的"特许"或"注册"会计师协会——爱丁堡会计师协会。这被誉为是继复式簿记后会计发展史上的又一个里程碑。客观地说，"古代会计""近代会计"的提法是不够严谨的，较为准确的提法应该是"古代簿记""近代簿记"。

（3）现代会计阶段。一般将19世纪50年代末到现在称为现代会计阶段。19世纪50年代末期，簿记时代开始向现代会计时代转变，簿记学开始向会计学演变。这些都标志着会计发展史上的簿记时代已经结束，人类已经进入了现代会计的发展时期。

20世纪以来，特别是第二次世界大战结束后，资本主义的生产社会化得到了空前的发展，现代科学技术与经济管理科学的发展突飞猛进。受社会政治、经济和技术环境的影响，财务会计核算工作更加标准化、通用化和规范化。

与此同时，会计学科在20世纪30年代成本会计的基础上，紧密配合现代管理理论和实践的需要，逐步形成了为企业内部经营管理提供信息的管理会计体系，从而使会计工作从传统的事后记账、算账、报账，转为事前的预测与决策、事中的监督与控制、事后的核算与分析。管理会计的产生与发展，是会计发展史上的一次伟大变革，从此，现代会计形成了财务会计和管理会计两大分支。

现代会计除了上述方面的发展外，还有许多其他的发展领域，如公允价值会计、人力资源会计、通货膨胀会计、现值会计、资本成本会计和国际会计等。

随着现代化生产的迅速发展，大数据、区块链、云计算等技术广泛应用于会计核算，使会计信息的搜集、分类、处理、反馈等工作逐渐摆脱了传统的手工操作，并产生了利用云技术构建虚拟会计信息系统完成会计核算和处理的"大数据会计"或"云会计"，不但可以多条任务并行处理，极大地提高会计工作效率，还能够逐步利用这些数据信息进行分析，发现原本没有关联的数据之间的潜在关系，实现了会计科学的根本变革。

我们有理由相信，随着社会的发展和科学技术的进步，会计也必然会取得更加引人注目的发展。

（二）我国会计的产生和发展

1. 我国会计的产生

我国是四大文明古国之一，有着近4000年的文字可考历史和优秀丰富的历史文化遗产。在这些优秀而丰富的历史遗产中会计是一个重要方面。我国会计不仅有自己的发展道路，而且以明显的独创性影响着世界。

据史籍记载，远在原始社会末期，即有"结绳记事""刻契记数"等原始计算、记录的方法，这就是我国会计的萌芽阶段。我国"会计"一词最早出现在西周时期，我国在西周时期设有专门核算官方财赋收支的官职——司会，掌管赋税收入、钱银支出等财务工作，进行月计、岁会。每月零星盘算为"计"，一年总盘算为"会"，两者合在一起即成"会计"，通过日积月累到岁末的核算达到正确考核王朝财政经济收支的目的。

2. 新中国成立之前的会计发展

继西周之后，我国在西汉出现了名为"计簿"或"簿书"的账册，用以登记会计事项。以后各朝代都设有官吏管理钱粮、赋税和财物的收支。公元1000年，中式会计在盛唐的基础上又有新的进展，并在世界上处于领先地位。从公元1002年到1068年，连续三代皇帝推行会计组织体制改革，试图以此理顺中央与地方会计之关系。公元1069年，王安石以"理财"为纲进行变革，并以"制置三司条例司"作为改革的总机关。公元1074年，设置"三司会计司"，以此总体考核天下财赋出入，实行一州一路会计考核制度。尽管以上改革未果，然而，这些事件却在会计发展史上造成了重要影响。公元1078年至1085年，又恢复到唐朝的"三省六部"体制，并重新确立了政府会计、出纳及审计的组织地位，使会计工作恢复到正常状态。上述史实表明，在11世纪，中国所进行的会计改革，在当时的世界上具有先导性作用。

进入12世纪后，南宋的"审计院"，以及明朝的"都察院制度"、财物出纳印信勘合制度、黄册制度，以及继承两宋之制所实行的《会计录》编纂制度与钱粮"四柱清册"编报制度等，也依然闪烁着中式会计的历史光辉，为世界会计史研究者所肯定。宋代官厅中，办理钱粮报销或移交，要编造"四柱清册"，通过"旧管（期初结存）+新收（本期收入）=开除（本期支出）+实在（期末结存）"的平衡公式进行结账，结算本期财产物资增减变化及其结果。这是我国会计学科发展过程中的一个重大成就。

明末清初，随着手工业和商业的发展，出现了以四柱为基础的"龙门账"，它把全部账目划分为"进"（各项收入）、"缴"（各项支出）、"存"（各项资产）、"该"（各项负债）四大类，运用"进-缴=存-该"的平衡公式进行古代账簿核算，设总账进行"分类记录"，并编制"进缴表"（利润表）和"存该表"（资产负债表），实行双轨计算盈亏，在两表上计算得出的盈亏数应当相等，称为"合龙门"，以此核对全部账目的正误。之后，又产生了"四脚账"（也称"天地合账"），这种方法对每一笔账项既登记"来账"，又登记"去账"，以反映同一账项的来龙去脉。"四柱清册""龙门账""四脚账"显示了中国不同历史时期收支核算方式的发展，体现了传统严谨的中式特色。

然而，从15世纪中叶起，中国开始在政治、经济、文化及科学技术方面都落后于西方国家，自此，文明古国的会计占主导地位的时代过去了，而近500年左右的世界会计史，一直朝着西方经济发达国家占主导地位的方向发展。

20世纪初，西方现代复式簿记传入我国，主要在海关、邮政、银行、铁路及大的工商业中使用。

3. 新中国成立之后的会计发展

新中国成立之后，会计随着经济的发展开始得到发展，并逐渐与国际会计趋同。这期间的发展大致可以分为以下四个时期。

会计效仿期。主要是 1949 年新中国成立到 1978 年改革开放前。这期间新中国刚刚成立，主要借鉴苏联的计划经济体制下的会计制度，由国家统一管理全国会计事务，以适应当时统一的财政经济体制的需要。我国当时的会计模式和秩序总体上比较混乱，会计理论和实践发展都处于停滞不前的状态。

会计转轨期。主要是 1978 年改革开放到 1992 年财政部颁布新中国成立以来第一项《企业会计准则——基本准则》之前（财政部令第 5 号）。这个时期我国开始由计划经济向市场经济转轨，为满足对外开放中外合资企业的会计需求，借鉴西方会计的理论与实务颁布了一些新的会计制度，但是多数企业仍沿用旧的计划经济会计制度，新旧制度并存无法满足市场经济发展和与国际接轨的需要，会计制度仍需要进一步改革。

会计改革期。主要是 1992 年《企业会计准则——基本准则》颁布到 2006 年《企业会计准则——基本准则》颁布之前。1992 年 11 月 30 日财政部正式颁布了新中国第一项会计准则《企业会计准则——基本准则》，自 1993 年 7 月 1 日起在全国正式实施。《企业会计准则——基本准则》是会计人员从事会计工作必须遵循的基本原则，是会计核算工作的规范，它的颁布与实施象征着中国会计制度的根本转变。这期间还修订了《中华人民共和国会计法》，颁布了《企业财务通则》以及各行业会计制度等，进一步强化了会计职能，修正了会计核算体系。

会计趋同期。主要是 2006 年新的《企业会计准则——基本准则》（财政部令第 33 号）颁布后。为适应我国市场经济发展和经济全球化的需要，按照立足国情、国际趋同、涵盖广泛、独立实施的原则，财政部对 1992 年准则进行了系统性修改，并于 2006 年 2 月 15 日颁布了《企业会计准则——基本准则》和 38 项具体准则；2006 年 10 月 30 日，又发布了《企业会计准则——应用指南》，从而实现了我国会计准则与国际财务报告准则的实质性趋同。

自此，我国会计理论和实务随着经济发展开始进入了蓬勃发展时期，不仅促进了我国各行各业的发展，也作为一种国际语言，促进了对外开放和国际交流。

二、会计的定义与特征

（一）会计的定义

对于会计的认识，目前基本形成共识，即认为会计本质上属于一项管理活动。

会计是以货币为主要计量单位，反映和监督一个单位经济活动的一种经济管理工作。

（二）会计的特征

上述定义比较简洁明了，但实际上隐含了会计的如下特征。

1. 以货币为主要计量单位

一般来讲，核算使用的计量单位包括实物单位、价值单位和劳动单位等。由于各种不同使用价值的财产物资（如企业的厂房、设备、汽车、原材料、产成品等）不能直接相加，只有把它们折算为价值量，即以货币计量，才能汇总各种财产物资和反映不同性质的经济业务，因而，会计发展到一定阶段必须以货币为主要计量单位。但货币并不是会计的唯一计量单位,因为会计不仅要从价值方面反映再生产过程的资金运动,而且必须反映和监督再生产过程财产物资的增减变动情况,资金运动往往是伴随着财产物资的增减变动进行的。例如,就原材料的核算而言,会计不仅需要提供其总括的资料,而且还要提供各种原材料的实际数量的增减变动。这时,就需同时使用货币单位和实物单位,所以货币是会计的主要计量单位,而不是唯一的计量单位。

2. 以提高经济效益为主要目标

为了向信息使用者提供真实、完整的会计信息,会计活动要如实反映所有拥有或控制的资源,如实反映企业所承担的现时义务,如实反映企业的各项收入、费用、利润和损失的金额,如实反映企业各项经营活动、投资活动和筹资活动等,从而有助于现在或潜在的投资者、债权人等对企业进行正确评价,做出正确决策。因而,会计活动必须运用会计的综合计量、登记、编表等方式对经济活动进行管理,借以掌握经济活动过程中的经济信息,控制经济活动,力求提高经济效益,做到所得大于所费。会计活动本身属于经济管理活动的一种,和其他经济管理活动一样,以提高经济效益为主要目标。

3. 需要借助一系列专门的方法

会计活动必须借助一系列专门科学的方法进行,这些方法相互联系、相互依托,构成一套科学完整的方法体系,为会计人员/工作者提供信息、参与管理提供支撑。这些方法中的会计核算方法为基本方法,也是本书后面章节将讲解的核心内容。

4. 具有连续性、全面性、系统性和综合性

会计活动与其他经济管理活动不同,其提供的以财务信息为主的各种经济信息具有连续、全面、系统和综合的特征。

连续性是指会计对企业、行政事业单位等所发生的、能以货币表示的经济活动,按其发生时间的顺序,不间断地进行记录核算。全面性是指会计对所有纳入会计核算、控制范围内的经济活动进行完整的记录,不能有任何遗漏。系统性是指会计对各项经济活动既要进行相互联系的记录,又要进行科学的分类整理。综合性是指会计要对各项经济活动,以货币为计量单位,进行综合汇总,计算出经营管理所需的总括价值指标。

第二节　会计目标和会计信息使用者

一、会计目标

会计目标是指会计工作所要达到的最终目的,即会计活动要服务哪些人(会计信息使用者),要提供什么样的信息(会计信息使用者需要什么样的信息和会计活动能够提供哪些信息)。会计目标是会计理论研究中的起点和重要课题。会计目标分为总体目标和具体目标。

(一)会计的总体目标

由于会计活动是整个经济管理活动的重要组成部分,因此会计的总体目标应当从属于经济管理的总体目标,或者说会计的总体目标是经济管理的总体目标下的子目标。在社会主义市场经济条件下,经济管理的总体目标是提高经济效益。经济效益是一个投入与产出、得与失进行比较的结果,在社会生产经营过程中投入的价值量,经过价值运动要实现一定的增值,已经投入及消耗的价值量与收回的价值量之比,就是经济效益。提高经济效益,就是在投入一定价值量的情况下,尽量争取收回更多的价值量,或者是在收回价值量一定的情况下,尽量减少投入的价值量。会计活动的特点是价值管理,是对价值运动的管理,所以,作为经济管理活动重要组成部分的会计活动,应该以提高经济效益作为最终目标。

(二)会计的具体目标

会计的具体目标是向会计信息使用者提供与企业财务状况、经营成果和现金流量等有关的会计信息,反映企业管理层受托责任的履行情况,有助于会计信息使用者做出经济决策。主要包括以下几点。

(1)向会计信息使用者提供有助于决策的信息。企业进行会计活动的主要目标是满足会计信息使用者的信息需要,帮助会计信息使用者做出经济决策,因此,向会计信息使用者提供有助于决策的会计信息是会计工作的基本目标。如果企业提供的财务会计报告对会计信息使用者的决策没有价值,财务会计报告就失去了其编制的意义。

(2)反映企业管理层受托责任的履行情况。在企业所有权和经营权相分离的情况下,企业管理层是受委托人之托对企业及其各项资产进行经营管理,负有受托责任,即企业管理层所经营管理的企业各项资产基本上均由所有者投入的资本,或者向债权人借入的资金形成的,企业管理层有责任妥善保管,并合理、有效地运营这些资产。因为企业的所有者、债权人等要及时或经常地了解企业经营管理层保管、使用资产的情况,以便评价企业管理层受托责任的履行情况和业绩情况,并决定是否需要调整投资或信贷政策,是否需要加强企业内部控制和其他制度建设,是否需要更换管理层等,而这些信息的获得,在很大程度上依赖于企业会计活动提供的各种信息。因此,会计目标的内容之一便是反映企业管理层受托责任的履行情况,以有助于评价企业的经营管理责任和资源使用的有效性。

(3)加强经济管理,提高经济效益,促进企业高质量发展。现代会计已经渗透到企业经营管理的各个方面,不仅可以运用专门的方法连续、系统地反映企业的财务状况、经营成果和现金流量等经营管理信息,还可以运用这些信息分析未来的发展前景与可能遇见的风险以及管理上暴露出的问题,从而提出改进建议,监督经济责任的落实,进而全方位地促进企业管理效率的提高和经济效益的提升,在促进企业高质量发展方面发挥积极的作用。

二、会计信息及信息使用者

前面提到会计的具体目标之一是为会计信息使用者提供各种信息,那么会计信息是什么,企业有哪些会计信息使用者呢?

（一）会计信息

会计信息是指会计数据经过加工处理后产生的、为会计管理和企业管理所需要的经济信息，是所提供的各种会计资料的总称。企业主要提供三大会计类信息：一是企业资产经营状况；二是企业盈利状况；三是企业现金流量信息，即资产负债表、利润表和现金流量表。

（二）会计信息使用者

会计信息使用者包括内部使用者和外部使用者。

内部使用者主要是指符合企业内部管理需要的信息使用者，如企业员工、经理、董事会成员、监事会成员等。企业要实现其经营目标，必须对经营过程中遇到的重大问题进行正确的决策，而决策的正确与否，关系到企业的生存和发展。正确的决策通常建立在客观、有用的会计信息的基础上，会计信息在企业决策中起着极其重要的作用。因此，企业会计应采用一定的程序和方法，将企业发生的交易或事项转化为有用的会计信息，以便为企业管理提供依据。

会计信息外部使用者是指与企业形成权利义务关系或者职能管理关系的信息使用者，包括股东、银行、客户以及政府职能部门等。企业在生产经营过程中必然会与外界发生各种各样的经济关系，进行信息交流，因而凡是与企业存在这种经济关系的利益相关者都可能对企业的会计信息产生需求。

综上，会计信息使用者可概括为如下几种。

（1）企业内部员工及管理者。企业内部员工是生产经营的直接参与者，现代企业管理激励理论认为，员工的劳动态度、劳动所得与企业业绩之间存在重要的关系，只有全体员工作为主人翁积极参与管理，管理职能才可能发挥到最优。员工需要了解会计信息（如成本管理信息）才能参与到管理中。随着企业规模的扩大，经营管理者不可能了解企业的全部经济活动，他们也需要通过会计信息全面了解企业的经营活动情况。

（2）企业的投资者。在经营权与所有权相分离的情况下，企业的投资者需要根据企业的经营成果和利润分配情况，做出是否对企业追加投资或者其他的决策。

（3）企业的债权人。以借款的形式将资金投入企业的投资者，称为债权人。债权人需要利用会计信息进行是否借款的决策，如银行可以根据企业的财务状况、经营成果，判断企业的偿债能力，以便做出是否继续贷款或收回贷款的决策。

（4）供应商及客户。企业上下游的原材料供应商和客户是企业价值链上重要的两端，需要根据企业的会计信息判断它能否持续经营，并据此决定自身是否扩大生产规模，或者调整生产经营的方向。

（5）政府部门。政府部门在一定程度上依靠会计信息进行决策，如税务部门利用会计信息了解公司纳税义务的履行情况，环境保护部门可以根据会计信息判断公司环保投入的情况。

（6）其他利益相关者。由于生产社会化程度的提高，生产分工专业化以及由此产生的相互依赖性，关注企业会计信息的不仅有投资者和潜在的投资者，而且包括与企业存在经济交往的其他利益相关者，或者说价值形成和实现链条上的利益相关者。因此，在现代社会化大生产的情况下，会计信息的使用者扩大到一切利益相关者。

企业内外部的会计信息使用者都需要利用会计信息进行决策，且不同的会计信息使用者对会计信息的需求是不同的，会计只能为其提供通用的会计信息。一般来说，通用的会计信息内容可以归纳为：财务状况、经营成果以及相应的现金流量。

第三节　会计的对象与职能

一、会计对象

会计对象是指会计所反映和监督的内容，即会计的客体。会计主要是利用货币计量，对再生产过程的经济活动进行反映和监督的一项管理工作，因此再生产过程当中发生的、能用货币表现的经济活动，即资金运动，就构成了会计的一般对象。所以从这个论述当中可以看到，会计对象不是再生产过程中的全部经济活动，而是其中能够用货币表现的方面。

综上，会计对象在企业中可表现为企业再生产过程中能以货币表现的经济活动，也就是企业再生产过程中的资金及资金运动。

以制造业企业为例，制造业企业的资金运动，按其运动的程序，可分为资金投入、资金周转、资金退出三个基本环节。相对而言，制造业企业的生产经营过程可以划分为供应过程、生产过程和销售过程。随着企业供产销的不断进行，企业的资金也在不断地进行着循环和周转，由货币资金转化为固定资金、储备资金，再转化为生产资金、成品资金，最后又转化为货币资金。在生产过程中，资金的耗费转化为生产费用，为生产一定种类、数量的产品所支出的生产费用的总和就构成了产品成本；在销售过程中，企业取得的销售收入中大于为取得这个收入所付出的代价，即费用的部分，作为企业的利润，企业实现的利润还要进行分配，一部分退出企业，另一部分要重新投入企业的生产周转。

上述制造业企业的经济活动都能够以货币表现，构成了制造业企业的会计对象。根据会计对象的特点，将其分为资产、负债、所有者权益、收入、费用和利润六大要素。各类要素的特点不同，但都具备一个共同的特征，即货币表现。

二、会计职能

会计职能是指会计在经济管理中所具有的功能，具体来讲，就是会计是用来做什么的。会计的职能可以分为基本职能和衍生职能。

（一）会计的基本职能

马克思曾把会计的基本职能归纳为"过程的控制和观念总结"。"过程的控制"实际上就是对各种经济管理活动的监督；而"观念总结"实际上是指对经济管理活动进行如实的反映或者核算。因而，现代会计的基本职能可以概括为反映（核算）和监督（控制）。

1. 反映职能

会计的反映职能，也称核算职能，是指会计能够按照会计准则的要求，以货币为主要计量单位，将一个会计主体所发生的经济事项采用一定的程序和方法，全面、系统、及时、准确地进行确认、记录、计算、汇总和表述，为经营管理提供会计信息的过程。反映职能是会计核算工作的基础。它通过会计信息系统所提供的信息，既服务于国家的宏观调控部门，又服务于会计主体的外部投资者和内部管理者。这种服务作用是具有能动性的，从这一角度来看，会计的反映职能也在一定程度上体现了管理精神。

会计的核算职能具有如下特征。

（1）以货币为主要计量单位，综合反映企业的经济活动。这里需要强调的是，货币为"主要"计量单位，不是唯一计量单位，除了货币计量单位外，还可以采用实物计量（如数量、重量、体积等）和劳动计量（如工时等）作为辅助计量单位，以保证会计记录的准确完整。

（2）是对企业实际发生的经济业务进行核算。会计要对企业实际发生的各项业务进行核算，以取得的原始凭证为依据，并严格遵循会计规范。

（3）具有完整、连续、系统性。其中完整性是指在核算时间上和空间上对所有的应核算的会计对象都要核算，不能遗漏；连续性是指对会计对象进行确认、计量、记录、计算、报告要连续进行，不能中断；系统性是指会计要采用科学的核算方法对会计信息进行加工整理，保证会计核算提供的会计数据能成为一个有机整体。

2. 监督职能

会计的监督职能，也称控制职能，是指会计利用会计信息系统所提供的信息，在核算经济活动的同时，对会计主体的经济活动和相关会计核算的合法性（经济业务要符合国家有关法律法规、方针政策和财经纪律）、合理性（各项财务收支要符合特定主体的财务收支计划，要符合内部控制的要求）进行审查，借以控制经济活动，使经济活动能够根据一定的目标、遵循一定的原则正常进行。

例如，在核算购入材料经济业务的同时，要检查监督材料验收入库的手续是否完备、计价是否正确、实际成本与计划成本有多少差异，从而使材料采购能与企业的生产经营目标相适应。

会计监督是经济监督的一部分，主要从交易活动和会计核算两方面进行，具有以下特征。

（1）是对交易的合法性和合理性进行监督。会计监督以国家的财经法规、财经纪律以及经济主体的计划、预算等为准绳，对企业等经济主体的交易的合法性、合理性进行监督，防止企业等主体从事不合法的经营活动和财务活动，出具虚假的财务信息。合理性是指符合客观经济规律及经营管理方面的要求。对违背客观经济规律、违背单位内部管理制度和特定对象的财务收支计划以及预算等的经济活动，会计有权并应当及时予以检查和纠正。会计人员必须保证会计数据真实、完整、准确，对不符合规定的原始凭证不予接受，对不符合财务制度规定的支出也有权拒绝接受。做好会计这一工作，是经济活动正常运行的重要保证。

（2）是对业务发生的全过程进行监督，包括事前监督、事中监督和事后监督。会计监督贯穿于经济活动的全过程，从经济活动的策划、预算的编制、合同的谈判到经济活动的实施，从成本费用的计算，到对已发生的经济活动进行监督和支付，从资金的使用到经营成果的分配，都需要进行会计监督。例如，财务人员首先要对报销的发票鉴别真伪，剔除不是报销范围的发票，对记载不准确、不完整的原始凭证予以退回，并按规定更正、补充；同时要严格按公司费用标准进行报销，超标部分一律个人承担。

事前监督可以起到预防作用，事中监督可以及时发现问题，事后监督可以总结经验教训，避免产生经营风险。

（3）是对会计核算的恰当性和准确性进行监督。企业经济业务发生后，需要运用适当的会计准则，选用符合企业特点的会计方法，按照程序进行核算。对准则、方法选择的适当性和程序的规范化进行监督，对记账凭证、会计账簿和财务报表进行审核，保证会计核算资料的准确性；对各种财产和资金实地盘点，保证会计资料的真实性；对成本费用进行监督，保证用尽可能少的投入，获得尽可能多的产出；对利润的实现与分配进行监督，保证按时上缴税金和进行利润分配；对财务收支进行监督，保证财务收支符合财务制度的规定。

3. 两大基本职能的关系

会计的反映职能和监督职能是紧密结合、密不可分、相辅相成的，同时又是辩证统一的。反映职能是监督职能的基础，没有反映职能提供的信息，就不可能进行会计监督，没有会计反映提供可靠、完整的会计资料，会计监督就没有客观依据，也就无法进行会计监督；而监督职能又是反映职能的保证，没有监督职能进行控制、提供有力的保证，就不可能提供真实可靠的会计信息，也就不能发挥会计管理的能动作用，会计反映也就失去了存在的意义。

（二）会计的衍生职能

会计的衍生职能是在反映和监督两项基本职能基础上的新发展，主要包括预测经济前景、参与经济决策、评价经营业绩。预测经济前景是指根据财务报告等提供的信息，定量或定性地判断和推测经济活动的发展变化规律，以指导和调节经济活动，提高经济效益。参与经济决策是指根据财务报告等提供的信息，运用定量分析和定性分析方法，对备选方案进行经济可行性分析，为企业经营管理等提供与决策相关的信息。评价经营业绩是指利用财务报告等提供的信息，采用适当的方法，对企业一定经营期间的资产运营、经济效益等经营成果，对照相应的评价标准，进行定量及定性对比分析，做出真实、客观、公正的综合评判。

在现代社会里，无论是宏观经济管理还是微观经济管理，决策的正确与否往往决定着一个企业事业的成败。为保证经济决策的正确性，必须对经济活动情况进行全面、及时的分析与预测，因而会计必须通过对经济活动情况、发展趋势及前景的分析与预测，参与经济决策，评价经营业绩。随着社会生产的发展和市场经济的建立，科学技术日益进步，经济生活越来越国际化、一体化，国际竞争日趋激烈，会计的衍生职能也将会发挥更大的作用。

第四节 会计假设与会计信息质量要求

我国企业会计准则体系，包括基本准则和具体准则，具体准则的制定应当遵循基本准则。我国企业会计基本准则包括会计核算的基本前提（亦称会计假设）、会计信息质量要求、会计要素和财务报告准则。会计要素内容将在本章第五节中阐述，财务报告准则的主要内容将在本书中的第四章具体讲解。本节主要阐述会计假设和会计信息质量要求。

一、会计假设

会计假设，即会计核算的基本前提，是会计人员对会计核算所处的时间、空间环境做出的合理判断，是会计核算的前提条件。经济活动具有较大的不确定性，如企业的空间范围究竟有多大，能够经营多长时间等。会计核算必须设置一些假设，使不确定性能够确定，才能进行会计核算，这也是会计核算的基本前提。目前国内外会计界公认的会计核算有以下四个基本假设。

（一）会计主体

会计主体，是指会计确认、计量和报告的空间范围。为了向会计信息使用者报告企业的财务状况、经营成果和现金流量，提供对其决策有用的信息，会计确认、计量、记录和报告应当集中于反映特定对象的活动。

在会计工作中，只有对那些影响特定经济主体本身经济利益的各项交易或事项才能加以确认、计量、记录和报告，对那些不影响特定经济主体本身经济利益的各项交易或事项不能加以确认、计量、记录和报告。只有明确会计主体，才能将会计主体的交易或事项与会计主体所有者的交易或事项及其他会计主体的交易或事项区别开。

如果主体不明确，资产和负债就难以界定，收入和费用便无法衡量，也就无法进行各种会计核算。例如，企业所有者的交易或事项就不应该被纳入企业会计的核算范围，而企业分配和支付给所有者的投资利润属于企业主体发生的交易或事项，则要将其纳入企业会计的核算范围。

会计主体与法律主体不同。一般而言，法律主体必然是一个会计主体。一个法律主体，其经济上必然是独立地进行会计核算并报告经济状况、经营成果和现金流量等。因此，法律主体必然是一个会计主体。但是，构成会计主体的并不一定都是法律主体。会计主体的规模并无统一的标准，可大可小。它可以是一个独立核算的经济实体、一个独立的法律主体，也可以是不进行独立核算的、不属于法律主体的内部单位等，如由企业管理的证券投资基金，就不属于法律主体，但属于会计主体，因为每项基金都需要进行会计核算、确认、计量和报告；同时会计主体还可以是由多个法律主体组成的一个组织，如企业集团就是由母公司和若干子公司组成的多个法律主体的组织，为了反映企业集团的财务状况等，就需要将企业集团看作一个会计主体，编制合并报表。

将会计主体作为会计的基本假设，对会计核算范围从空间上进行了有效的界定，有利于正确地反映一个经济实体所拥有的财产及承担的债务，从而为计算其经营收益或可能遭受的损失提供准确的财务信息。

（二）持续经营

持续经营，是指企业在可以预见的将来，如果没有明显的证据证明企业不能经营下去，就认为企业将会按照当前的规模和状态继续经营下去，不会停业，也不会大规模削减业务。企业会计确认、计量和报告都应当以企业持续、正常的生产经营活动为前提。

持续经营对于会计十分重要，它为正确地选择会计原则和会计方法提供了理论依据。例如，只有在持续经营的前提下，企业的资产才能按历史成本计价，固定资产才可以按其使用年限计提折旧。如果企业不具备持续经营的前提条件，而是已经或即将停止营业、进行清算，则需要处理其全部资产，清理其全部债权债务，固定资产也不能采用历史成本进行记录并按期计提折旧。因此，对一个企业来说，一旦持续经营这一假设不存在，一系列的会计准则和会计方法也会相应地丧失其存在的基础。

如果说会计主体作为基本假设是一种空间界定，那么持续经营则是一种时间上的假定。市场经济条件下，任何企业都存在着清算的可能，因此，企业应定期对其持续经营基本假设做出分析和判断。如果判断企业已经不能持续经营，就应当改变会计核算的原则和方法。如果一个企业在不能持续经营时还坚持采用持续经营的会计核算方法，就不能客观地反映企业的财务状况、经营成果，从而误导会计信息使用者。

（三）会计分期

会计分期，是指将一个企业持续经营的生产经营活动期间划分为若干连续的、长短相同的期间。会计分期这一假设是从持续经营基本假设引申出来的，是持续经营的客观要求。

企业的经营活动从时间上来看是持续不断的，但会计为了确定损益和编制财务报表，定期为会计信息使用者提供财务状况、经营成果和现金流量信息，就必须将持续不断的经营过程划分成若干期间，据以结算盈亏、编制报表。由于会计分期，才产生了本期与非本期的区别，从而有了权责发生制和收付实现制的区别，才使不同会计主体有了记账的基准，进而出现了应收、应付、递延、预提、待摊等概念和会计处理方法。

会计期间的划分是一种人为的划分，会计期间一般按照日历时间划分，分为年度和中期。中期，是指短于一个完整的会计年度的报告期间，如半年度、季度、月度等。实际的经济活动周期可能与会计期间不一致，有的经济活动可能横跨多个会计期间。但是，与企业有利益关系的单位或个人都需要在一个期间结束之后，随时掌握企业的财务状况、经营成果和现金流量，而不可能等待全部经营过程完结之后再考察企业的经营成果。所以，将会计分期作为会计的基本假设是由持续经营和及时提供会计信息的要求决定的。

会计期间划分的长短会影响损益的确定，一般来说，会计期间划分得越短，反映经济活动的会计信息质量就越不可靠。从一定意义上讲，将企业从成立到关闭的期间作为会计期间最真实、可靠，但是这是大多数投资者不可能同意的。因此，会计期间的划分不可能太长，否则会影响会计信息使用者对及时使用会计信息需要的满足程度。

进行会计核算时，一般使用公历的一年作为计量尺度，可以从 1 月 1 日到 12 月 31 日，也可以从 4 月 1 日到次年 3 月 31 日或者从 7 月 1 日到次年 6 月 30 日。

我国会计法规规定，境内所有企业以日历年度作为企业的会计年度，即从每年公历的 1 月 1 日到 12 月 31 日。每一个会计年度都必须核算经济业务，编制会计报表，以便向董事会报告该年度的财务状况、经营成果和现金流量。

（四）货币计量

货币计量，是指会计主体在进行会计确认、计量、记录、报告时以货币作为计量单位，反映会计主体的财务状况、经营成果和现金流量。

我国的会计核算还规定以人民币作为记账本位币，业务收支以人民币以外的货币为主的企业，也可以选定某种人民币以外的货币作为记账本位币，但编制的财务报表应当折算为人民币反映。境外企业向国内有关部门提供的财务报表，应当折算为人民币反映。

需要说明的是，对经济活动进行货币计量的习惯做法是以历史成本属性进行计量。采用历史成本属性计量，就必须假定货币本身的价值稳定不变，或者变动的幅度不大，可以忽略不计。也就是说，货币计量实际上还包括一个重要前提，即币值稳定。在币值稳定的前提下对财产物资采用历史成本属性进行计量是目前通行的一种做法。

会计计量是会计核算的关键环节，是会计记录和会计报告的前提，一国的货币是会计计量的统一尺度。企业经济活动中凡是能够用这一尺度计量的，就可以进行会计反映，凡是不能用这一尺度计量的，则不必进行会计反映。但有些情况下，不能进行货币计量的信息，如企业经营战略、研发能力和市场竞争力等，对于企业信息使用者来讲也很重要，这些往往需要通过在财务报告中披露有关非财务信息来补充反映。

二、会计信息质量要求

会计信息质量要求是对企业所提供的会计信息质量的基本要求，是会计信息对其使用者的决策有用所应具备的基本特征。我国企业会计准则关于会计信息的质量要求共有八个方面：可靠性、相关性、可理解性、可比性、实质重于形式、重要性、谨慎性和及时性。

（一）可靠性

可靠性要求企业会计核算应当以实际发生的交易或事项为依据进行会计确认、计量和报告，如实地反映符合会计确认和计量要求的会计要素及其他相关信息，保证会计信息真实可靠、内容完整。

可靠性是会计信息最根本、最重要的质量要求，具体包括以下要求。

（1）真实性，即企业应当以实际发生的交易或事项为依据进行会计处理，不能以虚构的、没有发生的或尚未发生的交易或事项为依据进行会计处理。例如，采购员报销差旅费时，需要有各种交通住宿发票等差旅费单据，才能进行报销和会计处理，以保证会计信息的可靠性。真实性是会计信息的生命，会计信息只有保证真实，才能值得信息使用者信赖，才能具有可靠性。

（2）完整性，即在符合重要性和成本效益原则的前提下，编制的报表和附注内容应当保持完整，不能随意遗漏或者减少应予披露的信息，与信息使用者决策有关的信息都应当充分披露。

（3）中立性，即会计提供会计信息必须是中立的，也就是不带偏向的。不能通过选取和列报资料去影响决策和判断，以求达到预定的效果或结果。

（二）相关性

相关性要求企业提供的会计信息应当与会计信息使用者的经济决策需要相关，有助于会计信息使用者对企业过去、现在或未来的情况做出评价或预测。

会计信息的价值在于对会计信息使用者的决策有用，有助于其提高决策的水平。相关的会计信息应当有助于使用者评价企业过去的决策，证实或修正过去有关的预测，因而具有反馈价值。相关的会计信息还应当具有预测价值，有助于会计信息使用者根据企业所提供的会计信息，预测企业未来的财务状况、经营成果和现金流量。例如，区分流动负债和非流动负债以及适度引入公允价值等，都可以提高会计信息的预测价值，进而提升会计信息的相关性。

在会计核算工作中坚持相关性原则，就是要求相关人员在收集、加工、处理和提供会计信息的过程中，充分考虑会计信息使用者的信息需求。相关性是以可靠性为基础的，会计信息在可靠性前提下，应尽可能地做到相关性，以满足投资者等财务报告使用者的决策需要。

（三）可理解性

可理解性要求企业提供的会计信息应当清晰明了，便于会计信息使用者理解和使用。

企业提供会计信息的目的在于使用，而要使会计信息使用者有效地使用会计信息，必须能让其了解会计信息的内涵、内容，因此要求会计信息应当清晰明了，易于理解。如果会计信息的表达含糊不清，就容易产生歧义，从而降低会计信息的质量。对于复杂的会计信息，为便于理解应在报表附注中披露。根据可理解性原则的要求，会计记录应当清晰，账户对应关系应当明确，文字摘要应当清楚，数字金额应当准确，以便会计信息使用者能准确、完整地把握信息的内容，更好地加以利用。

会计信息毕竟属于一种专业性较强的信息，在强调可理解性的同时，还假定了使用者具有一定的企业经营活动和会计方面的知识，并且愿意付出努力去研究这些信息。对于某些交易或会计处理较为复杂的信息，如果其与会计信息使用者决策相关，就应当在财务报告中予以充分披露。

（四）可比性

可比性要求企业提供的会计信息应当相互之间可以比较，具体包括以下内容。

（1）纵向可比，即同一企业不同时期可比。企业对于不同时期发生的相同或相似的交易或事项，应当采用一致的会计政策，不得随意变更。只有当变更会计政策后，能够提供更可靠、更相关的会计信息时，才可以按照规定程序变更。有关会计政策变更的情况，应当在附注中予以说明。纵向可比主要是为了便于使用者了解企业财务状况、经营成果的变化趋势，比较不同时期的会计信息，从而全面地评价过去、预测未来。

我国 2019 年末暴发的新冠疫情，导致许多企业一段时间内被迫停产停工，经营状况受到很大影响。加之疫情期间我国各级政府为减轻企业负担出台的一系列相关财税、资金政策，这些都会对企业的会计处理政策产生影响。这种情况下，企业必须根据实际情况和国家政策，适当变更相关处理方法，否则就无法准确地反映企业的经营状况和经营成果。

（2）横向可比，即不同企业相同会计期间可比。对于相同或相似的交易或事项，不同企业应当采用一致的会计政策，以使不同企业按照一致的会计处理方法提供相关会计信息。横向可比主要是为了便于会计信息使用者评价不同企业的财务状况、经营成果的水平及其变动情况，从而有助于其做出科学合理的决策，不同企业发生的相同或相似的交易或事项，应当采用规定的会计政策，确保会计信息口径一致，相互可比。

（五）实质重于形式

实质重于形式要求企业应当按照交易或事项的经济实质进行会计处理，不应仅以交易或事项的法律形式为依据。

实质是指交易或事项的经济实质，形式是指会计核算依据的法律形式。一般情况下，经济实质和法律形式是一致的。

会计核算时应按照交易或事项的经济实质进行核算，而不能按照其法律形式进行核算，如果企业仅以交易或事项的法律形式进行会计处理，容易导致会计信息失真。例如，以融资租赁方式租入的资产，虽然从法律形式上看，承租企业并不拥有其所有权，但是由于租赁合同中规定的租赁期相当长，接近于该资产的使用寿命，租赁期结束时，承租企业有优先购买该资产的选择权；在租赁期内，承租企业有权支配资产并从中受益。因此，从其经济实质来看，企业能够控制其创造的未来经济利益，所以在会计核算上将以融资租赁方式租入的资产视为承租企业的资产。

在会计实务中，交易或事项的法律形式并不总能完全真实地反映其实质内容。所以，会计信息要反映其所应反映的交易或事项，必须根据交易或事项的实质和经济现实进行判断，并据此进行会计处理。实质重于形式的典型运用有：融资租赁、售后回购、售后回租、关联关系确定、合并报表的编制等。

（六）重要性

重要性要求企业提供的会计信息应当反映与企业财务状况、经营成果和现金流量有关的所有重要交易或事项。

对于资产、负债、损益等有较大影响并能进而影响财务会计报告使用者据以做出合理判断的重要会计事项，必须按照规定的会计方法和程序进行处理，并在财务会计报告中予以充分、准确披露；对于次要的会计事项，在不影响会计信息真实性和不至于误导财务会计报告使用者做出正确判断的前提下，可以适当合并，进行简化处理，以节省提供会计信息的成本。

重要性没有统一的标准，需要根据会计人员的职业判断确定。一般来说，应当从性质和数量两个方面进行综合分析。从性质方面来说，当某一事项有可能对决策产生一定影响时，就属于重要性项目；从数量方面来说，当某一项目的数量达到一定规模时，就可能对决策产生影响，也属于重要项目。

重要性原则是财务会计可靠性原则的一个限制性因素或修正性惯例。由于信息过滥或信息匮乏都可能会给预测和决策带来害处，因此必须将重要性原则与可靠性原则结合起来，可靠的信息不一定都重要，会计人员提供的重要信息应尽可能保证其可靠。

（七）谨慎性

谨慎性要求企业对交易或事项进行会计处理时应当保持应有的谨慎，不高估资产或者收益，不低估负债和费用。即"宁可预计可能的损失，不可预计可能的收益"。

在企业的经济活动面临许多风险和不确定性的情况下，会计核算应尽可能减少经营者的风险负担，不高估企业的资产或收益，对可能发生的负债或费用则要算足。例如，企业应当定期或者至少在每年年度终了时，对可能发生的各项资产损失计提减值准备，就充分体现了谨慎性原则对会计信息的修正。

谨慎性原则是企业会计核算中一项重要原则，运用广泛，可防止抬高资产和收益，压低负债和费用，并起到预警风险和化解风险的作用，但实际运用中存在利用谨慎性原则操纵利润的现象，因此谨慎性又是颇具争议的计量原则。

谨慎性的应用不允许企业设置秘密准备。如果企业故意低估资产或收益，故意高估负债或费用，将不符合会计信息的可靠性和相关性要求，会损害会计信息的质量，从而对信息使用者产生误导，这是不符合会计准则要求的。

（八）及时性

及时性要求企业对于已经发生的交易或事项，应当及时进行会计处理，不得提前或延后。

会计信息的价值在于帮助信息使用者做出经济决策，对决策有用的信息一定具有时效性。企业如果不能及时提供会计信息，即使是可靠的、相关的会计信息，也可能会失去时效性，从而大大降低对使用者的效用，即会计信息的相关性大打折扣，甚至不再具有实际意义。

为了保证提供的会计信息及时，企业应及时地收集、整理各种原始凭证，及时按照规定对发生的交易或事项进行会计处理，并在国家统一的会计制度规定的时限内，及时将编制出的财务会计报告传递给财务会计报告使用者。

第五节　会计要素与会计等式

一、会计要素的定义、确认与分类

会计要素是对会计对象按其交易或者事项的经济特征所做出的基本分类。我国企业会计准则将企业会计要素分为资产、负债、所有者权益、收入、费用和利润六大项。其中资产、负债和所有者权益侧重于反映企业一定时点上资金分布的财务状况，通常被称为静态会计要素，在资产负债表中列示；而收入、费用和利润则侧重于反映企业在一定时期内资金运动的经营成果，通常被称为动态会计要素，在利润表中列示。

（一）资产

1. 资产的定义

资产是指企业过去的交易或事项形成的、由企业拥有或者控制的、预期会给企业带来经济利益的资源。资产可以具有实物形态，如房屋、机器设备、各种商品和材料等，也可以不具有实物形态，如以债权形态出现的各种应收款项，以特殊权利形态出现的专利权、商标权等无形资产。

资产具有以下几方面特征。

（1）资产预期会为企业带来经济利益。资产预期会为企业带来经济利益，是指资产直接或者间接导致现金和现金等价物流入企业的潜力。这种潜力可以来自企业日常的生产经营活动，也可以是非日常活动；带来的经济利益可以是现金或者现金等价物，或者可以转化为现金或者现金等价物，或者是可以减少现金或者现金等价物的流出。

资产预期能够给企业带来经济利益是资产的重要特征。在实际工作中，有些企业将已失去效益的陈旧商品或产品仍按其历史成本在资产中"挂账"，但这些所谓的资产已经不能给企业带来经济利益，不符合资产的定义，应该在账面上及时按照规范进行处理，否则既夸大了资产，又虚增了利润，造成会计信息失真。

（2）资产应为企业拥有或控制的资源。拥有是指拥有产权（所有权）；控制是指虽然所有权不属于企业，但是企业实质上获得了该资产所提供的主要经济利益，同时承担了与资产有关的风险，按照实质重于形式的要求，也应将其作为企业资产予以确认。例如，企业采用融资租赁方式租入固定资产，承租企业要将其确认为资产，并且计提固定资产折旧。

（3）资产是由企业过去的交易或事项形成的。过去的交易或事项包括购买、生产、建造行为或者其他交易或事项。只有过去的交易或者事项才能产生资产，对企业预期在未来发生的交易或者事项可能形成的资产不能加以确认。资产必须是现实的资产，而不能是预期的资产。

2. 资产的确认条件

将一项资源确认为资产，需要符合资产的定义，并同时满足以下两个条件。

（1）与该资源有关的经济利益很可能流入企业。从资产的定义可以看到，能否带来经济利益是资产的一个本质特征，但现实生活中，与资源有关的经济利益能否流入企业或者能流入多少有很多不确定性。因此，资产的确认还应与经济利益流入的不确定性程度的判断结合起来。如果编制财务报表时，能取得证据证明与资源有关的经济利益很可能流入企业，那么应当将其作为资产予以确认，否则不能确认为资产。

（2）该资源的成本或者价值能够可靠地计量。会计是一个确认、计量和报告的系统，其中计量属于枢纽，会计要素只有可计量才能予以确认，因此资产必须在能够可靠地计量时才能加以确认。

3. 资产的分类

资产按其流动性可分为流动资产与非流动资产。会计上的流动性主要是指资产的变现能力。

流动资产是指在一年或者超过一年的一个营业周期内变现或耗用的资产，包括库存现金、银行存款、交易性金融资产、应收及预付款项、存货等。非流动资产是指不符合流动资产定义的资产，或者是超过一年或一个营业周期才变现或耗用的资产，通常包括长期股权投资、固定资产、在建工程、无形资产等。

（1）库存现金。库存现金是指存放于企业财会部门、由出纳人员经管的纸币或者硬币，主要用于企业零星收付。库存现金是企业流动性最强的资产，企业应当严格遵守国家有关现金管理制度，正确进行现金收支的核算，进行严格的监管。库存现金有限额要求，一般按照单位3—5天日常零星开支所需现金确定，并由开户行根据开户单位的实际需要和距离银行远近等情况核定。

（2）银行存款。银行存款是指储存在银行或其他金融机构的款项，是货币资金的组成部分。每一企业都必须在中国人民银行或专业银行开立存款户，办理存款、取款和转账结算等。根据我国现金管理制度的规定，超过现金结算起点的收付一律通过银行进行结算。

（3）交易性金融资产。交易性金融资产是指企业持有的随时可以用于交易的股票、债券、基金等金融资产。企业持有此类金融资产的目的主要是为贱买贵卖，赚取价差。

（4）应收及预付款项。应收及预付款项是指企业在日常生产经营过程中发生的各项债权，包括应收款项和预付款项。应收款项包括应收票据、应收账款和其他应收款等；预付款项是指企业按照合同规定预付的款项，即预付账款。

应收票据是指企业因销售商品或提供劳务而收到的尚未到期的商业汇票。商业汇票是指由出票人出票，并由承兑人允诺在一定时期内支付一定款项的书面证明。商业汇票按承兑人不同分为银行承兑汇票和商业承兑汇票。如承兑人是银行的票据，则为银行承兑汇票；如承兑人为购货单位的票据，则为商业承兑汇票。

应收账款是指企业因销售商品或提供劳务应该收取而尚未收取的款项。

其他应收款是指企业除上述债权以外的其他各种应收及暂付款项。包括应收的各种赔款、罚款，应向职工收取的各种垫付款项，企业向各职能科室、车间、个人周转使用等拨出的备用金，存出保证金等。

（5）存货。存货是指企业在日常活动中持有以备出售的产成品或商品、处在生产过程中的在产品、在生产过程或提供劳务过程中耗用的材料和物料等。

（6）长期股权投资。长期股权投资是指企业通过投资持有被投资单位的股份并不准备在一年内变现的投资。企业进行长期股权投资主要是为控制被投资单位，或对被投资单位施加重大影响，或为了与被投资单位建立密切关系，以分散经营风险等。

（7）固定资产。固定资产是指使用年限在一年以上，单位价值在规定标准以上，并在使用过程中保持原来物质形态的资产，包括房屋、建筑物、机器设备、运输设备、工具器具等。

（8）无形资产。无形资产是指企业为生产商品或者提供劳务、出租给他人，或为管理目的而持有的、没有实物形态的、可辨认的非货币性长期资产，包括专利权、商标权、著作权、土地使用权等。

资产的分类如图 1-1 所示。

资产 { 流动资产：库存现金、银行存款、交易性金融资产、应收及预付款项、存货等
非流动资产：长期股权投资、固定资产、无形资产、其他资产等

图 1-1　资产按流动性分类

（二）负债

1. 负债的定义

负债是过去的交易或事项形成的，预期会导致经济利益流出企业的现时义务。

负债具有以下几方面特征。

（1）负债是企业承担的现时义务，这是负债的基本特征。现时义务是指企业在现行条件下已承担的义务。未来发生的交易或事项形成的义务，不属于现时义务，不能确认为企业的负债。

这里所说的义务，既可以是法定义务，也可以是推定义务。其中法定义务是指具有法定约束力的合同或者法律法规规定的义务，在法律意义上需要强制执行。例如，企业赊购原材料形成的应付账款属于法定义务，需要依法偿还。推定义务是指企业多年的习惯做法，公开承诺或公开宣布的政策导致的企业应当承担的责任，如企业制定的售后保修服务政策就属于推定义务，也应当确认为负债。

（2）负债的本质是经济责任，其清偿会导致经济利益流出企业，这是负债的本质特征。只有在企业履行义务时导致经济利益流出企业的，才属于企业的负债。这种经济利益流出企业的形式多种多样，包括用资产或劳务，或资本偿还债务等方式。

（3）负债是由于过去的交易或事项形成的。只有过去的交易或事项才能形成负债，未来发生的承诺、签订的合同等不形成负债。

2. 负债的确认条件

将一项现时义务确认为负债，需要符合负债的定义并同时满足以下两个条件。

（1）与该义务有关的经济利益很可能流出企业。从负债定义可以看出，导致经济利

益流出企业是负债的一个本质特征。但是在实务中，履行义务所流出的经济利益也带有不确定性，尤其是推定义务引起的经济利益流出往往需要较多的估计。因此，负债的确认应当与经济利益流出的不确定性程度的判断结合起来。如果有证据表明，与现时义务有关的经济利益很可能流出企业，则应当将其作为负债予以确认；否则，如果企业承担了现时义务，但是因此而导致的经济利益流出的可能性很小，就不符合负债的确认条件，不应作为负债予以确认。

（2）未来流出的经济利益能够可靠地计量。负债的确认还要考虑未来流出的经济利益的金额应当能够可靠地计量。对于与法定义务有关的经济利益流出金额，通常可以根据合同或者法律规定的金额确定；对于与推定义务有关的经济利益流出金额，企业应当根据履行相关义务所需支付的金额的最佳估计数进行估计，同时考虑货币的时间价值和风险等因素。

3. 负债的分类

负债按照偿还期长短可分为流动负债和非流动负债。

流动负债是指将在一年或者超过一年的一个营业周期内偿还的债务，包括短期借款、应付票据、应付账款、应付职工薪酬、应交税费、应付股利等。非流动负债是指偿还期在一年或者超过一年的一个营业周期以上的债务，包括长期借款、应付债券等。

（1）短期借款。短期借款是指企业根据生产经营的需要，从银行或其他金融机构借入的、偿还期在一年以内的各种借款，包括生产周转借款、临时借款等。

（2）应付票据。应付票据是指企业因采用商业汇票结算方式在购买商品或接受劳务时开具给收款人或持有人的特定金额和期限的商业汇票。

（3）应付账款。应付账款是指因购买商品或者接受劳务应该支付而尚未支付的款项。

（4）预收账款。预收账款是指按照买卖双方协议或者合同，由购货方预先支付一部分（或全部）货款给销售方的款项。这是一项要用以后的商品或劳务来偿还的负债。

（5）应付职工薪酬。应付职工薪酬是指企业根据有关规定应付给职工的各种薪酬。薪酬费用一般按月结算，但是员工为企业服务一天，企业就欠一天员工的薪酬，因此在企业实际发放薪酬之前，就形成了企业对员工的一笔流动负债。

（6）应交税费。应交税费是指企业在从事生产经营活动中，按照现行税法采用一定的计税方法计算的应该向国家缴纳而尚未缴纳的各种税款。应交税费包括企业依法缴纳的增值税、消费税、企业所得税、资源税、土地增值税、城市维护建设税、房产税、城镇土地使用税、车船税、教育费附加、矿产资源补偿费等税费，以及在上缴国家之前，由企业代收代缴的个人所得税等。

（7）应付股利。应付股利是指企业应付给投资者的利润，包括应付国家、其他单位以及个人的投资利润等。

（8）其他应付款。其他应付款是指除上述各种应付暂收款项外的、与企业的主营业务没有直接关系的其他应付暂收款项，如应付租入固定资产和包装物的租金、存入保证金、应付统筹退休金、职工未按期领取的工资等。

（9）长期借款。长期借款是指企业向银行或其他金融机构借入的期限在一年以上（不含一年）的各项借款，主要用于扩大生产经营、添置各种机械设备、建造厂房等。

（10）应付债券。应付债券是指是指企业为筹集长期资金而实际发行的债券及应付的利息，它是企业筹集长期资金的一种重要方式。

（11）长期应付款。长期应付款是指除了长期借款和应付债券以外的其他各种长期应付款。主要有应付补偿贸易引进设备款和应付融资租入固定资产租赁费等。

负债的分类如图1-2所示。

负债 { 流动负债：短期借款、应付票据、应付账款、预收账款、应付职工薪酬、应交税费、应付股利、其他应付款等
非流动负债：长期借款、应付债券、长期应付款

图1-2　负债按偿还期分类

（三）所有者权益

1. 所有者权益的定义

所有者权益是指所有者在企业资产中享有的经济利益，是企业资产扣除负债后、由所有者享有的剩余权益，又称为股东权益。

所有者权益具有以下基本特征。

（1）所有者权益是一种剩余权益，除非发生减资、清算，企业不需偿还所有者权益。

（2）所有者权益是对企业净资产的要求权，净资产是资产减去负债后的余额。

（3）所有者能凭借所有者权益参与利润的分配。

2. 所有者权益的确认条件

按照所有者权益的定义，所有者权益的确认不可能像资产、负债那样，有单独的确认标准，其确认主要依赖于资产、负债的确认，因此，资产、负债的确认条件即所有者权益的确认条件。

3. 所有者权益的构成

所有者权益的构成包括企业所有者投入的资本、直接计入所有者权益的利得或者损失（其他综合收益）以及在经营中形成的留存收益等，通常由股本（或者实收资本）、资本公积（含股本溢价或者资本溢价、其他资本公积）、盈余公积和未分配利润等构成。

（1）实收资本。实收资本是指投资者作为资本投入企业的各种财产，是企业注册登记的法定资本总额的来源，它表明所有者对企业的基本产权关系。实收资本的构成比例是企业据以向投资者进行利润或股利分配的主要依据。《中华人民共和国企业法人登记管理条例》规定，除国家另有规定外，企业的实收资本应当与注册资本一致。

（2）资本公积。资本公积是指企业收到投资者超过其在企业注册资本（或股本）中所占份额的投资，以及某些其他特定情况下直接计入所有者权益的项目。资本公积包括股本溢价或者资本溢价和其他资本公积。

（3）盈余公积。盈余公积是指企业从税后利润中提取形成的、存留于企业内部的、具有特定用途的收益积累。一般盈余公积分为法定盈余公积和任意盈余公积。其中法定

盈余公积是按照《中华人民共和国公司法》的要求提取，任意盈余公积主要是上市公司按照股东大会的决议提取。企业提取的盈余公积可用于弥补亏损、扩大生产经营、转增资本（或股本）或派送新股等。

（4）未分配利润。未分配利润是指企业实现的净利润经过弥补亏损、提取盈余公积和向投资者分配利润后留存在企业的、历年结存的、留待以后年度分配的利润。盈余公积和未分配利润统称为留存收益。

所有者权益构成如图1-3所示。

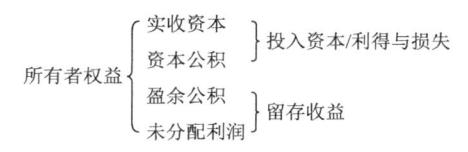

$$
\text{所有者权益}\begin{cases}\begin{rcases}\text{实收资本}\\\text{资本公积}\end{rcases}\text{投入资本/利得与损失}\\\begin{rcases}\text{盈余公积}\\\text{未分配利润}\end{rcases}\text{留存收益}\end{cases}
$$

图1-3 所有者权益的构成

（四）收入

1. 收入的定义

收入是指企业在日常活动中发生的、会导致所有者权益增加的、与所有者投入资本无关的经济利益的总流入。

收入具有以下几方面特征。

（1）收入是企业在日常活动中产生的经济利益流入。日常活动属于持续性的、长期性的企业工作，是指企业为完成其经营目标所从事的经常性活动以及与之相关的活动。比如，工业企业制造商品并销售，咨询公司提供咨询服务，租赁公司出租资产等，均属于日常活动。非日常活动所形成的经济利益流入不能确认为收入，只能确认为利得。

（2）收入是与所有者投入资本无关的经济利益的总流入。收入会导致经济利益的流入，从而导致资产的增加。例如，销售商品收到现金，或者相当于收到未来收取现金的权利，即应收账款等，符合收入的定义，予以确认。如果经济利益的流入是所有者投入资本的增加所导致的，就不能确认为收入，应当确认为所有者权益。

（3）收入会导致所有者权益增加。这里的所有者权益增加不是由投资者的投资形成的，而是由利润形成的。企业接受投资者投入收到的款项，能够导致企业的实收资本和资本公积增加，但不能确认为收入。

2. 收入的确认条件

企业应当在履行了合同中的履约义务，即在客户取得相关商品或者服务控制权时确认收入。取得相关商品控制权，是指能够主导该商品的使用并从中获得几乎全部的经济利益。

3. 收入的分类

根据我国企业会计准则的规定，收入仅指企业日常生产经营活动产生的营业收入，不包括利得，包括销售商品的收入、提供劳务的收入和让渡资产使用权的收入等。

收入按照其经营业务的重要性分为主营业务收入和其他业务收入。

（1）主营业务收入。主营业务收入是指企业为完成其经营目标而从事的日常活动中的经常性的、主要业务所产生的基本收入，如制造业企业销售产品、半成品和提供工业性劳务作业的收入，商品流通企业销售商品的收入，旅游服务业的门票收入、客房收入、餐饮收入等。通常情况下，主营业务收入占据企业营业收入的较大比重，对企业效益有重要影响。

（2）其他业务收入。其他业务收入是指来自主营业务以外的其他日常活动所形成的经济利益的流入，如工业企业销售材料，提供非工业性劳务等。其他业务收入具有不经常发生、每笔业务金额一般较小、占收入的比重较低等特点。

收入的分类如图 1-4 所示。

$$收入\begin{cases}主营业务收入：销售商品、提供工业性劳务\\其他业务收入：销售材料、技术转让、固定资产和包装物出租等\end{cases}$$

图 1-4　收入的分类

（五）费用

1. 费用的定义

费用是指企业在日常活动中发生的、会导致所有者权益减少的、与向所有者分配利润无关的经济利益的总流出。

费用具有以下几方面特征。

（1）费用是日常活动中发生的。这些日常活动的界定与收入涉及的日常活动的界定是一致的，如销售成本、工资薪金、管理费用等。非日常活动导致的经济利益的流出，如自然灾害损失、支付罚款开支等应计为损失。因此，费用也是一个狭义的概念，不包括损失。

（2）费用是与向所有者分配利润无关的经济利益的总流出。费用的发生会导致经济利益的流出，从而导致资产的减少或负债的增加，或者兼而有之（最终也会导致资产的减少）。总之，会导致经济利益流出企业，但这种流出不包含向所有者分配的利润。向投资者分配利润属于所有者权益的抵减项目，不应确认为费用。

（3）费用会导致所有者权益的减少。不会导致所有者权益减少的经济利益的流出不符合费用的定义，不应当确认为费用。例如，企业购买机械设备或者用资产偿还债务，都会导致经济利益流出企业，但不会导致所有者权益的减少，不能当作费用处理。

2. 费用的确认条件

费用在确认时，除了满足费用的定义外，还要满足费用的确认条件：与费用相关的经济利益很可能流出企业；经济利益流出企业会导致资产的减少或者负债的增加；经济利益的流出额能够可靠地进行计量。

3. 费用的分类

费用的分类与收入基本一致。按照我国企业会计准则对费用的定义，企业的全部费用包括营业成本和期间费用以及相关税费。

1）营业成本

营业成本包括主营业务成本和其他业务成本。

主营业务成本是指企业已经销售出去的产品的生产成本，即商品销售成本，是通过单位产品生产成本和已销产品的数量相乘得到的。而产品生产成本是企业为生产产品或提供劳务而发生的各项生产费用，包括各项直接支出和制造费用。直接支出包括直接材料（原材料、辅助材料、备品备件、燃料及动力等）、直接工资（生产人员的工资、补贴）、其他直接支出（如福利费）；制造费用是指企业内的分厂、车间为组织和管理生产所发生的各项费用，包括分厂和车间管理人员工资、折旧费、维修费及其他制造费用（办公费、差旅费、劳保费等）。

其他业务成本是企业除主营业务活动以外的其他经营活动所发生的成本，包括销售材料成本，出租固定资产折旧额，出租无形资产摊销额，出租包装物成本或摊销额等。

2）期间费用

期间费用是指企业本期发生的、不能直接或间接归入营业成本，而是直接计入当期损益的各项费用，包括销售费用、管理费用和财务费用等。

销售费用是指企业在销售产品、自制半成品和提供劳务等过程中发生的各项费用。管理费用是指企业行政管理部门为组织和管理生产经营活动而发生的各项费用。财务费用指企业在生产经营过程中为筹集资金而发生的筹资费用。

3）相关税费

相关税费是指企业在生产经营过程中应负担的各种税费，主要包括税金及附加和所得税费用。

税金及附加是指企业经营主要业务应负担的消费税、城市维护建设税、资源税、教育费附加、房产税、城镇土地使用税、车船税、印花税等相关税费。

所得税费用是指企业按照税法规定，按照企业的经营利润的一定比例计算缴纳的所得税。企业所得税会导致企业的经济利益流出，对于企业来说是一种重要的费用。

费用的分类如图 1-5 所示。

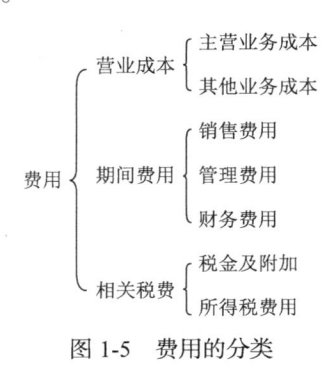

图 1-5　费用的分类

（六）利润

1. 利润的定义

利润是指企业在一定会计期间内的经营成果。通常情况下，企业实现了利润，企业的所有者权益会得到增加,业绩得到提升;反之如果利润为负,则表明发生了亏损,企业所有者权益会减少,业绩下滑。利润既是衡量经营者业绩的重要指标,也是外部投资者等信息使用者进行决策的重要参考。

2. 利润的确认条件

利润不是一个独立的会计要素,利润的计量依赖于全部收入抵减全部费用后的余额,不能单独确认利润。因此,收入、费用、利得、损失的确认条件即为利润的确认条件。

3. 利润的构成

全部收入减去全部费用的结果就是利润(如果是负数就是亏损)。这里的全部收入和全部费用既包括营业收入和营业成本及期间费用,也包括计入当期利润的利得和损失等。利润有营业利润、利润总额和净利润三个层次。

(1)营业利润。营业利润是企业利润的主要来源,它又分主营业务利润和其他业务利润。

(2)利润总额。利润总额也称税前利润,主要由营业利润和营业外收支净额构成。

(3)净利润。净利润也称税后利润,是利润总额减去所得税费用后的差额。

以上利润层次涉及的概念细节及计算公式将在第三章第六节详细阐述。

二、会计要素的计量属性及其应用原则

(一)会计要素的计量属性

会计要素的计量是企业在将符合确认条件的会计要素登记入账并列报于会计报表及其附注时,应当按照规定的会计计量属性进行计量,确定其金额。计量属性是指所计量的某一要素的特性或外在表现形式。根据我国企业会计基本准则,会计要素计量属性主要包括如下几个方面。

(1)历史成本。在历史成本计量属性下,资产按照购入时支付的现金或者现金等价物的金额,或者按照购入时所付出的对价的公允价值计量。负债按照因承担现时义务而实际收到的款项或者资产的金额,或者承担现时义务的合同金额,或者按照日常活动中为偿还负债预期需要支付的现金或者现金等价物的金额计量。历史成本是我国会计要素的一个基本计量属性。

(2)重置成本。在重置成本计量属性下,资产按照现在购买相同或者相似资产所需支付的现金或者现金等价物的金额计量,负债按照现在偿付该项债务所需支付的现金或者现金等价物的金额计量。

(3)可变现净值。在可变现净值计量属性下,资产按照其正常对外销售所能收到现金或者现金等价物的金额扣减该资产至完工时估计将要发生的成本、估计的销售费用以及相关税费后的金额计量。

(4)现值。在现值计量属性下,资产按照预计从其持续使用和最终处置中所产生的未来净现金流入量的折现金额计量,负债按照预计期限内需要偿还的未来净现金流出量

的折现金额计量。

（5）公允价值。在公允价值计量属性下，资产和负债按照在公平交易中，熟悉情况的交易双方自愿进行资产交换或者债务清偿的金额计量。

（二）会计要素各计量属性之间的关系

在各会计要素计量属性中，历史成本通常反映的是资产或者负债过去的价值，而重置成本、可变现净值、现值以及公允价值通常反映的是资产或负债的现时成本或者现时价值，是与历史成本相对应的计量属性。但是这种关系是相对的，公允价值相对于历史成本而言，具有很强的时间概念。当前的资产或者负债的历史成本很多都是根据交易时有关资产或者负债的公允价值确定的，而当前某项资产或负债的公允价值也许就是未来的该项资产或负债的历史成本。

在应用公允价值时，当相关资产或者负债不存在活跃市场的报价或者不存在同类或者类似资产的活跃市场报价时，需要采用估值技术来确定相关资产或者负债的公允价值，而现值是普遍采用的一种估值方法，在这种情况下，公允价值就是以现值为基础确定的。

（三）会计要素计量属性的应用原则

企业在对会计要素进行计量时，一般应当采用历史成本。采用重置成本、可变现净值、现值、公允价值计量的，应当保证所确定的会计要素金额能够取得并可靠计量。

在企业会计准则体系建设中适度、谨慎地引入公允价值这一计量属性，是因为随着我国资本市场的发展及股权分置改革的基本完成，越来越多的股票、债券、基金等金融产品在交易所挂牌上市，使得这类金融资产的交易已经形成了较为活跃的市场，因此我国已经具备了引入公允价值的条件。在这种情况下，引入公允价值，更能反映企业的现实情况，对投资者等财务报告使用者的决策更加有用，而且也只有如此，才能实现我国会计准则与国际财务报告准则的趋同。

值得一提的是，我国引入公允价值是适度、谨慎和有条件的。原因是考虑到我国尚属新兴的市场经济国家，如果不加限制地引入公允价值，有可能出现公允价值计量不可靠，甚至借此人为操纵利润的现象。因此，在投资性房地产和生物资产等具体准则中规定，只有在公允价值能够取得并可靠计量的情况下，才能采用公允价值计量。

三、会计等式

对会计核算和监督的内容进行具体分类的项目是会计要素。企业共有资产、负债、所有者权益、收入、费用和利润六大会计要素。企业的会计要素并不是各自孤立、单独存在的，它们之间存在着一定的数量上的联系。

（一）资产、负债和所有者权益的关系

资产、负债和所有者权益反映企业的财务状况，任何一个企业要进行经济活动，必须具备一定的物质条件，也就是能给企业带来经济利益的经济资源，即各种资产，如货币资金、原材料、产成品或库存商品、设备、房屋等。

企业所拥有的资产总是由某一投资者投入一定量的资本形成的。投资者以一定的方式对企业投资后，对企业的要求权是不一样的。有的投资者对企业投资后，仅要求企业按期偿还本金，并按照规定的利息率偿还利息。对于这类投资者，会计上称为债权人。债权人通常以借款、应收款的形式对企业进行投资。会计学中将债权人的投资称为负债或者债权人权益。有的投资者对企业投资后，要求参与企业的经营管理，并按投资比例从经营成果中获取一定的报酬。对于这类投资者，会计上称为所有者（或者股东）。会计学中将所有者的投资称为所有者权益（或者股东权益）。

如上所述，企业资金的占用形态形成了企业的资产，资产来源于债权人权益和所有者权益。因此，资产与权益必然相等，从一定日期这一相对静止的状态来看，资产总额与负债及所有者权益总额的合计必然相等。

资产、负债和所有者权益之间的关系如下：

$$资产=负债+所有者权益$$

或者

$$资产=债权人权益+所有者权益$$

或者

$$资产=权益$$

这个关系式是静态会计等式，是最基本的会计等式，也被称为会计恒等式。因为无论在什么情况下，发生什么经济业务，这个关系式都不会被破坏。会计恒等式也叫作会计核算的平衡公式，是会计核算的一个基本理论问题，反映了会计基本要素之间的数量关系和企业产权的归属关系，它是设置会计科目、进行复式记账和编制会计报表的理论依据。

（二）收入、费用和利润的关系

企业通过所有者和债权人的投资获得各种形式的资产，其目的是通过经济活动获取盈利，也就是通过为满足社会需求提供商品或劳务来达到营利的目的。在市场经济条件下企业提供商品或劳务的目的必然是获得一定量的经济利益流入。会计上将能够用货币表现的、由于进行经营活动产生的经济利益流入称为收入。企业为取得一定数量的收入，必然要付出相应的代价，如为销售商品发生的销售人员的工资、设备、房屋的损耗，材料的耗费。也就是说，要获得一定量的经济利益流入，总是要有相应的经济利益流出或耗费。会计上将能够用货币表现的经济利益流出或耗费称为费用。费用是为取得收入所付出的代价，是需要从收入中得到补偿的耗费。不论是经济利益流入还是经济利益流出，都必须能够用货币计量。

会计从产生开始，就具备了记录、计量所得及耗费、评价得失的功能。所得和耗费分别为收入和费用，收入与费用相比较的结果就是经济活动的财务成果，收入大于费用的余额，会计上称为利润；反之，称为亏损。如果实现利润，所有者将要求分享利润，即利润分配。其分配的形式主要是提取盈余公积、向投资者分配利润、未分配利润。其中盈余公积和未分配利润作为投资者投资的增值留在企业，故称为留存收益。如果出现亏损，所有者应按照投资比例承担亏损造成的损失，并采用一定的方式进行弥补，以保证经济活动在原有的规模上进行，即亏损弥补。由于收入和费用都能够用货币计量，由此计量的利润及利润分配、亏损及亏损弥补也能够以货币表现。

收入、费用和利润反映企业的经营成果，它们之间的关系如下：

$$收入-费用=利润$$

收入、费用和利润之间的上述关系是编制利润表的基础。

（三）资产、负债和所有者权益变动的对应平衡关系

由于收入−费用=利润，利润属于所有者权益，因此，会计要素之间的联系为：

$$资产=负债+所有者权益（不含利润）+收入-费用$$

或者

$$资产+费用=负债+所有者权益（不含利润）+收入$$

或者

$$资产=负债+所有者权益（不含利润）+利润$$

在会计期初既无收入也无费用，会计等式为：资产=负债+所有者权益。随着生产经营活动的进行，在会计期间内企业一方面取得了各种收入，另一方面也必然会发生与取得收入相关的各种费用支出。在取得收入和发生费用的同时会引起以下的会计要素发生变动：取得收入，并因此而增加资产或减少负债；发生费用，并因此而减少资产或增加负债。其取得的收入扣除发生的费用而形成的利润一般在结算之前要分别反映。因此，会计等式就转化为资产+费用=负债+所有者权益（不含利润）+收入，就是资产=负债+所有者权益（不含利润）+收入−费用，到会计期末企业的收入扣除费用所形成的利润要进行分配，除了向投资者分配的利润退出企业外，提取的盈余公积和未分配利润要归入所有者权益，这时会计等式又恢复为期初的会计等式，即资产=负债+所有者权益。

综上所述，任何经济业务的发生都不会破坏会计等式的平衡关系，由于这个平衡原理揭示了会计要素之间的这种规律性联系，因而它是设置会计科目、复式记账和编制会计报表的理论依据。反过来讲，按照这个平衡原理建立的各种会计方法，能够清楚地反映资产与负债、所有者权益各个要素之间的规律性联系，可以为经济管理提供各种会计信息。

（四）经济业务的发生对会计恒等式的影响

会计恒等式反映了企业在特定日期静态的财务状况，在企业生产经营过程中，不断发生各种经济业务，这些经济业务在会计核算中称为会计事项，这些经济业务尽管是多

种多样的，但归纳起来不外乎是四种类型，但不论哪一种类型经济业务的发生都不会破坏资产与权益的平衡关系。

第一，经济业务发生引起资产项目之间此增彼减，且增减金额相等。例如，用银行存款 2000 元购买原材料，这项业务发生以后，只会引起资产内部两个项目以相等的金额一增一减，那么这一增一减只表明资产占用形态的变化，而不会引起资产总额的变动，更不会涉及负债和所有者权益这两个项目。因此，资产与权益的总额仍然保持平衡的关系。

第二，经济业务的发生引起负债和所有者权益项目之间此增彼减，且增减数额相等。例如，向银行借入短期借款 1000 元，直接偿还应付账款，短期借款和应付账款都是负债项目，那么这项业务的发生只会引起两个负债项目以相等的金额一增一减。这一增一减只表明资金来源渠道的转化，就是从应付账款转化为短期借款，既不会引起负债和所有者权益总额发生变动，也没有涉及资产项目，因此资产与负债、所有者权益的总额仍然保持平衡关系。

第三，经济业务的发生引起资产项目和负债、所有者权益项目同时增加，双方增加的金额相等。例如，接受其他单位投资新设备一台，价值 26 000 元，这项业务的发生一方面使企业固定资产增加了 26 000 元，另一方面，使企业的实收资本即所有者权益增加了 26 000 元，资产项目和权益项目以相等的金额同时增加，双方的总额虽然发生了变动，但是仍然保持平衡关系。

第四，经济业务的发生引起资产项目和负债、所有者权益项目同时减少，双方减少金额相等。例如，用银行存款 8000 元偿还长期借款，那么这项业务的发生使银行存款资产项目和长期借款负债项目同时减少 8000 元，从而使双方总额发生变动但是仍然保持平衡，虽然对会计要素产生了影响但是没有破坏"资产=负债+所有者权益"的平衡关系。

如果将上述四种业务类型中的权益具体划分为负债、所有者权益，那么还可以分为以下九种情况。

（1）资产要素的一增一减。例如，从银行提取现金，库存现金资产增加，银行存款资产减少，资产要素一增一减，金额相等，会计恒等式不变。

（2）负债要素的一增一减。例如，企业开出银行承兑汇票抵付前欠应付账款，属于应付票据负债增加，应付账款负债减少，负债要素一增一减，金额相等，会计恒等式不变。

（3）所有者权益要素的一增一减。例如，以资本公积转增资本，企业实收资本增加，资本公积减少，所有者权益要素一增一减，金额相等，会计恒等式不变。

（4）负债要素增加，所有者权益要素减少。例如，企业宣告分配现金股利，这项业务会使企业作为所有者权益的未分配利润减少，同时形成对股东的一项负债，即应付股利增加。这项业务使恒等式右端两项权益内部一增一减，恒等式左右金额不变。

（5）负债要素减少，所有者权益要素增加。例如，企业债务重组时将负债转作资本，这项业务会使企业原有的负债，如应付账款减少，同时增加企业的投入资本，即实收资本增加。这同样使恒等式右端两项权益内部一增一减，恒等式左右金额不变。

（6）资产、负债要素同时增加。例如，企业从银行取得短期借款存入银行，银行存款资产增加的同时，短期借款负债增加了，资产负债同增，金额相等，会计恒等式左右金额同时增加,恒等式左右仍然相等。

(7)资产、所有者权益要素同时增加。例如,企业收到投资者投入的货币资金,并将其存入银行,会使银行存款增加,同时企业的实收资本增加。恒等式左右两端同时增加相等金额,恒等式仍然成立。

(8)资产负债要素同时减少。和上例相反,企业以银行存款归还到期短期借款,会使银行存款与短期借款同时减少,恒等式左右同时减少相同金额,恒等式仍然相等。

(9)资产、所有者权益要素同时减少。例如,企业经批准减资,用企业的银行存款归还投资者,导致企业银行存款和实收资本同时减少。恒等式左右两端同时减少相等金额,恒等式仍然成立。

上述四大类九种经济业务对会计恒等式的影响如表1-1所示。

表1-1 各类经济业务对会计恒等式的影响

业务类型	业务种类	会计恒等式			等式两端数量结果	业务举例
		资产	权益			
			负债	所有者权益		
资产内部此增彼减	1	增减			不变	从银行提取现金
权益内部此增彼减	2		增减		不变	开具商业汇票偿还应付账款
	3			增减	不变	资本公积转增资本
	4		增	减	不变	向投资者分配利润
	5		减	增	不变	企业将债权转为股权
资产和权益同增	6	增	增		增加	从银行取得短期借款存入银行
	7	增		增	增加	收到投资者投入的货币资金
资产和权益同减	8	减	减		减少	用银行存款偿还银行借款
	9	减		减	减少	用银行存款归还投资

由此可见,尽管经济业务种类繁多,千变万化,但无论发生什么经济业务,都不影响资产与负债、所有者权益的平衡关系。资产、负债和所有者权益之间的平衡关系是编制资产负债表的基础。

第六节 会计方法

一、会计的方法体系

会计的方法是用来反映和监督会计对象、完成会计任务的手段。研究和运用会计方法是为了实现会计的目标,更好地完成会计任务。

会计的方法是从会计实践中总结出来的,并随着社会实践的发展、科学技术的进步以及管理要求的提高而不断地发展和完善。会计方法是用来反映和监督会计对象的,由于会计对象多种多样,错综复杂,从而决定了反映、监督、检查、分析和预测会计对象的手段不是单一的，而是形成了一个方法体系。随着会计职能的扩展和管理要求的提高，这个方法体系也将不断地发展和完善。会计的方法体系包括会计核算方法、会计分析方法和会计检查方法等。其中，会计核算方法是基础，会计分析方法是会计核算方法的继续和发展，会计检查方法是会计核算方法和会计分析方法的保证。

本节主要阐述会计核算方法。

二、会计核算方法

会计核算方法是指会计对企事业、机关单位已经发生的经济活动进行连续、系统和全面的反映与监督所采用的方法。会计对象的多样性和复杂性，决定了用来对其进行反映和监督的会计核算方法的多样性。会计核算方法由设置会计科目与账户、复式记账、填制和审核会计凭证、登记账簿、成本计算、财产清查和编制会计报表等具体方法构成。

（一）设置会计科目与账户

进行会计核算之前，应将多种多样、错综复杂的会计对象的具体内容进行科学的分类，这些根据会计对象的具体内容和经济管理的要求，事先规定分类核算的项目或标志的专门方法就是设置会计科目。而账户是对会计对象的具体内容分门别类地进行记录、反映的工具。设置账户就是根据国家统一规定的会计科目和经济管理的要求，来科学地建立账户体系的过程。只有设置账户，通过分类地反映和监督，才能提供管理所需要的各种指标。因此会计科目与账户，两者缺一不可，它们是会计在从事财务工作时，必须记录的两个项目。

（二）复式记账

复式记账就是对每笔经济业务，都以相等的金额在相互关联的两个或两个以上有关账户中进行登记的一种专门方法。复式记账有着明显的特点，即它对每项经济业务都必须以相等的金额，在相互关联的两个或两个以上账户中进行登记，使每项经济业务所涉及的两个或两个以上的账户之间产生对应关系；同时，在对应账户中所记录的金额又平行相等；通过账户的对应关系，可以了解经济业务的内容；通过账户的平行关系，可以检查有关经济业务的记录是否正确。复式记账可以相互联系地反映经济业务的全貌，也便于检查账簿记录是否正确。

（三）填制和审核会计凭证

填制和审核会计凭证是指为了审查经济业务是否合理合法，保证账簿记录正确、完整而采用的一种专门的方法。会计凭证是记录经济业务、明确经济责任的书面证明，是登记账簿的重要依据。经济业务是否发生、执行和完成，关键看是否取得或填制了会计凭证，取得或填制了会计凭证，就证明该项经济业务已经发生或完成。对已经完成的经济业务还要经过会计部门、会计人员的严格审核，在保证符合有关法律、制度、规定且正确无误的情况下，才能据以登记账簿。填制和审核会计凭证可以为经济管理提供真实可靠的会计信息。

（四）登记账簿

登记账簿亦称记账，就是把所有的经济业务按其发生的顺序，分门别类地计入有关账簿。账簿是用来全面、连续、系统地记录各项经济业务的簿籍，也是保存会计信息的重要工具。它具有一定的结构、格式，应该根据审核无误的会计凭证序时、分类地进行登记。在账簿中应该开设相应的账户，把所有的经济业务计入账簿中的账户后，还应定期计算和累计各项核算指标，并定期结账和对账，使账证之间、账账之间、账实之间保持一致。账簿所提供的各种信息，是编制会计报表的主要依据。

（五）成本计算

成本计算是指归集一定计算对象上的全部费用，借以确定各对象的总成本和单位成本的一种专门方法。它通常是指对工业产品进行的成本计算。例如，按制造业企业供应、生产和销售三个过程分别归集经营所发生的费用，并分别与其采购、生产和销售的材料及产品的品种、数量联系起来，计算它们的总成本和单位成本。通过成本计算，可以考核和监督企业经营过程中所发生的各项费用是否节约，以便采取措施，降低成本，提高经济效益。成本计算对确定生产补偿尺度，正确计算和分配国民收入，确定价格政策等都具有重要作用。

（六）财产清查

财产清查就是通过盘点实物、核对账目等方式来查明各项财产物资和货币资金的实有数，并对这些资产的实有数与账存数进行核对，判断二者是否相符的一种专门方法。在日常会计核算过程中，为了保证会计信息真实正确，必须定期或不定期地对各项财产物资、货币资金与往来款项进行清查、盘点和核对。在清查中，如果发现账实不符，应查明原因，调整账簿记录，使账存数额同实存数额保持一致，做到账实相符。通过财产清查，还可以查明各项财产物资的保管和使用情况，以便采取措施挖掘物资潜力和加速资金周转。总之，财产清查对于保证会计核算资料的正确性和监督财产的安全与合理使用等都具有重要的作用。

（七）编制会计报表

会计报表是指企业对外提供的反映企业某一特定日期财务状况和某一会计期间经营成果、现金流量的文件。编制会计报表是对日常会计核算资料的总结，就是将账簿记录的内容定期地加以分类、整理和汇总，形成会计信息使用者所需要的各种指标，再报送给会计信息使用者，以便其据此进行决策。

以上会计核算的七种方法，虽各有特定的含义和作用，但并不是独立的，而是相互联系，相互依存，彼此制约的。它们构成了一个完整的会计核算方法体系。在会计核算中，应正确地运用这些方法。

一般在经济业务发生后，不论是采用手工处理方式，还是使用计算机数据处理系统，都先要按规定的手续填制和审核凭证，并按照所设置的账户，应用复式记账法在有关账簿中进行登记；期末还要对生产经营过程中发生的费用进行成本计算和财产清查，在账证、账账、账实相符的基础上，根据账簿记录编制会计报表。会计核算的各种方法是相互联系，密切配合的，只有综合运用这七种方法才能顺利进行。

在实际会计业务处理过程中，复式记账是处理经济业务的基本方法，设置会计科目与账户及填制和审核会计凭证是会计工作的开始，属于经济信息的输入，并开始向会计信息进行转化；登记账簿是会计工作的中间过程，成本计算和财产清查诸方法是保证会计信息准确、正确的科学手段，也是先前输入信息的审核和加工处理过程；而编制会计报表是一个会计期间工作的终结，至此经济信息转化并输出为会计信息。

会计核算的这七种方法之间的联系如图1-6所示。

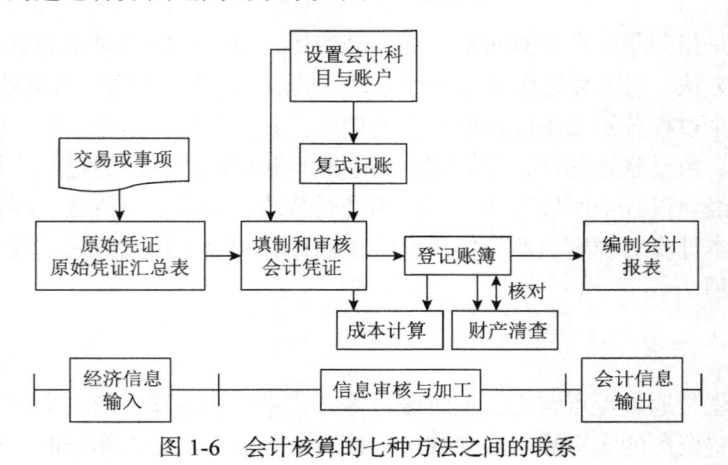

图1-6 会计核算的七种方法之间的联系

第七节 会计人的职业素养

本节结合新时代社会现实需要、会计法律法规与会计职业道德规范，提出了会计人应具备的职业素养。

一、什么是职业素养

关于职业素养一词，目前没有统一定义。总的来讲，职业素养可以看成是一个人职业中所表现出的综合素质，既包括侧重于品质和个人修养的道德素养，也包括体现在个人工作能力和行为上的业务素养。

由于会计工作、会计职业日益重要，会计从业者，即会计人的职业素养也日益重要。它不仅关系到会计人职业生涯的成败，还因其工作的特殊地位，会影响会计人所在企业的成败，乃至影响国家的经济利益。

在职场上，道德素养和业务素养两者缺一不可，但相比较而言，道德素养更重要。因此，在学习具体会计知识和技能、培养业务素养之前，我们要先明确会计人必备的道德素养，并从入职之初就牢固树立优秀会计人职业道德素养的理念。

二、会计人的职业道德素养的必备要素

（一）政治品德

习近平指出："新时代，我们党要团结带领人民实现'两个一百年'奋斗目标、实现中华民族伟大复兴的中国梦，必须贯彻新时代党的组织路线，努力造就一支忠诚干净担当的高素质干部队伍。""政治上有问题的人，能力越强、职位越高危害就越大。"[①]

会计人的职业道德素养中最重要的应该是政治品德。要有正确的政治立场，拥护党和国家、热爱社会主义。会计人要遵纪守法，不屈从、不造假。

会计人应该遵守的法律法规有《中华人民共和国会计法》《企业会计准则》《企业财务会计报告条例》《财政部门实施会计监督办法》《代理记账管理办法》《会计从业资格管理办法》《企业会计制度》《金融企业会计制度》《小企业会计准则》《民间非营利组织会计制度》《会计基础工作规范》《企业内部控制规范》等。除此之外，《中华人民共和国合同法》《中华人民共和国公司法》《中华人民共和国企业所得税法》，甚至《中华人民共和国刑法》中有关章节都有和会计职业相关的法规条例，会计从业者都需要明确和遵守。

（二）职业道德

会计职业道德规范是指从事会计职业的人们在共同的职业兴趣、爱好、习惯、心理基础上形成的思想和行为方面的道德规范。会计工作能否提供客观、公正的会计信息，能否对本单位经济活动的合法性、合规性、真实性进行监督，在很大程度上取决于会计人员在会计工作中是否遵守会计职业道德规范，是否按会计法律和会计准则的要求进行。

会计职业道德规范贯穿于会计工作的所有领域和整个过程，包括八个主要内容：爱岗敬业，诚实守信，廉洁自律，客观公正，坚持准则，提高技能，参与管理，强化服务。

1. 爱岗敬业

爱岗就是会计人员热爱本职工作，安心本职岗位，并为做好本职工作尽心尽力、尽职尽责。敬业是指会计人员对其所从事的会计职业的正确认识和恭敬态度，并用这种严肃恭敬的态度，认真地对待本职工作，将身心与本职工作融为一体。

2. 诚实守信

诚实守信要求会计人员谨慎，信誉至上，不为利益所诱惑，不伪造账目，不弄虚作假，如实反映单位经济业务事项。同时，还应当保守本单位的商业秘密，除法律规定和单位领导人同意外，不得私自向外界提供或者泄露本单位的会计信息。

3. 廉洁自律

廉洁自律要求会计人员必须树立正确的人生观和价值观，严格划分公私界限，做到不贪不占，遵纪守法，清正廉洁。要正确处理会计职业权利与职业义务的关系，增强抵

---

① 《努力造就一支忠诚干净担当的高素质干部队伍》，http://www.qstheory.cn/dukan/qs/2019-01/15/c_1123986997.htm [2022-01-15]。

制行业不正之风的能力。

4. 客观公正

客观是指会计人员开展会计工作时，要端正态度，依法办事，实事求是，以客观事实为依据，如实地记录和反映实际经济业务事项，会计核算要准确，记录要可靠，凭证要合法。公正是指会计人员在履行会计职能时，要做到公平公正，不偏不倚，保持应有的独立性，以维护会计主体和社会公众的利益。

5. 坚持准则

坚持准则要求会计人员熟悉财经法律、法规和国家统一的会计制度，在处理经济业务过程中，不为主观或他人意志左右，始终坚持按照会计法律、法规和国家统一的会计制度的要求进行会计核算，实施会计监督，确保所提供的会计信息真实、完整，维护国家利益、社会公众利益和正常的经济秩序。

6. 提高技能

提高技能要求会计人员通过学习、培训和实践等途径，不断提高会计理论水平、会计实务能力、职业判断能力、自动更新知识的能力、沟通交流能力等。运用所掌握的知识、技能和经验，开展会计工作，履行会计职责，以适应深化会计改革和会计国际化的需要。

7. 参与管理

参与管理要求会计人员在做好本职工作的同时，树立参与管理的意识，努力钻研相关业务，全面熟悉本单位经营活动和业务流程，主动向领导反映经营管理活动中的情况和存在的问题，主动提出合理化建议，协助领导决策，参与经营管理活动，做好领导的参谋。

8. 强化服务

强化服务要求会计人员具有强烈的服务意识、文明的服务态度和优良的服务质量。会计人员必须端正服务态度，做到讲文明、讲礼貌、讲信誉、讲诚实，坚持准则，真实、客观地核算单位的经济业务，努力维护和提升会计职业的良好社会形象。

本 章 要 点

本章主要阐述了会计学的一些基本问题，是以后各章学习的基础。通过本章的学习，应了解会计的产生与发展，理解会计的含义与特点，掌握会计的基本职能和对象，理解会计的基本假设、会计信息的质量要求、会计要素、会计等式和主要核算方法，并在思想上牢固树立优秀的会计人职业道德素养的理念。本章的重点问题是会计基本假设、会计信息的质量要求、会计要素和会计核算方法。本章难点问题是会计六大要素的概念、特征、确认条件和分类。

本章主要知识要点如下。

（1）会计是以货币为主要计量单位，反映和监督一个单位经济活动的一种经济管理工作。会计的特征有：以货币为主要计量单位，以提高经济效益为主要目标，需要借助一系列专门的方法，具有连续性、全面性、系统性和综合性。

（2）会计的最终目标是提高经济效益，会计的具体目标是向会计信息使用者提供有助于决策的信息，反映企业管理层受托责任的履行情况，加强经济管理，提高经济效益，促进企业高质量发展。

（3）会计对象是企业再生产过程中的资金及资金运动，会计的基本职能为反映（核算）和监督（控制）。

（4）会计核算的基本前提是会计人员对会计核算所处的时间、空间环境做出的合理判断，主要包括：会计主体、持续经营、会计分期、货币计量。

（5）会计信息质量要求是对企业所提供的会计信息质量的基本要求，是会计信息对其使用者决策有用所应具备的基本特征。我国企业会计准则关于会计信息的质量要求共有八个方面：可靠性、相关性、可理解性、可比性、实质重于形式、重要性、谨慎性和及时性。

（6）根据会计对象的特点，将其分为资产、负债、所有者权益、收入、费用和利润六大要素。其中资产、负债和所有者权益反映了企业一定时点上资金分布的财务状况，通常被称为静态会计要素；而收入、费用和利润则反映了企业在一定时期内资金运动的经营成果，通常被称为动态会计要素。企业在对会计要素进行计量时，一般应当采用历史成本。采用重置成本、可变现净值、现值、公允价值计量的，应当保证所确定的会计要素金额能够取得并可靠计量。

（7）基本会计等式为：资产=负债+所有者权益、收入−费用=利润。不论哪一种类型经济业务的发生都不会破坏资产与权益的平衡关系。

（8）会计核算方法由设置会计科目与账户、复式记账、填制和审核会计凭证、登记账簿、成本计算、财产清查和编制会计报表等具体方法构成。

（9）会计人员应当具备职业素养。职业道德素养比业务素养更重要。职业道德素养包括政治品德和职业道德。职业道德要求会计人员应当爱岗敬业、诚实守信、廉洁自律、客观公正、坚持准则、提高技能、参与管理和强化服务。

复习思考题

1. 会计的定义与基本职能是什么？基本职能之间具有怎样的关系？
2. 什么是会计的对象？
3. 什么是会计核算的基本前提？其具体内容是什么？
4. 会计信息质量要求有哪些？
5. 什么是会计要素？六大会计要素的概念、特点和确认条件是怎样的？
6. 会计等式有哪几个？经济业务包括哪几种类型？
7. 会计的核算方法有哪些？简述它们之间的关系。
8. 会计人应该具备的职业道德素养有哪些？

【案例分析】不做假账：朱镕基总理对会计人的期许

案例导引：朱镕基总理向来以严于律己著称。他不题词、不受礼、不吃请、不剪彩、不批条子。但他曾为上海、北京和厦门三所国家会计学院都做了"不做假账"的校训题词。为什么"惜墨如金"的朱镕基总理一再强调"不做假账"呢？

本案例主要讲述朱镕基总理"不做假账"的校训题词过程，通过案例学习，体会朱总理对当代会计人的期许，并从根本上树立会计人的"实事求是""诚信为本"的基本职业操守。

三所学院，相同校训

上海国家会计学院于 2000 年 9 月正式组建。2001 年 4 月 16 日，朱镕基在视察上海国家会计学院时，为该校题写的校训是"不做假账"。

2002 年，由财政部代管、教学管理依托清华大学的国家会计学院，更名为"北京国家会计学院"。同年 10 月 29 日，朱镕基视察北京国家会计学院后，题字"诚信为本，操守为重，坚持准则，不做假账"。

厦门国家会计学院经国务院批准，也于 2002 年成立，同样秉承着朱镕基总理的"诚信为本，操守为重，坚持准则，不做假账"的校训。

朱总理的期许，会计人的基本职业操守

朱镕基十分关心国家会计学院的建设。2001 年 10 月 29 日上午，朱镕基和随行的国务委员兼国务院秘书长王忠禹等，兴致勃勃地来到新近建成的北京国家会计学院进行考察。朱镕基一行先后察看了北京国家会计学院现代化的教学和生活设施，观看了多媒体教学演示。

在听取了有关部门和国家会计学院的工作汇报后，朱镕基作了讲话。他说，现在经济生活中的一个突出问题，就是不少会计师事务所和会计人员造假账，出具虚假财务报告。许多贪污受贿、偷税漏税、挪用公款等经济违法犯罪活动，以及大量腐败现象，几乎都与财会人员做假账分不开。这已经成为严重危害市场经济秩序的一个"毒瘤"。从根本上，这个问题必须在强化法制、严格管理的同时，加强会计从业人员特别是注册会计师队伍的建设。

朱镕基指出，真实、可靠的会计信息是企业科学管理和政府宏观经济决策的依据。虚假的会计信息必然会造成决策失误，经济秩序混乱。国有企业改革要获得成功，必须加强经营管理特别是财务管理。他明确要求，所有国有大中型企业、金融机构的财务主管，都必须到国家会计学院接受培训，达到合格要求才能上岗。

朱镕基强调，"不做假账"是会计从业人员的基本职业道德和行为准则，所有会计人员必须以诚信为本，操守为重，遵循准则，不做假账，保证会计信息的真实、可靠。

2002 年 11 月 19 日，第十六届世界会计师大会在香港会议展览中心隆重开幕，国务院总理朱镕基出席开幕式并发表重要讲话。在开幕式上，朱总理在上台讲话后没多久，

就脱离了书稿，开始了他情真意切的讲话，他提到："诚信是使市场经济赖以发展的基石，没有了诚信，市场便会失去健康和谐的秩序，便没有了发展的根本方向。"朱总理说，中国政府特别重视会计职业道德建设，要求所有会计审计人员必须做到"诚信为本，操守为重，坚持准则，不做假账"，恪守独立、客观、公正的原则，不屈从和迎合任何压力与不合理要求，不以职务之便谋取一己私利，不提供虚假会计信息。朱镕基说，目前在北京、上海建立了两个国家会计学院，还有一个厦门国家会计学院正在建设之中。他为这三个国家会计学院题写了校训："不做假账"。在说到"不做假账"这四个字时，朱总理面色严肃，表情肃穆。可见，朱总理对于做假账这件事情的重视程度。他希望每一个从国家会计学院毕业的学生都要永远牢记"不做假账"这四个字的校训。

可以说，"不做假账"既是朱镕基总理对所有会计人的期许，也是我们每一位会计人必须恪守的基本职业操守。

参考资料：

《中央电视台：国务院总理朱镕基视察北京国家会计学院》，https://www.snai.edu/mtbd/info_534.aspx?itemid=23290&parent[2022-01-15]。

第二章 会计核算基础

【学习目标】①理解和掌握会计科目和会计账户的概念与关系;②了解会计科目和账户的设置原则;③理解账户的基本结构和分类;④掌握借贷记账法的基本原理并据此编制简单业务的会计分录。

第一节 会计科目与会计账户

一、会计科目

(一)会计科目的概念

1. 为什么要设立会计科目

由于企业的经济活动纷繁复杂,所引起的各个会计要素内部构成以及各个会计要素之间的增减变化也错综复杂,并表现为不同的形式。有些业务可能多次、简单地重复,有些业务则是偶然发生;有些业务可能引起会计恒等式两边同时发生变化,有些业务则只是在某一项会计要素内部构成中引起增减变动。

为了对会计对象的具体内容,即会计要素进行核算和监督,就需要根据其各自不同的特点,分门别类地确定项目。会计要素反映的经济内容有很大的不同,在经营管理中当然也会有不同的要求,在会计核算中除了要按照各会计要素的不同特点,还应该根据经济管理的要求进行分类别、分项目核算。这就是会计科目设立的原因。

2. 什么是会计科目

会计科目是对会计要素的具体内容进行分类核算的标志或项目。会计要素包括资产、负债、所有者权益、收入、费用和利润,对这些会计要素进行的再分类就是会计科目。

3. 三个相似的概念

这里我们学习了三个相似的概念:会计对象、会计要素和会计科目。在学习新内容之前,我们对这三个相似的概念之间的关系进行一下梳理。实际上这三个概念涵盖的内容本质上是相同的,只不过代表了不同的层次,内容逐渐细化。

第一层次为会计对象。它是会计核算和监督的内容或者客体,概括讲就是资金及资金运动。这个概念帮助我们从总体上理解会计的工作客体,但描述得比较笼统,因此为了记录经济业务,提供详细的会计信息,需要将会计对象按照一定的标准划分为若干个项目，我们称这些项目为会计要素。这是对会计对象的第一次分类，也是最基本的分类。

第二层次为会计要素。会计对象被分为六个要素，三个反映财务状况的静态要素——资产、负债、所有者权益，三个反映财务成果的动态要素——收入、费用和利润。每一个要素下面都有自己的确认条件和具体内容，这有助于我们进一步对纷繁复杂的资金及资金运动进行归纳，有助于我们开始尝试使用会计语言表达经济信息，但是仅仅用这六个要素向信息使用者提供所需的会计信息还是无法细致、准确地表达复杂的经济实际，因此还需要在会计要素的基础上进行再分类。这就来到了下一个层次。

第三层次为会计科目。会计科目就是对会计要素进行详细分类的项目。会计是一门通用的商业语言，会计科目是最基层、最标准的会计语言，为规范这些语言，会计科目一般由国家财政部门负责统一制定。会计科目是我们学习会计的最基础的知识，是跨进会计大门必经的门槛，会计科目非常重要，常用会计科目必须要熟练掌握。

以上三个概念之间的关系如图 2-1 所示。

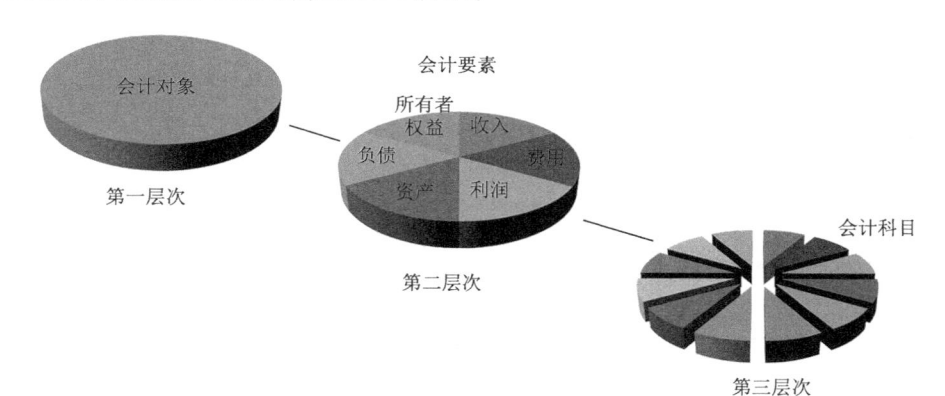

图 2-1　会计对象、会计要素和会计科目之间的关系

（二）设置会计科目的意义

（1）能分门别类地反映和监督各项会计要素的增减变动情况。设置会计科目就是通过会计制度预先规定这些项目的名称，并限定其核算的内容范围。例如，为了反映和监督各项资产的增减变动，设置了库存现金、原材料、长期股权投资、固定资产等科目。为了反映和监督负债和所有者权益的增减变动，设置了短期借款、应付账款、长期借款和实收资本、资本公积、盈余公积等科目。设置会计科目，可以对纷繁复杂、性质不同的经济业务进行科学的分类，可以将复杂的经济信息变成有规律的、易识别的经济信息，并为将其转换为会计信息准备条件。

（2）是设置账户的依据。在设置会计科目时需要将会计对象中具体内容相同的归为一类，设立一个会计科目。各单位在会计核算过程中，必须根据规定的科目在账簿中开设账户，在账户下进行连续、系统、全面的记录。会计科目是账户的名称，是账户设置的依据，也是正确组织会计核算的前提。

（3）是正确组织会计核算的重要条件。通过设置会计科目，对会计要素的具体内容进行科学的分类，可以为会计信息使用者提供科学、详细的分类指标体系，在会计核算的各种方法中，会计科目是编制记账凭证、成本计算、财产清查和编制会计报表的基础。它决定着账户开设和报表结构设计，是一种基本的会计核算方法。

（三）设置会计科目的原则

会计科目作为信息分类的项目或标志，必须根据一定的原则来设置。分类是管理的一种形式，正确的分类决定了会计信息的科学性、系统性，从而决定了管理的科学性。设置会计科目时，应该遵循以下几项原则。

1. 必须符合经济单位的特点

符合经济单位的特点就是要求根据不同单位经济业务的特点，本着全面核算其经济业务的全过程及结果的目的来确定应该设置哪些会计科目。要考虑不同的行业特点，并在此基础上考虑各自企业的特点。例如，制造业企业是制造产品的行业，根据其业务特点，制造业企业的会计科目应该反映产品的生产过程，在此前提下再根据企业生产产品的特点及规模大小决定各个会计科目的具体设置。所以，在成本费用核算方面，制造业企业需要设置"生产成本""制造费用"等会计科目。

2. 满足经济管理的要求

一是要符合国家宏观经济管理的要求，据此划分经济业务的类别，设定分类的标志；二是要符合企业内部经济管理的要求，为企业的经营预测、决策及管理提供会计信息设置分类的项目；三是要符合包括投资者在内的各有关方面对企业生产经营情况的要求。

3. 既要统一又要灵活

统一，就是在设置会计科目时，要根据《企业会计准则——应用指南》的要求对一些主要会计科目进行统一的设置，对于核算指标的计算标准、口径都要统一。灵活，就是在能够提供统一核算指标的前提下，各个单位根据自己的具体情况及投资者的要求，设置或者增补会计科目，实际上就是保证会计信息的有用性，即决策相关性。在具体工作时要防止两种倾向：一是要防止会计科目过于简单化，过于简单就不能满足经济管理的要求；二是要防止会计科目过于烦琐，如果核算资料超过要求，就会不合理地加大会计核算的工作量。

4. 力求简明扼要，字义相符

会计科目作为分类核算的标志，要求简单明确、字义相符，这样才能避免误解和混乱。一个科目，原则上反映一项内容，各科目之间不能互相混淆。企业可以根据本企业具体情况，在不违背会计科目使用原则的基础上，确定适合于本企业的会计科目名称。尽可能简洁明确地规定科目名称，按照中文习惯，能够顾名思义，不至于产生误解；要尽量避免使用晦涩难懂的文字，便于大多数人正确理解。

5. 要保持相对稳定性

为了便于在不同时期分析比较会计核算指标，并在一定范围内汇总核算指标，应保持会计科目相对稳定，不能经常变动会计科目的名称、内容、数量，使核算指标保持可比性。

（四）会计科目的分类

会计科目可以按照不同的分类标准进行分类。

1. 按照反映的经济内容分类

会计科目按其反映的经济内容可以分为五类。

（1）资产类。包括库存现金、银行存款、交易性金融资产、应收账款、应收票据、预付账款、其他应收款、在途物资、原材料、库存商品、长期股权投资、固定资产、累计折旧、无形资产、长期待摊费用、待处理财产损溢等。

（2）负债类。包括短期借款、应付票据、应付账款、预收账款、其他应付款、应付职工薪酬、应交税费、应付股利、长期借款等。

（3）所有者权益类。包括实收资本、资本公积、盈余公积、本年利润、利润分配。

（4）成本类。包括生产成本和制造费用等科目。

（5）损益类。既包括收入类科目也包括费用类科目，其中收入类有主营业务收入、其他业务收入、投资收益、营业外收入等；费用类有主营业务成本、其他业务成本、税金及附加、销售费用、管理费用、财务费用、营业外支出、所得税费用等。之所以把这两类科目合并为损益类科目，是因为这两类账户的结构相似，核算的内容都与损益的计算相关。

2. 按照体现会计信息的详细程度分类

一般情况下会计科目按照体现会计信息的详细程度可以分为以下两类。

1）总分类科目

总分类科目是对会计对象不同经济内容所做的总括分类。例如，固定资产科目，它反映的企业全部固定资产增减变动和结存的情况。类似的科目还有原材料、实收资本、应付账款等。

2）明细分类科目

明细分类科目是对总分类科目所含内容所做的进一步分类，它是反映核算指标详细、具体情况的科目。例如，应付账款总分类科目下，可以按具体单位分设明细科目，具体反映应付哪个单位的货款。为了适应管理工作的需要，在总分类科目下设的明细科目太多时，可在总分类科目与明细分类科目之间增设二级科目。

按照我国现行会计制度规定，总分类科目一般由财政部统一制定，部分科目的二级科目在会计准则中也有规定。而明细分类科目，除了会计制度规定设置的外，各单位可以根据实际需要自行设置。需要指出的是，也不是所有的总分类科目都要设置明细科目，有的总分类科目就不需要设置明细分类科目，如库存现金、银行存款等。

根据我国财政部 2006 年印发的《企业会计准则——应用指南》中会计科目和主要账务处理的规定，本书整理了我国制造业常用的一级会计科目表（表 2-1）。

表 2-1　制造业常用一级会计科目表

编号	会计科目名称	编号	会计科目名称
	一、资产类	2201	应付票据
1001	库存现金	2202	应付账款
1002	银行存款	2203	预收账款
1012	其他货币资金	2211	应付职工薪酬
1121	应收票据	2221	应交税费
1122	应收账款	2231	应付利息
1123	预付账款	2232	应付利润
1131	应收股利	2241	其他应付款
1132	应收利息	2501	长期借款
1221	其他应收款	2501	应付债券
1231	坏账准备	2701	长期应付款
1401	材料采购	2901	递延所得税负债
1402	在途物资		三、所有者权益类
1403	原材料	4001	实收资本（或股本）
1404	材料成本差异	4002	资本公积
1406	库存商品	4101	盈余公积
1407	发出商品	4103	本年利润
1408	委托加工物资	4104	利润分配
1471	存货跌价准备		四、成本类
1501	债权投资	5001	生产成本
1503	其他债权投资	5101	制造费用
1504	其他权益工具投资	5201	劳务成本
1511	长期股权投资	5301	研发支出
1531	长期应收款		五、损益类
1601	固定资产	6001	主营业务收入
1602	累计折旧	6051	其他业务收入
1603	固定资产减值准备	6101	公允价值变动损益
1604	在建工程	6111	投资收益
1605	工程物资	6301	营业外收入
1606	固定资产清理	6401	主营业务成本
1701	无形资产	6402	其他业务成本
1702	累计摊销	6403	税金及附加
1703	无形资产减值准备	6601	销售费用
1711	商誉	6602	管理费用
1801	长期待摊费用	6603	财务费用
1811	递延所得税资产	6701	资产减值损失
1901	待处理财产损溢	6711	营业外支出
	二、负债类	6801	所得税费用
2001	短期借款	6901	以前年度损益调整

二、会计账户

（一）账户的概念

前面我们学习了会计科目。会计科目对会计要素进行了细化，然而只有会计科目还无法提供会计要素增减变化的具体信息，这就需要在科目的基础上设置账户。

账户，俗称"户头"，是对会计要素的增减变动及其结果进行分类记录、反映的工具。账户是会计信息的"储存器"，设置账户是会计核算的一种专门方法。利用账户，可以分类地、连续地记录经济业务增减变动情况，再通过整理和汇总等方法，反映会计要素的增减变动及其结果，从而提供各种有用的信息。

（二）会计科目与账户的关系

会计科目和账户是两个既相互联系又有区别的概念。二者的联系是：账户是根据会计科目设置的；会计科目就是账户的名称，设置会计科目和开设账户的目的都是为了分类提供会计信息，两者所反映的经济内容是一致的。区别是：会计科目仅是分类核算的项目，而账户既有名称又有具体结构；会计科目是进行分类核算的依据，而账户则是记录经济业务的载体。简言之，会计科目无结构，账户有结构。在实际工作中，会计科目和账户往往作为同义词来理解，互相通用，不加区别。

（三）会计账户的基本结构

如前所述，设置账户的目的主要是反映会计要素的增减变化及其余额，账户的全部结构中用来登记增加额、减少额和余额的那部分结构，就是账户的基本结构。

会计主体每天有各种会计事项不断发生，会计要素的具体内容也必然随之发生变化，而且这种变化不管多么错综复杂，从数量上看不外乎增加和减少两种情况。所以用来积累企业在某一会计期间内各种有关数据的账户，在结构上就应分为两方，即左方和右方。一方登记增加数，另一方则登记减少数。至于哪一方登记增加，哪一方登记减少，则由所采用的记账方法和所记录的经济内容而决定，不会因企业实际所使用的账户具体格式不同而发生变化。

一个完整的账户结构应包括以下几点。
（1）账户名称，即会计科目。
（2）会计事项发生的日期。
（3）摘要，即经济业务的简要说明。
（4）凭证号数，即表明账户记录的依据。
（5）金额，即增加额、减少额和余额。

表 2-2 为会计实务中常见的三栏式总分类账的账户结构。

表 2-2 三栏式总分类账的账户结构

科目名称：

年		凭证号	摘要	借方金额	贷方金额	借或贷	余额
月	日						

为了说明问题和便于学习，会计教学中，我们通常用一条水平线和一条将水平线平分的垂直线来表示账户，称为丁字账账户（亦称"T"字形账户）。丁字账账户结构如图 2-2 所示。

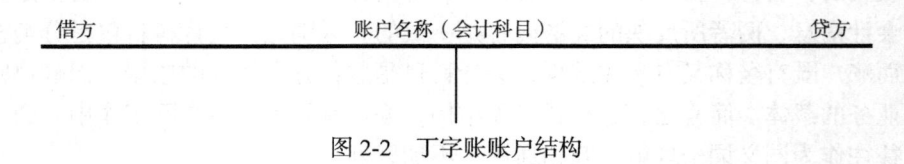

借方	账户名称（会计科目）	贷方

图 2-2 丁字账账户结构

每个账户一般有四个金额要素，即期初余额、本期增加发生额、本期减少发生额和期末余额。账户如有期初余额，应当先在记录增加额的那一方登记，会计事项发生后，将增减内容记录在相应的栏内。一定期间账户增加方的合计数额，称为增加发生额；账户减少方的合计数额，称为减少发生额。正常情况下，账户四个数额之间的关系如下：

账户期末余额=账户期初余额+本期增加发生额−本期减少发生额

账户本期的期末余额转入下期，即为下期的期初余额。每个账户的本期发生额反映的是该类经济内容在本期内变动的情况，而期末余额则反映变动的结果。

（四）账户的分类

账户以会计科目作为它的名称并具有一定的格式，因而账户的分类与会计科目的分类相关，账户也通常按照其反映的经济内容和体现会计信息的详细程度分类。

1. 账户按照其反映的经济内容分类

同会计科目分类一样，账户按照其反映的经济内容通常分为以下五类。

1）资产类账户

资产类账户，是用来反映和监督各种资产（包括各种财产、债权和其他权利）增减变动和结果的账户。例如，"库存现金""银行存款""应收账款""在途物资""原材料""库存商品""固定资产""无形资产""长期股权投资"等账户均为典型的资产类账户。

2）负债类账户

负债类账户，是用来反映和监督各种负债的增减变动和结果的账户。例如，"短期借款""应付账款""应付职工薪酬""应交税费""应付股利""长期借款""应付债券"等账户为典型的负债类账户。

3）所有者权益类账户

所有者权益类账户，是用来反映和监督所有者权益增减变动和结果的账户。例如，"实收资本"（或"股本"）、"资本公积"、"盈余公积"、"本年利润"、"利润分配"等账户为典型的所有者权益类账户。

4）成本类账户

成本类账户，是用来反映和监督企业存货在取得或形成的过程中，其成本归集和计算过程的账户。例如，"生产成本""制造费用"等账户为典型的成本类账户。

5）损益类账户

损益类账户，是用来反映和监督企业生产经营过程中取得的各种收入和所发生的各种耗费的账户。它包括收入类账户和费用类账户。例如，"主营业务收入""其他业务收入""投资收益"等账户为典型的收入类账户。"主营业务成本""税金及附加""管理费用""财务费用""销售费用""资产减值损失"等账户为典型的费用类账户。

2. 账户按照体现会计信息的详细程度分类

账户按照体现会计信息的详细程度分类就是根据总分类科目开设总分类账户，根据明细科目开设明细分类账户。

1）总分类账户

总分类账户是指对会计要素的具体内容进行总括分类的账户。总分类账户是根据总分类科目开设的账户，又称"总账账户"或"一级账户"或"统御账户"。总分类账户所提供的是综合资料，如"原材料"总分类账户提供的是企业全部材料的增减变化及结存情况。由于总分类账户提供的是总括核算指标，因而一般只用货币计量。

2）明细分类账户

明细分类账户是指用来提供某一总分类账户所属较为详细经济信息的账户，用来对会计要素的具体内容进行明细分类核算，简称明细账。明细分类账户提供的是明细分类核算指标，因而除了用货币量度外，有的还用实物量度，进行辅助的计量。

（五）总分类账户和明细分类账户的关系与平行登记

1. 总分类账户和明细分类账户的关系

总分类账户与明细分类账户二者之间是密切相关的，总分类账户对所属明细分类账户起着控制和统驭作用，是明细分类账户的综合化；明细分类账户对其应属的总分类账户起详细的补充说明作用，是总分类账户的具体化。二者结合，构成了完整的账户应用体系。

2. 总分类账户和明细分类账户的平行登记

平行登记是指对发生的每一笔经济业务，都要根据相同的会计凭证，在计入总分类账户的同时，还要计入总分类账户所属的明细分类账户的一种记账方法。

平行登记的要点可归纳如下。

（1）依据相同。对发生的经济业务，都要以相同的会计凭证为依据，既登记有关总分类账户，又登记其所属明细分类账户。

（2）方向相同。将经济业务计入总分类账户和明细分类账户，记账方向必须相同。即总分类账户计入借方，明细分类账户也应计入借方；总分类账户计入贷方，明细分类账户也应计入贷方。

（3）期间相同。对每项经济业务在计入总分类账户和明细分类账户的过程中，可以有先有后，但必须在同一会计期间（如同一个月）全部登记入账。

（4）金额相等。计入总分类账户的金额，必须与计入其所属明细分类账户的金额之和相等。

通过平行登记，总分类账户与明细分类账户之间在登记金额上就形成了如下关系：

总分类账户期初余额=所属各明细分类账户期初余额之和

总分类账户借方发生额=所属各明细分类账户借方发生额之和

总分类账户贷方发生额=所属各明细分类账户贷方发生额之和

总分类账户期末余额=所属各明细分类账户期末余额之和

第二节 复式记账原理

在按一定的原则设置了会计科目，并按会计科目开设了账户之后，就需要采用一定的记账方法将会计要素的增减变动登记在账户中。

一、记账方法概述

在整个会计核算体系中记账方法居于非常重要的地位。记账方法，是指按照一定的规则，使用一定的符号，在账户中登记各项经济业务的技术方法。会计上的记账方法，最初是单式记账法，随着社会经济的发展和人们的实践与总结，单式记账法逐步改进，从而演变为复式记账法。

（一）单式记账法

单式记账法是对经济业务发生之后所产生会计要素的增减变动一般只在一个账户中进行记录的方法，属于一种比较简单的不完整的记账方法。

例如，用现金购买材料，仅在现金账上记录一笔现金的减少，或者只记录材料发生了增加。也有同时在现金账与实物账之间进行记录的，但两个账户分别进行记录，不反映它们之间的联系。

显然，单式记账法具有朴素的自然形成的特点，优点是记账手续比较简单。但由于它只记录经济业务发生时的一个重要方面，其账户的设置是不完整的，各个账户之间又互不联系，因此无法全面反映各项经济业务的来龙去脉，也不能正确核算成本和盈亏，更不便于检查账户记录的正确性、真实性。所以，这种记账方法只适用于经济业务非常简单的单位。

单式记账法有几千年的历史，在 15 世纪前后随着复式记账法的完善而逐步退出，目前只有极少数小型企业使用单式记账法。

（二）复式记账法

复式记账法，是指对任何一项经济业务，都必须用相等的金额在两个或两个以上的有关账户中相互联系地进行登记，借以反映会计对象具体内容增减变化的一种记账方法。

例如，企业以现金支付办公费用。采用复式记账法，这项经济业务除了要在有关的现金账户中做减少的登记外，还要在有关费用账户中做增加的记录。这样登记的结果表明，企业现金的付出同费用的发生两者之间是相互联系的。又如，企业购入一批材料，货已收到，款尚未支付。采用复式记账法，这项经济业务除了要在负债账户中做增加应付款的登记外，还要在有关的资产账户中做增加材料的记录。这样登记的结果，就使得债务的发生同材料的购进两者之间的关系对应起来。

复式记账法有如下两个特点：①由于对每一项经济业务都要在相互联系的两个或两个以上的账户中做记录，根据账户记录的结果，不仅可以了解每一项经济业务的来龙去脉，而且可以通过会计要素的增减变动全面、系统地了解经济活动的过程和结果；②由于复式记账法要求以相等的金额在两个或两个以上的账户同时记账，因此可以对账户记录的结果进行试算平衡，以检查账户记录的正确性。

因此，复式记账法作为一种科学的记账方法一直被广泛地运用。目前，国内外的企业和行政事业单位所采用的记账方法，一般都属于复式记账法。

复式记账法是与单式记账法相对应的一个大的概念种类，它包括几种具体的方法，有借贷记账法、增减记账法、收付记账法等。其中，借贷记账法是世界各国普遍采用的一种记账方法，也是目前我国应用最广泛的一种记账方法。通过第一章介绍的会计产生和发展的一般过程，我们已经知道，我国的记账方法曾经在很长一段时间内不统一，除了使用借贷记账法，还允许增减记账法、收付记账法同时存在，造成会计工作十分混乱。从 20 世纪 90 年代开始，财政部颁布的有关会计方面的法规明文规定，中国境内的所有企业、行政事业单位都应该采用借贷记账法记账。采用借贷记账法在相关账户中记录各项经济业务，可以清晰地表明经济业务的来龙去脉，同时便于进行试算平衡和检查账户记录的正确性。

二、借贷记账法

（一）借贷记账法及其由来

1. 借贷记账法的概念

借贷记账法是以会计方程式为理论基础，以"借""贷"为记账符号，以"有借必有贷、借贷必相等"为记账规则，反映各项会计要素增减变动情况的一种复式记账方法。

2. 借贷记账法的由来

借贷记账法起源于 13 世纪初的意大利北部城邦佛罗伦萨，当时佛罗伦萨商业比较发达，银钱借贷十分频繁，钱庄业主为了记清楚账目，他们把整个账簿分为应收账款和应付账款，并为每一个债权人和债务人开设一个账户。他们把吸收的存款，记在债权人即贷主的名下，表示欠人，即债务；对于付出的放款，记在债务人即借主的名下，表示人欠，即债权。这时的"借""贷"二字表示债权、债务关系的变化。"借"和"贷"站在同一主体的角度表示两个方向相反的资金流向。因此这种经营银钱的商人即钱庄主就被称为高利贷主。钱庄主的这种对自身的借贷业务给予记录并逐渐形成体系和专业化的方法就是借贷记账法的雏形。不过那时的记账方法基本还是单式记账，复式记账还处于萌芽阶段，账户也只是叙述式的。

后来传到了热那亚，热那亚人对该方法进行了改进，将每个账户都分为左和右对照式，分别用借方和贷方表示。在应收账款和商品及现金账户下，账户借方登记别人欠我的，贷方登记别人还我的，借方减去贷方后的差额表示还有多少未收回的款项；在应付账款科目下，贷方登记我欠别人的，借方登记我还别人的，贷方减去借方后的差额表示还有多少未归还的款项，并在保留债权、债务的基础上又加入了商品和现金账户。此外，还采用复式记账，凡购买商品和收回现金都记于账户的借方，卖出商品或支付现金都记于账户的贷方。

之后该方法又传到意大利名城威尼斯，威尼斯商人在此基础上进行了进一步的改进，又加入了收入、费用等损益账户和资本（权益）账户。出售商品不再直接减少商品账户，而要先计入收入账户的贷方，待月末再贷记商品账户，一笔汇总出库转入商品成本账户；收入要从借方定期转入利润的贷方，费用支出也不再直接减少利润，而要先计入费用的借方，月末也要从贷方一笔转入利润的借方。收入和成本、费用，具有归集或汇总和过渡性质，被称为暂记账户，最终结果都要转入利润账户，利润的贷方减去利润的借方就是经营所得。利润账户也具有汇总和过渡性质，最终要归属于资本（权益）账户。资本账户是用来登记投资者权益的，其主要功能就是用来反映资本的增值。增加了收入、成本、费用和资本账户，复式记账法就完善起来，从而适应了商人的需要，当时被称为意大利式借贷记账法，也称威尼斯记账法。

1494 年意大利数学家卢卡·帕乔利在他的《算术、几何与比例概要》一书中详细全面系统地介绍了威尼斯记账法，并从理论上给予了必要的阐述，使它的优点及方法开始逐渐被欧洲各商业组织接受，成为近代会计的重要里程碑。借贷记账法因为它的"借""贷"符号而得名，也成为复式记账法的代称。

借贷记账方式与此前各民族独立发展出的单式记账法相比，是一次重大飞跃。它要求对任何一笔经济业务，都必须用相等金额分别在借方和贷方录入两个或两个以上有关账户。其恒等式为

$$资产=负债+所有者权益$$

等式的左边为借方，右边为贷方。它可以近似地简化理解为，左边的资产是"欠"

的（资产的占用），右边是"欠谁的"（资产的来源）。这里的"借"和"贷"，更大程度上是记账符号，无论是汉语还是英语，都不能直接用字面意思去理解。

18 世纪，借贷记账法传到了英国，琼斯首创英式记账法，增加了分录簿，上面载有摘要、会计科目、借方金额和贷方金额几个栏次，即在借方和贷方两个方面对经济业务进行对照登记，并简明扼要地说明经济业务，从此正式命名为复式簿记，相当于今天的记账凭证，是会计记账的依据。以后人们所说的复式簿记，就是指借贷记账法。

中国会计技术经两千余年发展，先后出现过"四柱式""三脚账""四脚账""龙门账"等记账方式。虽然有人认为民间的"龙门账"已有了原始复式记账法的意味，但"龙门账"只是把所有账目划分为"进、缴、存、该"四大类别，未曾演进出会计科目的概念。

中国的现代银行是与借贷记账法一同出现的，以 1908 年成立的大清银行为发端，此后东南沿海民间资本创建的新型银行都采用了借贷记账法。但西式会计技术并未触动当时已开设全国分支机构的传统票号，借贷记账法多在西方列强在中国开办的工厂和被西方列强控制的部门使用。

1949 年新中国成立以后，最开始中国的会计系统照搬苏联经验，使用苏联人发明的收付记账法。后来又创立了增减记账法等。此时借贷记账法也得到了一定的应用。在 1966—1976 年，借贷记账法被彻底批判为资产阶级记账法，强调不同会计技术有其阶级性。

1976 年以后，随着国门的逐渐打开，中国在记账法上开始向国际靠拢，逐渐恢复借贷记账法，并与国际接轨。

（二）借贷记账法的理论要点

1. 记账符号：以"借""贷"作为记账符号

如前所述，"借""贷"两字的含义，最初是从借贷资本家（钱庄主）的角度来解释的，即用来表示债权、应收款和债务、应付款的增减变动。这时候"借""贷"两字表示债权、债务的变化。随着社会经济的发展，经济活动的内容日益复杂，记录的经济业务已不再局限于货币资金的借贷业务，而逐渐扩展到财产物资、经营损益等。为了求得账户记录的统一，对非货币资金借贷业务，也以"借""贷"两字记录其增减变动情况。这样"借""贷"两字就逐渐失去原来的含义，而转化为纯粹的记账符号。因此，现在讲的"借""贷"已失去了原来的字面含义，只作为记账符号使用，用以标明记账的方向。

2. 理论基础：会计恒等式是借贷记账法的理论基础

借贷记账法的对象是会计要素的增减变动过程及其结果。这个过程及结果可用如下会计等式表示：

$$资产=负债+所有者权益$$

$$收入-费用=利润$$

资产=负债+所有者权益+(收入−费用)

资产+费用=负债+所有者权益+收入

上述会计等式主要揭示了会计主体内各会计要素之间的数字平衡关系和各要素增减变化的相互联系。资产、负债和所有者权益分列于等式的两边,左边是资产,右边是负债和所有者权益,形成对立统一的关系。

会计等式要求每一次记账的借方、贷方金额是平衡的;一定时期账户的借方、贷方的金额是平衡的;所有账户的借方、贷方余额的合计数是平衡的;在一个账户中记录的同时必然要有另一个或两个以上账户的记录与之相对应。从一个账户来看是相反方向记账,借方记录增加额,贷方一定记录减少额;反之,贷方记录增加额,借方一定记录减少额。从等式两边的不同类账户来看,资产类账户是借方记录增加额,贷方记录减少额;与之相反,负债和所有者权益类账户是贷方记录增加额,借方记录减少额。

会计等式对记账方法的要求决定了借贷记账法的账户结构、记账规则、试算平衡的基本理论,因此说会计恒等式是借贷记账法的理论基础。

3. 账户结构

借贷记账法下,账户的基本结构是:左方为借方,右方为贷方。但哪一方登记增加,哪一方登记减少,则要根据账户反映的经济内容来决定。

(1)资产、成本、费用类账户。这一类账户,它的增加记在借方,减少记在贷方。期末余额是在借方,表示资产或者成本的实有数。由于费用类账户中当期增加的费用,一般会在期末从贷方转出,因此费用类账户期末一般无余额。图2-3表示资产、成本、费用类账户的丁字账账户结构。

借方	资产、成本、费用类账户	贷方
资产、成本期初余额		
资产、成本、费用增加额		资产、成本、费用减少或转出额
本期发生额合计		本期发生额合计
资产、成本期末余额		

图2-3 资产、成本、费用类账户的丁字账账户结构

资产、成本类账户的期末余额的计算公式为

资产、成本的期末余额=期初借方余额+本期借方发生额−本期贷方发生额

即

期初的借方余额+本期增加额−本期减少额=期末余额

(2)负债、所有者权益、收入类账户。这类账户的结构是:本期增加记在贷方,减少记在借方,余额在贷方表示负债、所有者权益。由于收入类账户中当期增加的收入,一般会在期末从借方转出,因此收入类账户期末一般无余额。

图 2-4 表示负债、所有者权益、收入类账户的丁字账账户结构。

借方	负债、所有者权益、收入类账户	贷方
		负债、所有者权益期初余额
负债、所有者权益、收入的减少或者转出额		负债、所有者权益、收入的增加额
本期发生额合计		本期发生额合计
		负债、所有者权益期末余额

图 2-4　负债、所有者权益、收入类账户的丁字账账户结构

负债、所有者权益类账户的期末余额计算公式为

负债、所有者权益的期末余额=期初贷方余额+贷方的本期发生额–借方本期发生额

综上，在借贷记账法下，账户的结构分为左右两方，左方为借方，右方为贷方。借方登记资产的增加、成本和费用的增加、负债和所有者权益的减少、收入的减少；贷方登记资产的减少、成本和费用的减少、负债和所有权益的增加、收入的增加。余额如果在借方一般是资产，如果在贷方就是负债、所有者权益，这就是借贷记账法账户的基本结构。这些账户的结构模式可以归纳为表 2-3。

表 2-3　账户结构汇总表

账户类型	借方	贷方	余额方向
资产类账户	增加	减少	借方
负债类账户	减少	增加	贷方
所有者权益类账户	减少	增加	贷方
成本类账户	增加	减少	借方
收入类账户	减少	增加	一般无余额
费用类账户	增加	减少	一般无余额

4. 记账规则："有借必有贷、借贷必相等"为借贷记账法的记账规则

记账规则，是指运用记账方法记录经济业务时所应遵守的规则。记账规则是记账的依据，也是核对账目的依据。借贷记账法的记账规则是：根据复式记账原理和借贷记账法账户结构的特点，对每一项经济业务都以相等的金额，以借贷相反的方向在两个或两个以上相互关联的账户中进行登记。因此，借贷记账法的记账规则可以概括为"有借必有贷、借贷必相等"。

运用借贷记账法的记账规则登记经济业务的基本步骤如下。

首先，根据业务内容，分析经济业务事项登记的账户，并判断账户涉及的会计要素。一项经济业务发生后，要分析该项经济业务应该登记哪些账户，并判断这些账户涉及的会计要素是资产类、负债类、所有者权益类账户，还是收入类、成本类或者费用类账户。

其次，确定这些要素是增加还是减少，确定其变化方向及金额。

最后，确定应计入哪个（或哪些）账户的借方，哪个（或哪些）账户的贷方。根据前面确定的账户及其增减情况，进一步确定应该计入该账户的借方还是贷方。

【例2-1】凯特公司从银行取得金额30 000元的一笔短期借款，存入银行。

此项业务的发生，使得凯特公司的一项负债"短期借款"增加了，同时增加了公司的一项资产"银行存款"。属于资产和负债同增的业务，资产增加记在借方，负债增加记在贷方，金额相等。

【例2-2】凯特公司从银行提取现金5000元备用。

此项业务的发生，使得公司一项资产"库存现金"增加，另一项资产"银行存款"减少。属于资产内部此增彼减的业务，资产的增加记在借方，资产的减少记在贷方，金额相等。

【例2-3】凯特公司用银行存款偿还到期的应付款项，金额为8000元。

此项业务的发生，使得公司一项资产"银行存款"减少，另一项负债"应付账款"也减少了。属于资产和负债同时减少的业务，资产减少记在贷方，负债减少记在借方，金额相等。

【例2-4】凯特公司宣布向股东分配现金股利10万元。

分配股利属于公司税后利润分配的一项内容，会使公司所有者权益减少，因此，此项业务的发生，会使凯特公司一项所有者权益"利润分配"减少，同时宣布分配现金股利后，又形成了对股东的负债，增加了一项负债"应付股利"。属于权益内部此增彼减的业务，所有者权益减少记在借方，负债的增加记在贷方，金额相等。

读者可以结合借贷记账法的记账结构和记账规则，将表1-1中的九种情况经济业务——进行对照分析。可以看出无论经济业务涉及什么样的会计要素增减变化，都会涉及两个或两个以上的账户的变化，并且记账的方向，一定是有借有贷，且借贷总金额相等。

5. 会计分录或记账公式

1）账户对应关系和对应账户

运用借贷记账法记账时，在有关账户之间会形成"应借应贷"的相互关系。这种关系就叫作账户的对应关系。发生对应关系的账户就叫作对应账户。

例如，用银行存款购买原材料，那么在银行存款和原材料两个账户之间就会形成这种对应关系。为了保证账户对应关系的正确性，登账前应该先根据经济业务所涉及账户及其借贷方向和金额，编制会计分录，据以登账。

2）会计分录

会计分录简称分录，又称记账公式，就是标明某项经济业务的应借应贷账户及其金额的记录。其中又分简单会计分录和复合会计分录。

简单会计分录是指一个账户的借方只同另一个账户贷方发生对应关系的会计分录，即"一借一贷"的会计分录。

复合会计分录是指一个账户的借方同几个账户的贷方发生对应关系，或者相反，一个账户的贷方同几个账户的借方发生对应关系的会计分录，即"一借多贷"或者"多借一贷"的会计分录。还有一种是几个账户的借方同几个账户的贷方发生对应关系的会计分录，也就是"多借多贷"的会计分录。因此，复合会计分录既包括"一借多贷"和"多借一贷"，也包括"多借多贷"的会计分录。

会计分录的本质是确认所记录经济业务中的对应关系和对应账户。在实际工作中，会计分录是通过编制记账凭证来完成的。在学习和考试中，我们往往以会计分录代替记账凭证。

3）编制会计分录的步骤

（1）一项业务发生后，先分析这项业务涉及的会计要素，是资产、成本、费用还是负债、所有者权益、收入，以及这些要素是增加，还是减少。

（2）根据第（1）步分析结合账户结构和会计科目表，确定应该计入哪个账户的借方和哪个账户的贷方。

（3）按照规范写出会计分录，并检查分录中应借应贷账户是否正确，借贷方金额是否相等，有无错误。

【例2-5】凯特公司用银行存款10万元归还长期借款。

按上述步骤分析，这一项业务涉及的是资产和负债同时减少，资产减少记贷方，负债减少记借方。反映银行存款和长期借款增减变动的账户是"银行存款"和"长期借款"。编制如下会计分录。

  借：长期借款   100 000
    贷：银行存款   100 000

【例2-6】凯特公司生产产品领用原材料5000元，车间一般消耗领用原材料500元。如果用简单的会计分录，应该做两笔分录。

生产产品领用材料：
  借：生产成本   5000
    贷：原材料   5000

车间领用材料：
  借：制造费用   500
    贷：原材料   500

这是两笔简单的分录。上述分录也可以编成一个复合分录。

  借：生产成本   5000
    制造费用   500
    贷：原材料   5500

4）编写会计分录要求

通过上面的例子，我们初步了解了会计分录的构成，那么编写规范的会计分录有哪些要求呢？这些要求归纳如下。

（1）会计分录一定是既有借方又有贷方，且每一方按照顺序都由三个要素构成：记账符号、账户名称（会计科目）和记账金额。账户名称和记账金额之间要有一定空格。

（2）先写借方的内容，再写贷方的内容。

（3）借方和贷方内容要错开写，贷方内容要比借方内容向后错开一定距离。

（4）每个账户只能占一行，经济业务涉及几个账户，就占几行，不要把涉及的账户都放在同一行。

（5）对于复合分录，多个借方账户或者多个贷方账户只需要在第一个账户前标明记账符号即可，同一记账方向的账户名称和相应金额对齐，表示记账方向相同。

（6）记账金额如果以人民币"元"为单位，可以只写金额，"元"字可以省略不写；反过来，如果给出的分录，只有金额没有标明计量单位，我们一般也都默认计量单位为"元"。如果涉及金额较大、以"万元"或者"亿元"为单位记录比较方便的情况下，且所有分录的计量单位都相同时，可以在编写分录前统一标明分录的计量单位为"万元"或"亿元"等，在编写每个分录时则可以省略计量单位；但是如果有的分录适宜以"元"为计量单位，有的分录适合采用"万元"等为单位，即计量单位不能统一时，则需要在每个分录的记账金额后标出计量单位。

6. 登记账户或者过账

登记账户，又称过账。在会计实际工作中，编制好记账凭证后，需要进一步将这些凭证登记到有关序时或者分类账簿中去，这个过程称为过账。为简化起见，我们将编制好的会计分录登记到丁字账账户中去。

登记丁字账账户的过程如下：先注明业务的顺序号，然后再列出金额。

【例2-7】根据下面分录登记相应账户。

借：原材料　　　　　　　　　　　　　　1000
　　贷：银行存款　　　　　　　　　　　　1000

根据上面分录的内容，先开设原材料和银行存款的丁字账账户，登记期初余额（假设本例中原材料和银行存款的期初余额为已知的），然后分别登记原材料账户的顺序号和借方金额，以及银行存款账户的顺序号和贷方金额，这样登记就可以表明经济业务的来龙去脉。

本例以例题的编号为业务的顺序号。登记结果如图2-5所示。

借方	原材料	贷方	借方	银行存款	贷方
期初余额	6000		期初余额	150 000	
⑦	1000			⑦	1000

图2-5　过账示意图

通过上面两个丁字账账户的登记，就把例2-7的业务登记到相应账户记录中了。这里需要注意的是，我们在过账的时候，不仅要登记业务的金额，还要在金额前面登记业务对应的顺序号，方便找到账户之间的对应关系。比如，在例2-7中我们用⑦代表第七笔业务。这些顺序号可以看作是会计实务中业务的凭证号。

账户登完后，期末要进行结账，即结出账户的本期发生额和期末余额。本期全部业务登记完成以后，在最后一笔业务下面画一条线，先结算本期借贷方发生额合计。在计算本期发生额的时候要注意，不要把期初余额加进来。然后在本期发生额合计下面再画一条线,结算它的期末余额。期末余额等于期初余额加上本期增加方发生额减去本期减少方发生额。例 2-7 中涉及的两个账户都是资产类账户,因此两个账户的期末余额都等于期初的借方余额加上本期借方发生额合计减去本期贷方发生额合计。

假设凯特公司本月就发生了例 2-1 至例 2-7 的业务,那么发生每一项业务都需要编制会计分录(读者可以自己尝试将前面例 2-1 至例 2-4 的会计分录补上),然后根据分录,按照前面所述办法,开设相应账户,登记期初余额,并把上面所有业务的顺序号和金额登记到有关账户中,并在月末进行结账。下面仍以原材料和银行存款两个账户为例,将前面相关业务都登记到这两个账户中,并结账,最后的结果见图 2-6。

借方	原材料		贷方		借方	银行存款		贷方	
期初余额	6000				期初余额	150 000	②	5000	
⑦	1000	⑥	5500		①	30 000	③	8000	
本期发生额	1000	本期发生额	5500				⑤	100 000	
期末余额	1500						⑦	1000	
					本期发生额	30 000	本期发生额	114 000	
					期末余额	66 000			

图 2-6 结账过程图

所有账户期末结账后,就可以根据账户的记录进行试算平衡了。

7. 试算平衡

试算平衡就是根据会计等式的平衡原理,按照记账规则的要求,检查账户记录的正确性的一种方法。试算平衡包括发生额试算平衡和余额试算平衡两项内容。

1)试算平衡的原理

发生额平衡原理:借贷记账法的记账规则。因为每一笔经济业务的会计分录都是有借有贷,借贷相等,因此所有账户的本期借方发生额合计与本期贷方发生额合计必定相等。

余额平衡原理:会计恒等式。账户的借方期末余额表示资产总计,而期末贷方余额则表示权益总计,按照会计恒等式,所有账户的期末借方余额合计与期末贷方余额合计也必定相等。

根据上述原理,可以检查账簿记录是否正确。这个过程通常是采用编制总分类账发生额及余额试算平衡表进行的,如表 2-4 所示。

表 2-4 总分类账发生额及余额试算平衡表   单位:元
年 月 日

会计科目	期初余额		本期发生额		期末余额	
	借方	贷方	借方	贷方	借方	贷方
合 计						

2）试算平衡表的填列

首先，把涉及的会计科目按资产负债表和利润表的科目顺序填入表 2-4 中"会计科目"一列；其次把各账户的期初余额按照账户的借方或者贷方数分别填入"期初余额"一列的相应位置；再次按照各账户本期发生的（比如本月发生的、本年发生的等）的数据，将每个账户的借方、贷方发生的合计数填入"本期发生额"一列的相应位置；然后，将各账户结账后计算出的期末余额，填到"期末余额"一列的借方或者贷方中（一般资产类、成本类为借方余额，负债类、所有者权益类为贷方余额）；最后，将试算平衡表最后一行"合计"栏数据计算出来，核对本期发生额借方和贷方、期末余额的借方和贷方是否相等，以检查账户记录的正确与否。

需要指出的是，经过试算的本期发生额和期末余额相应借贷双方数额如果不等，说明记账肯定有错误。但是如果试算结果相等，一般说来记账是正确的。因为有些错误并不影响这种平衡关系。

那么哪些错误通过试算平衡不能发现呢？具有对应关系的两个账户，借方和贷方都多记或者少记或者漏记了相同的金额、应借应贷项目写错、借贷方向弄反；或者错用了账户；或者一笔业务多记，另一笔业务少记，金额正好相互抵销等。这些错误都无法通过试算平衡发现。

本 章 要 点

本章阐明了设置会计科目的意义与原则、会计账户和科目的关系以及借贷记账法的基本内容。通过学习，要求掌握会计科目和账户的概念与关系，理解账户的基本结构和分类，掌握借贷记账法的基本原理并能据此为简单业务编制会计分录。本章重点是借贷记账法的基本原理，难点是运用借贷记账法正确编制简单业务的会计分录。

本章知识要点如下。

（1）会计科目是对会计要素的具体内容进行分类核算的标志或项目。一般企业的会计科目按其反映的经济内容可以分为资产类、负债类、所有者权益类、成本类和损益类五类；按照体现会计信息的详细程度可以分为总分类科目和明细分类科目两类。

（2）账户是对会计要素的增减变动及其结果进行分类记录、反映的工具。会计账户和会计科目的联系是：账户是根据会计科目设置的，会计科目就是账户的名称，两者所反映的经济内容是一致的。区别是：会计科目仅是分类核算的项目，而账户既有名称又有具体结构；会计科目是进行分类核算的依据，而账户则是记录经济业务的载体。

（3）一个完整的账户结构应包括：账户名称、会计事项发生的日期、摘要、凭证号数、金额。账户四个数额之间的关系为：账户期末余额=账户期初余额+本期增加发生额-本期减少发生额。

（4）借贷记账法以"借""贷"作为记账符号，以会计恒等式为理论基础，以"有借必有贷、借贷必相等"为记账规则。在借贷记账法下，账户的基本结构是：左方为借方，右方为贷方。资产、成本、费用类账户增加记在借方，减少记在贷方；负债、所有者权益、收入类账户增加记在贷方，减少记在借方。

（5）会计分录简称分录，是标明某项经济业务的应借应贷账户及其金额的记录。

（6）试算平衡是根据会计等式的平衡原理，按照记账规则的要求，检查账户记录的正确性的一种方法。试算平衡包括发生额试算平衡和余额试算平衡两项内容。

复习思考题

1. 什么是会计科目？什么是账户？
2. 会计科目和账户有什么联系与区别？
3. 账户的基本构成要素是怎样的？
4. 简述总分类账和明细分类账的关系以及平行登记的要点。
5. 简述借贷记账法的基本原理。
6. 什么是试算平衡？试算平衡的基本原理是什么？
7. 试算平衡一定意味着记账正确吗？通常有哪些错误不能通过试算平衡发现？

【案例分析】谢霖的爱国情怀：借贷记账法的引入

案例导引："有借必有贷，借贷必相等"是借贷记账法的核心要领，也是会计理论的重要基础。我国借贷记账法的引入，离不开我国会计界的先驱——谢霖先生（1885—1969），他是我国会计师制度的创始人，我国第一位注册会计师，第一个会计师事务所的创办者，被誉为"中国现代会计的创始人"。

本案例主要介绍谢霖先生引入借贷记账法的事迹。通过案例深入理解谢霖先生的爱国情怀，增强每一位青年学者、会计人的责任担当意识，树立踔厉奋发、报效祖国的志向。

东渡日本，初识借贷

谢霖，字霖甫，1885年（清光绪十一年）出生于江苏省武进县（现常州市武进区）。谢霖父亲谢冠能，颇通传统四柱会计技术。谢霖自小就对会计抱有浓厚的兴趣。

当时的中国正值半殖民地半封建社会，年轻的谢霖受洋务运动"西学中用、自强求富"的思想启化，果断放弃了科举功名，怀揣爱国之心，志在学习西方先进技术与思想以救国。在父母的支持之下，谢霖东渡日本，并以优异的成绩考入明治大学商科。

明治维新的余晖给日本带来了各类西方学科理论，也正是在明治大学就读期间，谢霖接触到了西方会计学说，初识"借""贷"，这使得他兴趣浓厚、孜孜不倦。苦心钻研之下，谢霖将传统的四柱会计技术与西方会计技术相比较，后又邀请同样到日本留学、同县的同学孟森作序合著，撰写成了《银行簿记学》。该书于1907年在日本东京出版，中日两国发行，成为中国学者系统介绍西方复式簿记的经典著作。

在《银行簿记学》中，谢霖正式以"借"和"贷"的名义将卢卡·帕乔利的借贷记账法介绍给读者，这便是引入我国的"借贷记账法"的前身。与此同时，《银行簿记学》也是我国以借贷为记账符号的第一部银行专业簿记著作。

归国反哺，引入借贷

1909 年，谢霖从日本明治大学商科毕业，获得商学学士学位。毕业后，他立即回国，一边在政府和企业任职改革传统会计制度，一边教学讲授复式会计，培养新式会计人才，为国献力。借贷记账法的推广与谢氏会计理论的研究自此拉开序幕。

学成归国后的第二年，谢霖先生就应试经济特科，并以优异成绩被清政府录入商科举人学衔。1912 年，大清银行、交通银行诚聘谢霖先生出任两行总司账，开启了谢霖先生的会计实务改革之旅。

1912 年元月，谢霖先生任大清银行总司账；次月，大清银行改组为中国银行，谢霖继任总司账。谢霖上任的第一件事就是进行银行会计制度改革。

1912 年在担任大清银行总司账时，谢霖编著了《实用银行会计》，为中国会计学引入了"借""贷"两词和"借贷记账法"，从而奠定了中国现代会计学的基础。从 1912 年至 1917 年分别为中国银行、交通银行改组账簿组织，首次采用西式账页的横写方式和阿拉伯数字，并改"收付"为"借贷"，将中国传统现金收付记账法改革为借贷记账法，即复式记账法，成效显著。中国银行、交通银行两行的会计改良工作始终走在北洋政府统治时期的金融界的前列。

1918 年，谢霖上书北洋政府，建议建立中国会计师制度。农商部当局十分赞赏，并委托他起草《会计师暂行章程》。1918 年 6 月，谢霖先生呈请的中国会计师制度获批。谢霖先生受托主持拟定的中国现代会计制度《会计师暂行章程》，于 1918 年 9 月 7 日被北洋政府批准正式公布试行。随即，谢霖先生被授予了第 1 号会计师证书，成为中国的第 1 号注册会计师。1918 年，谢霖先生创办的中国第一家会计师事务所——正则会计师事务所也获批成立，开创了中国注册会计师事业先河。随着业务的开展，正则会计师事务所的分支机构遍及中国南北，在全国会计界中享有很高的信誉，为 1949 年前中国四大会计师事务所之一。

实践教学，推广借贷

谢霖先生一边从事会计实务，一边将会计实践规范化、系统化，在会计学科上不断取得突破，并培养了大量中、高级会计人才。

谢霖先生除担任中国银行、交通银行总司账，中央银行秘书长职务外，还先后兼任湖南明德大学、北京大学、上海商学院、光华大学、复旦大学、光华大学成都分校、四川大学、成华大学、川康农工学院、四川省会计专科学校等院校教授，以及光华大学商学院会计系主任、光华大学成都分校副校长等重要职务。他致力于推行现代会计知识，为国家培养了大量的高级会计人才。在抗战时期缺乏资金、校舍、师资的情况下，他迎难而上、四处奔走，寻求社会各界帮助，最后顶住压力将光华大学成都分校建立起来。据统计，谢霖的教龄长达四十余载，为国家储备了大量人才。

谢霖教授为传播会计和经济管理知识，撰写出版了大量著作。其中有《银行簿记学》《簿记学》《改良中式会计》《中国之会计师制度》《实用银行簿记》《实用银行会计》《银行会计》《会计学》《成本会计》《铁道会计》《审计学要义》《商人通义讲义》《现行公司法要义》《现行票据法要义》《海商法要义》《破产法要义》《实用政府会计》《实用基础簿记》等。谢霖以务实精神办学，主张学以致用。要求学生不但要学理论，还要有操作能力。他担任多种课程的教学工作，由于他有深厚的理论修养和丰富的实践经验，讲课深入浅出，富于启发。他在讲公司法、票据法、海商法等内容时，不是简单地讲条文，而是用大量的案例，形象而生动地运用条文对具体问题进行分析处理。他不仅给我们留下了珍贵的精神财富，而且他的治学态度、求实精神，对我们今天的会计理论和实践工作者仍有指导意义。

1992年11月30日，我国颁布的《企业会计准则——基本准则》规定：自1993年7月1日起，我国所有企业均采用借贷记账法。至此我国的会计发展进入了一个新纪元。谢霖先生引入的借贷记账法，不仅改变了传统的记账方式，而且对我国建立起有特色的会计管理科学体系有着莫大的作用。

他一生孜孜不倦的责任担当、为国献力的爱国情怀，是值得我们每一位会计人铭记和学习的。

参考资料：

亢祖合. 中国最早的会计师[J]. 财会月刊, 1994(2): 27.

方圆. 我国第一位注册会计师：谢霖[J]. 财会通讯, 2012(4): 112-114.

翟慈慈. 谢霖与中国的会计教育[J]. 黑龙江史志, 2014(5): 33-34.

第三章 制造业企业主要经济业务的会计核算

【学习目标】 ①认识制造业企业的主要经济业务流程与特点；②熟悉资金筹集、供应过程、生产过程、销售过程、利润的形成与分配业务的主要核算内容；③掌握制造业企业经济业务核算的主要账户的性质与结构，并熟练运用这些账户，对制造业企业的基本业务进行账务处理。

第一节 制造业企业主要经济业务概述

企业是指依法设立的以营利为目的、从事商品的生产经营和服务等活动的独立核算的经济组织。这个组织主要是通过对各种资源的组合和处理，向其他单位或个人提供所需的产品或服务。企业要将最原始的投入转变为顾客所需要的商品或服务，不仅需要自然资源、人力资源，而且还需要资本。

制造业企业作为一种重要的企业组织类型，不仅要将原始的材料转换为满足顾客需求的商品，而且要在市场经济的竞争中不断谋求发展，对其所拥有的资本、财产实现保值增值。这意味着企业的管理将是一个复杂且要不断完善的过程。对过去的交易、事项的结果和未来经营的可能效果进行分析、评价，是管理的重要职能，企业会计作为一个为其内、外部利益相关者提供信息的职能部门，通过对企业经营过程进行核算，必定有助于企业管理的完善。

如图 3-1 所示，制造业企业的一般经济活动包括资金筹集、供应过程、生产过程、销售过程、利润的形成与分配等业务，通常会经历货币资金→储备资金→生产资金→成品资金→货币资金的循环过程。会计核算运用借贷记账法，记载整个资金的循环过程。

首先，企业要从投资者和债权人等主要渠道，筹集生产经营所需的资金。完成资金的筹集就意味着将资金投入企业，制造业企业的生产经营活动从资金筹集开始，主要围绕着供应、生产、销售三个过程进行。

企业筹集到的资金最初一般表现为货币资金形态，也就是说，货币资金形态是资金运动的起点。企业筹集到的资金先进入供应过程。供应过程是为了保证生产的需要，以货币资金购买原材料等劳动对象形成储备资金，购买机器设备等劳动资料形成固定资金，为生产产品做好物资上的准备，使企业的货币资金转化为储备资金形态和固定资金形态。因劳动资料大多属于固定资产，一旦完成购买即可供企业长期使用，所以供应过程的主

图 3-1 制造业企业的一般经济活动

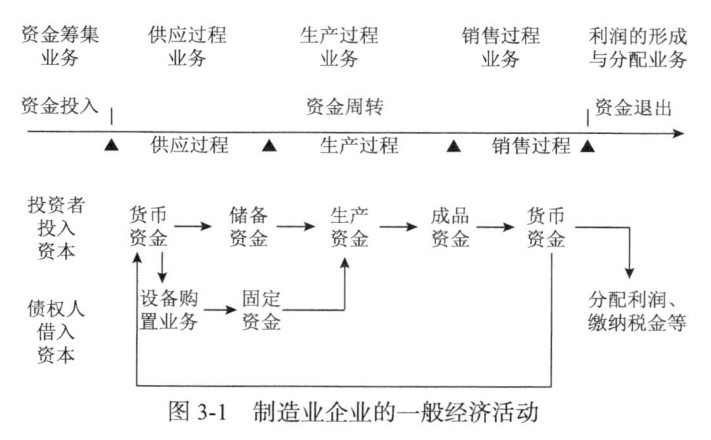

要核算内容就是购买原材料业务,包括支付材料价款和税款、发生采购费用、计算采购成本、材料验收入库结转成本等。

生产过程是制造业企业生产经营过程的中心环节。在生产过程中,生产工人借助于劳动资料对劳动对象进行加工,制造出适销对路、满足顾客需求的产品。生产过程既是产品的制造过程,又是物化劳动和活劳动的消耗过程。物化劳动消耗主要反映了劳动资料和劳动对象的耗费,即厂房、机器设备等劳动手段在参加生产过程中所发生的折旧费用和各种材料的材料成本;活劳动消耗主要指劳动力的消耗,即支付给生产工人及其他职工的工资和福利等人工费用。生产过程中发生的这些生产费用总和构成产品的生产成本。在生产过程中,物质的形态先形成在产品,又逐渐转化为库存商品;资金形态随着实物的变化,逐渐由储备资金、固定资金转化为生产资金,继而转化为成品资金。

销售过程是产品价值的实现过程,也是制造业企业生产经营过程的最后阶段。在销售过程中,企业通过销售产品,并按照销售价格与购买方办理各种款项的结算,收回货款,从而使得成品资金又转化为货币资金,回到了资金运动的起点,完成了一次资金的循环。同时,销售过程中产生的各种包装费、广告费等销售费用,需要计算并及时缴纳各种销售税金,结转销售成本,这些均属于销售过程的核算内容。

对于制造业企业来说,除了生产和销售等主营业务之外,还要发生一些诸如销售材料、出租固定资产等兼营业务,以及进行对外投资以获得收益的投资业务。主营业务、其他业务及投资业务共同构成了企业的经营业务,此外企业还会发生非经营业务,从而发生营业外收入或者产生营业外支出。企业在生产经营过程中所获得的各项收入遵循配比的要求抵偿各项成本、费用之后的差额,形成企业的利润。企业所实现的利润,扣除所得税费用之后,形成税后利润,要按照国家规定的程序在各有关方进行合理分配,如果发生亏损,要按照规定程序进行弥补。这样通过利润分配,一部分资金退出企业,一部分资金以公积金等形式继续参加企业的资金周转。

综上可以看出,制造业企业在经营过程中发生的主要经济业务内容为:①资金筹集业务;②供应过程业务;③生产过程业务;④销售过程业务;⑤利润的形成与分配业务。其中,供应、生产和销售三个过程构成了制造业企业的主要经济业务。为了全面连续系统地反映和监督由上述企业各项业务所组成的生产经营活动过程与结果，也就是企业再生产过程中的资金运动，企业必须根据各项经济业务的具体内容和管理要求，相应地设置不同的账户，并运用借贷记账法，对各项经济业务的发生进行账务处理，以提供管理上所需要的各种会计信息。

第二节　资金筹集业务核算

一、资金筹集业务概述

资金筹集业务是企业经营的起点，也是企业生产经营的必要前提。资金筹集业务是企业根据其生产经营活动对资金的需要，通过一定的渠道，采取适当的方式，获取所需资金的一种经济活动。

制造业企业的资金来源一般有两种途径：一是吸收投资，即投资者投入所形成的权益筹集资金；二是借款、发行债券等，即负债筹集资金。二者的主要区别在于，对于投资者投入资金，投资者不能随意撤回资金，投资者对于企业享有一定经营管理权，并依法享有红利分享权，但是其对企业资产的要求权要滞后于借入资金。而对于借入资金，企业具有按时偿还本息的义务。

二、投资者投入资本的核算

企业向投资者筹集资金，就是接受投资者以货币资金、实物资产、无形资产等的出资。企业的资本按照投资主体的不同，分为国家投入资本、法人投入资本、个人投入资本和外商投入资本等。

企业向投资者筹集资金，会给企业带来两方面的变化。一方面是资产的增加，如收到了投资者的货币资金、固定资产或者无形资产等；另一方面是所有者权益的增加，形成实收资本、资本公积，从而要求对引起投入资本发生的交易或事项进行账务处理。

在会计核算中，实收资本的确认和计量要求企业应设立"实收资本"科目，核算企业接受投资者投入的实收资本，在股份有限公司中该科目改为"股本"。因为企业接受的投资包括货币资金、实物资产和无形资产，因此在会计处理时也涉及"银行存款"、"固定资产"和"无形资产"等科目。

实收资本是投资者投入资金形成法定资本的价值。所有者向企业投入的资本，在一般情况下无须偿还，可以长期周转使用。实收资本的构成比例，即投资者的出资比例或股东的股份比例，通常是所有者确定在企业所有者权益中所占的份额和参与企业财务经营决策的基础，也是企业进行利润分配或股利分配的依据，同时还是企业清算时确定所有者净资产的要求权的依据。

资本公积是企业收到投资者的超出其在企业注册资本（或股本）中所占份额的投资，以及某些特定情况下直接计入所有者权益的项目。如有新投资者介入，新介入的投资者缴纳的出资额大于其按约定比例计算的其在注册资本中所占的份额部分，不计入"实收资本"科目，而作为资本公积计入"资本公积"科目。资本公积包括资本溢价（或股本溢价）和其他资本公积。

股本是股份有限公司核算实收资金的科目，股本和实收资本只是科目名称不同，核算内容相同。因此，本节只介绍"实收资本"账户的设置与核算。

（一）主要账户的设置

1. "实收资本（股本）"账户

该账户是所有者权益类账户，用来核算企业投资者按照企业章程、合同或者协议的约定，实际投入企业的资本金，以及按照规定由资本公积、盈余公积等转增资本的资金。本账户贷方登记的是实收资本的增加额，如投资者投入的货币资金、实物资产、无形资产等，以及资本公积、盈余公积转增资本的金额，借方登记的是实收资本的减少额，如按法定程序报经批准减少的注册资本金额，期末余额在贷方，表示实收资本或股本总额。明细账可以按投资主体设置，如"国家资本""法人资本"等。

"实收资本"账户丁字账结构如图 3-2 所示。

实收资本	
	期初余额：期初实收资本实有额
实收资本减少额	实收资本增加额
	期末余额：期末实收资本实有额

图 3-2　"实收资本"账户结构

2. "资本公积"账户

该账户是所有者权益类账户，用来核算企业所有者投入的资金超过其在注册资本中所占份额的部分以及其他资本公积。该账户贷方登记资本公积金额的增加，借方登记资本公积金额的减少，期末余额在贷方，反映企业资本公积的实际结存金额。本账户应分别按"资本溢价（股本溢价）""其他资本公积"等设置明细分类账，进行明细分类核算。资本公积主要用于转增资本，不得用于弥补亏损。

"资本公积"账户丁字账结构如图 3-3 所示。

资本公积	
	期初余额：期初资本公积实有额
资本公积减少额	资本公积增加额
	期末余额：期末资本公积实有额

图 3-3　"资本公积"账户结构

3. "银行存款"账户

该账户是资产类账户，用来核算企业存入银行或者其他金融机构的各种款项，包括人民币存款和外汇存款。企业的外埠存款、银行本票存款、银行汇票存款、信用卡存款、信用证保证金存款、存出投资款等，通过"其他货币资金"账户核算，不计入本账户。本账户借方登记银行存款增加金额，贷方登记银行存款减少金额，期末余额在借方，表示企业存在银行或其他金融机构的各种款项的结存余额。本账户明细核算通过设置银行存款日记账来进行。有外币存款的企业，应分别按照人民币和各种外币设置银行存款日记账进行明细分类核算。

"银行存款"账户丁字账结构如图3-4所示。

银行存款	
期初余额：期初银行存款余额	
存入款的金额	提取或支付款的金额
期末余额：银行存款的结存额	

图3-4 "银行存款"账户结构

4. "无形资产"账户

该账户是资产类账户，用来核算企业所持有的无形资产的增减变动及结余情况，包括专利权、非专利技术、商标权等。本账户借方登记企业购入、自行开发等取得的无形资产的增加金额，贷方登记无形资产减少金额，期末余额在借方，表示实有的无形资产的金额。本账户应按照无形资产的项目设置明细分类账，进行明细分类核算。

"无形资产"账户丁字账结构如图3-5所示。

无形资产	
期初余额：期初无形资产金额	
无形资产的增加金额	无形资产的减少金额
期末余额：无形资产实存金额	

图3-5 "无形资产"账户结构

5. "固定资产"账户

该账户是资产类账户，用来核算企业拥有或控制的固定资产原价的增减变动及其结余情况。该账户借方登记固定资产原价的增加，贷方登记固定资产原价的减少。期末余额在借方，表示固定资产原价的结余额。该账户应按照固定资产的种类设置明细账户，进行明细核算。

"固定资产"账户丁字账结构如图3-6所示。

固定资产	
期初余额：期初固定资产原价	
固定资产的原价的增加	固定资产原价的减少
期末余额：期末固定资产原价	

图3-6 "固定资产"账户结构

（二）投入资本的核算举例

【例 3-1】2021 年 1 月 3 日，泰格公司接受某单位投入的货币资金 300 000 元，已存入银行存款账户中，投入的固定资产经评估确认价值为 500 000 元。

【分析】这项经济业务涉及"实收资本"、"银行存款"和"固定资产"三个账户，投入资产的增加应分别计入"银行存款"和"固定资产"账户的借方，形成的权益应计入"实收资本"账户的贷方。对这项经济业务应做如下会计分录。

借：银行存款　　　　　　　　　　　　　　　300 000
　　固定资产　　　　　　　　　　　　　　　500 000
　　贷：实收资本　　　　　　　　　　　　　　800 000

【例 3-2】2021 年 1 月 5 日，泰格公司接受外商投资一项专利权，经评估确认价值为 320 000 元。

【分析】这项经济业务涉及"无形资产"和"实收资本"两个账户，无形资产增加应计入"无形资产"账户的借方，形成的权益应计入"实收资本"的贷方。对这项经济业务应做如下会计分录。

借：无形资产　　　　　　　　　　　　　　　320 000
　　贷：实收资本　　　　　　　　　　　　　　320 000

【例 3-3】2021 年 1 月 6 日，泰格公司接受蓝天公司投资一项固定资产，价值为 300 000 元，双方确定投入资本占财产价值的 60%，其余部分作为资本公积处理。

【分析】这项经济业务涉及"固定资产"、"实收资本"和"资本公积"三个账户，接受固定资产应计入"固定资产"账户的借方，形成的权益应计入"实收资本"和"资本公积"账户的贷方。对这项经济业务应做如下会计分录。

借：固定资产　　　　　　　　　　　　　　　300 000
　　贷：实收资本　　　　　　　　　　　　　　180 000
　　　　资本公积——资本溢价　　　　　　　　120 000

上述投资业务的核算程序涉及的账户关系如图 3-7 所示。

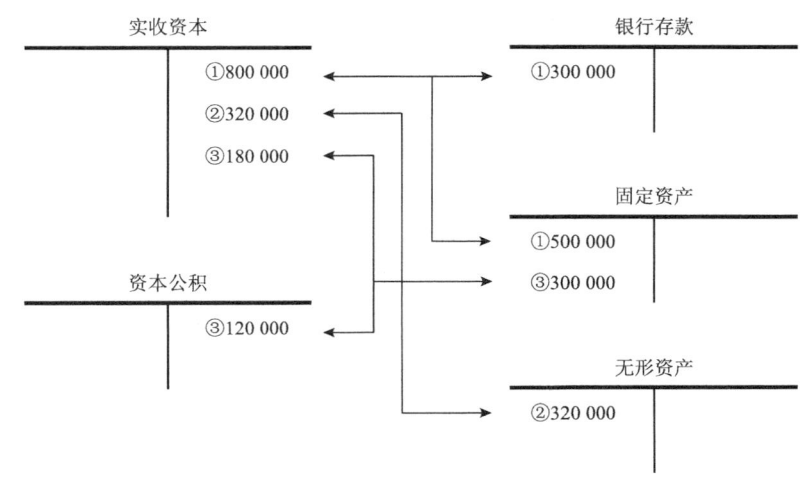

图 3-7　投资者投入资本算例账户之间的关系

三、借入资本的核算

企业向债权人借入资金,就是企业以各种方式向债权人举借债务。相比于股票筹资,债务筹资的优点是:有利于保持原有的股权结构,只需要支付固定的利息,并且负债利息可作为费用在计算所得税时予以抵扣,从而减少缴纳企业所得税。债务筹资的缺点是:利息是企业必须定期支付的固定费用,如果企业负债经营的投资回报率低于负债的资金成本,每股收益将会递减;此外,负债一般都具有明确的还款日期,企业必须做好偿债的财务安排,这使得企业缺乏财务灵活性,影响资金运营。

企业通常向银行或者其他金融机构借款,或者通过发行债券的方式筹集资金。在初级会计阶段,我们主要学习向银行或其他金融机构借款的业务。

为了满足生产经营活动需要的资金,企业向银行或者其他金融机构等借入期限在一年以下的各种借款为短期借款;向银行等金融机构借入的偿还期在一年以上的各种款项,为长期借款。

企业借入的各种款项必须按照规定的用途使用,按期支付利息和按期归还本金。短期借款属于企业的流动负债,短期借款的核算包括取得借款、支付借款利息和归还借款三项主要内容。长期借款的核算要复杂一些,"长期借款"账户不但核算借款的本金,还包括借款的利息。因此,在初级会计阶段,我们以掌握"短期借款"为主。

(一)主要账户的设置

进行短期借款本金和利息的核算,需要设置"短期借款"、"财务费用"和"应付利息"三个主要的账户。

1. "短期借款"账户

该账户是负债类账户,企业取得短期借款本金时,表明短期债务增加,应计入"短期借款"账户的贷方,企业归还短期借款本金时,表明短期债务减少,应计入"短期借款"账户的借方,期末余额在贷方,表示尚未归还的短期借款本金数。本账户应按债权人设置明细账,或按借款种类进行明细分类核算。

"短期借款"账户丁字账结构如图 3-8 所示。

短期借款	
	期初余额:期初短期借款本金结余额
短期借款本金的减少(偿还)	短期借款本金的增加(取得)
	期末余额:期末短期借款本金结余额

图 3-8 "短期借款"账户结构

短期借款必须按期归还本金并按时支付利息,短期借款的利息属于企业为筹集资金而发生的一项耗费,在会计核算中,应将其作为期间费用,即财务费用加以确认。如果银行对企业的短期借款按月计收利息,或者借款到期收回本金时一并计收利息且利息数额不大,企业可以在收到银行的计息通知或在实际支付利息时,直接将其计入当期损益(财务费用)。如果银行对企业的短期借款按季度或者半年等较长期间计收利息,或者借款到期收回本金时一并计收利息且利息数额较大，为了正确计算各期损益额，保持各个期间损益额的均衡性，企业通常按照权责发生制的要求，采取预提的方法按月计提借款利息，计入预提期间损益（财务费用），待季度或者半年等结息期终了或到期支付利息时，再冲销应付利息这项负债。

2. "财务费用"账户

该账户是损益类账户，用来核算企业为筹集生产经营所需资金等而发生的各种筹资费用，包括利息支出（减利息收入）、佣金、汇兑损失（减汇兑收益）以及相关手续费、企业发生的现金折扣或收到的现金折扣等。借方登记发生的财务费用，贷方登记发生的应冲减财务费用的利息收入、汇兑收益以及期末转入"本年利润"账户的财务费用净额，即财务费用支出大于收入的差额，如果收入大于支出，则反方向结转。经过结转之后，该账户期末没有余额。"财务费用"账户应按照费用项目设置明细账户，进行明细分类核算。

此处需要指出，为构建固定资产而筹集长期资金所发生的诸如借款利息支出等的费用，在固定资产尚未完工交付使用之前发生的，应予以资本化，计入有关固定资产的购建成本，不在"财务费用"账户核算；在固定资产建造完工投入使用之后发生的利息支出，则应计入当期损益，计入"财务费用"账户。

"财务费用"[①]账户丁字账结构如图3-9所示。

财务费用	
发生的费用： 利息支出、手续费、汇兑损失等	利息收入、汇兑收益等 期末转入"本年利润"账户的余额

图3-9 "财务费用"账户结构

3. "应付利息"账户

该账户是负债类账户，用来核算企业按照合同约定应支付的利息。其贷方登记按预先标准计算提取的应由本期负担的利息费用，借方登记实际支付的利息费用，余额一般在贷方，表示已经预提但尚未支付的利息费用。该账户应按照费用种类设置明细账户，进行明细分类核算。一般短期借款利息，银行按季扣除，月末预提利息时，并未支付给银行，因此欠了银行的钱，形成企业的一项负债，因此计入"应付利息"账户的贷方，季末银行扣息时（归还利息），应付利息减少才计入"应付利息"账户的借方。

"应付利息"账户丁字账结构如图3-10所示。

应付利息	
	期初余额：应付利息的实有数
以后实际支付的利息费用	预先提取计入损益的利息费用
	期末余额：尚未支付的应付利息的实有数

图3-10 "应付利息"账户结构

---

① 我们在"财务费用"丁字账下面画双实线表示该账户期末无余额，下同。

（二）借入资本的核算举例

【例 3-4】泰格公司因生产经营的临时性需要，于 2021 年 4 月 15 日向银行申请取得期限为 6 个月的借款 2 000 000 元，存入银行。

【分析】这项经济业务涉及"银行存款"和"短期借款"两个账户，银行存款的增加是资产的增加，应计入"银行存款"账户的借方，短期借款的增加是负债的增加，应计入"短期借款"账户的贷方。对这项经济业务应做如下会计分录。

  借：银行存款   2 000 000
    贷：短期借款   2 000 000

【例 3-5】承例 3-4，假如上述泰格公司取得的借款年利率为 6%，利息按季度结算，经计算其 4 月份应负担的利息为 5000 元。

【分析】该项经济业务，首先应按照权责发生制的原则，计算本月应负担的利息额，本月应负担的借款利息为 5000 元（2 000 000×6%÷12×15÷30）。借款利息属于企业的一项财务费用，由于利息是按季度结算的，所以本月的利息虽然在本月计算并由本月来负担，但却不在本月实际支付，因此这项经济业务涉及"财务费用"和"应付利息"两个账户，财务费用的增加属于费用的增加，应计入"财务费用"账户的借方，应付利息的增加属于负债的增加，应计入"应付利息"账户的贷方。对这项经济业务应做如下会计分录。

  借：财务费用   5000
    贷：应付利息   5000

【例 3-6】承例 3-5，泰格公司在 6 月末用银行存款支付本季度的银行借款利息 25 000 元（5、6 月份的利息计算和处理方法基本与 4 月份相同，只是利息金额为一个月的金额 10 000 元，分录略）。

【分析】这项经济业务涉及"应付利息"和"银行存款"两个账户，银行存款的减少是资产的减少，应计入"银行存款"账户的贷方，应付利息的减少是负债的减少，应计入"应付利息"账户的借方。对这项经济业务应做如下会计分录。

  借：应付利息   25 000
    贷：银行存款   25 000

【例 3-7】泰格公司在 10 月 16 日用银行存款 2 000 000 元偿还到期的银行临时借款本金，用 5000 元支付本月应负担的借款利息。

【分析】这项经济业务涉及"银行存款"、"短期借款"和"财务费用"三个账户，银行存款的减少是资产的减少，应计入"银行存款"账户的贷方，短期借款的减少是负债的减少，应计入"短期借款"账户的借方，还有本期应负担的财务费用的增加，应计入"财务费用"账户的借方。对这项经济业务应做如下会计分录。

  借：短期借款   2 000 000
    财务费用   5 000
    贷：银行存款   2 005 000

上述借款业务的核算程序涉及的账户关系如图 3-11[①]所示。

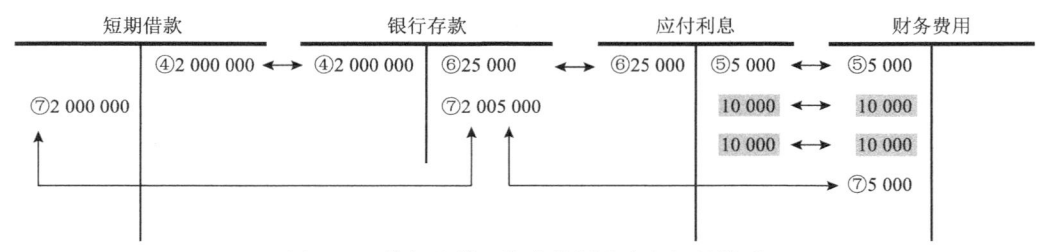

图 3-11 债权人借入资本算例账户之间的关系

第三节 供应过程业务核算

一、供应过程业务核算概述

企业通过各种渠道筹集到生产经营所需的资金后，就可以为开展下一步的生产经营活动做准备了。供应业务是制造业企业为生产产品所做的储备工作，相对于其他类型企业，制造业企业需要供应的物质品种最多、核算也比较复杂。在供应过程中，企业用货币资金购买原材料等劳动对象形成储备资金，购买机器设备等劳动资料形成固定资金，为生产产品做好物资上的准备，货币资金分别转化为储备资金形态和固定资金形态。因此，供应过程业务的核算可以分为材料采购业务的核算和外购固定资产业务的核算。

二、材料采购业务的核算

原材料是制造业企业生产产品不可缺少的物质要素，购买和储备一定品种和数量的原材料是制造业企业进行正常的生产经营活动的前提。原材料经过加工改变其原来的实物形态，构成产品实体的一部分，或者实物消失而有助于产品的生产。因此，制造业企业要有计划地采购材料，既要保证及时、按质、按量地满足生产上的需要，同时又要避免储备过多，避免不必要地占用资金。

企业储存备用的材料，通常都是向外单位采购而得的。在材料采购过程中，一方面是企业从供应单位购进各种材料，计算购进材料的采购成本，另一方面企业要按照经济合同约定的结算办法支付材料的买价和各种采购费用，与供应单位发生货款结算关系。在材料采购业务的核算过程中，还涉及增值税进项税额的计算与处理问题。为了完成材料采购业务的核算，需要设置一系列的账户。

（一）材料采购成本的确定

1. 采购材料的成本

购入的原材料，其实际采购成本由以下几项内容组成。

---

① 图中阴影部分数据为 5、6 月份借款利息（分录略）；本章各账户都属于一个公司业务，但是为了简便起见，相同科目的丁字账列示的都是各类业务的金额，其他类业务金额略，下同。

（1）购买价款，即买价，指购货发票所注明的货款金额。

（2）采购过程中发生的运杂费（包括运输费、包装费、装卸费、保险费、仓储费等，不包括按规定根据运输费的一定比例计算的可抵扣的增值税税额）。

（3）材料在运输途中发生的合理损耗。

（4）材料入库之前发生的整理挑选费用（包括整理挑选中发生的人工费支出和必要的损耗，并减去回收的下脚废料价值）。

（5）按规定应计入材料采购成本中的各项税金，如为国外进口材料支付的关税等。

（6）其他费用，如大宗物资的市内运杂费等（注意：市内零星运杂费、采购人员差旅费以及采购机构的经费等不构成材料的采购成本，而是计入期间费用）。

以上第（1）项应当直接计入所购某种材料的采购成本，第（2）—（6）项，凡能分清是某种材料直接负担的，可以直接计入某种材料的采购成本，不能分清的，应按材料的重量等标准分配计入某种材料的采购成本。

2. 增值税简介

增值税是以商品（含货物、加工修理修配劳务、服务、无形资产或不动产）在流转过程中产生的增值额为计税依据而征收的一种流转税[①]。

（1）征税对象：增值税纳税人为在中华人民共和国境内销售货物或者提供加工、修理修配劳务，销售服务、无形资产、不动产以及进口货物的单位和个人。

增值税纳税人分为一般纳税人和小规模纳税人。小规模纳税人是指年销售额在规定标准以下，并且会计核算不健全，不能按规定报送有关税务资料的增值税纳税人。2018年5月1日起，年应税销售额500万元以下的为小规模纳税人。

（2）计税方法：增值税是一种价外税，一般纳税人按照一般计税方法，小规模纳税人按照简易计税方法。

属于增值税一般纳税人的企业，采用两段征收法，购入材料支付材料价款的同时，需支付增值税进项税额，并取得增值税专用发票，其进项税额应单独核算，不包括在购入材料成本中。

$$进项税额=买价×增值税税率$$

同理，一般纳税人企业在销售货物或应税劳务时，如果开具的是增值税专用发票，则收取的价款和增值税税款是分别注明的，价款部分作为商品销售收入核算，而收取的增值税税款则作为销项税额单独核算；如果不能开具增值税专用发票（如销售给消费者或小规模纳税人等），只能开具普通发票，这样只能将销售货物或应税劳务的价款和增值税税款合并定价并合并收取，但是在核算时，仍需要先将含增值税的销售额换算成不含增值税的销售额，再将价款和增值税销项税额分开核算。

$$销项税额=销售额×增值税税率$$

[①] 流转税是指以纳税人商品生产、流通环节的流转额或者数量以及非商品交易的营业额为征税对象的一类税收，主要包括增值税、消费税、营业税、关税等。流转税是可转嫁税负的税，即交税人不一定是实际负税人，最终消费者才是实际负税人。相对于流转税，其他诸如所得税、城镇土地使用税、房产税等税种，为非流转税。

如果销售额含税，则

$$销项税额=含税销售额\div(1+税率)\times增值税税率$$

一般纳税人的应纳税额为当期增值税销项税额抵扣当期进项税额后的余额。当期销项税额小于当期进项税额不足抵扣时，其不足部分可以结转下期继续抵扣。一般纳税人增值税应纳税额的计算公式为

$$当期应纳增值税=当期销项税额-当期进项税额$$

小规模纳税人的简易计税方法的应纳税额是指按销售额（不含税）和增值税征收率计算的增值税额，不得抵扣进项税额。小规模纳税人增值税的应纳税额的计算公式为

$$应纳税额=销售额\times征收率$$

（3）增值税的税率和征收率：按照现行税制规定，一般纳税人的增值税的基本税率为13%、9%和6%；小规模纳税人的征收率为3%，国务院另有规定的除外。

（4）增值税专用发票：税务机关对增值税的征收和核算都是通过增值税专用发票来进行的。增值税专用发票由基本联次或者基本联次附加其他联次构成，基本联次为三联。

第一联是记账联（黑色，销货方用来记账），销货方发票联，是销货方的记账凭证，是销货方销售货物的原始凭证。票面上的"税额"指的是"销项税额"，"金额"指的是销售货物的"不含税金额价格"。发票三联是具有复写功能的，一次开具，三联的内容一致。

第二联是抵扣联（绿色，购货方用来扣税）。

第三联是发票联（棕色，购货方用来记账）。

实务中，销售方开具增值税专用发票后，将记账联留下作为收入增加的凭证，将抵扣联和发票联一并交给采购方，作为采购方购买商品的凭证和抵扣其销项税的凭证。

（5）账户设置：增值税的核算通过设置"应交税费——应交增值税"账户进行。由于实务情形较为复杂，这个科目下还设若干专栏，具体见图3-12。

"应交增值税"分别设"进项税额""已交税金""转出未交增值税""减免税款""出口抵减内销产品应纳税额"5项借方明细科目和"销项税额""出口退税""进项税额转出""转出多交增值税"4项贷方明细科目。凡是经济业务涉及本账户，均须在会计分录中写清楚具体的三级明细。

增值税的核算比较复杂，本书只介绍一般纳税人采购和销售涉及的会计核算处理部分。

（二）材料采购业务主要账户的设置

按照我国会计规范的规定，企业的原材料可以按照实际成本计价组织收发核算，也可以按照计划成本计价组织收发核算，具体采用哪一种方法，由企业根据具体情况自行决定。本书只介绍原材料按照实际成本法核算的基本过程。

凭证日期	凭证字号	摘要	借方	贷方	余额		借方				贷方			
					方向	金额	进项税额	已交税金	转出未交增值税	减免税款	出口抵减内销产品应纳税额	销项税额	出口退税	进项税额转出	转出多交增值税
							三级科目"进项税额"核算企业购入货物或接受应税劳务而支付的、准予从销项税额中抵扣的增值税额。对于企业购入货物或接受应税劳务支付的进项税额，用蓝字登记；退回所购货物应冲销的进项税额，用红字（负数）登记	三级科目"已交税金"核算企业当月已交纳的增值税费。注意，当月一般不会出现企业当月缴纳本月增值税。月末增值税账面余额是主要出现在企业发生预缴的时候，用红字（负数）登记	三级科目"转出未交增值税"核算企业月终转出应缴未缴的增值税。月末企业根据当月应交税费明细账出现贷方余额，借记"应交税费——应交增值税（转出未交增值税）"科目（三级）	三级科目"减免税款"反映企业按规定减免的增值税款，企业按规定直接减免的增值税额借记本科目，贷记"营业外收入"科目	三级科目"出口抵减内销产品应纳税额"反映出口企业销售出口货物后，向税务机关办理免抵退税申报，按规定计算的应免抵税额，借记本科目，贷记"应交税费——应交增值税（出口退税）"科目	三级科目"销项税额"记录企业销售货物或提供应税劳务应收取的增值税额。企业销售货物或提供应税劳务应收取的销项税额，用蓝字（正数）登记；退回销售货物应冲销的销项税额，用红字（负数）登记	三级科目"出口退税"记录企业出口适用零税率的货物，向海关办理报关出口手续后，凭出口报关单等有关凭证，向税务机关申报办理出口退税而收到退回的税款。出口货物退回的增值税额，用蓝字登记；出口货物办理退税后发生退货或者退关补缴已退的税款，用红字登记	"进项税额转出"记录企业的购进货物、在产品、产成品等发生非正常损失以及其他原因而不应从销项税额中抵扣，按规定转出的进项税额	"转出多交增值税"核算一般纳税人企业月终转出多缴的增值税。月末企业应交增值税明细账出现借方余额，比较当前预缴税款与余额，按照较小金额借记"应交税费——未交增值税"科目，贷记本科目

图 3-12 "应交税费——应交增值税"的三级明细

在企业的经营规模较小，原材料的种类不是很多，而且原材料的收、发业务的发生也不是很频繁的情况下，企业可以按照实际成本计价的方法进行原材料的收、发核算。其特点是从材料的收、发凭证到材料明细分类账和总分类账全部按照实际成本进行计量。购入材料的实际成本=实际买价+采购费用。

1. "在途物资"账户

该账户是资产类账户，用来核算企业采用实际成本进行材料物资日常核算时外购材料的买价和各种采购费用，据以计算、确定购入材料的实际采购成本，其借方登记购入材料的实际采购成本（买价和采购费用），贷方登记完成采购过程、已验收入库材料实际采购成本的结转数，期末余额在借方，表示尚未运达企业或者已运达企业但尚未验收入库的在途材料的成本。"在途物资"账户应按照供应单位和购入材料的品种或种类设置明细账户，进行明细分类核算。

"在途物资"账户丁字账结构如图3-13所示。

在途物资

期初余额：期初在途材料的实际成本	
本期购入材料的实际成本	本期验收入库材料的实际成本
期末余额：期末尚未验收入库材料的实际成本	

图3-13 "在途物资"账户结构

对于"在途物资"账户，在具体使用时，要注意以下两个问题。

第一，企业对于购入的材料，不论是否已经付款，一般都应先计入该账户，在材料验收入库结转成本时，再将其成本转入"原材料"账户。

第二，购入材料过程中发生的除买价之外的采购费用，如果能够分清是某种材料直接负担的，可直接计入该种材料的采购成本，否则就应进行分配。分配时，首先根据材料的特点确定分配的标准，一般来说可以选择的分配标准有材料的重量、体积、买价等，其次计算材料采购费用分配率，最后计算各种材料的采购费用负担额，即

材料采购费用分配率=共同性采购费用额÷分配标准的合计数

某种材料应负担的采购费用额=该种材料的分配标准×材料采购费用分配率

2. "原材料"账户

该账户是资产类账户，用来核算企业库存材料实际成本的增减变动及其结存情况。其借方登记已验收入库材料实际成本的增加，贷方登记发出材料的实际成本（库存材料实际成本的减少），期末余额在借方，表示库存材料实际成本的期末结余额。"原材料"账户应按照材料的保管地点、材料的种类或类别设置明细账户，进行明细分类核算。

"原材料"账户丁字账结构如图3-14所示。

原材料	
期初余额：上期结存的材料成本	
本期验收入库的材料成本	本期发出的材料成本
期末余额：期末库存原材料成本	

图 3-14 "原材料"账户结构

3. "应付账款"账户

该账户是负债类账户，用来核算企业因购买原材料、商品和接受劳务供应等经营活动应支付的款项。其贷方登记应付供应单位的款项（买价、税金和代垫运杂费等）的增加，借方登记应付供应单位款项的减少（偿还）。期末余额一般在贷方，表示尚未偿还的应付款的结余额。该账户应按照供应单位的名称设置明细账户，进行明细分类核算。

"应付账款"账户丁字账结构如图 3-15 所示。

应付账款	
	期初余额：上期末尚未归还的应付账款
本期归还的应付账款	本期增加的应付账款
	期末余额：期末尚未归还的应付账款

图 3-15 "应付账款"账户结构

4. "预付账款"账户

该账户是资产类账户，用来核算企业按照合同规定向供应单位预付购料款、与供应单位发生的结算债权的增减变动及其结余情况（企业进行在建工程预付的工程价款，也在该账户核算）。其借方登记结算债权的增加，即预付款的增加，贷方登记收到供应单位提供的材料物资而应冲销的预付款债权，即预付款的减少。期末余额一般在借方，表示尚未冲销的预付款的结余额。如果该账户期末余额出现在贷方，则表示企业实际收到的物资款大于原来的预付款的差额，即企业尚未补付的款项。该账户应按照供应单位的名称设置明细账户，进行明细分类核算。

"预付账款"账户丁字账结构如图 3-16 所示。

预付账款	
期初余额：期初未冲销的预付款项	期初余额：期初尚未补付的款项
本期预付的货款	本期冲销的预付货款
期末余额：期末尚未冲销的预付款项	期末余额：期末尚未补付的款项

图 3-16 "预付账款"账户结构

5. "应付票据"账户

该账户是负债类账户，用来核算企业采用商业汇票[①]结算方式购买材料物资等而开

---

① 商业汇票是出票人签发的，委托付款人在指定日期无条件支付确定的金额给收款人或者持票人的票据。商业汇票分为商业承兑汇票和银行承兑汇票。商业承兑汇票由银行以外的付款人承兑（付款人为承兑人），银行承兑汇票由银行承兑。

出、承兑商业汇票的增减变动及其结余情况。其贷方登记企业开出、承兑商业汇票的增加，借方登记到期偿还的商业汇票金额，即商业汇票的减少。期末余额在贷方，表示尚未到期的商业汇票的期末结余额。该账户应按照债权人设置明细账户，进行明细分类核算，同时设置"应付票据备查簿"，详细登记商业汇票的种类、号数、出票日期、到期日、票面金额、交易合同号和收款人姓名或收款单位名称以及付款日期与金额等信息。应付票据到期结清时，在"应付票据备查簿"中注销。

"应付票据"账户丁字账结构如图3-17所示。

应付票据	
	期初余额：期初尚未到期的商业汇票结余额
到期应付票据的减少	开出、承兑商业汇票的增加
	期末余额：期末尚未到期的商业汇票结余额

图3-17 "应付票据"账户结构

6. "应交税费"账户

"应交税费"账户是负债类账户，用来核算企业按税法规定应缴纳的各种税费与实际缴纳情况，如增值税、消费税、城市维护建设税、所得税、资源税、房产税、城镇土地使用税、车船税、教育费附加、矿产资源补偿费等。贷方登记应缴纳的各种税费，借方登记实际缴纳的各种税费，包括支付的增值税进项税额等。期末余额方向不固定，如果在贷方，表示未交税费的结余额；如果在借方，表示多交的税费。"应交税费"账户应按照税费品种设置明细账户，进行明细分类核算。企业缴纳的印花税、耕地占用税以及其他不需要预计应交数的税费，不在该账户核算。

"应交税费"账户丁字账结构如图3-18所示。

应交税费	
期初余额：至上期末止多交的税费	期初余额：至上期末止未交的税费
实际缴纳的各种税费	计算出的应交而未交的税费
期末余额：至本期末止多交的税费	期末余额：至本期末止未交的税费

图3-18 "应交税费"账户结构

7. "应交税费——应交增值税"账户

"应交税费——应交增值税"账户是最复杂的一个应交税费明细分类账户，初级会计学对于增值税各个专栏的内容还无法全面阐述，因此，本节仅给出"应交税费——应交增值税"比较简单的丁字账结构，如图3-19所示。

应交税费——应交增值税	
期初余额：至上期尚未抵扣的增值税	
本期购入货物或接受应税劳务支付的进项税额	本期销售货物或提供应税劳务收取的销项税额
期末余额：至本期尚未抵扣的增值税	

图3-19 "应交税费——应交增值税"账户结构

本科目期末结转后没有贷方余额,企业尚未缴纳的税费全部转入"应交税费——未交增值税"明细科目;期末如为借方余额,反映尚未抵扣的税金,企业多缴纳的税金全部结转至"应交税费——多交增值税"明细账中。

(三) 材料采购业务的核算举例

【例 3-8】 泰格公司从信恒工厂购进以下材料:甲材料 5000 千克,单价 25 元;乙材料 2000 千克,单价 20 元。增值税税率为 13%,全部款项用银行存款支付。

【分析】 对于这项业务,首先计算好各种材料的买价和增值税的进项税额,然后分别入账。甲材料的买价为 125 000 元(25×5000),乙材料的买价为 40 000 元(20×2000),甲、乙两种材料的买价共计 165 000 元,增值税进项税额为 21 450 元(165 000×13%)。该项经济业务的发生,涉及"在途物资""应交税费——应交增值税""银行存款"三个账户,其中买价的增加是原材料成本的增加,属于资产的增加,应该计入"在途物资"账户的借方,增值税进项税额的增加是负债的减少,应该计入"应交税费——应交增值税"账户的借方,银行存款的减少是资产的减少,应该计入"银行存款"账户的贷方。对这项经济业务应做如下会计分录。

```
借:在途物资——甲材料              125 000
       ——乙材料              40 000
    应交税费——应交增值税(进项税额)   21 450
  贷:银行存款                    186 450
```

【例 3-9】 泰格公司用银行存款 7000 元支付上述业务的外地运杂费,按照材料的重量比例进行分配。

【分析】 由于这笔运费属于甲、乙两种材料的共同性采购费用,则需将此 7000 元在甲、乙两种材料中按照分配标准"重量"进行分配,然后再做分录增加两种材料的实际成本。计算如下:

$$分配率 = 7000 \div (5000 + 2000) = 1 (元/千克)$$

$$甲材料应负担的运杂费 = 1 \times 5000 = 5000 (元)$$

$$乙材料应负担的运杂费 = 1 \times 2000 = 2000 (元)$$

该项经济业务的发生使材料的采购成本增加,甲材料的采购成本增加 5000 元,乙材料的采购成本增加 2000 元,同时使银行存款减少 7000 元。该经济业务涉及"银行存款""在途物资"两个账户,采购成本的增加是资产的增加,应计入"在途物资"账户的借方,银行存款的减少是资产的减少,应计入"银行存款"账户的贷方。对这项经济业务应做如下会计分录。

```
借:在途物资——甲材料              5000
       ——乙材料              2000
  贷:银行存款                    7000
```

【例 3-10】 泰格公司从红旗工厂购进丙材料 7500 千克,发票注明的价款为 225 000

元,增值税税额29 250元（225 000×13%），红旗工厂代垫材料运杂费4000元，账单、发票已到，但材料的价款、税款及运杂费尚未支付。

【分析】该项经济业务的发生使得丙材料的买价增加225 000元，运杂费增加4000元，买价及运杂费均计入丙材料的采购成本，增值税进项税额增加29 250元；同时该公司的应付红旗厂的款项增加258 250元（含买价、税款和代垫运杂费）。该项经济业务涉及"在途物资""应交税费——应交增值税""应付账款"三个账户，采购成本的增加是资产的增加，应计入"在途物资"账户的借方，增值税进项税的增加是负债的减少，应计入"应交税费——应交增值税"账户的借方，应付账款的增加是负债的增加，应计入"应付账款"账户的贷方。对这项经济业务应做如下会计分录。

　　借：在途物资——丙材料　　　　　　　　　　　　229 000
　　　　应交税费——应交增值税（进项税额）　　　　 29 250
　　　　贷：应付账款——红旗工厂　　　　　　　　　　　　258 250

【例3-11】泰格公司按合同规定用银行存款预付胜利工厂订货款200 000元。

【分析】该项经济业务的发生使公司的预付货款增加200 000元，银行存款减少200 000元。该项经济业务涉及"预付账款""银行存款"两个账户。预付货款的增加是资产的增加，应计入"预付账款"账户的借方，银行存款的减少是资产的减少，应计入"银行存款"账户的贷方。对这项经济业务应做如下会计分录。

　　借：预付账款　　　　　　　　　　　　　　　　　200 000
　　　　贷：银行存款　　　　　　　　　　　　　　　　　　200 000

【例3-12】泰格公司收到胜利工厂发运来的已预付货款的丙材料，随货物附来的发票注明该批丙材料的价款420 000元，增值税进项税额54 600元,除冲销原预付款200 000元之外，不足部分用银行存款支付。另发生运杂费5000元，用现金支付。

【分析】该项经济业务的发生使得公司的预付款项减少200 000元，丙材料的采购成本增加425 000元（420 000+5000），增值税进项税额增加54 600元,银行存款减少274 600元，库存现金减少5000元。该项经济业务涉及"预付账款""在途物资""应交税费——应交增值税""银行存款""库存现金"五个账户。预付货款的减少是资产的减少，应计入"预付账款"账户的贷方，采购成本的增加是资产的增加，应计入"在途物资"账户的借方，增值税进项税额的增加是负债的减少，应计入"应交税费——应交增值税"账户的借方，银行存款的减少是资产的减少，应计入"银行存款"账户的贷方，现金的减少是资产的减少，应计入"库存现金"账户的贷方。对这项经济业务应做如下会计分录。

　　借：在途物资——丙材料　　　　　　　　　　　　425 000
　　　　应交税费——应交增值税（进项税额）　　　　 54 600
　　　　贷：预付账款　　　　　　　　　　　　　　　　　200 000
　　　　　　银行存款　　　　　　　　　　　　　　　　　274 600
　　　　　　库存现金　　　　　　　　　　　　　　　　　　5 000

【例3-13】泰格公司签发并承兑一张商业汇票购入丁材料，该批材料的含税总价款共452 000元，增值税税率为13%。

【分析】该项经济业务的含税总价款为 452 000 元,应将其拆分为不含税价款和增值税税额两部分:

不含税价款=含税价款÷(1+税率)=452 000÷(1+13%)=400 000(元)

增值税税额=含税价款-不含税价款=不含税价款×税率=52 000(元)

该项经济业务的发生使得公司的应付票据增加 452 000 元,丁材料的采购成本增加 400 000 元,增值税进项税额增加 52 000 元。该项经济业务涉及"应付票据""在途物资""应交税费——应交增值税"三个账户。应付票据的增加是负债的增加,应计入"应付票据"账户的贷方,采购成本的增加是资产的增加,应计入"在途物资"账户的借方,增值税进项税额的增加是负债的减少,应计入"应交税费——应交增值税"账户的借方。对这项经济业务应做如下会计分录。

借:在途物资——丁材料　　　　　　　　　　　400 000
　　应交税费——应交增值税(进项税额)　　　 52 000
　　贷:应付票据　　　　　　　　　　　　　　452 000

【例 3-14】本月购入的甲、乙、丙、丁材料已验收入库,结转各种材料的实际采购成本。

【分析】首先计算各材料的实际采购成本,然后根据各材料的实际采购成本由"在途物资"账户转入"原材料"账户。计算过程如下:

甲材料的实际采购成本=125 000+5000=130 000(元)

乙材料的实际采购成本=40 000+2000=42 000(元)

丙材料的实际采购成本=229 000+425 000=654 000(元)

丁材料的实际采购成本=400 000(元)

该项经济业务的发生使得公司采购入库的原材料的实际采购成本增加 1 184 000 元,同时使得公司的材料采购支出结转 1 184 000 元。该项经济业务涉及"在途物资"和"原材料"两个账户。库存材料的增加是资产的增加,应计入"原材料"账户的借方,结转材料采购支出是资产的减少,应计入"在途物资"账户的贷方。对这项经济业务应做如下会计分录。

借:原材料——甲材料　　　　　　　　　　　130 000
　　　　　——乙材料　　　　　　　　　　　 42 000
　　　　　——丙材料　　　　　　　　　　　654 000
　　　　　——丁材料　　　　　　　　　　　400 000
　　贷:在途物资——甲材料　　　　　　　　 130 000
　　　　　　　　——乙材料　　　　　　　　 42 000
　　　　　　　　——丙材料　　　　　　　　 654 000
　　　　　　　　——丁材料　　　　　　　　 400 000

上述材料采购业务算例账户之间的关系如图 3-20 所示。

```
      银行存款                      在途物资                  原材料
───────────────────    ─────────────────────    ─────────────────────
    ⑧186 450    ←→  ⑧甲125 000        ⑭甲130 000  ←→  ⑭甲130 000
    ⑨7 000     ←─     乙 40 000            乙  42 000         乙  42 000
    ⑪200 000   ←─  ⑨甲   5 000          丙 654 000         丙 654 000
    ⑫274 600   ←─     乙   2 000          丁 400 000         丁 400 000
                  ─→ ⑩丙229 000
                  ─→ ⑫丙425 000
      应付账款      ─→ ⑬丁400 000
───────────────────
                ⑩258 250


      预付账款              应交税费——应交增值税
───────────────────    ─────────────────────
⑪200 000    ⑫200 000    ⑧（进）21 450
                      ⑩（进）29 250
                      ⑫（进）54 600
      库存现金          ⑬（进）52 000
───────────────────
   ⑫  5 000


      应付票据
───────────────────
                ⑬452 000
```

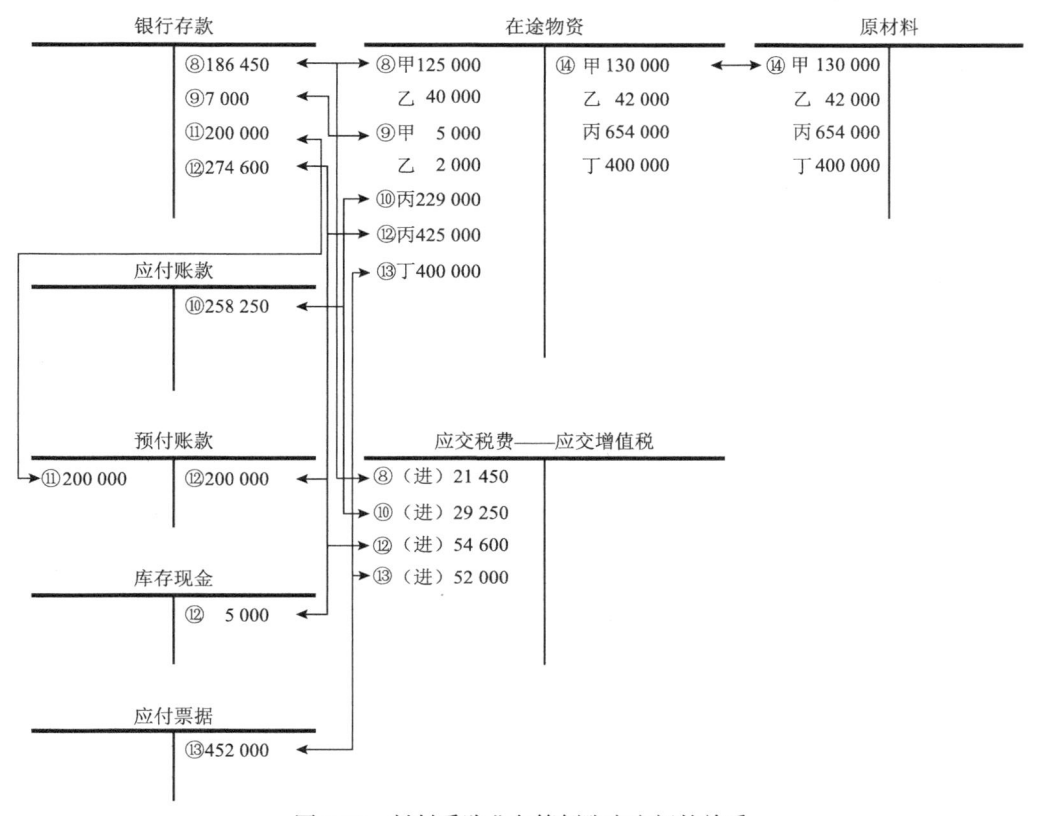

图 3-20 材料采购业务算例账户之间的关系

三、外购固定资产业务的核算

（一）固定资产的含义

企业会计准则中对固定资产的定义是，企业为生产商品、提供劳务、出租或经营管理而持有的、使用寿命超过一个会计年度的有形资产。从固定资产的定义可以看出，固定资产具有以下三个特征：第一，固定资产是为生产商品、提供劳务、出租或经营管理而持有的；第二，固定资产的使用寿命超过一个会计年度；第三，固定资产为有形资产。

固定资产是企业资产中比较重要的一部分，从一定程度上说它代表着企业的生产能力和生产规模，因此，对其正确地加以确认与计量就成为会计核算过程中一个非常重要的内容。固定资产的确认应考虑以下两个因素：第一，与该固定资产有关的经济利益很可能流入企业；第二，该固定资产的成本能够可靠计量。固定资产是企业的劳动资料，从其经济用途来看，固定资产是用于生产经营活动而不是为了出售，这一特征是区别固定资产与商品、产品等流动资产的重要标志。

（二）外购固定资产的成本

按照企业会计准则的规定，固定资产应当按照实际成本计算。固定资产取得时的实际成本是指企业购建固定资产达到预定可使用状态前所发生的一切合理的、必要的支出，它反映的是固定资产处于预定可使用状态时的实际成本。企业可以从各种渠道取得固定资产，包括外购、自行建造、投资者投入以及非货币性资产交换、债务重组、企业合并和租入等，不同的渠道形成的固定资产，其价值构成的具体内容也不尽相同，因而固定资产取得时的入账价值应根据具体情况和涉及的具体内容分别确定。

企业外购固定资产的成本，包括购买价款、相关税费、使固定资产达到预定可使用状态前所发生的可归属于该项资产的运输费、装卸费、安装费和专业人员服务费等。

外购固定资产是否达到预定可使用状态，需要根据具体情况进行分析判断。如果企业购入不需要安装的固定资产，购入后即可达到预定可使用状态。如果购入需要安装的固定资产，只有安装调试后，达到设计要求或者合同规定的标准，才意味着达到预定可使用状态。

购入不需要安装的固定资产的成本为实际支付的购买价格、包装费、运杂费、保险费、专业人员服务费和相关税费（不含可抵扣的增值税进项税额）等，通过"固定资产"科目核算；对于购入需要安装的固定资产，应将固定资产成本金额先计入"在建工程"科目，安装完毕交付使用时转入"固定资产"科目。

需要说明的是，对于开具增值税专用发票的一般纳税人，其为购买固定资产支付的增值税进项税额不计入固定资产的成本。小规模纳税人开具的增值税普通发票，因为不能从销项税额中抵扣，可以计入固定资产成本。

（三）外购固定资产主要账户的设置

1. "固定资产"账户

该账户是资产类账户，用来核算企业拥有或控制的固定资产原价的增减变动及其结余情况，具体结构同本章第二节所述。在使用该账户时，必须注意，只有固定资产达到预定可使用状态，其原价已经形成时，才可以计入"固定资产"账户。

2. "在建工程"账户

该账户是资产类账户，用来核算企业进行基建、安装、技术改造以及大修理等工程而发生的全部支出（包括安装设备的支出），并据以计算确定各项工程成本。该账户借方登记工程支出的增加，贷方登记工程完工达到预定可使用状态时转出的成本。期末余额在借方，表示未达到预定可使用状态的在建工程的成本。"在建工程"账户应按工程内容，如"建筑工程""安装工程""在安装设备""单项工程"等设置明细账户，进行明细核算。

"在建工程"账户丁字账结构如图3-21所示。

第三章 制造业企业主要经济业务的会计核算

在建工程	
期初余额：期初尚未完工的在建工程	
本期在建工程发生的全部支出	本期完工转入固定资产的成本
期末余额：期末尚未完工的在建工程	

图 3-21 "在建工程"账户结构

（四）外购固定资产业务的核算举例

【例 3-15】泰格公司购入不需要安装的机器设备一台，买价是 18 000 元，增值税率 13%，包装费和运杂费 360 元，全部款项已用银行存款支付。

【分析】这项业务的发生，一方面使企业的固定资产成本增加了 18 360 元，增值税进项税额增加了 2340 元（18 000×13%）；另一方面使企业的银行存款减少了 20 700 元。因此，这项经济业务涉及"固定资产"、"应交税费——应交增值税"和"银行存款"三个账户。固定资产的增加是资产的增加，应该按其原始价值计入"固定资产"账户的借方。增值税进项税额的增加，是应交税费的减少，计入"应交税费——应交增值税"账户的借方。银行存款的减少，是资产的减少，应该按照购置该项固定资产的全部支出，计入"银行存款"账户的贷方。这项业务的会计分录如下。

借：固定资产　　　　　　　　　　　　　　　　　18 360
　　应交税费——应交增值税（进项税额）　　　　 2 340
　贷：银行存款　　　　　　　　　　　　　　　　　20 700

【例 3-16】泰格公司购入需要安装的机器设备一台，买价和税金分别是 26 000 元和 3380 元，包装费和运杂费 420 元，一共 29 800 元，全部款项已用银行存款支付。在安装过程中用库存现金支付了安装费 1900，安装完毕，经过验收合格交付使用。

【分析】这个例子包括三项经济业务。

一是购入需要安装的固定资产业务。这项经济业务的发生，一方面使在建工程支出增加了 26 420 元，增值税进项税额增加了 3380 元，另一方面使企业银行存款减少了 29 800 元。

二是安装工程业务。这个业务使库存现金减少了 1900 元，同时使"在建工程"账户中的安装成本增加了 1900 元。

三是安装完毕验收业务。这个业务使在建工程成本减少，同时增加了固定资产的价值。

因此，这项经济业务涉及的账户有"在建工程"、"应交税费——应交增值税（进项税额）"、"银行存款"、"库存现金"和"固定资产"等账户。在建工程支出的增加是资产的增加，应该计入"在建工程"账户的借方。增值税进项税额的增加，是应交税费的减少，计入"应交税费——应交增值税"账户的借方，银行存款和库存现金的减少是资产的减少，应该计入"银行存款"和"库存现金"账户的贷方。

这项业务应该编制如下会计分录。

借：在建工程　　　　　　　　　　　　　　　　　26 420
　　应交税费——应交增值税（进项税额）　　　　 3 380

```
    贷：银行存款                                    29 800
借：在建工程                                       1 900
    贷：库存现金                                     1 900
借：固定资产                                      28 320
    贷：在建工程                                    28 320
```

上述外购固定资产业务算例账户之间的关系如图 3-22 所示。

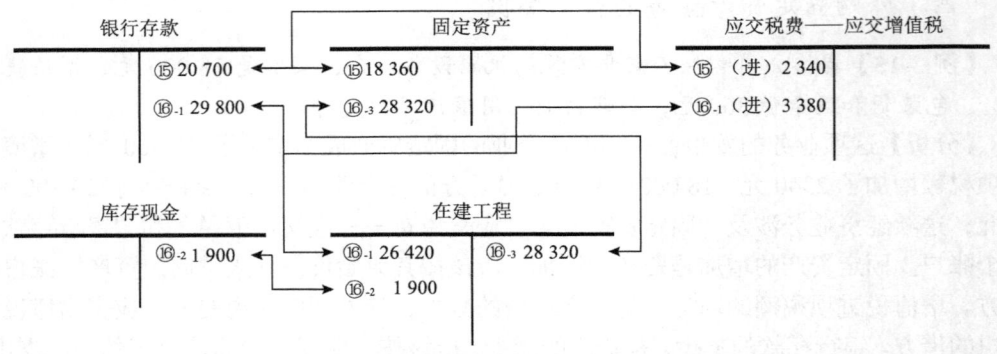

```
    银行存款                     固定资产                  应交税费——应交增值税
─────────────          ─────────────          ─────────────────
      ⑮ 20 700  ←────→  ⑮ 18 360              →  ⑮ （进）2 340
      ⑯-1 29 800 ←──┐ ┌→ ⑯-3 28 320           →  ⑯-1 （进）3 380
                    │ │
                    │ │
    库存现金         │ │     在建工程
─────────────    │ │  ─────────────
      ⑯-2 1 900 ←──┘ └ ⑯-1 26 420 │ ⑯-3 28 320 ←
                      ⑯-2  1 900
```

图 3-22　外购固定资产业务算例账户之间的关系

图中的下标表示该分录下的细分分录的序号，如例 3-16 有三笔分录，则⑯-1、⑯-2、⑯-3 分别表示例 3-16 项下的三个分录，余同

第四节　生产过程业务核算

一、生产过程业务概述

生产过程是制造业企业生产经营过程的核心阶段。生产过程既是产品的制造过程，又是物化劳动（劳动资料和劳动对象）和活劳动的消耗过程。

在生产过程中，企业为了制造产品，要消耗各种材料、燃料、动力，要发生固定资产磨损，要支付职工薪酬和其他费用，为制造产品而发生的这些费用称为生产费用。所以生产费用的发生、归集和分配，以及产品成本的形成，是生产过程核算的主要内容。费用和成本有着密切的联系，费用的发生过程也就是成本的形成过程，费用是产品成本形成的基础。但费用与成本也有一定的区别，费用是在一定期间为了进行生产经营活动而发生的各项耗费，费用与发生的期间直接相关，即费用强调"期间"；而成本则是为生产某一产品或提供某一劳务所耗费的费用，与负担者直接相关，即成本强调"对象"。

生产费用按其计入产品成本方式的不同，分为直接费用和间接费用。直接费用指企业生产产品过程中实际消耗的直接材料和直接人工。间接费用指企业为生产产品和提供劳务而发生的各项间接支出，通常为制造费用。

制造业企业产品成本项目的具体内容如下。

（1）直接材料：指企业在生产产品和提供劳务的过程中所消耗的、直接用于产品生产，构成产品实体的各种原材料、主要材料、外购半成品及有助于产品形成的辅助材料等。

（2）直接人工：指企业在生产产品和提供劳务过程中，直接从事产品生产的工人工资、津贴、补贴和福利等。

（3）制造费用：指企业为生产产品和提供劳务而发生的各项间接费用，其构成内容比较复杂，包括生产车间发生的但不能直接计入产品成本的职工薪酬、折旧费、修理费、办公费、水电费、机物料消耗等。

二、生产过程的核算

企业为了正确、合理地归集和分配各项生产费用，及时地计算各种产品的制造成本，正确地核算管理费用，在生产过程中主要设置"生产成本""制造费用""应付职工薪酬""库存商品""管理费用"等账户。

（一）主要账户的设置

1. "生产成本"账户

该账户是成本类账户，用来归集和分配企业进行工业性生产所发生的各项生产费用，进而根据该账户可以正确地计算产品生产成本。该账户借方登记企业在产品生产过程中所发生的全部生产费用，包括直接材料、直接人工和期末按照一定的方法分配计入产品生产成本的制造费用；贷方登记结转完工验收入库产成品的实际生产成本。期末余额若在借方，表示尚未完工的在产品的实际生产成本。该账户可以按照生产产品的品名或种类设置明细分类账户，进行明细分类核算。

"生产成本"账户丁字账结构如图 3-23 所示。

生产成本

期初余额：期初在产品生产成本	
发生的生产费用，包括直接材料、直接人工、制造费用	结转完工验收入库的产成品生产成本
期末余额：期末在产品生产成本	

图 3-23　"生产成本"账户结构

2. "制造费用"账户

该账户是成本类账户，用来归集和分配企业生产车间（基本生产车间和辅助生产车间）范围内为组织和管理产品生产活动而发生的各项间接生产费用，包括车间范围内发生的管理人员的薪酬、折旧费、修理费、办公费、水电费、机物料消耗、季节性停工损失等。该账户借方登记实际发生的各项制造费用，贷方登记期末经分配转入"生产成本"账户借方的制造费用。期末一般无余额。该账户可以按不同的生产车间及制造费用的项目设置明细分类账户，进行明细分类核算。

"制造费用"账户丁字账结构如图 3-24 所示。

制造费用	
归集车间范围内实际发生的各项制造费用	期末经分配转入"生产成本"的制造费用

图 3-24 "制造费用"账户结构

3. "应付职工薪酬"账户

该账户是负债类账户，用来核算企业应付给职工的各种薪酬总额与实际发放情况，并反映和监督企业与职工薪酬结算情况。该账户贷方登记本月计算的应付职工薪酬总额，包括各种工资、奖金、津贴和福利费，同时应付的职工薪酬应作为一项费用按其经济用途分配计入有关的成本、费用账户，借方登记本月实际已经支付的职工薪酬数额。期末余额一般在贷方，表示本期应付职工薪酬大于实付职工薪酬的数额，即应付而未付的职工薪酬。该账户应按照"工资""职工福利""社会保险费""住房公积金""工会经费""职工教育经费""辞退福利"等应付职工薪酬项目进行明细分类核算。

"应付职工薪酬"账户丁字账结构如图 3-25 所示。

应付职工薪酬	
	期初余额：期初应付未付的职工薪酬
实际支付的职工薪酬	期末计算分配的职工薪酬
	期末余额：期末应付未付的职工薪酬

图 3-25 "应付职工薪酬"账户结构

4. "累计折旧"账户

折旧就是根据固定资产预计使用年限，在其原价减去净残值（有的固定资产无净残值）的基础上，系统分摊每月的成本。按照配比原则，固定资产的成本不仅是为取得当期收入而发生的成本，也是为取得以后各项收入而发生的成本，即固定资产成本是为在固定资产有效使用期内取得收入而发生的成本，自然要以提取折旧的方式与各期收入相配比。

"累计折旧"账户是"固定资产"账户的调整账户，属于资产类账户，用来核算企业固定资产已计提折旧的累计情况。该账户贷方登记按月提取的折旧额，即累计折旧的增加，借方登记因减少固定资产而减少的累计折旧。期末余额在贷方，表示已提折旧的累计额。该账户只进行总分类核算，不进行明细分类核算。各项固定资产已提折旧的具体情况，一般通过设置固定资产卡片账来详细记录。

"累计折旧"账户丁字账结构如图 3-26 所示。

累计折旧	
	期初余额：截至上期末固定资产累计折旧额
因固定资产减少而减少的折旧数	本期提取的固定资产折旧额
	期末余额：截至本期末固定资产累计折旧额

图 3-26 "累计折旧"账户结构

5. "库存商品"账户

该账户是资产类账户,用来核算和监督已生产完工并验收入库产品的增减变动及结存情况,包括企业库存的外购商品、自制产成品、自制半成品、存放在门市部准备出售的商品、发出展览的商品以及寄存在外的商品等。该账户借方登记验收入库商品成本的增加,包括外购、自产、委外加工的等,贷方登记发出库存商品的成本,即库存商品成本的减少。期末余额在借方,表示库存商品成本的结余额。该账户应按照商品的种类、品种和规格等设置明细账,进行明细分类核算。

"库存商品"账户丁字账结构如图 3-27 所示。

库存商品	
期初余额:期初库存产品实际成本	
本期完工验收入库的产品实际成本	本期发出的产品实际成本
期末余额:期末库存产品实际成本	

图 3-27 "库存商品"账户结构

6. "管理费用"账户

管理费用是指企业行政管理部门为组织和管理生产经营活动而发生的各种费用。具体项目如下:①企业在筹建期间发生的开办费;②董事会和行政管理部门在企业经营管理中发生的,或者应当由企业统一负担的公司经费(包括行政管理部门职工工资及福利费、物料消耗、低值易耗品摊销、办公费和差旅费等);③行政管理部门负担的工会经费、董事会费(包括董事会成员津贴、会议费和差旅费等)、聘请中介机构费、咨询费(含顾问费)、诉讼费、业务招待费、技术转让费、矿产资源补偿费、研发费用、排污费等;④企业生产车间(部分)和行政管理部门发生的固定资产修理费用等后续支出。该账户是损益类账户,借方登记本期实际发生的管理费用,贷方登记期末转入"本年利润"账户的管理费用,期末结转后无余额。该账户应按照管理费用项目开设明细账进行明细分类核算。

"管理费用"账户丁字账结构如图 3-28 所示。

管理费用	
本期发生的各项管理费用	期末转入"本年利润"账户的管理费用

图 3-28 "管理费用"账户结构

7. "其他应收款"账户

该账户属于资产类账户,核算企业各种应收、暂付款项,包括企业拨出的各种备用金、应收的各种罚款、赔款、应向职工收取的各种代垫款项。借方登记企业发生的各种应收、暂付款项,贷方登记已经收回的款项,期末余额在借方,表示本期尚未收回的款项。

"其他应收款"账户丁字账结构如图3-29所示。

其他应收款	
期初余额：上期末尚未收回的款项	
本期发生的各项应收、暂付款项	已收回的款项
期末余额：本期末尚未收回的款项	

图3-29 "其他应收款"账户结构

（二）生产费用的归集与分配

1. 直接材料费用的归集与分配

制造业企业通过供应过程采购的各种原材料，经过验收入库之后，就形成了生产产品的物资储备，生产产品及其他方面领用时，就形成了材料费。对于直接用于某种产品生产的材料费，应直接计入该产品生产成本明细账中的直接材料费项目；对于由几种产品共同耗用、应由这些产品共同负担的材料费，应采用适当标准分配计入产品成本；对于车间一般消耗的材料费用应先在"制造费用"账户中进行归集，然后同其他间接费用一起选择适当的标准在各种产品之间进行分配，再计入各有关成本计算对象。

在材料发出时，应根据材料领料凭证标明的领料部门和用途，正确区分成本费用，进行材料费用的核算。其中，生产车间生产某种产品领用的原材料，为直接材料费用，表明某种产品的直接生产费用的增加，应计入"生产成本——某产品"账户的借方；对于车间一般性消耗原材料，则先通过"制造费用"账户的借方归集，期末再按照某种标准分配到各个产品中去；对于行政管理部门领用的原材料，与生产产品的耗费没有直接关系，属于企业共同负担费用的增加，则计入"管理费用"账户的借方。

【例3-17】泰格公司2021年3月8日，仓库发出甲材料112 437元，其中生产A产品耗用60 450元，生产B产品耗用48 360元，车间一般耗用2418元，厂部一般耗用1209元。

【分析】该项经济业务的发生，使得公司的直接材料费用增加108 810元，其中计入A产品的直接材料费60 450元，计入B产品的直接材料费48 360元，应计入"生产成本"账户的借方；还使得制造费用增加2418元，管理费用增加1209元，应分别计入"制造费用"账户和"管理费用"账户的借方。公司的库存甲材料减少112 437元，应计入"原材料"账户的贷方。对该项经济业务应做如下会计分录。

```
借：生产成本——A产品            60 450
         ——B产品            48 360
    制造费用                  2 418
    管理费用                  1 209
    贷：原材料——甲材料              112 437
```

【例3-18】泰格公司3月23日，仓库发出一批材料，其种类和用途为：甲材料66 495元，其中生产A产品耗用36 270元，生产B产品耗用24 180元，车间一般耗用3627元，厂部一般耗用2418元；乙材料87 696元，其中，生产A产品耗用52 920元，生产B产品耗用30 240元，车间一般耗用3024元，厂部一般耗用1512元。

【分析】 该项经济业务的发生，使得公司的库存原材料减少 154 191 元（66 495+87 696），应计入"原材料"账户的贷方，也使得公司的直接材料费增加 143 610 元（89 190+54 420），是生产成本的增加，应计入"生产成本"账户的借方，同时使得公司的制造费用增加 6651 元（3627+3024），管理费用增加 3930 元（2418+1512），应分别计入"制造费用"账户和"管理费用"账户的借方。对该项经济业务应做如下会计分录。

```
借：生产成本——A产品                    89 190
         ——B产品                    54 420
     制造费用                          6 651
     管理费用                          3 930
   贷：原材料——甲材料                   66 495
         ——乙材料                   87 696
```

2. 直接人工费用的归集与分配

企业会计准则将职工薪酬定义为"企业为获得职工提供的服务而给予各种形式的报酬以及其他相关支出"。职工薪酬主要包括：①职工工资、奖金、津贴和补贴；②职工福利费，主要包括职工因公负伤赴外地就医路费、职工生活困难补助、未实行医疗统筹企业职工医疗费用，以及按规定发生的其他职工福利费；③社会保险费，指企业按规定向社会保险经办机构缴纳的医疗保险费、养老保险费、失业保险费、工伤保险费和生育保险费；④住房公积金，指企业按规定向住房公积金管理机构缴存的住房公积金；⑤工会经费和职工教育经费，指企业开展工会活动和职工教育及职业技能培训等的相关支出；⑥其他，指除了以上五项以外的各种非货币性福利、因解除与职工的劳动关系给予的补偿以及其他与获得职工提供的服务相关的支出。

月末，企业应该根据一定职工薪酬的计算方法，对职工薪酬进行核算。直接参加产品生产的职工薪酬，应直接计入其产品成本，计入"生产成本——某产品"账户的借方；车间管理人员职工薪酬，计入"制造费用"账户的借方；企业行政管理部门人员的职工薪酬，计入"管理费用"账户的借方。应由在建工程、无形资产负担的职工薪酬，计入固定资产或无形资产的成本。同时公司应付给职工的各项薪酬为公司负债的增加，应计入"应付职工薪酬"账户的贷方。

【例3-19】 经计算，泰格公司2021年3月31日应付本月职工工资总额320 000元，编制的"工资费用分配表"如表3-1所示。

表3-1 泰格公司工资费用分配表

职工类别（部门）	分配标准（生产工人工时）/时	分配率/（元/时）	分配额/元
A产品生产工人	4 600	25	115 000
B产品生产工人	3 400	25	85 000
车间管理人员			68 000
厂部管理人员			52 000
合计	8 000		320 000

【分析】该项经济业务的发生，使得公司的直接人工费增加 200 000 元，其中计入 A 产品的生产成本 115 000 元，计入 B 产品的生产成本 85 000 元，均应计入"生产成本"账户的借方，也使得公司的制造费用增加 68 000 元，管理费用增加 52 000 元，应分别计入"制造费用"账户和"管理费用"账户的借方，同时还使得公司应付给职工的工资增加 320 000 元，应计入"应付职工薪酬"账户的贷方。对该项经济业务应做如下会计分录。

　　借：生产成本——A 产品　　　　　　　　　　115 000
　　　　　　　　——B 产品　　　　　　　　　　 85 000
　　　　制造费用　　　　　　　　　　　　　　　 68 000
　　　　管理费用　　　　　　　　　　　　　　　 52 000
　　　　贷：应付职工薪酬　　　　　　　　　　　　　　　320 000

【例 3-20】泰格公司 2021 年 4 月 5 日按照工资结算单金额，将三月份工资直接转入职工的工资卡。

【分析】该项经济业务的发生，使得公司的银行存款减少 320 000 元，属于资产的减少，应计入"银行存款"账户的贷方，同时使得公司对员工的应付职工薪酬减少，是负债的减少，应计入"应付职工薪酬"账户的借方。对该项经济业务应做如下会计分录。

　　借：应付职工薪酬　　　　　　　　　　　　　320 000
　　　　贷：银行存款　　　　　　　　　　　　　　　　320 000

3. 制造费用的归集与分配

制造费用是产品制造业企业为了生产产品和提供劳务而发生的各种间接费用。这些费用应计入产品的生产成本，但其发生时又不能直接计入某一产品的生产成本。具体内容包括：①间接用于产品生产的费用，如机物料消耗费用，车间生产用固定资产的折旧费、修理费、保险费，车间生产用的照明费、劳动保护费等；②直接用于产品生产，但管理上不要求或者不便于单独核算，因而没有单独设置成本项目进行核算的某些费用，如生产工具的摊销费、设计制图费、试验费以及生产工艺用的动力费等；③车间用于组织和管理生产的费用，如车间管理人员的工资及福利费，车间管理用的固定资产折旧费、修理费，车间管理用的摊销费、水电费、差旅费、办公费等。企业须将上述费用按照发生的不同空间范围在"制造费用"账户的借方中予以归集、汇总，然后选用一定的标准，期末将制造费用总计在各种产品之间进行合理的分配，以便于准确地确定各种产品应负担的制造费用。分配后通过"制造费用"账户贷方全部转入"生产成本"账户的借方，结转后，"制造费用"账户无余额。

【例 3-21】泰格公司于 3 月 25 日，开出转账支票 3953 元从诚信文具商场购入办公用品，其中属于车间的 1411 元，行政管理部门的 2542 元，直接交付使用。

【分析】该项经济业务的发生，使得公司的制造费用增加 1411 元，管理费用增加 2542 元，应分别计入"制造费用"账户和"管理费用"账户的借方，同时使得公司的银行存款减少 3953 元，应计入"银行存款"账户的贷方。对该项经济业务应做如下会计分录。

借：制造费用 1411
　　管理费用 2542
　　贷：银行存款 3953

【例3-22】泰格公司同年3月29日，以银行存款支付本月水电费50 000元，其中，车间耗用30 000元，厂部耗用20 000元。

【分析】该项经济业务的发生，使得公司的制造费用增加30 000元，管理费用增加20 000元，应分别计入"制造费用"账户和"管理费用"账户的借方，同时使得公司的银行存款减少50 000元，应计入"银行存款"账户的贷方。对该项经济业务应做如下会计分录。

借：制造费用 30 000
　　管理费用 20 000
　　贷：银行存款 50 000

【例3-23】泰格公司同年3月31日，计提本月固定资产折旧费80 000元，其中车间固定资产应计提折旧50 000元，厂部固定资产应计提折旧30 000元。

【分析】该项经济业务的发生，使得公司的制造费用增加50 000元，管理费用增加30 000元，应分别计入"制造费用"账户和"管理费用"账户的借方，同时使得固定资产的折旧费增加80 000元，应计入"累计折旧"账户的贷方。对该项经济业务应做如下会计分录。

借：制造费用 50 000
　　管理费用 30 000
　　贷：累计折旧 80 000

【例3-24】泰格公司同年3月31日，对厂部的固定资产进行日常的修理，共花费799元，用银行存款支付。

【分析】该项经济业务的发生，使得公司的管理费用增加799元，应计入"管理费用"账户的借方，同时使得公司的银行存款减少799元，应计入"银行存款"账户的贷方。对该项经济业务应做如下会计分录。

借：管理费用 799
　　贷：银行存款 799

【例3-25】同年3月31日泰格公司厂部孙某出差回来，报销差旅费1520元，交回现金280元，并结清原预借差旅费1800元。

【分析】该项经济业务的发生，使得公司的管理费用增加1520元，库存现金增加280元，应分别计入"管理费用"账户和"库存现金"账户的借方，同时，预借的差旅费的减少属于其他应收款的减少，应计入"其他应收款"账户的贷方。对该项经济业务应编制如下会计分录。

借：管理费用 1520
　　库存现金 280
　　贷：其他应收款 1800

【例3-26】泰格公司同年3月31日，临时替职工林某垫支医药费818元，现金付讫。

【分析】该项经济业务的发生,使得公司库存现金减少,是资产的减少,应计入"库存现金"账户的贷方,同时公司为职工垫支的医药费属于资产的增加,应计入"其他应收款"账户的借方。对该项经济业务应做如下会计分录。

    借:其他应收款——林某   818
      贷:库存现金   818

【例3-27】泰格公司同年3月31日,结转本月制造费用,编制"制造费用分配表",将本月发生的制造费用总额按照产品耗用工时比例分配计入所生产的A、B产品生产成本中。

根据泰格公司"制造费用"总分类账户的记录,本月发生的制造费用总额为158 480元,本例按照产品耗用工时的比例进行分配,所编制的"制造费用分配表"如表3-2所示。

表3-2 泰格公司制造费用分配表

分配对象(产品名称)	分配标准(产品耗用工时)/时	分配率/(元/时)	分配额/元
A产品	4 600	19.81	91 126
B产品	3 400	19.81	67 354
合计	8 000		158 480

【分析】表中所分配的制造费用,其计算方法如下:

制造费用分配率=158 480÷(4600+3400)=19.81(元/时)

A产品应分配制造费用=4600×19.81=91 126(元)

B产品应分配制造费用=3400×19.81=67 354(元)

根据月末编制的"制造费用分配表",该项经济业务的发生,一方面使得公司的生产成本增加了158 480元,其中A产品的生产成本增加了91 126元,B产品的生产成本增加了67 354元,应计入"生产成本"账户的借方,另一方面使得公司的制造费用减少了158 480元,应计入"制造费用"账户的贷方。对该项经济业务应做如下会计分录。

    借:生产成本——A产品   91 126
             ——B产品   67 354
      贷:制造费用   158 480

4. 完工产品生产成本的计算与结转

通过上述各项费用的归集和分配,生产车间在生产过程中发生的各项费用,已经集中反映在"生产成本"账户及其明细账的借方,这些费用都是当月发生的产品费用,并不是当月完工产品的成本。要计算出当月完工产品的成本,还要将当月发生的生产费用,加上月初在产品成本,然后再将其在当月完工产品和月末在产品之间进行分配,以求得当月完工产品的生产成本。

当月发生的生产费用和月初、月末在产品及当月完工产品生产成本四项费用的关系可用下列公式表达：

月初在产品成本+当月发生的生产费用=当月完工产品生产成本+月末在产品成本

或

当月完工产品生产成本=月初在产品成本+当月发生的生产费用-月末在产品成本

由于公式中"月初在产品成本"和"当月发生的生产费用"是已知数，所以，月末确定完工产品实际生产成本则需要把这两项已知生产费用的合计在完工产品与月末在产品之间进行分配。

生产费用在完工产品与在产品之间的分配，在成本计算工作中是一个重要而又比较复杂的问题。企业应当根据在产品数量的多少、各月在产品数量变化的大小、各项费用比重的大小，以及定额管理基础的好坏等具体条件，选择既合理又简便的分配方法。在初级会计学中我们只需要掌握两种特殊的情况，即完工产品实际成本和月末在产品成本其中一项为零，当月全部生产费用不需要进行分配，当月生产的产品要么全部完工验收入库，要么全部未完工成为在产品，留待下期继续核算生产成本。

生产费用完成了在完工产品和月末在产品之间的分配后，完工产品的总成本和单位成本就能确定了，就可以据以结转完工入库产品的实际成本。这时增加的完工入库产品的成本，计入"库存商品"账户的借方，同时减少正在加工产品的生产成本，计入"生产成本"账户的贷方。

【例3-28】泰格公司同年3月31日，生产车间生产的A、B两种产品（假设月初A、B两种产品"生产成本"账户余额为零），其中A产品全部完工入库，B产品尚未完工。结转完工产品总成本。

【分析】在产品生产完工入库结转成本时，公司的库存商品增加，应计入"库存商品"账户的借方，同时由于结转入库商品实际成本而使生产过程中占用的资金减少，应计入"生产成本"账户的贷方。

本项经济业务的金额，我们需要根据前面业务获得。例3-17—例3-27中的业务使得账户"生产成本——A产品"平时计入了直接材料60 450元、89 190元，计入了直接人工115 000元，期末结转了制造费用91 126元，由于该账户的期初余额为0元，那么"生产成本——A产品"账户本期借方发生额总计355 766元为其全部生产成本，需要结转至库存商品。而B产品的实际成本均为在产品成本，保留在"生产成本——B产品"账户中，待下期继续记录B产品生产成本的增加，直至完工入库。本项经济业务应做如下会计分录。

借：库存商品　　　　　　　　　　　　　　　355 766
　　贷：生产成本——A产品　　　　　　　　　　　　355 766

上述生产过程业务算例账户之间的关系如图3-30所示。

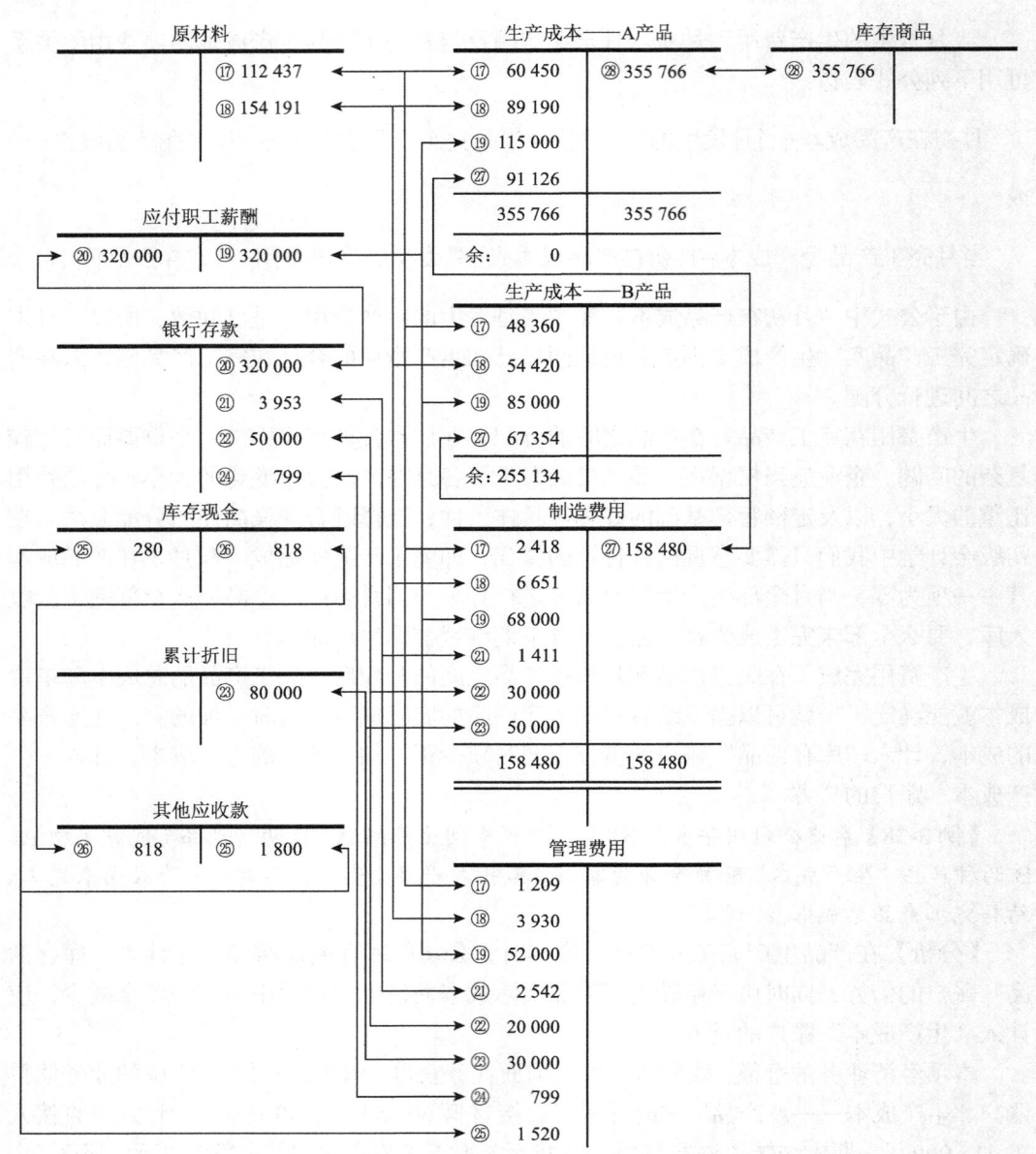

原材料		生产成本——A产品		库存商品	
⑰ 112 437		⑰ 60 450	㉘ 355 766	㉘ 355 766	
⑱ 154 191		⑱ 89 190			
		⑲ 115 000			
		㉗ 91 126			
		355 766	355 766		
		余: 0			

应付职工薪酬		生产成本——B产品	
⑳ 320 000	⑲ 320 000	⑰ 48 360	
		⑱ 54 420	
		⑲ 85 000	
		㉗ 67 354	
		余: 255 134	

银行存款		制造费用	
	⑳ 320 000	⑰ 2 418	㉗ 158 480
	㉑ 3 953	⑱ 6 651	
	㉒ 50 000	⑲ 68 000	
	㉔ 799	㉑ 1 411	
		㉒ 30 000	
		㉓ 50 000	
		158 480	158 480

库存现金	
㉕ 280	㉖ 818

累计折旧	
	㉓ 80 000

管理费用	
⑰ 1 209	
⑱ 3 930	
⑲ 52 000	
㉑ 2 542	
㉒ 20 000	
㉓ 30 000	
㉔ 799	
㉕ 1 520	

其他应收款	
㉖ 818	㉕ 1 800

图 3-30 生产过程业务算例账户之间的关系

第五节 销售过程业务核算

一、销售过程业务概述

销售过程是制造业企业生产经营过程中的产品价值的实现过程，其主要任务是将生产的商品销售出去，以满足社会的需要，同时取得销售收入，使企业的生产耗费得到补偿。为了顺利地实现商品的销售，还会发生包装、广告、运输等销售费用，还要按国家的规定缴纳包括增值税销项税额在内的各种销售税金。因此，销售过程核算的主要内容包括：确认销售收入的实现、与购货方办理价款的结算、结转销售成本、支付各种销售费用、计算应缴纳的销售税金等。

制造业企业在销售过程中，除了发生销售商品、自制半成品以及提供工业性劳务等业务，即主营业务之外，还可能发生一些其他业务，如销售材料、出租包装物、出租固定资产等。主营业务与其他业务是相对的概念，企业在实际工作中需要根据管理需要，自行确定各类业务类型及核算范围。

本节主要介绍制造业企业主营业务收支和其他业务收支的核算。

二、销售过程的核算

（一）主要账户的设置

1. "主营业务收入"账户

该账户是损益类账户，用来核算和监督企业在一定会计期间因销售商品、提供劳务而获取的收入。该账户贷方登记企业销售商品、提供劳务而取得的收入，借方登记发生销售退回和销售折让等冲减本期的主营业务收入与期末转入"本年利润"账户的主营业务收入。结转之后，该账户期末无余额。"主营业务收入"账户应按照主营业务的种类设置明细分类账户，进行明细分类核算。

"主营业务收入"账户的丁字账结构如图3-31所示。

主营业务收入	
销售退回等冲减的主营业务收入 期末转入"本年利润"账户的主营业务收入	本期实现的主营业务收入

图3-31　"主营业务收入"账户结构

2. "主营业务成本"账户

该账户是损益类账户，用来核算企业经营主营业务而发生的实际成本及其结转情况。该账户借方登记已销售商品、提供劳务的实际成本数，贷方登记销售退回等应冲减的主营业务成本和期末转入"本年利润"账户的主营业务成本。结转之后，该账户期末无余额。"主营业务成本"账户应按照主营业务的种类设置明细分类账户，进行明细分类核算。

"主营业务成本"账户的丁字账结构如图3-32所示。

主营业务成本	
发生的主营业务成本	销售退回等应冲减的主营业务成本 期末转入"本年利润"账户的主营业务成本

图3-32　"主营业务成本"账户结构

主营业务成本的计算公式如下：

本期应结转的主营业务成本=本期销售商品的数量×单位商品的生产成本

其中，"单位商品的生产成本"的确定，应考虑期初库存商品成本和本期入库的商品的成本，可以分别采用先进先出法、后进先出法、一次加权平均法和个别计价法等方法来确定，计算方法一经确定，不得随意变动。

3. "税金及附加"账户

税金及附加是企业在销售商品过程中，因实现了商品的销售额，而向国家税务机关缴纳的各种税金及附加，主要包括消费税、城市维护建设税、资源税及教育费附加、房产税、城镇土地使用税、车船税、印花税等相关税费等。这些税金及附加一般是根据当月的销售额或应税额，按照规定的税率计算，于下月初缴纳。

该账户是损益类账户，用来反映企业主营业务和其他业务负担的各种税金及附加的计算与结转情况。该账户借方登记按照有关的计税依据计算出来的各种税金及附加额，贷方登记期末转入"本年利润"账户的税金及附加额。结转之后，该账户期末无余额。该账户应按照主营业务和其他业务应负担的各种税金及附加的种类设置明细分类账户，进行明细分类核算。

"税金及附加"账户的丁字账结构如图 3-33 所示。

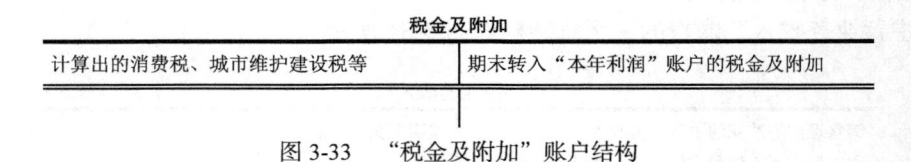

税金及附加	
计算出的消费税、城市维护建设税等	期末转入"本年利润"账户的税金及附加

图 3-33　"税金及附加"账户结构

4. "其他业务收入"账户

该账户是损益类账户，用来核算和监督企业除主营业务之外的其他经营活动实现的收入。该账户贷方登记企业取得的其他业务收入，借方登记期末转入"本年利润"账户的其他业务收入数额。结转之后，该账户期末无余额。该账户应按照其他业务的种类设置明细分类账户，进行明细分类核算。

"其他业务收入"账户的丁字账结构如图 3-34 所示。

其他业务收入	
期末转入"本年利润"账户的其他业务收入	本期实现的其他业务收入

图 3-34　"其他业务收入"账户结构

5. "其他业务成本"账户

该账户是损益类账户，用来核算企业除主营业务之外的其他业务成本的发生及其结转情况。该账户借方登记其他业务成本（包括材料销售成本、提供劳务的成本及费用）

的发生，即其他业务成本的增加，贷方登记期末转入"本年利润"账户的其他业务成本额。结转之后，该账户期末无余额。该账户应按照其他业务的种类设置明细分类账户，进行明细分类核算。

"其他业务成本"账户的丁字账结构如图 3-35 所示。

其他业务成本	
其他业务成本的发生（增加）	期末转入"本年利润"账户的其他业务成本

图 3-35　"其他业务成本"账户结构

6. "销售费用"账户

该账户是损益类账户，用来核算企业销售商品、提供劳务的过程中发生的各种费用，包括运输费、保险费、包装费、展览费和广告费以及为销售本企业产品而专设的销售机构的职工薪酬、业务费、折旧费等经营费用。该账户借方登记各项销售费用的发生额，贷方登记期末转入"本年利润"账户的数额。结转之后，该账户期末无余额。该账户按照费用项目设置明细分类账户，进行明细分类核算。

"销售费用"账户的丁字账结构如图 3-36 所示。

销售费用	
本期发生的各项销售费用	期末转入"本年利润"账户的费用额

图 3-36　"销售费用"账户结构

7. "应收账款"账户

该账户是资产类账户，用来核算企业因销售商品、提供劳务等应向购货单位或接受劳务的单位收取的款项，代购货单位垫付的各种款项也在该账户中核算。该账户借方登记由于销售商品以及提供劳务等而发生的应收账款，贷方登记已经收回的应收账款。期末余额若在借方，则表示尚未收回的应收账款，若期末余额在贷方，则表示预收的账款。该账户应按不同的购货单位或接受劳务的单位设置明细分类账户，进行明细分类核算。

"应收账款"账户的丁字账结构如图 3-37 所示。

应收账款	
期初余额：截至上期末尚未收回的应收账款	期初余额：截至上期末的预收款余额
本期发生的应收账款	本期收回的应收账款
期末余额：截至本期末尚未收回的应收账款	期末余额：截至本期末的预收款余额

图 3-37　"应收账款"账户结构

8. "应收票据"账户

该账户是资产类账户，用来核算企业因销售商品而收到购货单位开出并承兑的商业承兑汇票或银行承兑汇票的增减变动及其结余情况。该账户借方登记企业收到购买单位开出并承兑的商业汇票,表明企业应收票据款的增加,贷方登记票据到期收回的款项,表明应收票据款的减少。期末余额在借方,表示尚未收回的应收票据款的结余额。该账户不设置明细账户。为了了解每张应收票据的结算情况,企业应设置"应收票据备查簿"逐笔登记每张应收票据的详细资料。

"应收票据"账户的丁字账结构如图3-38所示。

应收票据	
期初余额:期初尚未收回的应收票据款	
本期收到的商业汇票(增加)	到期(或提前贴现)的票据(减少)
期末余额:期末尚未收回的应收票据款	

图3-38 "应收票据"账户结构

9. "预收账款"账户

该账户是负债类账户,用来核算企业按照合同的规定预收购买单位订货款的增减变动及结余情况。该账户贷方登记预收购买单位订货款的增加,借方登记销售实现时冲减的预收货款。期末余额若在贷方,则表示企业预收款的结余额;期末余额若在借方,则表示购货单位应补付给本企业的款项。该账户按照购货单位设置明细分类账户,进行明细分类核算。

要注意的是,对于预收账款业务不多的企业,可以不单独设置"预收账款"账户,而将预收的款项直接计入"应收账款"账户的贷方,此时,应收账款账户就成为双重性质的账户。

"预收账款"账户的丁字账结构如图3-39所示。

预收账款	
期初余额:截至上期末购货方应补付的货款	期初余额:截至上期末预收款的结余
销售实现冲减的预收款	预收款的增加
期末余额:截至本期末购货方应补付的货款	期末余额:截至本期末预收款的结余

图3-39 "预收账款"账户结构

(二)销售过程核算举例

【例3-29】泰格公司向旭日工厂销售A产品50台,每台售价4800元,发票注明该批A产品价款240 000元,增值税税额31 200元,公司收到一张已承兑的含全部款项的商业汇票。

【分析】该项经济业务的发生,使得公司的应收票据款项增加271 200元,应计入"应收票据"账户的借方,同时使得公司的主营业务收入增加240 000元,增值税销项税额增加31 200元,应分别计入"主营业务收入"账户和"应交税费——应交增值税"账户的贷方。对该项经济业务应做如下会计分录。

借：应收票据   271 200
　　贷：主营业务收入   240 000
　　　　应交税费——应交增值税（销项税额）   31 200

【例 3-30】泰格公司按合同规定预收光明工厂订购 B 产品的货款 600 000 元，存入银行。

【分析】该项经济业务的发生，使得公司银行存款增加 600 000 元，应计入"银行存款"账户的借方，同时使得公司的预收款项增加 600 000 元，应计入"预收账款"账户的贷方，对该项经济业务应做如下会计分录。

借：银行存款   600 000
　　贷：预收账款——光明工厂   600 000

【例 3-31】泰格公司赊销给甲机车厂 A 产品 120 台，发票注明的价款为 576 000 元，增值税税额 74 880 元。

【分析】该项经济业务的发生，使得公司的应收款项增加 650 880 元，应计入"应收账款"账户的借方，同时使得公司的主营业务收入增加 576 000 元，增值税销项税额增加 74 880 元，应分别计入"主营业务收入"账户和"应交税费——应交增值税"账户的贷方。对该项经济业务应做如下会计分录。

借：应收账款——甲机车厂   650 880
　　贷：主营业务收入   576 000
　　　　应交税费——应交增值税（销项税额）   74 880

【例 3-32】承例 3-30，泰格公司向光明工厂发出 B 产品 70 台，发票注明的价款为 1 400 000 元，增值税销项税额 182 000 元。原预收款不足，其差额部分当即收到并存入银行。

【分析】该项经济业务的发生，使得公司的主营业务收入增加 1 400 000 元，增值税销项税额增加 182 000 元，应分别计入"主营业务收入"账户和"应交税费——应交增值税"账户的贷方。原预收款项 600 000 元，不足款项差额为 982 000 元（1 400 000+182 000-600 000），故此次收到的银行存款为 982 000 元，使得公司的银行存款增加 982 000 元，冲减原预收账款 600 000 元，应分别计入"银行存款"账户和"预收账款"账户的借方。对该项经济业务应做如下会计分录。

借：银行存款   982 000
　　预收账款——光明工厂   600 000
　　贷：主营业务收入   1 400 000
　　　　应交税费——应交增值税（销项税额）   182 000

【例 3-33】泰格公司在月末结转本月已销售的 A、B 产品的销售成本。其中 A 产品的单位成本为 3200 元，B 产品的单位成本为 13 600 元。

【分析】首先要计算已销售的 A、B 产品的销售成本。本期销售 A 产品 170 台（50+120），其销售总成本为 544 000 元，本期销售 B 产品 70 台，销售成本为 952 000 元。该项经济业务的发生使得公司的销售成本增加 1 496 000 元（544 000+952 000），应计入"主营业务成本"账户的借方，同时使得公司的库存商品成本减少 1496 000 元，应计入"库存商品"账户的贷方。对该项经济业务应做如下会计分录。

  借：主营业务成本   1 496 000
    贷：库存商品——A产品   544 000
       ——B产品   952 000

【例3-34】泰格公司经计算，本月应缴纳消费税35 000元，城市维护建设税14 000元，教育费附加6000元。

【分析】该项经济业务的发生，使得公司的税金及附加增加 55 000 元（35 000+14 000+6000），应计入"税金及附加"账户的借方，同时使得公司的应交税费增加55 000元，应计入"应交税费"账户的贷方。对该项经济业务应做如下会计分录。

  借：税金及附加   55 000
    贷：应交税费——应交消费税   35 000
       ——应交城市维护建设税   14 000
       ——应交教育费附加   6 000

【例3-35】泰格公司销售一批原材料，价款28 000元，增值税3640元，款项已存入银行。

【分析】该项经济业务的发生，使得公司的银行存款增加 31 640 元，应计入"银行存款"账户的借方，同时使得公司的其他业务收入增加28 000元，增值税销项税额增加3640元，应分别计入"其他业务收入"账户和"应交税费——应交增值税"账户的贷方。对该项经济业务应做如下会计分录。

  借：银行存款   31 640
    贷：其他业务收入   28 000
      应交税费——应交增值税（销项税额） 3 640

【例3-36】泰格公司月末结转本月销售材料成本16 000元。

【分析】该项经济业务的发生，使得公司的其他业务成本增加16 000元，应计入"其他业务成本"账户的借方，同时使得公司的库存材料成本减少16 000元，应计入"原材料"账户的贷方。对该项经济业务应做如下会计分录。

  借：其他业务成本   16 000
    贷：原材料   16 000

【例 3-37】假设泰格公司下设一销售网点，经计算确定该网点销售人员的工资为50 000元。

【分析】该项经济业务的发生，使得公司的销售费用增加 50 000 元，应计入"销售费用"账户的借方，同时使得公司的应付职工薪酬增加50 000元，应计入"应付职工薪酬"账户的贷方。对该项经济业务应做如下会计分录。

  借：销售费用   50 000
    贷：应付职工薪酬   50 000

销售过程业务算例账户之间的关系如图3-40所示。

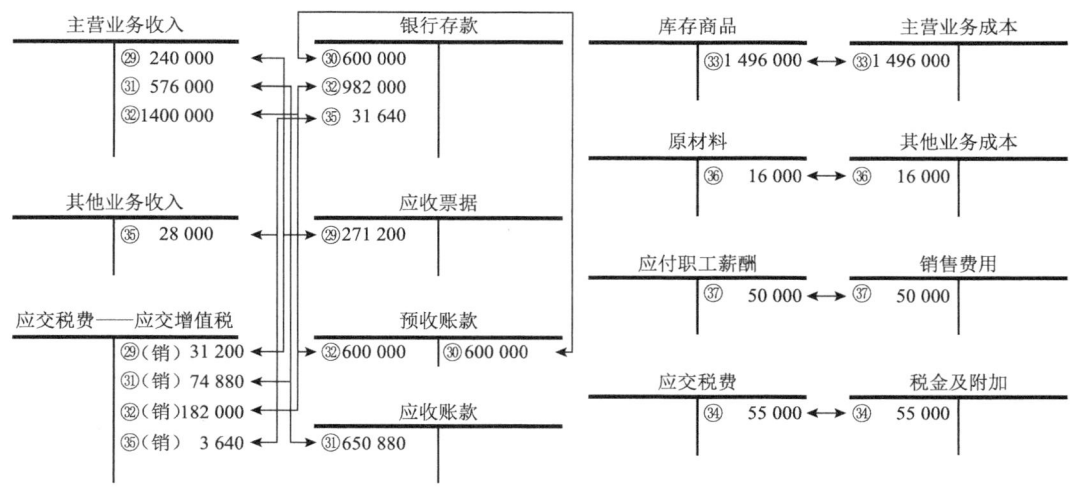

```
主营业务收入              银行存款              库存商品         主营业务成本
  ㉙ 240 000    ←──  ㉚ 600 000           ㉝1 496 000 ←→ ㉝1 496 000
  ㉛ 576 000    ←──  ㉜ 982 000
  ㉜1 400 000   ←──  ㉟ 31 640             原材料           其他业务成本
                                          ㊱ 16 000   ←→  ㊱ 16 000
其他业务收入              应收票据
      ㉟ 28 000  ←──  ㉙271 200          应付职工薪酬         销售费用
                                          ㊲ 50 000   ←→  ㊲ 50 000
应交税费——应交增值税       预收账款
 ㉙（销）31 200  ←──  ㉜600 000  ㉚600 000   应交税费          税金及附加
 ㉛（销）74 880  ←──                       ㉞ 55 000   ←→  ㉞ 55 000
 ㉜（销）182 000 ←──     应收账款
 ㉟（销） 3 640  ←──  ㉛650 880
```

图 3-40　销售过程业务算例账户之间的关系

第六节　利润的形成与分配业务核算

企业经营活动的目的就是要不断提高自身的盈利水平，增强获利能力。利润就是反映企业获利能力的重要指标，也是企业在这一期间的财务成果。因此，在详细学习制造业企业各项主要过程业务的核算后，我们需要进一步学习企业有关财务成果业务的核算，具体包括利润形成和利润分配业务的核算。

一、利润形成业务的核算

（一）利润形成的业务概述

按照配比的要求，将一定时期内存在因果关系的收入与费用进行配比，收入大于费用的差额部分称为利润，反之称为亏损。利润或亏损是企业在一定会计期间所实现的财务成果。

根据利润的形成过程，利润包括营业利润、利润总额和净利润这三个层次的概念。

1. 营业利润

营业利润是企业营业收入（包括主营业务收入和其他业务收入）减去营业成本（包括主营业务成本和其他业务成本）、税金及附加、期间费用（包括管理费用、财务费用和销售费用）、资产减值损失，然后加上公允价值变动收益、投资收益等。营业利润是企业最基本经营活动的成果，也是企业一定时期获得的利润中最主要、最稳定的来源。营业利润的计算公式为

营业利润=营业收入-营业成本-税金及附加-销售费用-管理费用-财务费用
　　　　+其他收益+投资收益（-投资损失）+公允价值变动收益（-公允价值变动损失）+资产处置收益（-资产处置损失）-信用减值损失-资产减值损失

其中，

$$营业收入=主营业务收入+其他业务收入$$

$$营业成本=主营业务成本+其他业务成本$$

投资收益是对外投资所取得的利润、股利和债券利息等收入。

公允价值变动收益是指资产或负债因公允价值变动所形成的收益。公允价值是指在公平交易中，熟悉情况的交易双方自愿进行资产交换或者债务清偿的金额。

资产减值损失是指企业计提各项资产减值准备所形成的损失。

2. 利润总额

利润总额是指企业在生产经营过程中各种收入扣除各种耗费后的盈余，反映企业在报告期内实现的盈亏情况。利润总额由营业利润加减非经营性质的收支等构成，是衡量企业经营业绩的一项十分重要的经济指标。利润总额的计算公式如下：

$$利润（或亏损）总额=营业利润+营业外收入-营业外支出$$

其中，营业外收入是指企业发生的与日常活动无直接关系的各项利得。营业外收入不需要企业付出代价，实际上是一种纯利得，不可能也不需要与有关费用配比。营业外收入主要包括：非流动资产毁损报废利得、与企业日常活动无关的政府补助、盘盈利得、捐赠利得等。

营业外支出是指企业发生的与日常活动无直接关系的各项损失。主要包括：非流动资产毁损报废损失、公益性捐赠支出、非常损失、盘亏损失、企业未按规定缴纳残疾人就业保障金所缴纳的滞纳金等。

3. 净利润

净利润是指企业实现利润总额之后，扣除应向国家缴纳的所得税费用之后的利润，也称税后利润。所得税费用指企业按照国家税法规定，对企业某一年度实现的经营所得和其他所得，按照规定的所得税税率计算缴纳的一种税款。当期所得税费用根据当期应纳税所得额和所得税税率（一般为25%）相乘获得。由于税法规定的应纳税的所得项目，即税务利润通常和会计核算的会计利润不同，所以应纳税所得额通常不等于利润总额，应纳税所得额等于利润总额加减纳税调整额。但是在初级会计阶段，为简化起见，我们往往把利润总额看成是应纳税所得额。净利润的计算公式为

$$净利润=利润总额-所得税费用=利润总额-应纳税所得额×所得税税率$$

（二）主要账户的设置

1. "本年利润"账户

该账户是所有者权益类账户，用来核算企业一定时期内净利润的形成或亏损的发生情况。该账户贷方登记会计期末转入的各项收入，包括主营业务收入、其他业务收入、投资收益和营业外收入等，借方登记会计期末转入的各项费用，包括主营业务成本、

其他业务成本、税金及附加、管理费用、财务费用、销售费用、营业外支出和所得税费用等。

该账户期末余额如果在贷方，表示实现的累计净利润，如果在借方，表示累计发生的亏损。年末将本账户全部余额转入"利润分配——未分配利润"账户，如果是净利润，则转入"利润分配——未分配利润"账户的贷方，如果是亏损，则转入"利润分配——未分配利润"账户的借方。结转之后，该账户年末余额为零。本账户一般不设置明细分类账户。

"本年利润"账户的丁字账结构如图3-41所示。

本年利润	
期末转入的各项费用： 　　主营业务成本 　　其他业务成本 　　税金及附加 　　管理费用 　　财务费用 　　销售费用 　　营业外支出 　　所得税费用	期末转入的各项收入： 　　主营业务收入 　　其他业务收入 　　投资收益（如为净损失则转入借方） 　　营业外收入
年内期末余额：累计亏损 年末无余额	年内期末余额：累计净利润 年末无余额

图 3-41　"本年利润"账户结构

2. "所得税费用"账户

该账户是损益类账户，核算企业按照税法规定从当期损益中扣除的所得税。该账户借方登记从企业当期利润中扣除的所得税费用，贷方登记转入"本年利润"账户的数额，结转之后，该账户期末无余额。

"所得税费用"账户的丁字账结构如图3-42所示。

所得税费用	
期末计算出来的所得税费用	期末转入"本年利润"账户的费用额

图 3-42　"所得税费用"账户结构

3. "营业外收入"账户

该账户是损益类账户，核算企业各项营业外收入的实现及结转情况。该账户贷方登记营业外收入的实现（营业外收入的增加），借方登记期末转入"本年利润"账户的营业外收入额。结转之后，该账户期末无余额。该账户应按照收入的具体项目设置明细分类账户，进行明细分类核算。

"营业外收入"账户的丁字账结构如图3-43所示。

营业外收入	
期末转入"本年利润"账户的营业外收入	本期实现的营业外收入(增加)

图 3-43 "营业外收入"账户结构

4. "营业外支出"账户

该账户是损益类账户,用来核算企业各项营业外支出的发生及其转销情况。该账户借方登记营业外支出的发生额(营业外支出的增加),贷方登记期末转入"本年利润"账户的营业外支出额。结转之后,该账户期末无余额。

"营业外支出"账户的丁字账结构如图 3-44 所示。

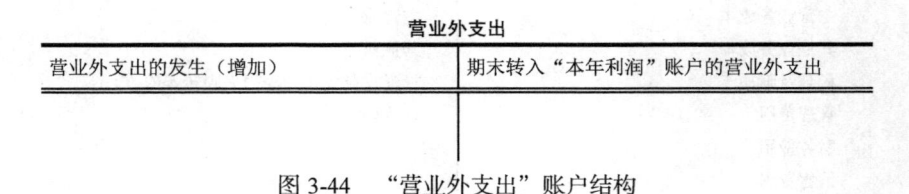

营业外支出	
营业外支出的发生(增加)	期末转入"本年利润"账户的营业外支出

图 3-44 "营业外支出"账户结构

5. "投资收益"账户

该账户是损益类账户,核算企业对外投资所获得收益的实现或损失的发生及结转情况。该账户贷方登记实现的投资收益和期末转入"本年利润"账户的投资净损失,借方登记发生的投资损失和期末转入"本年利润"账户的投资净收益。结转之后,该账户期末无余额。该账户应按照投资的种类设置明细分类账户,进行明细分类核算。

"投资收益"账户的丁字账结构如图 3-45 所示。

投资收益	
发生的投资损失 期末转入"本年利润"账户的投资净收益	实现的投资收益 期末转入"本年利润"账户的投资净损失

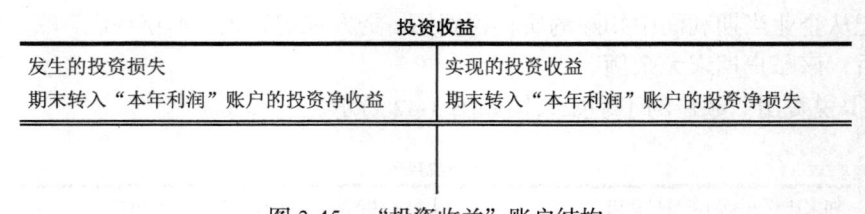

图 3-45 "投资收益"账户结构

(三)利润形成业务的核算举例

【例 3-38】 泰格公司的某项长期股权投资采用成本法核算,该被投资单位宣告分配本年的现金股利,其中本公司应得 90 000 元。

【分析】 该项经济业务的发生,使得公司的应收股利增加 90 000 元,应计入"应收股利"账户的借方,同时使得公司的投资收益增加 90 000 元,应计入"投资收益"账户的贷方。对该项经济业务应做如下会计分录。

  借:应收股利   90 000
    贷:投资收益   90 000

【例3-39】泰格公司收到某单位的违约赔款收入90 000元，存入银行。

【分析】该项经济业务的发生，使得公司的银行存款增加90 000元，应计入"银行存款"账户的借方，违约赔款收入属于营业外收入，所以该项业务的发生还使得公司的营业外收入增加90 000元，应计入"营业外收入"账户的贷方。对该项经济业务应做如下会计分录。

  借：银行存款   90 000
    贷：营业外收入   90 000

【例3-40】泰格公司用银行存款30 000元支付一项公益性捐款。

【分析】企业的公益性捐款属于营业外支出，该项经济业务的发生，使得公司的营业外支出增加30 000元，应计入"营业外支出"账户的借方，同时使得公司的银行存款减少30 000元，应计入"银行存款"账户的贷方。对该项经济业务应做如下会计分录。

  借：营业外支出   30 000
    贷：银行存款   30 000

【例3-41】泰格公司在会计期末根据本期损益类账户发生额合计，结转当期收入、费用等损益类账户。

【分析】该项经济业务的发生，一方面使得公司的有关损益类账户所记录的各种收入减少，从而使得公司的利润额增加，另一方面转销费用类账户中的各项费用，从而使得公司的利润额减少。通过对各个损益类账户发生额的汇总我们可以得到：主营业务收入2 216 000元，其他业务收入28 000元，投资收益90 000元，营业外收入90 000元，主营业务成本1 496 000元，其他业务成本16 000元，营业外支出30 000元，税金及附加55 000元，管理费用112 000元，销售费用50 000元，财务费用30 000元。对该项经济业务应做如下会计分录。

  结转收入的会计分录如下。

  借：主营业务收入   2 216 000
    其他业务收入   28 000
    营业外收入   90 000
    投资收益   90 000
    贷：本年利润   2 424 000

  结转费用的会计分录如下。

  借：本年利润   1 789 000
    贷：主营业务成本   1 496 000
      其他业务成本   16 000
      营业外支出   30 000
      税金及附加   55 000
      管理费用   112 000
      销售费用   50 000
      财务费用   30 000

【例 3-42】 月末按照泰格公司本期实现的利润总额和 25%的所得税税率，计算结转本期的所得税费用（假设没有纳税调整项）。

【分析】 首先计算本期利润总额，然后计算应交所得税，再将所得税费用结转至"本年利润"账户。

本期应交所得税额=利润总额×25%=（2 424 000-1 789 000）×25%=158 750 元，该项经济业务的发生，使得公司的所得税费用增加 158 750 元，应计入"所得税费用"账户的借方，同时使得公司的应交税费增加 158 750 元，应计入"应交税费"账户的贷方。对该项经济业务应做如下会计分录。

  借：所得税费用   158 750
    贷：应交税费——应交所得税   158 750

将"所得税费用"结转至"本年利润"账户，同其他费用结转一样，分录如下。

  借：本年利润   158 750
    贷：所得税费用   158 750

"所得税费用"账户结转后，账户无余额，而"本年利润"账户的贷方余额为企业累计实现的净利润。

二、利润分配业务的核算

（一）利润分配的业务概述

企业通过利润形成过程的核算，确定了一定时期内的财务成果，即净利润。根据《中华人民共和国公司法》等有关法规的规定，对于税后净利润需要按照法定程序在各有关方面进行合理的分配。分配顺序依次如下。

1. 弥补以前年度亏损

在五年内可以用税前利润弥补亏损；还可以用以前年度提取的法定盈余公积弥补。亏损弥补完之前，不得提取法定盈余公积。

2. 提取法定盈余公积

法定盈余公积应按照本年实现净利润的一定比例提取，《中华人民共和国公司法》规定公司制企业按净利润的 10%提取；其他企业可以根据需要确定提取比例，但不得低于 10%。公司提取的法定盈余公积累计额超过注册资本 50%的，可以不再提取。法定盈余公积的用途包括：弥补亏损、转增资本、企业扩大再生产、发放现金股利或利润等。

3. 提取任意盈余公积

公司制企业提取法定盈余公积后，经股东大会决议，可提取任意盈余公积。非公司制企业经过类似权力机构批准也可提取任意盈余公积。任意盈余公积属于股东的合法权益，计提的目的是减少以后年度可供分配的利润，其主要用途是扩大再生产。任意盈余公积计提标准由股东大会确定，如确因需要，经股东大会同意后，也可用于分配。

4. 向投资者分配利润

可供投资者分配的利润=当年实现的净利润（或发生的净亏损）+年初未分配利润（或-年初未弥补亏损）+其他转入（盈余公积补亏）-提取的法定盈余公积-提取的任意盈余公积

可供向投资者分配的利润，应按下列顺序进行分配：①支付优先股股利；②支付普通股现金股利；③转作资本（或股本）的普通股股利。

5. 保留一定量的未分配利润

未分配利润是指企业实现的净利润经过弥补亏损、提取盈余公积和向投资者分配利润后留存在企业的、历年结存的利润。它在以后年度可继续进行分配，在进行分配之前，属于所有者权益的组成部分。相对于所有者权益的其他部分来说，企业对于未分配利润的使用有较大的自主权。

（二）主要账户的设置

1. "利润分配"账户

该账户是所有者权益类账户，用来核算企业一定时期内净利润的分配或亏损的弥补以及历年结存的未分配利润情况。该账户借方登记实际分配的利润额，包括提取的盈余公积和分配给投资者的利润以及年末从"本年利润"账户转入的全年累计亏损额；年内贷方一般无发生额，年末贷方登记用盈余公积弥补的亏损额以及年末从"本年利润"账户转入的全年实现的净利润额。年内期末余额如果在借方，表示已分配的利润额，年末余额如果在借方，表示未弥补的亏损额，年内期末余额如果在贷方，表示未分配利润额。该账户一般设置"盈余公积补亏""提取法定盈余公积""提取任意盈余公积""应付现金股利或利润""转作资本（或股本）的股利""未分配利润"等明细分类账户。年末时，应将"利润分配"账户下的其他明细账户的余额转入"未分配利润"明细账户。结转之后，除"未分配利润"账户之外，其他明细分类账户均无余额。

"利润分配"账户的丁字账结构如图 3-46 所示。

利润分配	
实际分配的利润额： 　　提取法定盈余公积 　　应付现金股利 　　转作资本的股利 　　年末转入的亏损	盈余公积补亏 年末从"本年利润"账户转入的全年净利润
年内期末余额：已分配利润额 年末余额：未弥补亏损额	年内期末余额：未分配利润额

图 3-46　"利润分配"账户结构

2. "盈余公积"账户

该账户是所有者权益类账户，用来核算企业从税后利润中提取的盈余公积，包括法定盈余公积和任意盈余公积的增减变动及其结余情况。该账户贷方登记从企业税后利润中提取的盈余公积的数额，借方登记盈余公积弥补亏损或转增资本等方面的数额，即盈余公积的减少额，期末余额在贷方，表示盈余公积的实际结存数，该账户一般设置"法定盈余公积""任意盈余公积"等明细账户，进行明细分类核算。

"盈余公积"账户的丁字账结构如图3-47所示。

盈余公积	
	期初余额：期初结余的盈余公积
实际使用的盈余公积（减少）	年末提取的盈余公积（增加）
	期末余额：期末结余的盈余公积

图3-47 "盈余公积"账户结构

3. "应付股利"账户

该账户是负债类账户，用来核算企业按照股东大会或类似的权力机构决议分配给投资者的股利（现金股利）或者利润的增减变动及其结余情况（企业分配的股票股利不通过此账户核算）。该账户的贷方登记应付给投资者的现金股利或利润，借方登记实际支付给投资者的现金股利或利润。期末余额在贷方，表示尚未支付的现金股利或利润。

"应付股利"账户的丁字账结构如图3-48所示。

应付股利	
	期初余额：期初尚未支付的现金股利或利润
实际支付的现金股利或利润	应付未付的现金股利或利润
	期末余额：尚未支付的现金股利或利润

图3-48 "应付股利"账户结构

（三）利润分配业务的核算举例

【例3-43】 假设泰格公司经股东大会批准，按本期净利润的10%提取法定盈余公积，按净利润的5%提取任意盈余公积。

【分析】 首先根据例3-41和例3-42计算本期实现的净利润为476 250元（2 424 000−1 789 000−158 750），应计提的法定盈余公积=476 250×10%=47 625元，应计提的任意盈余公积=476 250×5%=23 812.5元。该项经济业务的发生使得公司的利润分配额增加71 437.5元，应计入"利润分配"账户的借方，同时使得公司的盈余公积增加71 437.5元，应计入"盈余公积"账户的贷方。对该项经济业务应做如下会计分录。

```
借：利润分配——提取法定盈余公积        47 625
         ——提取任意盈余公积        23 812.5
```

贷：盈余公积——法定盈余公积　　　　　　　　　　　　　　47 625
　　　　　　　　——任意盈余公积　　　　　　　　　　　　　　23 812.5

【例 3-44】泰格公司按照股东大会的决议，分配给股东现金股利 80 000 元。

【分析】对于现金股利，在股东大会批准利润分配方案之后，应立即进行账务处理。该项经济业务的发生，使得公司的利润分配额增加 80 000 元，应计入"利润分配"账户的借方，同时使得公司的应付股利增加 80 000 元，应计入"应付股利"账户的贷方。对该项经济业务应做如下会计分录。

　　借：利润分配——应付现金股利　　　　　　　　　　　　　　80 000
　　　贷：应付股利　　　　　　　　　　　　　　　　　　　　　　80 000

【例 3-45】假设泰格公司本年实现的净利润为 476 250 元，年末结转本年实现的净利润。

【分析】该项经济业务的发生，使得公司的本年利润减少 476 250 元，应计入"本年利润"账户的借方，同时使得公司的利润分配额增加 476 250 元，应计入"利润分配"账户的贷方。对该项经济业务应做如下会计分录。

　　借：本年利润　　　　　　　　　　　　　　　　　　　　　　476 250
　　　贷：利润分配——未分配利润　　　　　　　　　　　　　　　476 250

【例 3-46】泰格公司在年末结清利润分配账户所属的各有关明细账户。

【分析】应将"提取法定盈余公积"明细账户、"提取任意盈余公积"明细账户、"应付现金股利"明细账户的余额均反方向结转至"未分配利润"明细账户中。对该项经济业务应做如下会计分录。

　　借：利润分配——未分配利润　　　　　　　　　　　　　　　151 437.5
　　　贷：利润分配——提取法定盈余公积　　　　　　　　　　　　47 625
　　　　　　　　——提取任意盈余公积　　　　　　　　　　　　　23 812.5
　　　　　　　　——应付现金股利　　　　　　　　　　　　　　　80 000

假设泰格公司年初没有未分配利润，那么本例结转业务后，"利润分配——未分配利润"账户出现贷方余额 324 812.5 元（476 250-151 437.5），这个余额表示的是累计未分配的利润。

利润形成与分配业务算例账户之间的关系如图 3-49 所示。

本 章 要 点

本章主要知识要点如下。

（1）制造业企业在经营过程中发生的主要经济业务内容为：资金筹集业务、供应过程业务、生产过程业务、销售过程业务、利润的形成与分配业务。其中，供应、生产和销售三个过程构成了制造业企业的主要经济业务。会计核算运用借贷记账法，记载整个资金的循环过程。

（2）制造业企业的资金筹集包括向投资者筹集的资金和向银行及其他金融机构等债权人借入的资金。投资者可以以货币资金、实物资产、无形资产等出资。主要涉及实收

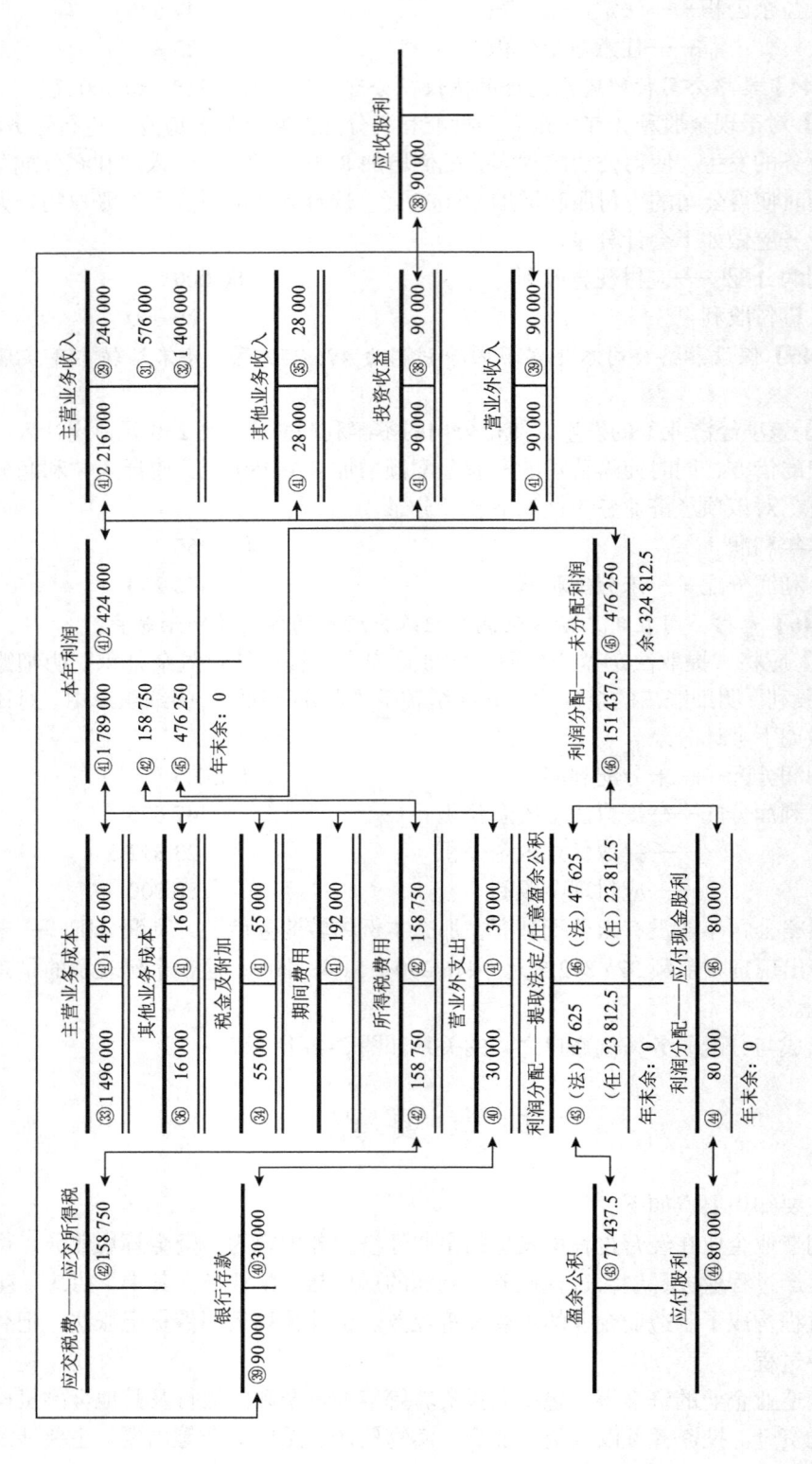

图 3-49 利润形成与分配业务算例账户之间的关系

资本、资本公积等账户。企业向银行或者其他金融机构等借入的、偿还期限在一年以下的各种借款为短期借款，偿还期在一年以上的为长期借款。主要涉及"短期借款""长期借款""财务费用""应付利息"等账户。

（3）购入的原材料，其实际采购成本主要包括：购买价款、采购过程中发生的运杂费、材料在运输途中发生的合理损耗、材料入库之前发生的整理挑选费用以及按规定应计入材料采购成本中的各项税金等。除买价之外的采购费用，如果能够分清是某种材料直接负担的，可直接计入该种材料的采购成本，否则就应在购入的各种材料之间进行分配。购入原材料的成本，在实际成本法下，计入"在途物资"账户。

（4）固定资产是企业为生产商品、提供劳务、出租或经营管理而持有的、使用寿命超过一个会计年度的有形资产。应当按照实际成本确定初始成本，固定资产取得时的实际成本是指企业购建固定资产达到预定可使用状态前所发生的一切合理的、必要的支出。企业外购的固定资产，主要涉及"在建工程""固定资产"等会计账户。

（5）生产过程核算的主要内容是生产费用的发生、归集和分配，以及产品成本的形成。生产费用包括直接费用和间接费用。直接费用指企业生产产品过程中实际消耗的直接材料和直接人工，通常计入"生产成本"账户。间接费用指企业为生产产品和提供劳务而发生的各项间接支出，通常计入"制造费用"账户，并在期末经分配转入"生产成本"账户的借方。期末进行完工产品生产成本的计算与结转，主要涉及"生产成本""制造费用""库存商品""应付职工薪酬""累计折旧"等账户。

（6）销售过程核算的主要内容包括：确认销售收入的实现、与购货方办理价款的结算、结转销售成本、支付各种销售费用、计算应缴纳的销售税金等。主要涉及"主营业务收入""其他业务收入""主营业务成本""其他业务成本""税金及附加""销售费用""应交税费"等账户。

（7）利润的形成与分配业务的核算包括营业利润、利润总额、净利润的形成和利润分配以及年末未分配利润的确定等业务的核算。主要涉及"营业外收入""营业外支出""投资收益""所得税费用""本年利润""利润分配""盈余公积""应付股利"等账户。

复习思考题

1. 制造业企业的主要经济业务有哪些？
2. 材料采购成本由哪些项目构成？
3. 产品生产成本包括哪些内容？如何计算和结转完工产品的生产成本？
4. 营业利润包括哪些内容？
5. 什么是财务成果？反映企业财务成果的指标有哪些？
6. 企业进行利润分配的顺序是什么？

练 习 题

（一）单项练习

ABC 公司 2021 年发生如下业务，请为各类业务编制适当的会计分录，并开设和登记"生产成本——A"（假设期初无在产品成本）、"生产成本——B"（假设期初产品成本 1000 元）和"制造费用"丁字账。请列出必要的计算过程。

1. 练习资金筹集业务的核算

（1）ABC 公司 2021 年 6 月末收到某外商投入一项专利权，经评估确认价值为 200 000 元。

（2）7 月 5 日经有关部门批准将资本公积 200 000 元转增资本。

（3）7 月 15 日向银行借入期限 3 个月的借款 100 000 元，存入银行。

（4）上述借款年利率 12%，利息到期还本付息，计算结转其 7 月、8 月、9 月应负担的利息。

（5）10 月 15 日上述借款到期还本付息。

2. 练习供应过程业务的核算

（1）向大达厂购入乙材料 500 千克，共计买价 5000 元，增值税 650 元。款未付。

（2）从银行提取现金 300 元。

（3）采购员陈林暂借差旅费 2000 元，以现金付讫。

（4）从利民厂购入甲材料 1000 千克，计 50 000 元，增值税 6500 元。以银行存款付讫。

（5）以现金支付上项甲、乙两种材料运杂费 1500 元，运杂费按材料的重量分配，两种材料均已验收入库，结转其采购成本。

（6）向中信厂购入丙材料 50 千克，货款 2500 元，增值税 325 元。以银行存款支付。材料当即验收入库，按实际成本转账。

（7）以银行存款偿还前欠大达厂货款 5650 元。

（8）采购员陈林出差回厂报销预借的差旅费（预借 2000 元），实际报销差旅费 2200 元，以现金补付差额。

（9）购入一台需要安装的生产用设备，买价为 400 000 元，进项税额为 52 000 元，装卸费 5000 元，保险费 6000 元，安装过程发生安装费 10 000 元。安装验收后交付使用。

3. 练习生产过程业务的核算

（1）从银行直接转账到职工工资卡 80 000 元用于发放上月职工工资。

（2）生产 A 产品领用：甲材料 8000 千克，264 000 元；乙材料 600 千克，7200 元；丙材料 1000 千克，18 000 元。

（3）生产 B 产品领用：甲材料 2000 千克，66 000 元；乙材料 1000 千克，12 000 元；丙材料 900 千克，16 200 元。

（4）月末，根据下列工资用途，分配结转工资费用 80 000 元。其中，A 产品生产工人工资 38 000 元，B 产品生产工人工资 29 000 元，车间管理人员工资 4000 元，厂部管理人员 9000 元。

（5）计提本月固定资产折旧 18 000 元，其中车间用设备固定资产折旧 12 000 元，厂部管理部门使用的固定资产折旧 6000 元。

（6）计算应由本月负担的银行短期借款利息 1800 元。

（7）支付车间水电费 1000 元。

（8）车间管理人员出差，报销差旅费 2000 元，原预支 3000 元，余额归还现金。

（9）按产品产量分配并结转本月发生的制造费用，A 产品 1000 件，B 产品 900 件。

（10）结转产品生产成本。其中，A 产品本月均已完工并验收入库；B 产品期末尚有在产品 1500 元。

4. 练习销售过程业务的核算

（1）向甲厂出售 A 产品 500 件，每件售价 60 元，增值税税率 13%。货款已收到，存入银行。

（2）向乙公司出售 B 产品 300 件，每件售价 150 元，增值税税率 13%。货款尚未收到。

（3）按规定计算应交消费税为 1000 元。

（4）按出售的两种产品的实际销售成本转账，A 产品每件 40 元，B 产品每件 115 元。

（5）以银行存款支付上述 A、B 两种产品在销售过程中的运输费 800 元，包装费 200 元。

（6）结算本月单独设立的销售机构职工工资 1000 元。

（7）向丙厂出售甲材料 100 千克，每千克售价 12 元，增值税税率 13%，货款已收到，存入银行。

（8）按出售的甲材料实际销售成本转账，每千克 10 元。

5. 练习利润形成与分配业务的核算

表 3-3　ABC 公司 11 月 30 日损益类账户总分类账累计额资料表　　单位：元

账户名称	借方累计额	贷方累计额
主营业务收入		500 000
主营业务成本	375 000	
其他业务收入		6 000
其他业务成本	3 500	
销售费用	25 000	
管理费用	3 000	
财务费用	2 000	
营业外收入		4 000
营业外支出	1 500	

12月份发生以下经济业务。

（1）出售产品一批，售价50 000元，增值税税率13%，货款收到，存入银行。
（2）按出售产品的实际销售成本35 000元转账。
（3）以库存现金支付产品销售过程中的运杂费500元。
（4）以银行存款支付厂部办公费300元。
（5）以银行存款支付银行借款利息2200元。
（6）以银行存款支付违约罚金500元。
（7）收到其他企业违约而获得的罚款收入300元，并存入银行。
（8）根据资料将本年各损益账户余额转入"本年利润"账户。
（9）按全年利润总额的25%计算本年的应交所得税，并结转。
（10）将净利润转入"利润分配"账户。
（11）按净利润的10%提取法定盈余公积，按15%提取任意盈余公积。
（12）按净利润的10%计算应付投资者利润。
（13）年末结清利润分配所属各明细分类账，确定未分配利润。

（二）综合练习

某企业2021年某月发生以下业务，请为这些业务编制会计分录。

（1）企业收到某公司投资投入的机器一台，双方协商价为80 000元。
（2）企业当月从银行取得借款200 000元，期限为6个月，款已存银行。
（3）企业从A公司购入甲材料10吨，每吨2000元，增值税进项税额2600元，材料运杂费1600元。材料已运达并验收入库。货款及税金尚未支付。
（4）企业从B公司购进乙材料20吨，每吨500元，计10 000元，运杂费500元，增值税进项税额1300元，企业开出承兑期为6个月的商业汇票一张，材料尚未运达。
（5）企业以银行存款18 000元向C公司预付购买材料的货款。
（6）企业收到C公司发来已预付货款的丙材料，该批材料买价15 000元，运杂费1000元，增值税进项税额1950元，冲回原预付的18 000元，多余款项以银行存款收回。
（7）计算并结转已验收入库材料的实际采购成本。
（8）本月生产车间领用材料及用途如表3-4所示。

表3-4　企业生产车间领用材料及用途表　　　　　　　　　　单位：元

项目	甲材料	乙材料	合计
生产产品耗用			
其中：A产品	14 000	12 000	26 000
B产品	8 000	4 000	12 000
车间一般耗用		3 000	3 000
合计	22 000	19 000	41 000

（9）结算本月应付职工工资9000元，其中：生产A产品工人工资2400元，B产品工人工资1600元；车间管理人员工资2000元，厂部管理人员工资3000元。

（10）月末计提本月固定资产折旧费 5000 元，其中：车间使用的固定资产计提 3500 元，厂部管理部门使用的固定资产计提 1500 元。

（11）月末以银行存款支付生产车间租用机器设备的租金 1100 元。

（12）月末，将本月发生的制造费用总额按照生产工人工资比例予以分配结转。

（13）月末，A 产品全部完工入库，计算并结转 A 产品的实际生产成本（假设生产成本——A 期初余额为 0 元）。

（14）以现金 500 元购买办公用品，当即交厂部职能科室使用。

（15）销售产品一批，价款 50 000 元，增值税销项税额 6500 元，款项前已预收。

（16）以现金支付销售产品的广告费 10 000 元、展销费 2000 元。

（17）结转已销售产品制造成本 18 000 元。

（18）按销售收入的 10% 计算结转产品的应交消费税。

（19）月末，结转本月发生的各种收入和费用。

（20）按本月实现利润总额的 25% 计算应交所得税。

（21）按净利润额的 10% 提取法定盈余公积。

（22）按规定分配给投资者的利润为 1250 元。

【案例分析】客观公正：刘士泉的三次请辞

案例导引：祖籍山东阳谷的刘士泉是黑龙江商学院（现为哈尔滨商业大学）会计系本科毕业生，毕业 4 年多，换了 4 家单位。之所以频繁请辞，主要是因为，他对做假账坚决说"不"。

本案例主要介绍刘士泉的三次请辞和他从不被认可到广受欢迎的过程。通过案例，深刻体会会计人的客观公正对当代诚信社会的重要性，客观公正应该成为每位会计人始终不忘的初心。

主动请辞，"水平太差"？

1997 年，刘士泉从会计专业本科毕业后直接受聘到济南某摩托车生产公司财务部工作，后因公司陷入困境，只好离开了公司。

不久，他被聘到山东某医药电子商务公司做财务。这家公司刚刚成立不久，经营 3 个月就已经亏损 40 万元。然而，北京总部却要求财务人员，给山东的公司做出 80 万元的盈利。刘士泉想，"山东公司注册资金不过 100 万元，怎么可能一下盈利这么多？自己从小规规矩矩，实在不敢承担作假的风险"。于是，他以"水平太差"为由，主动提出辞职。

2001 年 10 月，刘士泉应聘到一个注册资金仅 10 万元的校办企业工作。尽管这个小公司一直处于亏损状态，但公司却对外宣传说，产品在市场上销路很好。干了 3 个月后，刘士泉对公司的诚信很失望，于是他又辞职离开了公司。

这时恰逢山东一家公司正高薪诚聘会计，拟重组上市。刘士泉欣然参加笔试，并且在 100 多名的竞争者中，荣居榜首。公司对刘士泉很满意，决定聘用他。然而，刘士泉在试用期间,发现该公司的财务存在严重的账账不符,甚至做假账等问题。实际盈利200万元,而账面却盈利500万元。2002年2月22日,刘士泉再次主动请辞。

作假和坚守,何去何从?

刘士泉毕业4年多,已换了4家单位。刘士泉说:"我感觉疲惫,在谋生与守法间做出选择太难。几年来,最让我感到失望的就是企业诚信。"刘士泉有时也想,假如自己留在先前公司做假账,也许会做得很好,也不至于沦落到今天这个地步。刘士泉也曾经犹豫,"以后,如果再有老板让我做假账,我要不要做?"这是每一位会计师都会面临的抉择,在参与企业作假和诚实守信的坚守上,该如何选择?选择前者,违背职业操守,却能赢得老板赏识,端得住饭碗;选择后者,坚守了客观公正,赢得了心安,却失去了工作。

然而,时间是试金石,市场经济呼唤诚信。企业财务造假、证券欺诈终将纸里包不住火,随着一系列会计丑闻和企业造假案不断被揭穿,很多会计师都因为成为造假的帮凶而失去职业资格甚至被判刑,越来越多的企业开始认识到像刘士泉这样拒绝作假的会计师的难能可贵。许多企业纷纷表示,愿意接纳像刘士泉这样的诚实会计。这一事实表明,社会呼唤诚信,企业需要不做假账的会计。

信用是本,无信不兴

2012年9月,时任青岛佳明测控科技股份有限公司财务总监的刘士泉先生,受邀参加了哈尔滨商业大学建校60周年校庆,并以"会计职业道德和会计职业方向的选择"为题,为会计学院师生做了一场精彩、生动的讲座。

刘士泉从自己的职业经历谈起,详细阐述了会计从业人员所应具备的职业道德。刘士泉多年的实际工作经验,使其在会计工作实际操作以及如何恪守职业道德、不做假账方面深有体会,他是"信用是本,无信不兴"的很好的诠释者。

客观公正、诚实守信是每一位会计人必备的职业素养,也是会计人要始终铭记的初心和使命。

第四章　基本财务报表

【学习目标】①了解财务报表的概念与作用；②掌握财务报表的种类和基本要求；③重点掌握资产负债表和利润表的编制；④了解现金流量表的概念与编制；⑤了解财务报表附注的概念、作用与内容。

第一节　财务报表概述

一、财务报表的概念与作用

（一）财务报表的概念

财务报表是企业对外提供的财务状况、经营成果、现金流量等财务信息的结构性表述，是会计要素确认、计量的结果和综合性描述。财务报表由报表本身及其附注两部分构成，一套完整的财务报表至少应当包括"四表一注"，即资产负债表、利润表、现金流量表、所有者权益（或股东权益）变动表以及附注。其中，资产负债表反映的是企业在报告期末这一特定日期资产、负债以及所有者权益的情况，利润表反映的是企业在报告期间收入、费用和利润的情况，现金流量表反映的是报告期间现金及现金等价物的变动情况，所有者权益变动表反映的则是报告期间构成企业所有者权益的各组成部分的增减变动情况。财务报表附注是为了便于报表使用者对财务报表内容、编制基础、编制原则及方法等进一步了解所做出的解释，是对财务报表的补充说明，它同样也是财务报表的重要组成部分。

（二）财务报表的作用

财务报表是财务报告的核心内容，财务报表的编制，旨在向报表使用者提供企业的相关信息，其作用主要体现在以下几个方面。

（1）从企业内部管理者的角度来讲，财务报表全面系统地揭示了企业一定时期的整体经营情况，有利于管理人员对其进行总结并对各项指标进行考核，及时发现问题，制定提高经济效益的措施，为企业的经济预测和决策提供依据。

（2）从投资者和债权人的角度来讲，财务报表能够为他们提供企业内部财务状况、经营成果及现金流量等方面的信息，有利于外部信息使用者对企业的偿债能力、获利能力等各项财务指标做出分析和评价，并对企业未来的发展状况做出预测，以决定是否进行投资、贷款以及投资、贷款的方式。

（3）从有关政府部门的角度来讲，财务报表有利于政府部门对企业经营活动的合法性、资金筹集和运用的合理性等方面进行综合检查，及时发现各行业、各企业中存在的问题，并在税收政策、行政法规等方面采取有效的措施，促进市场经济的高效运作。同时，政府部门通过对企业的财务报表资料进行汇总和分析，可以了解和掌握各行业、各地区的经济发展情况，有利于宏观调控经济运行，优化资源配置，保证国民经济稳定持续发展。

二、财务报表的种类

财务报表可以按不同的标准进行分类。

（1）按反映的经济内容不同，可以分为资产负债表、利润表和现金流量表。资产负债表是反映企业一定日期财务状况的报表，它是静态报表；利润表是反映企业一定时期内经营成果的报表，它是动态报表；现金流量表是反映企业一定会计期间现金及现金等价物流入和流出的报表，它也是动态报表。

（2）按编报期间的不同，可以分为中期财务报表和年度财务报表。中期财务报表是以短于一个完整会计年度的报告期间为基础编制的财务报表，包括月报、季报和半年报等，它们提供了企业较为及时的财务信息。中期财务报表至少应当包括资产负债表、利润表、现金流量表和附注。其中，三大报表应当是完整报表，其格式和内容与年度财务报表相一致，附注的披露可以适当简略。年度财务报表是企业于会计年度终了时编制并对外提供的财务报表。与中期财务报表相比，年报反映的是企业完整会计年度整体的财务状况及经营成果，要求反映的财务信息更加全面、详细。

（3）按编制主体的不同，可以分为个别财务报表和合并财务报表。个别财务报表是企业根据账簿记录及其他资料进行加工编制的财务报表，它反映企业自身的财务状况、经营成果和现金流量的情况。合并财务报表是以母公司和子公司组成的企业集团为会计主体，根据母子公司各自的财务报表，抵销集团内部交易后由母公司编制的报表，它综合反映整个企业集团的财务状况、经营成果和现金流量。

三、财务报表列报的基本要求

列报，是指交易和事项在报表中的列示和在附注中的披露。在财务报表的列报中，"列示"通常反映资产负债表、利润表、现金流量表和所有者权益变动表等报表中的信息，"披露"通常反映附注中的信息。

（一）依据各项会计准则确认和计量的结果编制

企业应当根据实际发生的交易和事项，遵循基本准则、各项具体会计准则及解释的规定进行确认和计量，并在此基础上编制财务报表。例如，在列报的信息中，必须保证财务报表数字的真实公允，不存在伪造、编造以及篡改等行为；按规定的报表格式及内容对财务报表进行编制，并完整列报各种财务报表及相关补充资料。企业不应以在附注中披露代替对交易和事项的确认和计量，也就是说，企业如果采用不恰当的会计政策，不得通过在附注中披露等其他形式予以更正,企业应当对交易与事项进行正确的确认和计量。

(二)以持续经营作为列报基础

持续经营不但是会计的基本前提,同样也是编制财务报表的基础。企业会计准则规范的是持续经营条件下企业对所发生交易和事项的确认、计量及报表列报。如果企业出现了非持续经营,应当采用其他基础编制财务报表。所以,在编制财务报表的过程中,企业管理者应当具体分析企业目前的各项财务指标与经营指标以及存在的各项风险,综合以前年度经营状况及管理层的经营意见,利用其所有可获得信息来评价企业自报告期末起至少12个月的持续经营能力。如果对持续经营能力产生重大怀疑,应当在附注中披露导致对持续经营能力产生重大怀疑的重要的不确定因素,不得隐瞒相关事实。

(三)大部分报表依据权责发生制列报

除现金流量表按照收付实现制编制外,企业应当按照权责发生制编制其他财务报表。

(四)报表项目的列报要具有一致性

可比性是会计信息质量的一项重要质量要求,目的是使同一企业不同期间和同一期间不同企业的财务报表相互可比。因此,这就要求企业在编制财务报表时项目的列报在不同会计期间要保持一致,不得随意变更。

除非存在会计准则要求变更或者企业在经营业务的性质方面发生重大变化,或重大的购买、处置事项等对企业经营影响较大的交易或事项发生后,变更报表项目的列报能够更好地提供会计信息,否则企业不得随意对报表项目的列报进行变更。

(五)依据重要性原则列报

如果在财务报告中省略或错报某一项目,会对信息使用者的决策产生影响,则该项目就具有重要性。重要性是判断项目是否单独列报的重要标准。在判断项目的重要性时,要从项目性质和金额大小两方面进行考虑。一方面,要根据项目的性质是否属于日常活动,同时是否对企业财务状况、经营成果产生显著影响进行判断;另一方面,要根据项目金额占资产总额、负债总额、所有者权益总额以及净利润等直接相关项目金额的比重加以确定。对于同一项目而言,重要性的判断标准一经确定,不得随意变更。

(六)报表项目金额不得随意抵销

一般而言,财务报表中项目的金额要以总额列报,资产和负债、收入和费用等项目的金额均不能相互抵销,即不得以净额列报。如果相互抵销,所提供的信息就不完整,信息的可比性大为降低。例如,企业欠客户的应付款项不能与客户欠企业的应收款项相抵销,如果相互抵销就掩盖了企业交易的实质。但以下情况不属于抵销,如资产负债项目扣除其备抵账户以净额进行列报,非日常活动产生的损益以收入减费用后的净额列报,即应以不掩盖交易实质又有利于报表使用者理解为前提进行金额的列报。

（七）列报所有项目的比较信息

为了提高报表信息在不同会计期间的可比性，同时利于报表使用者的相关决策，在编制企业的当期财务报表时，至少应当提供所有列报项目上一可比会计期间的比较数据，以及与理解当期财务报表相关的说明。这一要求适用于财务报表的所有组成部分。

在财务报表项目的列报确需发生变更时，企业应对上期数据按照当期列报要求进行调整，并在附注中对调整原因、性质及调整的各项目金额进行披露。若对上期比较数据进行调整是不切实可行的，则要对不能调整的原因在附注中予以披露。

（八）报表表头部位的列报要求

财务报表应当在表头部位概括说明以下基本信息。①编报企业的名称。如果当期企业名称发生改变，应明确标明。②资产负债表日及其他报表所涵盖的会计期间。③货币名称及单位。按照我国企业会计准则，企业应当以人民币作为记账本位币对报表金额进行列报，同时还要标明人民币的金额单位。④若财务报表是合并报表，应当予以标明。

（九）报告期间

企业至少应当编制年度财务报表，若由于企业在年中设立等原因导致年度财务报表涵盖的会计期间短于一年的，要在附注中对报表实际涵盖期间及短于一年的原因进行披露。

第二节 资产负债表

一、资产负债表概述

资产负债表是反映企业一定日期财务状况的报表，是企业经营活动的静态体现。资产负债表是根据基本会计恒等式"资产=负债+所有者权益"编制的，它按照一定的标准和顺序对资产、负债及所有者权益中的各项目进行列示。

（一）资产

资产按照流动性强弱分为流动资产和非流动资产两类。其中，流动资产包括货币资金、交易性金融资产、应收票据、应收账款、预付款项、其他应收款、存货及一年内到期的非流动资产等。非流动资产包括债权投资、长期应收款、长期股权投资、固定资产、在建工程、无形资产及其他非流动资产等。

资产部分各项目按流动性由强到弱依次列示，流动性越强的资产排列越靠前，流动性越弱的资产排列越靠后。同时，应当注意的是，某些非流动资产由于时间的推移，变为流动资产的，要按流动资产进行列示，不可再列作非流动资产。

（二）负债

负债按照流动性可分为流动负债和非流动负债。其中，流动负债包括短期借款、应付票据、应付账款、预收款项、应付职工薪酬、应交税费、应付利息、其他应付款及一年内到期的非流动负债等。非流动负债包括长期借款、应付债券、长期应付款、预计负债及其他非流动负债等。

负债部分各项目是按偿还期长短进行列示的，偿还期越短的排列越靠前，偿还期越长的排列越靠后。同某些资产相似，某些非流动负债由于时间的推移变为流动负债的，要按流动负债进行列示，不可再列作非流动负债。

（三）所有者权益

所有者权益是企业资产扣除负债后的剩余权益，一般分为实收资本（或股本）、资本公积、盈余公积和未分配利润。各项目按永久性强弱进行列示，永久性强的排在前面，永久性弱的排在后面。一般而言，为了保证投入资本的稳定性以及投资人权益，企业不得对实收资本（或股本）项目随意进行冲减。

二、资产负债表的编制

（一）资产负债表的结构

资产负债表一般由表头和表体两部分组成。表头部分应列明报表名称、编制单位名称、编制报表日期、报表编号及编表使用的货币计量单位。表体是资产负债表最重要的部分，列示了用以说明企业财务状况的各个报表项目。各项目的不同排列方式形成了资产负债表表体的不同格式，主要包括账户式和报告式两种。

报告式资产负债表是上下结构，上半部分列示资产各项目，下半部分列示负债和所有者权益各项目。报告式资产负债表的优点在于它易于对报表项目做旁注，并且易于编制和比较，但存在无法对资产与权益之间的关系一目了然的缺点。其简化格式如表 4-1 所示。

表 4-1 资产负债表（报告式）

会企 01 表

编制单位： 年 月 日 单位：

项目	期末余额	上年年末余额
资产：		
……		
资产合计		
负债：		
……		
负债合计		
所有者权益：		
……		
所有者权益合计		
负债及所有者权益合计		

账户式资产负债表是左右结构，左边列示资产各项目，反映全部资产的分布及形态；右边列示负债和所有者权益各项目，反映全部负债和所有者权益的内容及构成情况。资产负债表中左方的资产要与右方负债及所有者权益合计总额相等，即左右两方要保持平衡。因此，账户式资产负债表，可以反映资产、负债、所有者权益之间的内在联系，即"资产=负债+所有者权益"。在我国，会计准则规定企业要采用账户式资产负债表。

另外，为了便于报表使用者对不同时点资产负债表数据进行比较，掌握企业的财务状况变动情况、发展趋势，企业需要提供资产负债表各项目的"期末余额"和"上年年末余额"。其格式如表4-2所示。

表4-2　资产负债表（账户式）

会企01表

编制单位：　　　　　　　　　　　　年　月　日　　　　　　　　　　　　单位：元

资产	期末余额	上年年末余额	负债和所有者权益（或股东权益）	期末余额	上年年末余额
流动资产：			流动负债：		
货币资金			短期借款		
交易性金融资产			交易性金融负债		
衍生金融资产			衍生金融负债		
应收票据			应付票据		
应收账款			应付账款		
预付款项			预收款项		
其他应收款			合同负债		
存货			应付职工薪酬		
合同资产			应交税费		
持有待售资产			其他应付款		
一年内到期的非流动资产			持有待售负债		
其他流动资产			一年内到期的非流动负债		
流动资产合计			其他流动负债		
非流动资产：			流动负债合计		
债权投资			非流动负债：		
其他债权投资			长期借款		
长期应收款			应付债券		
长期股权投资			租赁负债		
其他权益工具投资			长期应付款		
投资性房地产			预计负债		
固定资产			递延收益		
在建工程			递延所得税负债		
生产性生物资产			其他非流动负债		

续表

资产	期末余额	上年年末余额	负债和所有者权益（或股东权益）	期末余额	上年年末余额
油气资产			非流动负债合计		
使用权资产			负债合计		
无形资产			所有者权益（或股东权益）：		
开发支出			实收资本（或股本）		
商誉			其他权益工具		
长期待摊费用			资本公积		
递延所得税资产			减：库存股		
其他非流动资产			其他综合收益		
非流动资产合计			盈余公积		
			未分配利润		
			所有者权益（或股东权益）合计		
资产总计			负债和所有者权益（或股东权益）总计		

（二）资产负债表的编制方法

1. 编制准备工作

在编制资产负债表前，企业应当根据总账的期末金额编制账户余额试算平衡表，如若试算平衡，再据此表及有关明细账对资产负债表进行编制。

2. "上年年末余额"填列方法

资产负债表中的"上年年末余额"栏内各数字，在通常情况下，应根据上年末对应项目的期末余额数填列。若本年度规定的资产负债表项目名称和内容与上年度不一致，应按本年度规定对上年年末资产负债表各相关项目的名称和数字予以调整，再填列到本年"上年年末余额"栏内。同时，如果企业在会计政策方面发生了变更或出现前期差错更正，要对"上年年末余额"栏对应项目进行相应调整后再填列。

3. "期末余额"填列方法

资产负债表"期末余额"栏主要有以下几种填列方法。

（1）根据总账科目的期末余额填列。例如，"交易性金融资产"、"短期借款"、"应付票据"、"应付职工薪酬"以及"资本公积"等项目可根据其各总账科目余额直接进行填列。有些项目，如"货币资金"，需要根据"库存现金"、"银行存款"和"其他货币资金"这三个科目总账期末余额的合计数填列。

【例4-1】2021年12月31日，长江公司"库存现金"科目余额为0.8万元，"银行存款"科目余额为287.2万元，"其他货币资金"科目余额为58万元，则2021年12月

31日，长江公司资产负债表中：

"货币资金"项目"期末余额"栏的列报金额=0.8+287.2+58=346（万元）

（2）根据明细账科目余额计算填列。例如，"应付账款"需根据"应付账款"和"预付账款"两个科目所属相关明细科目期末贷方余额的合计金额进行填列；"开发支出"需根据"研发支出"中"资本化支出"的期末余额数进行填列；"一年内到期的非流动资产""一年内到期的非流动负债"项目，需根据相关非流动资产和非流动负债的明细科目余额计算填列。除此之外，"应付债券""未分配利润"等科目，均需根据各自明细科目的期末余额进行分析填列。

【例4-2】2021年12月31日，长江公司"应付账款"科目余额为500万元，明细科目贷方余额合计为600万元，明细科目借方余额合计为100万元，"预付账款"科目余额为300万元，明细科目借方余额合计为350万元，明细科目贷方余额合计为50万元，则2021年12月31日，长江公司资产负债表中：

"应付账款"项目"期末余额"栏的列报金额=600+50=650（万元）

"预付款项"项目"期末余额"栏的列报金额=350+100=450（万元）

（3）根据总账与明细账科目余额分析计算填列。例如，"长期借款"要根据"长期借款"的总账科目余额，扣除"长期借款"科目所属明细科目中将在资产负债表日起一年内到期，且企业不能自主将清偿义务展期的长期借款后的金额计算填列。类似的项目还有"长期待摊费用""债权投资""其他非流动资产""其他非流动负债"等。

【例4-3】2021年12月31日，长江公司"长期借款"科目余额为200万元，其中自甲银行借入的10万元借款将于2022年5月到期，长江公司不具有自主展期清偿的权利，则2021年12月31日，长江公司资产负债表中：

"长期借款"项目"期末余额"栏的列报金额=200-10=190（万元）

"一年内到期的非流动负债"项目"期末余额"栏的列报金额=10（万元）

（4）根据有关科目余额减去其备抵科目后的净额填列。例如，"应收账款"项目应根据"应收账款"科目的期末余额减去"坏账准备"备抵科目余额后的净额填列；"固定资产"项目应根据"固定资产"总账科目余额，扣减"累计折旧"及"固定资产减值准备"等备抵科目的期末余额，并综合"固定资产清理"科目期末余额后的金额填列；"无形资产"项目应根据"无形资产"总账科目余额，扣减"累计摊销"及"无形资产减值准备"等备抵科目余额后的金额进行填列；采用成本模式计量的"投资性房地产"应根据"投资性房地产"总账科目余额，扣减"投资性房地产累计摊销"、"投资性房地产累计折旧"及"投资性房地产减值准备"后的金额进行填列。另外，"债权投资"、"长期股权投资"以及"在建工程"、"商誉"等项目，若已计提减值准备，要扣除减值准备后填列。

【例4-4】2021年12月31日，长江公司"固定资产"科目借方余额为8800万元，"累计折旧"科目贷方余额为3200万元，"固定资产减值准备"科目贷方余额为600万

元,"固定资产清理"科目借方余额为500万元,则2021年12月31日,长江公司资产负债表中:

"固定资产"项目"期末余额"栏的列报金额=8800-3200-600+500=5500(万元)

(5)通过综合分析进行填列。例如,"存货"项目要根据"材料采购""在途物资""原材料""材料成本差异""生产成本""周转材料""发出商品""库存商品""委托加工物资"等总账科目期末余额的分析汇总数,扣减"存货跌价准备"科目期末余额后的金额填列;"应收账款"项目要根据"应收账款"和"预收账款"两个科目所属明细科目期末借方余额的合计,扣减应收账款"坏账准备"的期末余额后的金额进行填列。

【例4-5】2021年12月31日,长江公司有关科目余额如下:"材料采购"科目借方余额为500万元,"材料成本差异"科目贷方余额为10万元,"原材料"科目借方余额为600万元,"库存商品"科目借方余额为300万元,"生产成本"科目借方余额为200万元,"存货跌价准备"科目贷方余额为50万元,则2021年12月31日,长江公司资产负债表中:

"存货"项目"期末余额"栏的列报金额=500-10+600+300+200-50=1540(万元)

【例4-6】黄河公司2021年年末部分账户期末余额如表4-3所示,根据提供信息,计算表4-4中资产负债表部分报表项目应填列的金额。

表4-3 黄河公司2021年年末部分账户余额　　　　　单位:万元

账户	期末余额	账户	期末余额
库存现金	15	短期借款	20
银行存款	155	应付账款(总账)	75
其他货币资金	10	——F公司(明细贷方余额)	80
应收账款(总账)	60	——G公司(明细借方余额)	5
——A公司(明细借方余额)	40	预收账款(总账)	15
——B公司(明细借方余额)	30	——H公司(明细贷方余额)	10
——C公司(明细贷方余额)	10	——G公司(明细贷方余额)	5
预付账款(总账)	22	长期借款	40
——D公司(明细借方余额)	25	其中:一年内到期的借款	22
——E公司(明细贷方余额)	3	实收资本	800
坏账准备——应收账款	2	资本公积	200
原材料	100	利润分配	135
库存商品	200		
在途物资	80		
生产成本	50		
存货跌价准备	10		
债权投资	30		

账户	期末余额	账户	期末余额
其中：一年内到期的投资	14		
固定资产	650		
固定资产清理	10		
累计折旧	80		
固定资产减值准备	30		

表 4-4　黄河公司资产负债表部分报表项目计算表　　　　单位：万元

报表项目	计算过程
货币资金	15+155+10=180
应收账款	40+30−2=68
预付款项	25+5=30
存货	100+200+80+50−10=420
一年内到期的非流动资产	14
债权投资	30−14=16
固定资产	650+10−80−30=550
短期借款	20
应付账款	80+3=83
预收款项	15+10=25
一年内到期的非流动负债	22
长期借款	40−22=18

【例 4-7】　综合例题：泰格公司 2021 年年初各账户余额如表 4-5 所示。

表 4-5　泰格公司 2021 年各账户年初余额　　　　单位：元

账户	年初余额	账户	年初余额
库存现金	10 000	短期借款	700 000
银行存款	208 200	应交税费	100 000
其他应收款	1 800	长期借款	300 000
库存商品 A	200 000	实收资本	700 000
库存商品 B	1 000 000	资本公积	320 000
固定资产	1 220 000	盈余公积	100 000
累计折旧	−120 000	未分配利润	300 000
资产合计	2 520 000	权益合计	2 520 000

　　泰格公司 2021 年发生的经济业务及相关的账务处理详见第三章的例 3-1 至例 3-46。根据相关会计分录，资产负债表项目相关账户登记情况如图 4-1 所示。

第四章 基本财务报表

库存现金

年初 10 000	⑫ 5 000
	⑯ 1 900
㉕ 280	㉖ 818
280	7 718
年末 2 562	

应收票据

㉙ 271 200	
年末 271 200	

应收账款

㉛ 650 880	
年末 650 880	

其他应收款

年初 1 800	㉕ 1 800
㉖ 818	
年末 818	

应收股利

㉘ 90 000	
年末 90 000	

银行存款

年初 208 200	⑥ 25 000
① 300 000	⑦ 2 005 000
④ 2 000 000	⑧ 186 450
㉚ 600 000	⑨ 7 000
㉜ 982 000	⑪ 200 000
㉝ 31 640	⑫ 274 600
	⑮ 20 700
	⑯ 29 800
	⑳ 320 000
	㉑ 3 953
	㉒ 50 000
	㉔ 799
	㊵ 30 000
	3 153 302
	㉟ 90 000
4 003 640	
年末 1 058 538	

预付账款

⑪ 200 000	⑫ 200 000

库存商品

年初 1 200 000	
㉘ 355 766	㉝ 1 496 000
年末 59 766	

在途物资

⑧ 125 000	⑭ 130 000
⑧ 40 000	⑭ 42 000
⑨ 5 000	⑭ 654 000
⑨ 2 000	⑭ 400 000
⑩ 229 000	
⑫ 425 000	
⑬ 400 000	
1 226 000	1 226 000

原材料

⑭ 130 000	⑰ 112 437
⑭ 42 000	⑱ 154 191
⑭ 654 000	㊱ 16 000
⑭ 400 000	282 628
1 226 000	
年末 943 372	

生产成本——A产品

⑰ 60 450	㉘ 355 766
⑱ 89 190	
⑲ 115 000	
㉗ 91 126	
355 766	355 766

生产成本——B产品

⑰ 48 360	
⑱ 54 420	
⑲ 85 000	
㉗ 67 354	
年末 255 134	

制造费用

⑰ 2 418	㉗ 158 480
⑱ 6 651	
⑲ 68 000	
㉑ 1 411	
㉒ 30 000	
㉓ 50 000	
158 480	158 480

固定资产

年初 1 220 000	
① 1 500 000	
③ 300 000	
⑮ 18 360	
⑯ 28 320	
846 680	
年末 2 066 680	

累计折旧

	年初 120 000
	㉓ 80 000
	年末 200 000

在建工程

⑯ 26 420	⑯ 28 320
⑯ 1 900	
28 320	28 320

无形资产

② 320 000	
年末 320 000	

短期借款

	年初 700 000
⑦ 2 000 000	④ 2 000 000
	年末 700 000

长期借款

	年初 300 000
	年末 300 000

应付票据

	⑬ 452 000
	年末 452 000

应付账款

	⑩ 258 250
	年末 258 250

预收账款

㉜ 600 000	㉚ 600 000

应付职工薪酬

⑳ 320 000	⑲ 320 000
	㊲ 50 000
320 000	370 000
	年末 50 000

应付利息

⑥ 25 000	⑤ 5 000
	⑤ 10 000
	⑤ 10 000
25 000	2 5000

应付股利

	㊹ 80 000
	年末 80 000

应交税费

	年初 100 000
⑧ 21 450	㉙ 31 200
⑩ 29 250	㉛ 74 880
⑫ 54 600	㉜ 182 000
⑬ 52 000	㉟ 3 640
⑮ 2 340	㉞ 55 000
⑯ 3 380	㊷ 158 750
163 020	505 470
	年末 442 450

实收资本

	年初 700 000
	① 800 000
	② 320 000
	③ 180 000
	1 300 000
	年末 2 000 000

资本公积

	年初 320 000
	③ 120 000
	年末 440 000

盈余公积

	年初 100 000
	㊸ 71 437.5
	年末 171 437.5

利润分配——提取盈余公积

㊸ 47 625	㊻ 47 625
㊸ 23 812.5	㊻ 23 812.5
71 437.5	71 437.5

利润分配——应付现金股利

㊹ 80 000	㊻ 80 000

利润分配——未分配利润

	年初 300 000
㊻ 151 437.5	㊺ 476 250
	年末 624 812.5

图 4-1 资产负债表相关账户登记情况

此外,货币资金和存货项目的年末余额计算见表4-6。根据表4-5、表4-6和图4-1,可得泰格公司2021年年末资产负债表,见表4-7。

表4-6 资产负债表部分报表项目计算表　　　　　　　　　　单位:元

报表项目	计算过程
货币资金	2 562+1 058 538=1 061 100
存货	943 372+255 134+59 766=1 258 272

表4-7 资产负债表

会企01表

编制单位:泰格公司　　　　　　2021年12月31日　　　　　　　　　　单位:元

资产	年初	年末	权益	年初	年末
流动资产:			流动负债:		
货币资金	218 200	1 061 100	短期借款	700 000	700 000
应收票据		271 200	应付票据		452 000
应收账款		650 880	应付款项		258 250
其他应收款	1 800	818	应付职工薪酬		50 000
应收股利		90 000	应交税费	100 000	442 450
存货	1 200 000	1 258 272	应付股利		80 000
流动资产合计	1 420 000	3 332 270	流动负债合计	800 000	1 982 700
非流动资产:			非流动负债:		
固定资产	1 100 000	1 866 680	长期借款	300 000	300 000
无形资产		320 000	非流动负债合计	300 000	300 000
非流动资产合计	1 100 000	2 186 680	负债合计	1 100 000	2 282 700
			所有者权益:		
			实收资本	700 000	2 000 000
			资本公积	320 000	440 000
			盈余公积	100 000	171 437.5
			未分配利润	300 000	624 812.5
			所有者权益合计	1 420 000	3 236 250
资产合计	2 520 000	5 518 950	权益合计	2 520 000	5 518 950

第三节　利　润　表

一、利润表概述

利润表是反映企业在一定会计期间经营成果的报表,是企业经营活动的动态体现。利润表是根据基本会计恒等式"收入-费用=利润"和收入与费用的配比原则编制的。企业在生产经营中不断取得各项收入,同时发生各种费用,收入减去费用剩余部分为企业的盈利。如果企业的生产经营费用超过取得的收入,超过部分为企业的亏损。将取得的收入和发生的相关费用进行对比,对比结果表现为企业的经营成果。

利润表可以反映企业在一定会计期间收入、费用及利润的主要来源和构成情况,有利于财务报表使用者全面了解企业经营成果的质量及风险,分析企业的获利能力及盈利增长趋势,从而做出正确的决策。

二、利润表的编制

(一)利润表的结构和格式

利润表一般由表头、表体组成。表头部分应列明报表名称、编制单位、编制日期、报表编号、货币计量单位等。表体列示形成经营成果的各个项目和项目的计算过程及结果。

利润表有单步式和多步式两种。单步式利润表是将当期所有收入列在一起,所有费用列一起,然后收入减费用得出当期净利润。多步式利润表对当期收入、费用项目按性质进行分类,按利润形成的主要环节列示中间性利润指标,分步计算净利润。多步式利润表更有助于报表使用者理解企业经营成果的不同来源。我国企业的利润表采用多步式格式,利润表中需列报营业利润、利润总额及净利润项目。其格式如表4-8所示[①]。

表 4-8 利润表

会企 02 表

编制单位:　　　　　　　　　　年 月 日　　　　　　　　　　单位:元

项目	本期金额	上期金额
一、营业收入		
减:营业成本		
税金及附加		
销售费用		
管理费用		
研发费用		
财务费用		
其中:利息费用		
利息收入		
加:其他收益		
投资收益(损失以"-"号填列)		

---

① 按照最新会计准则规定,研发费用在会计处理过程中列入管理费用账户,但是在列入利润表中时需要从管理费用中分离出来,单独列示,也就是说,研发费用在记账阶段和报表阶段是有不同的规定的。利润表中单独列示的"研发费用"根据"管理费用"科目下的"研究费用"明细科目的发生额,以及"管理费用"科目下的"无形资产摊销"明细科目的发生额分析填列。

续表

项目	本期金额	上期金额
公允价值变动净收益（损失以"-"号填列）		
信用减值损失（损失以"-"号填列）		
资产减值损失（损失以"-"号填列）		
资产处置收益（损失以"-"号填列）		
二、营业利润（亏损以"-"号填列）		
加：营业外收入		
减：营业外支出		
三、利润总额（亏损总额以"-"号填列）		
减：所得税费用		
四、净利润（净亏损以"-"号填列）		
五、其他综合收益的税后净额		
六、综合收益总额		
七、每股收益		

（二）利润表的编制方法

利润表分设了"本期金额"与"上期金额"两栏，使财务报表使用者通过比较不同期间利润的实际情况，判断企业经营成果的未来发展趋势。其中"上期金额"反映各个项目上一个会计期间的实际发生数额，如果上期利润表与本期在内容上有差异，应该对上期利润表按本期进行调整后填入本表的"上期金额"一栏。

利润表"本期金额"是本期实际发生的累计数。利润表各项目的填列金额主要是按照发生额直接填列，个别项目需要根据损益类账户发生额计算分析填列。利润表的主要编制步骤和内容如下。

1. 计算营业利润

根据以下公式计算营业利润，并填列各项目金额。

营业利润=营业收入-营业成本-税金及附加-销售费用-管理费用-研发费用-财务费用+其他收益+投资收益+公允价值变动净收益-信用减值损失-资产减值损失+资产处置收益

其中，营业收入=主营业务收入+其他业务收入，营业成本=主营业务成本+其他业务成本。

2. 计算利润总额

以营业利润为基础，加上营业外收入，减去营业外支出，计算出利润总额。

3. 计算净利润

以利润总额为基础，减去所得税费用，计算出净利润。

【例4-8】2021年长江公司利润表有关账户累计发生额如表4-9所示。

表 4-9　利润表有关账户累计发生额表　　　　　　　　单位：元

账户名称	借方发生额	贷方发生额
主营业务收入		12 500 000
其他业务收入		230 000
资产减值损失	100 000	
资产处置损益		100 000
投资收益		3 200 000
营业外收入		2 850 000
主营业务成本	8 320 000	
税金及附加	550 000	
其他业务成本	180 000	
销售费用	200 000	
管理费用	1 050 000	
财务费用	1 000 000	
营业外支出	2 000 000	
所得税费用	1 370 000	

其中"管理费用"科目下的"研发费用"明细科目发生额为 5 万元。"财务费用"科目的发生额如下所示：银行短期借款利息支出 50 万元，银行长期借款利息支出（费用化）合计 60 万元，银行存款利息收入 10 万元。

根据以上信息，2021 年长江公司利润表中"营业收入"项目"本期金额"的列报金额=12 500 000+230 000=12 730 000；"营业成本"项目"本期金额"的列报金额=8 320 000+180 000=8 500 000。长江公司编制的 2021 年度利润表如表 4-10 所示。

表 4-10　长江公司 2021 年利润表

会企 02 表
编制单位：长江公司　　　　　2021 年 12 月 31 日　　　　　　　　单位：元

项目	本期金额	上期金额
一、营业收入	12 730 000	
减：营业成本	8 500 000	
税金及附加	550 000	
销售费用	200 000	
管理费用	1 000 000	
研发费用	50 000	
财务费用	1 000 000	
其中：利息费用	1 100 000	
利息收入	-100 000	
加：其他收益		
投资收益（损失以"—"号填列）	3 200 000	

续表

项目	本期金额	上期金额
公允价值变动净收益（损失以"—"号填列）		
信用减值损失（损失以"—"号填列）		
资产减值损失（损失以"—"号填列）	−100 000	
资产处置收益（损失以"—"号填列）	100 000	
二、营业利润（亏损以"—"号填列）	4 630 000	
加：营业外收入	2 850 000	
减：营业外支出	2 000 000	
三、利润总额（亏损总额以"—"号填列）	5 480 000	
减：所得税费用	1 370 000	
四、净利润（净亏损以"—"号填列）	4 110 000	

【例 4-9】 综合例题：泰格公司 2021 年发生的经济业务及相关的账务处理详见第三章例 3-1 至例 3-46。根据相关会计分录，利润表项目相关账户登记情况如图 4-2 所示。

主营业务收入		财务费用		投资收益	
	㉙ 240 000	⑤ 5 000		㊶ 90 000	㊳ 90 000
	㉛ 576 000	⑤ 10 000			
㊶ 2 216 000	㉜ 1 400 000	⑤ 10 000		营业外收入	
2 216 000	2 216 000	⑦ 5 000	㊶ 30 000	㊶ 90 000	㊴ 90 000

其他业务收入		管理费用		营业外支出	
㊶ 28 000	㉟ 28 000	⑰ 1 209		㊵ 30 000	㊶ 30 000
		⑱ 3 930			
主营业务成本		⑲ 52 000		所得税费用	
㉝ 1 496 000	㊶ 1 496 000	㉑ 2 542		㊷ 158 750	㊷ 158 750
		㉒ 20 000			
其他业务成本		㉓ 30 000		本年利润	
㊱ 16 000	㊶ 16 000	㉔ 799		㊶ 1 789 000	㊶ 2 424 000
		㉕ 1 520	㊶ 112 000	㊷ 158 750	
税金及附加		112 000	112 000	㊺ 476 250	
㉞ 55 000	㊶ 55 000	销售费用		2 424 000	2 424 000
		㊲ 50 000	㊶ 50 000		

图 4-2 利润表项目相关账户登记情况

根据相关账户发生额信息，2021年泰格公司利润表中"营业收入"项目"本期金额"的列报金额=2 216 000+280 000=2 244 000；"营业成本"项目"本期金额"的列报金额=1 496 000+16 000=1 512 000。泰格公司编制的2021年年末利润表见表4-11。

表4-11 泰格公司2021年利润表

会企02表

编制单位：泰格公司　　　　　　2021年12月31日　　　　　　　　　　　单位：元

项目名称	本年金额	上年金额
一、营业收入	2 244 000	
减：营业成本	1 512 000	
税金及附加	55 000	
管理费用	112 000	
销售费用	50 000	
财务费用	30 000	
加：投资收益（损失以"－"号填列）	90 000	
二、营业利润（亏损以"－"号填列）	575 000	
加：营业外收入	90 000	
减：营业外支出	30 000	
三、利润总额（亏损总额以"－"号填列）	635 000	
减：所得税费用	158 750	
四、净利润（净亏损以"－"号填列）	476 250	

第四节　现金流量表

一、现金流量表概述

现金流量表是反映企业在一定会计期间现金及现金等价物流入和流出的会计报表。现金流量表按照收付实现制原则编制，从内容上看分为经营活动、投资活动和筹资活动三个部分，每类活动又细分为各具体项目，从不同角度反映企业业务活动的现金流入和流出。现金流量表弥补了资产负债表和利润表提供信息的不足，通过现金流量表，报表的使用者可以正确评估企业的偿债能力、支付能力和周转能力，预测企业未来现金流量，为下一步决策提供有力依据。

二、现金流量表的编制

（一）现金流量表的结构和格式

现金流量表在结构上将企业一定期间产生的现金流量分为三类：经营活动产生的现金流量、投资活动产生的现金流量和筹资活动产生的现金流量。

现金流量表的格式见表 4-12。

表 4-12 现金流量表

会企 03 表

编制单位：　　　　　　　　　　　年　月　日　　　　　　　　　　　　　　单位：元

项目	本期金额	上期金额
一、经营活动产生的现金流量：		
销售商品、提供劳务收到的现金		
收到的税费返还		
收到的其他与经营活动有关的现金		
经营活动现金流入小计		
购买商品、接受劳务支付的现金		
支付给职工以及为职工支付的现金		
支付的各项税费		
支付的其他与经营活动有关的现金		
经营活动现金流出小计		
经营活动产生的现金流量净额		
二、投资活动产生的现金流量：		
收回投资收到的现金		
取得投资收益收到的现金		
处置固定资产、无形资产和其他长期资产收回的现金净额		
处置子公司及其他营业单位收到的现金净额		
收到的其他与投资活动有关的现金		
投资活动现金流入小计		
购建固定资产、无形资产和其他长期资产支付的现金		
投资支付的现金		
取得子公司及其他营业单位支付的现金净额		
支付其他与投资活动有关的现金		
投资活动现金流出小计		
投资活动产生的现金流量净额		
三、筹资活动产生的现金流量：		
吸收投资收到的现金		
取得借款收到的现金		
收到其他与筹资活动有关的现金		
筹资活动现金流入小计		
偿还债务支付的现金		
分配股利、利润或偿付利息支付的现金		

项目	本期金额	上期金额
支付其他与筹资活动有关的现金		
筹资活动现金流出小计		
筹资活动产生的现金流量净额		
四、汇率变动对现金及现金等价物的影响		
五、现金及现金等价物净增加额		
加：期初现金及现金等价物余额		
六、期末现金及现金等价物余额		

（二）现金流量表的编制方法

编制现金流量表时，列报经营活动产生的现金流量的方法有两种，一是直接法，二是间接法。直接法是指通过现金收入和支出的主要类别直接反映经营现金流量。在间接法下，将净利润作为基础，调整收入、费用和营业外收支等不涉及现金的项目的变动来计算经营活动产生的现金流量。采用直接法编报的现金流量表，便于分析企业经营活动产生的现金流量的来源和用途，预测企业现金流量的未来前景。采用间接法编报的现金流量表，便于将净利润与经营活动产生的现金流量净额进行比较，了解净利润与经营活动产生的现金流量差异的原因，从现金流量的角度分析净利润的质量。我国企业会计准则规定采用直接法编制现金流量表，同时要求在附注中使用间接法将净利润调整为经营活动产生的现金流量。

第五节 财务报表附注

一、财务报表附注的概念与作用

财务报表附注是对资产负债表、利润表、现金流量表和所有者权益变动表等报表中列示项目的文字描述或明细资料，以及对未能在这些报表中列示项目的说明等。

财务报表附注主要起到以下作用。第一，附注的披露，是对资产负债表、利润表、现金流量表和所有者权益变动表列示项目的含义的补充说明，可以帮助报表使用者更准确地把握其含义。比如，对于同一种经济业务，可能存在不同的会计处理方法，在附注中对企业采用的方法或政策进行披露，可以使报表使用者更好地理解报表数据的来源和含义，并可以与其他企业报表数据进行更准确的比较。第二，附注提供了对资产负债表、利润表、现金流量表和所有者权益变动表中未列示项目的详细说明或明细说明。比如，会计报表一般按大类设置项目，反映总括情况，各项目内部的情况往往难以在表内反映清楚，报表使用者可以通过附注中披露的内容了解报表中未单列的分类信息，更准确地进行会计信息的分析和利用。

二、财务报表附注的内容

附注是财务报表的重要组成部分,根据企业会计准则的规定,企业应按如下顺序披露附注的内容。

(一)企业的基本情况

(1)企业注册地、组织形式和总部地址。
(2)企业的业务性质和主要经营活动。
(3)母公司以及集团最终母公司的名称。
(4)财务报告的批准报出者和财务报告批准报出日。
(5)营业期限有限的企业,还应当披露有关营业期限的信息。

(二)财务报表的编制基础

企业一般应在持续经营基础上进行财务报表列报,清算破产属于非持续经营基础。

(三)遵循企业会计准则的声明

企业应当声明编制的财务报表符合企业会计准则的要求,并且真实、完整地反映了企业的财务状况、经营成果和现金流量等相关信息,以此明确企业编制财务报表所依据的制度基础。

(四)重要会计政策和会计估计

根据企业会计准则的规定,企业应当披露采用的重要会计政策和会计估计。

1. 重要会计政策的说明

企业应该披露重要会计政策,并且要结合企业的实际情况披露其财务报表项目的计量依据和重要会计政策的确定依据。财务报表项目的计量依据包括历史成本、重置成本、现值、可变现净值和公允价值计量属性等;会计政策的计量依据是指企业在运用会计政策过程中所做的重要判断,这些判断对报表中的金额有重要影响。

2. 重要会计估计的说明

企业应该披露重要会计估计,并且结合企业的实际情况披露其会计估计所采用的不确定因素和关键假设。重要会计估计的说明包括可能导致下一个会计期间资产和负债账面价值发生重大调整的会计估计的确定依据等。

(五)会计政策和会计估计变更以及差错更正的说明

企业应当按照《企业会计准则第28号——会计政策、会计估计变更和差错更正》及其应用指南的规定,披露会计政策和会计估计变更以及差错更正的有关情况。

(六)报表重要项目的说明

企业应当以文字和数字描述相结合的方式说明报表的重要项目,尽可能以列表形式披露报表重要项目的构成或当期增减变动情况，并且报表重要项目的明细金额合计，应当与报表项目金额相衔接。披露顺序上，一般应当按照资产负债表、利润表、现金流量表、所有者权益变动表的顺序及其项目列示的顺序。

（七）其他需要说明的重要事项

主要包括或有事项和承诺事项、资产负债表日后非调整事项、关联方关系及其交易等。

（八）有助于财务报表使用者正确评价企业管理资本目标、政策及程序的信息

本 章 要 点

本章主要阐述了财务报表的基本概念、编制要求及编制方法。本章是承上启下的章节，一方面将第三章的全部经济业务结果通过本章的财务报表呈现出来，另一方面为后续章节的财务分析奠定了基础。通过本章的学习，能够了解财务报表的定义、种类及编制要求，掌握资产负债表与利润表的格式及编制方法，理解现金流量表的格式及编制方法、财务报表附注的概念、作用与内容。本章的重点和难点是资产负债表和利润表的编制。

本章知识要点如下。

（1）财务报表是企业对外提供的财务状况、经营成果、现金流量等财务信息的结构性表述，是会计要素确认、计量的结果和综合性描述。一套完整的财务报表至少应当包括资产负债表、利润表、现金流量表、所有者权益（或股东权益）变动表以及附注。

（2）财务报表按反映的经济内容不同，可以分为资产负债表、利润表和现金流量表；按编报期间的不同，可以分为中期财务报表和年度财务报表；按编制主体的不同，可以分为个别财务报表和合并财务报表。

（3）财务报表列报的基本要求：①依据各项会计准则确认和计量的结果编制；②以持续经营作为列报基础；③大部分报表依据权责发生制列报；④报表项目的列报要具有一致性；⑤依据重要性原则列报；⑥报表项目金额不得随意抵销；⑦列报所有项目的比较信息；⑧报表表头部位的列报要求；⑨企业至少应当编制年度财务报表，涵盖的会计期间短于一年的，要在附注中对报表实际涵盖期间及短于一年的原因进行披露。

（4）资产负债表是反映企业一定日期财务状况的报表，是企业经营活动的静态体现。资产负债表是根据基本会计恒等式"资产=负债+所有者权益"编制的。资产部分各项目按流动性由强到弱依次列示，负债部分各项目按偿还期长短进行列示，所有者权益各项目按永久性强弱进行列示。

（5）资产负债表"期末余额"栏的填列方法主要包括：①根据总账科目的期末余额填列；②根据明细账科目余额计算填列；③根据总账与明细账科目余额分析计算填列；④根据有关科目余额减去其备抵科目后的净额填列；⑤通过综合分析进行填列。

（6）利润表是反映企业在一定会计期间经营成果的报表，是企业经营活动的动态体现。利润表是根据基本会计恒等式"收入-费用=利润"和收入与费用的配比原则编制的。

（7）利润表有单步式和多步式两种。我国企业的利润表采用多步式格式，利润表中需列报营业利润、利润总额及净利润项目。利润表"本期金额"是本期实际发生的累计数。利润表各项目的填列金额主要是按照发生额直接填列，个别项目需要根据损益类账户发生额计算分析填列。

（8）现金流量表是反映企业在一定会计期间现金及现金等价物流入和流出的会计报表。现金流量表按照收付实现制原则编制，从内容上看分为经营活动、投资活动和筹资活动三个部分。编制现金流量表时，列报经营活动产生的现金流量的方法有两种，一是直接法，二是间接法。

复习思考题

1. 财务报表的定义是什么？有哪些作用？
2. 财务报表有哪些种类？
3. 资产负债表的定义是什么？资产负债表各项目如何排列？资产负债表的编制方法主要有哪些？
4. 利润表的定义和作用是什么？利润表各项目如何填列？
5. 现金流量表的定义是什么？现金流量表的结构是什么？现金流量表的主要编制方法有哪些？
6. 财务报表附注的主要内容包括什么？

练 习 题

1. 长江公司2022年12月31日有关账户余额如表4-13所示。

表4-13 长江公司2022年12月31日有关账户余额　　　　　　单位：万元

账户名称	期末余额	账户名称	期末余额
库存现金	90	短期借款	1 075
银行存款	3 900	应付票据	1 902.5
交易性金融资产	5 110	应付账款	5 374.5
应收票据	3 435	预收账款	
应收账款		——丁公司	1 519.5
——甲公司	3 350	——戊公司	-300
——乙公司	1 795	其他应付款	2 121
——丙公司	-105	应付职工薪酬	220.5
预付账款	625.5	应交税费	411
应收利息	952.5	应付利息	42

续表

账户名称	期末余额	账户名称	期末余额
其他应收款	207	应付股利	12
坏账准备 ——应收账款	-600	长期借款	330
应收股利	1 314	应付债券	3 219.5
在途物资	1 500	实收资本	1 530
原材料	3 000	资本公积	1 500
库存商品	7 500	其他综合收益	159
周转材料	1 200	盈余公积	1 270.5
存货跌价准备	-210	利润分配	21 550
可供出售金融资产	186		
长期股权投资	1 012		
固定资产	4 928		
累计折旧	-30		
固定资产清理	30		
工程物资	0		
在建工程	1 216		
无形资产	478.5		
长期待摊费用	10.5		
商誉	42		

要求：根据上述资料，完成表 4-14 长江公司 2022 年度资产负债表。

表 4-14　长江公司 2022 年资产负债表

会企 01 表

编制单位：　　　　　　　　　　　年　月　日　　　　　　　　　　　单位：万元

资产	期末余额	上年年末余额	负债和所有者权益 （或股东权益）	期末余额	上年年末余额
流动资产：			流动负债：		
货币资金			短期借款		
交易性金融资产			交易性金融负债		
衍生金融资产			衍生金融负债		
应收票据			应付票据		
应收账款			应付账款		
预付款项			预收款项		
其他应收款			合同负债		
存货			应付职工薪酬		

续表

资产	期末余额	上年年末余额	负债和所有者权益（或股东权益）	期末余额	上年年末余额
合同资产			应交税费		
持有待售资产			其他应付款		
一年内到期的非流动资产			持有待售负债		
其他流动资产			一年内到期的非流动负债		
流动资产合计			其他流动负债		
非流动资产：			流动负债合计		
债权投资			非流动负债：		
其他债权投资			长期借款		
长期应收款			应付债券		
长期股权投资			租赁负债		
其他权益工具投资			长期应付款		
投资性房地产			预计负债		
固定资产			递延收益		
在建工程			递延所得税负债		
生产性生物资产			其他非流动负债		
油气资产			非流动负债合计		
使用权资产			负债合计		
无形资产			所有者权益（或股东权益）：		
开发支出			实收资本（或股本）		
商誉			其他权益工具		
长期待摊费用			资本公积		
递延所得税资产			减：库存股		
其他非流动资产			其他综合收益		
非流动资产合计			盈余公积		
			未分配利润		
			所有者权益（或股东权益）合计		
资产总计			负债和所有者权益（或股东权益）总计		

2. 长江公司损益类账户2022年度累计发生额如表4-15所示。其中：财务费用24 000元全部为利息费用；投资收益16 000元为出售交易性金融资产收益，资产处置损益为处置固定资产净损失。

表 4-15　长江公司损益类账户 2022 年度累计发生额　　　　单位：万元

账户名称	借方发生额	贷方发生额
主营业务收入		36 000
其他业务收入		750
资产减值损失	30	
资产处置损益		97.5
投资收益		360
营业外收入		12
主营业务成本	27 700	
税金及附加	240	
其他业务成本	395	
销售费用	4 500	
管理费用	570	
财务费用	493	
营业外支出	7.5	
所得税费用	821	

要求：根据上述资料，完成表 4-16 长江公司 2022 年度利润表。

表 4-16　长江公司 2022 年利润表

会企 02 表

编制单位：长江公司　　　　2022 年 12 月 31 日　　　　单位：元

项目	本期金额	上期金额
一、营业收入		
减：营业成本		
税金及附加		
销售费用		
管理费用		
研发费用		
财务费用		
其中：利息费用		
利息收入		
加：其他收益		
投资收益（损失以"－"号填列）		
公允价值变动净收益（损失以"－"号填列）		
信用减值损失（损失以"－"号填列）		
资产减值损失（损失以"－"号填列）		
资产处置收益（损失以"－"号填列）		

续表

项目	本期金额	上期金额
二、营业利润（亏损以"－"号填列）		
加：营业外收入		
减：营业外支出		
三、利润总额（亏损总额以"－"号填列）		
减：所得税费用		
四、净利润（净亏损以"－"号填列）		

【案例分析】诚信的缺失：A药业公司败局始末

案例导引：本案例主要介绍A药业公司财务造假案的基本情况。通过本案例的介绍与学习，我们进一步强调诚信的重要性，"不宝金玉，而忠信以为宝；不祈土地，立义以为土地"。

A药业公司的大败局

2021年11月，某省中级人民法院对A药业公司原董事长马某等12人操纵证券市场案公开宣判。马某因操纵证券市场罪、违规披露、不披露重要信息罪以及单位行贿罪数罪并罚，被判处有期徒刑12年；A药业公司原副董事长、常务副总经理许某及其他责任人员11人，因参与相关证券犯罪被分别判处有期徒刑并处罚金。在一周前，A药业公司证券特别代表人诉讼也做出了一审判决，A药业公司等相关被告承担投资者损失总金额达24.59亿元。审计机构G会计师事务所未实施基本的审计程序，承担100%的连带赔偿责任，G会计师事务所合伙人和签字会计师杨某在承责范围内承担连带赔偿责任。此案从立案到一审宣判耗时近三年。其他上市公司，更应看这前车之鉴，而思后事之师。

"一代药王"的辉煌

1997年，A药业公司正式创立。1998年，A药业公司成立的第二年就通过了国家《药品生产质量管理规范》认证，并逐步成功研制出了一系列国家级新药，迅速在医药市场站稳了脚跟，每年的营业额都超过了千万。凭借这几款新药，A药业公司用了不到4年的时间成长为医药界新星，并成功在上海证券交易所挂牌上市。2017年，A药业公司实现净利41.01亿元。

"不翼而飞"的近300亿元货币资金

2018年，市场上关于A药业公司财务造假的声音越来越多。2018年的10月16日，A药业公司股价突然盘中跌停，一篇财务分析文章悄然上线，文章名为《A药业公司盘中跌停，疑似财务问题自爆：现金可疑，人参更可疑》。该文章作者发现在A药业公司的财报中，2015年到2017年公司账上分别有158亿元、273亿元和341亿元的货币资金，但却仍然在大量贷款。而且，利息支出比利息收入要多很多。这份报告公开发表后，A药业公司的股票连续跌停。中国证券监督管理委员会（以下简称证监会）紧急成立A药业公司核查小组，展开对A药业公司的财务调查。

2018年12月，一则证监会"立案调查"的公告，让这家拥有千亿"身价"的医药企业遭遇滑铁卢。A药业公司年报姗姗来迟，与此同时A药业公司发布了一则《关于前期会计差错更正的公告》，自此，A药业公司近300亿元资金不翼而飞的严重问题被曝光。该公告称，由于财务数据出现会计差错，造成2017年营业收入多计入88.98亿元，营业成本多计入76亿元，销售费用少计入5亿元……在这份公告里，最令人震惊的是货币资金多计入近300亿元，这也意味着A药业公司2017年财报中竟有近300亿元虚增货币资金。

证监会也对A药业公司不翼而飞的近300亿元进行了详细调查。2019年5月17日，证监会通报调查进展称，A药业公司披露的2016年至2018年财务报告存在重大虚假。一是使用虚假银行单据虚增存款，二是通过伪造业务凭证进行收入造假，三是部分资金转入关联方账户买卖本公司股票。证监会顶格处罚，A药业公司收到行政处罚决定书与市场禁入决定书。"A药业公司有预谋、有组织，长期、系统实施财务欺诈行为，践踏法治，对市场和投资者毫无敬畏之心，严重破坏资本市场健康生态"，这是证监会对A药业公司的定性结论，并发布在官网上。

2020年4月30日，ST药业公司（ST是特殊处理的意思）发布2019年度主要经营业绩报告，披露全年净利润修正为-36.48亿元；2020年6月3日晚间，A药业公司发布业绩预告更正，公司预计2019年度亏损达46亿元。这相比4月30日披露的主要经营业绩报告中的亏损数字多出10亿元。

祸起萧墙，昙花似梦

事实上，A药业公司早就在发展过程中埋下了衰败的伏笔。A药业公司涉及刑事、民事、行政案由共近400条，并多次卷入贪腐案件。除了行贿、造假、关联交易、操纵股价等手段外，为了赚钱，公司董事长马某还选择了降低产品品质。2016年到2017年，A药业公司的菊皇茶、菊花、人参产品分别因违法添加行为、农药残留量项目等不合格，多次被国家药品监督管理局处罚、通报。2018年5月9日，央视还以专题方式曝光了A药业公司亳州药材市场的黑幕。而21世纪经济报道则多年前就曝光过A药业公司在亳州的药材市场是以中药城为名倒腾地产。2018年1月，多家媒体发布消息，称A药业公司在多个非直销区域开展直销活动，涉嫌传销行为。报道一出，A药业公司估值连续10天下跌了400亿元。但A药业公司的股价在马某的操作之下，又在5月登上历史最高点，马某靠的是资本的助力。有统计显示，自从上市后，A药业公司通过定增、配股和发债等方式累计募资达847亿元。受益于资本的马某后来也成为资本市场的大玩家。马某还涉足典当行、信息咨询公司、地产等众多业务，种种手段，让马某的财富迅速积累。

复盘A药业公司的成长过程，可以很明显看出一家民营企业的野蛮生长路径。只是"你可以在所有的时间欺骗一部分人，也可以在一段时间欺骗所有的人，但你不可能在所有的时间欺骗所有的人"。

据说马某非常热爱学习，让中医药造福苍生，实现产业报国，成了"困扰其无数个不眠之夜的课题"。他还想把自己的所思所想，升华成哲学智慧融入企业文化。这样的目标足够高远宏大，但马某却选择了一条错误的方式去实现。这种错误，可以说是一个企业的价值观铸就的。企业的价值观往往决定了企业发展的上限，而几乎所有能经得住时间考验、历久弥坚的企业，都秉持着向善、向上的价值观念。

正如稻盛和夫的经营哲学，企业与人一样，往往对自身的蜕变很难察觉，那些由盛而衰的企业，开始也都认为自己不会重蹈覆辙，但由于缺乏积极的企业价值观念，很难抵御诱惑和挫折，由于缺乏明辨是非的标准，随着环境的改变，自身也就会堕落。这也就不难理解，为什么很多像A药业公司一样，一时得势的企业最终却变成了"流星"。

第五章 财务报表分析基础

【学习目标】①了解财务报表分析的概念和目的;②掌握财务报表分析的基本方法;③掌握财务报表分析的逻辑框架;④重点掌握偿债能力分析、营运能力分析、盈利能力分析、发展能力分析和现金流量分析五个方面的财务报表比率分析方法。

第一节 财务报表分析概述

一、财务报表分析的概念

财务报表分析,又称财务分析,是通过收集、整理企业财务报表中的数据,并结合其他有关补充信息,采用专门方法,系统分析和评价企业财务状况、经营成果和未来发展趋势的过程。

财务报表分析对不同的信息使用者具有不同的意义。

第一,可以判断企业的财务实力。通过对资产负债表和利润表有关资料进行分析,计算相关指标,可以了解企业的资产结构和负债水平是否合理,从而判断企业的偿债能力、营运能力及盈利能力等财务实力,揭示企业在财务状况方面可能存在的问题。

第二,可以评价和考核企业的经营业绩,揭示财务活动存在的问题。通过指标的计算、分析和比较,能够评价和考核企业的盈利能力与资金周转状况,揭示其经营管理的各个方面和各个环节问题,找出差距,得出分析结论。

第三,可以挖掘企业潜力,寻求提高企业经营管理水平和经济效益的途径。企业进行财务报表分析的目的除了发现问题外,更重要的是分析问题和解决问题。通过财务报表分析,可以进一步依据生产经营管理中的成功经验,对存在的问题提出解决策略和措施,达到提高经营管理水平和经济效益的目的。

第四,可以评价企业的发展趋势。通过财务报表分析,可以判断企业的发展趋势,预测生产经营的前景,从而为企业领导层进行生产经营决策、投资者进行投资决策和债权人进行信贷决策提供重要的依据,避免因决策错误给其带来重大的损失。

二、财务报表分析的目的

财务报表分析的目的是将财务报表数据转换成有用的信息,以帮助会计信息使用者改善决策。

财务报表分析信息的需求者主要包括企业所有者、债权人、经营决策者、政府机构及其他利益相关者。不同主体出于不同的利益考虑，对信息有着各自不同的需求。

（1）企业所有者。企业所有者或股东作为投资人，更关心其资本的保值和增值状况，因此较重视企业盈利能力指标，主要进行企业盈利能力分析。

（2）债权人。企业债权人重点关注的是其借款的安全性，因此较重视企业偿债能力指标，主要进行企业偿债能力分析，同时也会关注企业盈利能力分析。

（3）经营决策者。企业经营决策者为改善经营决策，需要进行内容广泛的财务分析，对营运能力、偿债能力、盈利能力及发展能力的全部信息都需详尽掌握。

（4）政府机构。政府机构包括税务部门、国有企业的管理部门、证券管理机构、会计监管机构和社会保障部门等，作为宏观经济管理者，政府机构需要了解企业纳税情况、产业发展状况、市场秩序及职工收入和就业情况等。但同时政府机构可能兼具多重身份，如果作为国有企业的所有者和重要市场参与者，对企业财务报表分析的关注点又会有所转移。

（5）其他利益相关者。除以上信息需求者之外，企业其他的利益相关者对财务分析的关注点因其身份不同也有差异。比如，供应商为决定是否建立长期合作关系，需要分析企业的长期盈利能力和偿债能力；客户则更关注企业的经营风险和破产风险等。

三、财务报表分析的基本方法

财务报表分析的方法非常多样。不同主体，出于不同的目的，使用不同的财务分析方法，主要包括比较分析法、比率分析法及因素分析法。

（一）比较分析法

财务报表的比较分析法是指通过对两个或两个以上的可比数据进行对比，揭示企业财务状况、经营成果中存在的差异与问题。

比较分析的目的是说明财务信息之间的数量关系与数量差异，为进一步的分析指明方向。这种比较可以是将实际与计划相比，可以是将本期与上期相比，也可以是与同行业的其他企业相比。

因此，比较分析法按比较对象分为以下三类。

（1）趋势分析，即与本企业不同时期比较。
（2）横向比较，即与行业平均数或竞争对手比较。
（3）预算差异分析，即实际执行结果与计划指标比较。

比较分析法按比较内容可以分为以下三类。

（1）比较会计要素的总量。总量是指报表项目的总金额，如总资产、净资产、净利润等。总量比较主要用于时间序列分析，如研究利润的逐年变化趋势，观察其增长潜力；有时也用于同业对比，分析企业的相对规模和竞争地位的变化。

（2）比较结构百分比。把资产负债表、利润表、现金流量表转换成结构百分比报表。例如，以收入为100%，计算利润表各项目的比重。结构百分比报表用于发现有显著问题的项目，并指明进一步分析的方向。

（3）比较财务比率。财务比率是各会计要素之间的数量关系，反映它们内在联系的财务比率是相对数，排除了规模的影响，具有较好的可比性，是最重要的分析比较内容。财务比率的计算相对简单，而对它进行说明和解释却比较复杂与困难。

（二）比率分析法

比率分析法是通过计算各种比率指标来确定财务活动变动程度的方法。比率分析在于通过指标的比较，研究各项目的内在联系与规律性。通过对财务比率的分析，重在了解企业的财务状况和经营成果。

根据分析的目的和要求不同，比率分析法主要计算分析的指标有构成比率、效率比率和相关比率三种。

（1）构成比率。构成比率又称结构比率，是某个经济指标的各个组成部分与总体的比率，反映部分与总体的关系。计算公式为

$$构成比率=（某个组成部分数额÷总体数额）×100\%$$

比如，企业资产中流动资产、固定资产和无形资产占资产总额的百分比（资产构成比率），企业负债中流动负债和非流动负债占负债总额的百分比（负债构成比率）等。利用构成比率，可以考察总体中某个部分的形成和安排是否合理，以便协调各项财务活动。

（2）效率比率。效率比率是某项财务活动中所得与所费的比率，反映产出与投入的关系。计算公式为

$$效率比率=（所得÷所费）×100\%$$

利用效率比率指标，可以进行得失比较，考察经营成果，评价经济效益。例如，成本利润率、销售利润率、资本利润率等利润指标，可以从不同角度观察比较企业获利能力的高低及其增减变化情况。

（3）相关比率。相关比率是以某个项目和与其有关但又不同的项目加以对比所得的比率，反映有关经济活动的相互关系。计算公式为

$$相关比率=（某一指标÷另一相关指标）×100\%$$

利用相关比率指标，可以考察企业相互关联的业务安排得是否合理，以保障经营活动顺畅进行。例如，将流动资产与流动负债进行对比，计算出流动比率，可以判断企业的短期偿债能力；将负债总额与资产总额进行对比，可以判断企业的长期偿债能力。

（三）因素分析法

因素分析法也称因素替代法，是指对某项综合指标的变动原因按其内在的因素，计算并确定各个因素对这一综合指标发生变化的影响程度。因素分析法有连环替代法和差额分析法两种。

1. 连环替代法

连环替代法可以用来测定各因素对分析指标的影响程度。在进行分析时，先假设众多因素中的一个因素发生了变化，其他因素则不变，然后逐个替换，分析比较其计算结果，以确定各个因素的变化对成本的影响程度。

连环替代法的应用步骤如下。

（1）确定分析对象，即确定需要分析的财务指标，比较其实际值和基准值，并计算两者的差额。

（2）确定该财务指标的驱动因素，即根据该财务指标的形成过程，建立财务指标与各驱动因素之间的函数关系模型。例如，$F=a\times b\times c$，基准值 $F_0=a_0\times b_0\times c_0$，实际值 $F_1=a_1\times b_1\times c_1$，实际值与基准值的差异为 F_1-F_0。

（3）确定驱动因素的替代顺序。

（4）按顺序计算各驱动因素脱离标准的差异对财务指标的影响。具体如图 5-1 所示。

① 函数关系：$F_0=a_0\times b_0\times c_0$

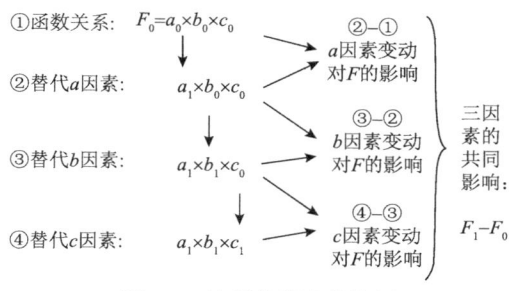

② 替代 a 因素：$a_1\times b_0\times c_0$　　②－①　a 因素变动对 F 的影响

③ 替代 b 因素：$a_1\times b_1\times c_0$　　③－②　b 因素变动对 F 的影响

④ 替代 c 因素：$a_1\times b_1\times c_1$　　④－③　c 因素变动对 F 的影响

三因素的共同影响：F_1-F_0

图 5-1　连环替代法的使用

【例 5-1】2021 年 12 月，长江公司生产甲产品计划及实际耗用 A 材料的情况如表 5-1 所示。

表 5-1　长江公司生产甲产品计划及实际耗用 A 材料的情况

项目	计划值（基准值）	实际值	差额
产品产量/件	100	90	−10
单位产品材料消耗量/（千克/件）	8	10	2
材料单位成本/（元/千克）	7	6	−1
材料成本总额/元	5600	5400	−200

根据表 5-1 中的资料，分析对象是消耗 A 材料成本，实际成本与计划成本的差额为 −200 元，该指标是由产品产量、单位产品材料消耗量和材料单位成本三个因素组成的。以计划数 5600（100×8×7）元为分析替代基础。

$$\text{基准值：}5600=100\times8\times7 \qquad ①$$

$$\text{第一次替代产品产量：}90\times8\times7=5040\text{（元）} \qquad ②$$

$$\text{第二次替代单位产品材料消耗量：}90\times10\times7=6300\text{（元）} \qquad ③$$

第三次替代材料单位成本：90×10×6=5400（元） ④

产品产量变动对材料成本总额的影响=（2）−（1）=−560（元）

单位产品材料消耗量变动对材料成本总额的影响=（3）−（2）=1260（元）

材料单位成本变动对材料成本总额的影响=（4）−（3）=−900（元）

各因素的影响程度之和 = −560+1260−900= −200（元），与实际材料成本总额和计划材料成本总额的总差额相等。

2. 差额分析法

差额分析法是连环替代法的一种简化形式，是利用各个因素的实际值和基准值之间的差额，来计算各因素对分析指标的影响。

比如，a 因素的影响为 $(a_1-a_0) \times b_0 \times c_0$，$b$ 因素的影响为 $a_1 \times (b_1-b_0) \times c_0$，$c$ 因素的影响为 $a_1 \times b_1 \times (c_1-c_0)$。

【例 5-2】沿用表 5-1 中的资料，采用差额分析法对长江公司影响材料成本总额的各有关因素进行分析。

产品产量变动对材料成本总额的影响=（90−100）×8×7= −560（元）

单位产品材料消耗量变动对材料成本总额的影响=90×（10−8）×7=1260（元）

材料单位成本变动对材料成本总额的影响=90×10×（6−7）= −900（元）

差额分析法一般只适用于综合指标等于各因素之间连乘或连除的情况，当综合指标是通过因素间"加"或"减"形成时，不能使用。

第二节　财务报表分析逻辑框架

财务报表分析通过对报表数据的各种变换计算，从各个方面、各个角度分析企业经营成果并预测未来。然而企业并不是孤立存在的，会受经营环境、企业战略、会计环境和会计策略等多种因素的影响。同时，传统财务报表分析本身具有一些局限性，要想克服这些局限性，不仅要对财务报表数据进行分析，还要对报表附注、报表外的信息进行分析，加强对企业行业背景、经营战略、竞争策略等的分析。哈佛财务分析框架在一定程度上有效地弥补了传统财务报表分析的局限性，主要包括企业战略分析、会计分析、财务分析及前景分析四个维度。

一、战略分析

战略分析是通过宏观分析、行业分析和竞争策略分析来判断企业未来的预期业绩。企业战略从整体上决定企业未来发展方向，并为实现企业目标服务，所以战略分析是企业财务分析的出发点。战略分析作为非财务信息是对传统财务分析的补充，可以为外部利益相关者提供关于企业目标、发展趋势、市场格局、主要利润动因和经营风险等信息，也可以帮助定性评估公司的盈利潜力。战略分析在一定程度上反映企业管理现状，可以作为评价企业管理水平的依据，进而为财务分析奠定基础。

做好战略分析，需要对所分析的企业进行定性了解。这是因为不同的行业，其盈利水平和发展前景不一样，同一行业不同的企业所采取的竞争战略也可能存在差别。如果不了解企业的行业性质和竞争战略，那么财务报表数据以及根据其财务报表计算的指标就会失去经济意义。战略分析是会计分析和财务分析的基础与导向，只有先通过企业的战略分析，财务报表使用者才能深入了解企业的经济状况和经济环境，并进行客观、正确的会计分析与财务分析。

二、会计分析

会计分析是通过评估企业的会计政策和会计估计的合理性来评价企业的会计质量。会计分析的目的在于评价会计信息反映其经济业务的程度。

财务报表分析结果的可靠性在很大程度上取决于企业披露的会计信息的真实性及可靠性，但是由于企业管理当局的种种动机，可能存在利用会计政策和会计估计的灵活性操纵利润或者进行财务舞弊的现象，从而导致财务报表的数据存在失真等问题。所以在使用报表数据前，要先评价财务报表反映企业财务状况与经营成果的真实程度，否则会造成误导，给财务报表使用者带来损失。

会计分析应将重心放在分析企业运用会计及财务管理原则的恰当性和企业对会计处理的灵活程度上。比如，可以通过借助财务报告中注册会计师出具的审计报告，对企业财务报表的会计质量做出总体评价；可以通过关注企业财务报表附注来有效判断会计政策与会计估计运用的恰当性；也可以通过对行业、竞争对手、宏观经济环境进行剖析来判定企业财务数据的真实性。根据分析结果重新调整财务报表中的相关数据以消除异常数据。这样，会计分析可以为下一步的财务分析奠定可靠的数据基础。

三、财务分析

财务分析包括比率分析和现金流量分析等。财务分析的目标是采用专门的会计方法在分析企业经营数据的基础上评价企业当前和过去的业绩。

在对会计数据进行合理调整之后，就可以针对会计报表进行财务分析了。哈佛财务分析框架下的财务分析并不是单纯分析企业财务数据，而是要结合企业所处的行业环境及企业发展战略。在进行财务分析时应重点关注财务指标或财务数据在某一时点的异常变化，分析产生变化的原因。分析财务数据异常变化可以在会计分析的基础上进行，会计分析所提供的关于会计数据真实性的有效证据可以作为财务异常分析的基础。

企业财务活动的效率是财务分析的核心，是对企业未来盈利和发展前景进行合理预测与评估的依据。财务报表不仅直接反映了经营活动、投资活动和筹资活动等财务活动的结果，而且间接揭示了经营活动、投资活动和筹资活动等财务活动的效率，包括盈利能力、偿债能力、营运能力和发展能力等，这些内容是对企业管理质量进行透视与评价的基础。需要注意的是，财务分析的目的不仅在于评价过去和反映现状，更重要的是通过对过去和现状的分析与评价，预测企业的未来发展趋势。财务分析是进行前景分析的依据。

四、前景分析

前景分析是对企业未来的状况做出预测，并为企业经营决策提供支持。通过综合分析、业绩评价、财务预测和价值评估等方法对企业的未来财务状况、经营成果和现金流量做出预测，对企业的发展前景和投资价值做出判断，前景分析是财务报表分析的终点。

前景分析不同于财务分析中的企业发展能力分析。企业未来的发展前景是企业战略定位、产业环境及企业财务能力综合的结果，而不仅是从财务指标增长率角度来评价。另外，分析企业发展前景时应注重企业能否发挥自身技术优势以及企业与竞争对手的竞争能力。具备较强竞争能力的企业即使短期业绩达不到预期，从长期来看依然具有较好的投资前景。

哈佛财务分析框架下的企业财务报表分析全面考虑了关乎企业发展的各个方面。从时间角度来说，包括企业的过去、现在和将来；从分析的广度来说，包括对企业战略、会计、财务、前景的分析；从分析的深度来说，它不仅是对报表数字的分析，而且是结合战略、环境的深入、合理的分析。战略分析、会计分析、财务分析和前景分析这四个步骤依次递进，相互支持，共同构成了财务报表分析的逻辑框架，如图5-2所示。

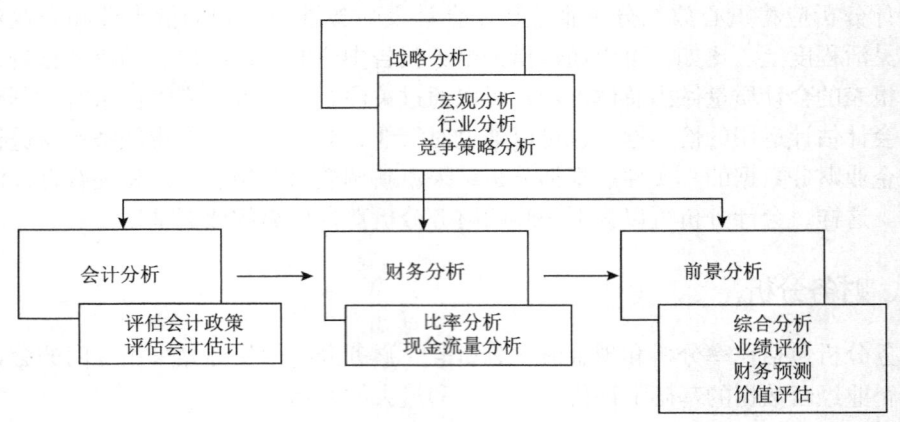

图 5-2　财务报表分析的逻辑框架

第三节　财务报表比率分析

财务比率是通过财务报表数据的相对应关系来揭示企业经营管理各方面问题的指标。基本的财务报表分析内容包括偿债能力分析、营运能力分析、盈利能力分析、发展能力分析和现金流量分析五个方面。比率分析法的概念已经在本章第一节介绍，为更好地说明财务比率的计算和分析方法，本节将以第四章课后练习题中的长江公司财务报表数据为例，该公司的资产负债表、利润表如表5-2、表5-3所示。

表 5-2 资产负债表

编制单位：长江公司　　　　　　　　　2022 年 12 月 31 日　　　　　　　　　会企 01 表　单位：万元

资产	期末余额	上年年末余额	负债和所有者权益（或股东权益）	期末余额	上年年末余额
流动资产：			流动负债：		
货币资金	3 990	4 935	短期借款	1 075	300
交易性金融资产	5 110	6 000	交易性金融负债		
衍生金融资产			衍生金融负债		
应收票据	3 435	3 910	应付票据	1 902.5	1 476
应收账款	4 845	4 515	应付账款	5 374.5	4 792.5
预付款项	625.5	699	预收款项	1 624.5	1 603.5
其他应收款	2 473.5	2 133.5	合同负债		
存货	12 990	10 365	应付职工薪酬	220.5	207
合同资产			应交税费	411	487.5
持有待售资产			其他应付款	2 175	1 224
一年内到期的非流动资产			持有待售负债		
其他流动资产		510	一年内到期的非流动负债		15
流动资产合计	33 469	33 067.5	其他流动负债		
非流动资产：			流动负债合计	12 783	10 105.5
债权投资			非流动负债：		
其他债权投资			长期借款	330	212
长期应收款			应付债券	3 219.5	2 692.5
长期股权投资	1 012		租赁负债		
其他权益工具投资	186	86	长期应付款		100
投资性房地产	1 000		预计负债		
固定资产	4 928	3 392	递延收益		
在建工程	1 216	55.5	递延所得税负债		
生产性生物资产			其他非流动负债		
油气资产			非流动负债合计	3 549.5	3 004.5
使用权资产			负债合计	16 332.5	13 110
无形资产	478.5	190.5	所有者权益（或股东权益）：		
开发支出			实收资本（或股本）	1 530	1 561.5
商誉	42	19.5	其他权益工具		
长期待摊费用	10.5	5	资本公积	1 500	1 867.5
递延所得税资产			减：库存股		
其他非流动资产			其他综合收益	159	178.5
非流动资产合计	8 873	3 748.5	盈余公积	1 270.5	1 273.5
			未分配利润	21 550	18 825
			所有者权益（或股东权益）合计	26 009.5	23 706
资产总计	42 342	36 816	负债和所有者权益（或股东权益）总计	42 342	36 816

表 5-3　利润表

编制单位：长江公司　　　　2022 年 12 月 31 日　　　　　　　　　　　　会企 02 表
单位：万元

项目	本期金额	上期金额
一、营业收入	36 750	33 615
减：营业成本	28 095	26 565
税金及附加	240	229.5
销售费用	4 500	4260
管理费用	570	576
研发费用	0	0
财务费用	493	103.5
其中：利息费用	493	105
利息收入	0	1.5
加：其他收益	0	0
投资收益（损失以"－"号填列）	360	289.5
公允价值变动净收益（损失以"－"号填列）	0	0
信用减值损失	0	0
资产减值损失	30	0
资产处置收益（损失以"－"号填列）	97.5	90
二、营业利润（亏损以"－"号填列）	3 279.5	2 260.5
加：营业外收入	12	9
减：营业外支出	7.5	1.5
三、利润总额（亏损总额以"－"号填列）	3 284	2 268
减：所得税费用	821	567
四、净利润（净亏损以"－"号填列）	2 463	1 701
五、其他综合收益的税后净额		
六、综合收益总额		
七、每股收益		

一、偿债能力分析

偿债能力是指企业对各种到期债务偿还的能力。偿债能力分析包括短期偿债能力分析和长期偿债能力分析。

（一）短期偿债能力分析

短期偿债能力是指企业偿还流动负债的能力。企业的短期偿债能力取决于短期内企业变现的能力。评价短期偿债能力的指标包括绝对数指标和相对数指标，绝对数指标主要指营运资本，相对数指标包括流动比率、速动比率和现金比率。

1. 营运资本

营运资本是指流动资产超过流动负债的部分。计算公式如下：

$$营运资本=流动资产-流动负债$$

流动资产大于流动负债时，营运资本为正，说明企业的财务状况稳定，企业偿还债务的能力较强；反之，当营运资本为负时，企业不能偿债的风险较大（图5-3）。

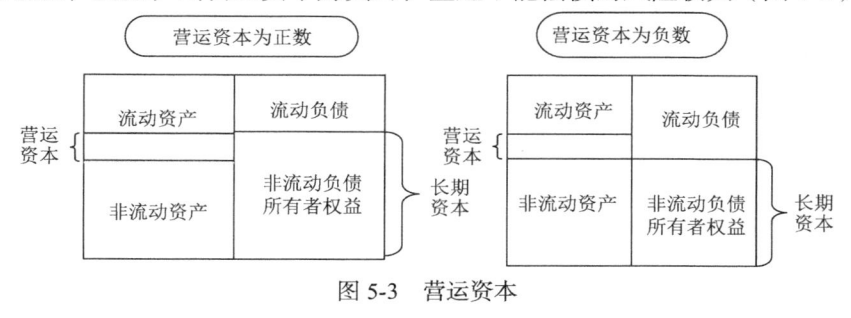

图 5-3　营运资本

【例5-3】长江公司2022年营运资本为

$$33\,469-12\,783=20\,686（万元）$$

长江公司的营运资本为20 686万元，说明企业不能偿债的风险较小。需要注意的是，该指标为绝对数指标，不便于不同企业之间的比较。

2. 流动比率

流动比率是企业流动资产与流动负债的比值。计算公式如下：

$$流动比率=流动资产÷流动负债$$

流动比率表示的是每1元流动负债有多少流动资产作为保障。流动比率越高，表明企业的短期偿债能力越强，债权人的权益越有保障。一般认为，流动比率在2左右比较合适。这是因为流动资产中存货的变现能力较差，金额约占流动资产总额的一半，那么其余流动性较大的流动资产至少要等于流动负债，才能使企业的短期偿债能力有所保证。需要注意的是，流动比率只是对短期偿债能力的大体估计。比如，流动比率高，并不等于企业已有足够的资金用来偿债，也可能是持有不能盈利的闲置流动资产，还需进一步分析流动资产的构成项目及其他经营因素。另外，计算出来的流动比率，要和同行业平均流动比率、本企业历史流动比率进行比较，才能知道这个比率的高低。

【例5-4】长江公司2022年流动比率为

$$33\,469÷12\,783=2.62$$

长江公司的流动比率大于2，说明该企业具有较强的短期偿债能力。

3. 速动比率

速动比率是企业速动资产与企业流动负债的比值，计算公式如下：

$$速动比率=速动资产\div 流动负债$$

速动比率表明每1元流动负债有多少速动资产作为偿债保障。速动资产是指可以在较短时间内变现的资产，主要包括货币资金、交易性金融资产和各种应收款项。其他的流动资产属于非速动资产。由于剔除了存货、预付账款等变现能力较弱且不稳定的资产，速动比率比流动比率能够更可靠地评价企业偿还短期债务的能力。通常认为，速动比率等于1较为适当，速动比率越大，其偿债能力越强。但速动比率过高，会因占用现金及应收账款过多而增加企业的机会成本。另外，应收账款的变现能力是影响速动比率可信性的重要因素。

【例5-5】长江公司2022年速动比率为

$$（3990+5110+3435+4845+2473.5）\div 12\,783=1.55$$

有时为了简化计算，会以流动资产扣除存货后的余额作为速动资产，则速动比率为

$$（33\,469-12\,990）\div 12\,783=1.60$$

长江公司速动比率比一般公认标准高，说明该企业短期偿债能力较强，但仍然要考虑速动资产内部构成的情况是否会影响变现速度。

4. 现金比率

现金比率是现金及现金等价物的期末余额与流动负债之比。计算公式如下：

$$现金比率=（货币资金+交易性金融资产）\div 流动负债$$

现金比率剔除了应收账款对偿债能力的影响，表明每1元流动负债有多少现金资产作为偿债保障，最能反映企业直接偿付流动负债的能力。经研究证明，0.2的现金比率就可以接受。而这一比率过高，就意味着企业流动负债未能得到合理的运用，过多资源占用在盈利能力较低的现金资产上，使企业机会成本增加，从而影响企业盈利能力。

【例5-6】长江公司2022年现金比率为

$$（3990+5110）\div 12\,783=0.71$$

长江公司现金比率较高，说明企业短期偿债能力较强，但还需考虑是否存在资源配置的不合理问题。

通过以上计算可以看出，一般情况下：流动比率＞速动比率＞现金比率。另外，除以上指标反映的内容外，还有很多其他因素会影响企业的短期偿债能力。比如，企业可以很快变现的非流动资产，在企业发生周转困难时，将其出售并不影响企业的持续经营；企业偿债能力的良好声誉，会使企业更易于筹资，这些都属于可以增强企业短期偿债能

力的表外因素。

（二）长期偿债能力分析

长期偿债能力是指企业在较长的期间内偿还债务的能力。企业在长期内，不仅需要偿还流动负债，还需偿还非流动负债，因此，长期偿债能力衡量的是企业所有负债的清偿能力。其财务指标主要有资产负债率、产权比率、权益乘数和利息保障倍数。

1. 资产负债率

资产负债率是企业负债总额与资产总额之比。计算公式如下：

$$资产负债率=负债总额÷资产总额×100\%$$

资产负债率表明企业总资产中，债权人提供资金所占的比率，以及企业资产对债权人权益的保障程度。当资产负债率高于 50% 时，表明企业资产来源主要依靠的是负债，财务风险较大。当资产负债率低于 50% 时，表明企业资产的主要来源是所有者权益，财务比较稳健。

【例 5-7】长江公司 2022 年资产负债率为

$$16\,332.5÷42\,342×100\%=38.57\%$$

这一比率越低，表明企业资产对负债的保障能力越高，企业长期偿债能力越强。实务中，资产负债率指标运用较多，但需要注意的是，各利益主体不同，看待该指标的立场不尽相同。

2. 产权比率

产权比率是负债总额与所有者权益总额之比。计算公式如下：

$$产权比率=负债总额÷所有者权益总额×100\%$$

产权比率用来表明由债权人提供的和由投资者提供的资金之间的关系。一般来说，产权比率越高，说明企业偿还长期债务的能力越弱；产权比率越低，说明企业偿还长期债务的能力越强。

【例 5-8】长江公司 2022 年产权比率为

$$16\,332.5÷26\,009.5×100\%=62.79\%$$

产权比率与资产负债率对评价偿债能力的作用基本一致，区别在于产权比率更侧重于揭示财务结构的稳健程度及自有资金对偿债风险的承受能力。

3. 权益乘数

权益乘数是资产总额与所有者权益总额的比值。计算公式如下：

$$权益乘数=资产总额÷所有者权益总额$$

权益乘数是资产负债率的另外一种表现形式，表明股东每投入 1 元钱可实际拥有和控制的金额，即资产总额相当于所有者权益总额的倍数。企业存在负债时，权益乘数大于1，企业负债比例越高，权益乘数越大。

【例5-9】长江公司2022年权益乘数为

$$42\ 342 \div 26\ 009.5 = 1.63$$

4. 利息保障倍数

利息保障倍数是企业息税前利润与利息支出之比。计算公式如下：

$$利息保障倍数 = 息税前利润 \div 利息支出$$

其中，息税前利润=净利润+利息费用+所得税费用。

利息保障倍数用以衡量企业偿付借款利息的能力，同时也反映了债权人投资的风险程度。公式中的分子"息税前利润"是指利润表中扣除利息费用和所得税前的利润。公式中分母"利息支出"是指本期发生的全部利息支出，不仅包括财务费用中的利息费用，还包括资本化的利息。一般情况下，利息保障倍数越高，表明企业的长期偿债能力越强，国际公认标准为3。从长期看，若要维持正常的偿债能力，利息保障倍数至少应当大于1，如果利息保障倍数较小，企业可能面临亏损及偿债的安全性与稳定性下降的风险。

【例5-10】若2022年长江公司资本化利息为0，则利息保障倍数为

$$（2463+493+821）\div 493 = 7.66$$

长江公司的利息保障倍数较高，利润足够支付7期的利息，偿债能力强，但还需要与本行业平均水平进行比较来分析评价。

二、营运能力分析

营运能力是以企业各项资产的周转速度来衡量企业资产利用的效率。周转速度越快，表明企业的各项资产进入生产、销售等经营环节的速度越快，那么其形成收入和利润的周期就越短，经营效率就越高。其财务指标主要有应收账款周转率、存货周转率、流动资产周转率、固定资产周转率、总资产周转率等。

（一）应收账款周转率

应收账款周转率是反映应收账款周转速度的指标，有应收账款周转次数（率）和应收账款周转天数两种表示方法。

1. 应收账款周转次数（率）

应收账款周转率反映年度内应收账款平均变现的次数。计算公式如下：

$$应收账款周转次数（率）= 营业收入 \div 应收账款平均余额$$

其中，

$$应收账款平均余额 = （期初应收账款 + 期末应收账款）\div 2$$

在应用应收账款周转率进行业绩评价时，可以使用年初年末的平均数，或者使用多个时点的平均数，以减少季节性、偶然性或人为因素的影响。

应收账款周转率是评价应收账款流动性大小的一个重要财务指标，可以用来分析应收账款的变现速度和管理效率。公式中的营业收入是指扣除了销售退回、销售折扣及折让后的余额。应收账款包括会计报表中的应收账款和应收票据等全部赊销账款在内，且未扣除坏账准备。应收账款周转率越高，说明应收账款的周转速度越快，流动性越强。

【例5-11】若长江公司计提坏账准备金额很小，则2022年应收账款周转率为

$$36\,750 \div [(4515+3910+4845+3435) \div 2] = 4.40$$

2. 应收账款周转天数

应收账款周转天数反映年度内应收账款平均变现一次所需要的天数。计算公式如下：

$$应收账款周转天数 = 计算期天数 \div 应收账款周转次数（率）$$

周转天数是周转次数的一个逆指标，反映应收账款每周转一次所需要的时间。周转天数越少，表明周转速度越快，资产的营运能力越强。但应收账款周转天数并不是越短越好。

【例5-12】长江公司2022年应收账款周转天数为

$$365 \div 4.40 = 82.95（天）$$

（二）存货周转率

存货周转率是反映存货周转速度的指标，同样有存货周转次数（率）和存货周转天数两种表示方法。

存货周转次数（率）是一定时期之内企业营业成本与存货平均余额的比率。它是一个反映企业销售能力和流动资产流动性的指标，也是衡量企业生产经营各环节中存货运营效率的一个综合性指标。存货周转天数是指存货周转一次（存货取得至存货销售）所需要的时间。计算公式如下：

$$存货周转次数（率）= 营业成本 \div 存货平均余额$$

其中，

$$存货平均余额 = （期初存货 + 期末存货） \div 2$$

$$存货周转天数 = 计算期天数 \div 存货周转次数（率）$$

存货周转速度的快慢，不仅反映出企业采购、储存、生产、销售各环节管理工作状况的好坏，还对企业的偿债能力及获利能力产生决定性的影响。一般来讲，存货周转次数（率）越高越好，但并不绝对。存货周转率越高，表明其变现的速度越快，周转额越大，资金占用水平越低。还应同时注意应付账款、存货和应收账款之间的关系，并关注构成存货的产成品、半成品、在产品、原材料和低值易耗品之间的比例关系。

【例5-13】长江公司2022年存货周转率为

$$28\,095 \div [(12\,990+10\,365) \div 2] = 2.41$$

长江公司的存货周转率较低，但由于存货周转率与企业经营特点密切相关，应注意行业的可比性。比如，房地产企业的平均存货周转率一般在1至2之间。另外，该指标反映的是存货整体的周转情况，不能说明企业经营各个环节的存货管理水平。

（三）流动资产周转率

流动资产周转率是一个反映企业流动资产周转速度的指标。

流动资产周转率是一定时期营业收入与企业流动资产平均占用额之间的比率。计算公式如下：

$$流动资产周转率 = 营业收入 \div 流动资产平均占用额$$

其中，

$$流动资产平均占用额 = （期初流动资产+期末流动资产）\div 2$$

$$流动资产周转天数 = 计算期天数 \div 流动资产周转率$$

在一定时期内，流动资产周转次数越多，表明以相同的流动资产完成的周转额越多，流动资产利用效果越好。流动资产周转天数越少，表明流动资产在经历生产销售各阶段时所占用的时间越短，可相对节约流动资产，增强盈利能力。

【例5-14】长江公司2022年流动资产周转率为

$$36\,750 \div [(33\,469+33\,067.5) \div 2] = 1.10$$

（四）固定资产周转率

固定资产周转率是企业一定时期营业收入与平均固定资产的比率，是衡量固定资产利用效率的一项指标。计算公式如下：

$$固定资产周转率 = 营业收入 \div 平均固定资产$$

其中，平均固定资产 =（期初固定资产+期末固定资产）÷2。

固定资产周转率高，说明企业的固定资产投资得当，结构合理，利用效率高；反之，则表明固定资产的利用效率不高，企业的营运能力不够强。运用固定资产周转率分析时，需要注意剔除因计提折旧而产生的不可比因素。

【例5-15】长江公司2022年固定资产周转率为

$$36\,750 \div [(4928+3392) \div 2] = 8.83$$

（五）总资产周转率

总资产周转率是企业营业收入与企业平均资产总额的比率，可以用来反映企业全部资产的利用效率。计算公式如下：

$$总资产周转率=营业收入÷平均资产总额$$

其中，平均资产总额=（期初总资产+期末总资产）÷2。

如果资金占用的波动性较大，则应按照更详细的资料计算平均资产总额，如按照各月份的资金占用额计算。

总资产周转率越高，表明企业全部资产的使用效率越高；反之，则说明企业利用全部资产进行经营的效率较差，最终会影响企业的获利能力。另外，由于总资产由各项资产组成，在销售收入既定的情况下，总资产周转率的驱动因素是各项资产。因此，对总资产周转情况的分析应结合各项资产的周转情况，以发现影响企业资金周转的主要因素。

【例5-16】 长江公司2022年总资产周转率为

$$36\ 750÷[（42\ 342+36\ 816）÷2] = 0.93$$

假设与同行业总资产周转率相比，长江公司指标值偏低，可以采取扩大销售额、处理闲置资产等方法提高资产的使用效率。

三、盈利能力分析

盈利能力是指企业资金增值的能力，通常体现为企业收益数额的大小与水平的高低。盈利是企业的重要经营目标，它不仅关系到企业所有者的投资报酬，也是企业偿还债务的一个重要保障。因此，企业的所有者、债权人以及管理者都十分关心企业的盈利能力。评价企业盈利能力的指标主要有营业毛利率、营业净利率、总资产净利率和净资产收益率。

（一）营业毛利率

营业毛利率是营业毛利与营业收入之比，计算公式如下：

$$营业毛利率=营业毛利÷营业收入×100\%$$

其中，营业毛利=营业收入－营业成本。

营业毛利率反映每1元销售收入扣除销售成本后，还有多少剩余可用于各期费用和形成利润。营业毛利率越高，表明产品的盈利能力越强。将营业毛利率与行业水平进行比较，可以反映企业产品的市场竞争地位。比如，如果企业营业毛利率高于行业水平则意味着实现一定的收入占用了更少的成本，表明它在资源、技术或劳动生产率方面具有竞争优势。此外，将不同行业的营业毛利率进行横向比较，也可以说明行业间盈利能力的差异。

【例5-17】 长江公司2022年营业毛利率为

$$（36\ 750–28\ 095）÷36\ 750×100\% = 23.55\%$$

（二）营业净利率

营业净利率是净利润与营业收入之比，计算公式如下：

$$营业净利率 = 净利润 \div 营业收入 \times 100\%$$

营业净利率反映每1元销售收入最终赚取了多少利润，用于反映产品最终的盈利能力。在利润表上，营业收入是第一行数字，净利润是最后一行数字，从营业收入到净利润需要扣除营业成本、期间费用、税金等项目。因此，将营业净利率按利润的扣除项目进行分解可以识别影响营业净利率的主要因素。该比率越大，企业的盈利能力越强。

【例5-18】 长江公司2022年营业净利率为

$$2463 \div 36\,750 \times 100\% = 6.7\%$$

（三）总资产净利率

总资产净利率是指净利润与平均总资产之比，计算公式如下：

$$总资产净利率 = 净利润 \div 平均总资产 \times 100\%$$

其中，平均总资产=（期初资产总额+期末资产总额）÷2。

总资产净利率主要用来衡量企业利用资产获取净利润的能力，它反映了企业资产的利用效率。该指标越高，表明企业的获利能力越强，资产的利用效率越高，说明企业在节约资金、增加收入等方面取得了良好的效果，否则相反。

【例5-19】 长江公司2022年总资产净利率为

$$2463 \div [(42\,342 + 36\,816) \div 2] \times 100\% = 6.22\%$$

（四）净资产收益率

净资产收益率是净利润与平均所有者权益之比，计算公式如下：

$$净资产收益率 = 净利润 \div 平均所有者权益 \times 100\%$$

其中，平均所有者权益=（期初所有者权益总额+期末所有者权益总额）÷2。

净资产收益率的分母是股东的投入，分子是股东的所得。对于股权投资者来说，该指标具有非常好的综合性，概括了企业的全部经营业绩和财务业绩。该指标是企业盈利能力指标的核心，更是投资者关注的重点。一般来说，净资产收益率越高，股东和债权人的利益保障程度越高。如果企业的净资产收益率在一段时期内持续增长，说明资本盈利能力稳定上升。但净资产收益率不是一个越高越好的概念，分析时要注意企业的财务风险。

【例5-20】 长江公司2022年净资产收益率为

$$2463 \div [(23\,706 + 26\,009.5) \div 2] \times 100\% = 9.91\%$$

四、发展能力分析

发展能力是企业在生存的基础上,扩大生产规模、壮大自身实力的潜力。在考察企业发展潜力时,可以通过企业近几年营业收入、营业利润、净利润等指标的增长幅度来预测其未来的增长前景,通常主要考察以下指标:营业收入增长率、总资产增长率、营业利润增长率、资本保值增值率、所有者权益增长率。

(一)营业收入增长率

营业收入增长率是指企业本年营业收入增长额同上年营业收入的比率。计算公式如下:

$$营业收入增长率=本年营业收入增长额÷上年营业收入×100\%$$

其中,本年营业收入增长额=本年营业收入-上年营业收入。

营业收入增长率是衡量企业经营状况和市场占有能力、预测企业经营业务拓展趋势的重要指标。一般来说,营业收入增长率大于 0,表明企业本年营业收入有所增长,此指标越高,表明企业营业收入的增长速度越快,企业市场前景越好。在实际分析时应考虑企业历年的销售水平、市场占有情况、行业未来发展及其他影响企业发展的潜在因素,或结合企业前三年的营业收入增长率进行趋势性分析判断。

【例 5-21】 长江公司 2022 年营业收入增长率为

$$(36\,750-33\,615)÷33\,615×100\%=9.33\%$$

(二)总资产增长率

总资产增长率是企业本年资产增长额同年初资产总额的比率,计算公式如下:

$$总资产增长率=本年资产增长额÷年初资产总额×100\%$$

其中,本年资产增长额=年末资产总额-年初资产总额。

总资产增长率反映企业本年度资产规模的增长情况,从企业资产规模扩张方面来衡量企业发展能力。一般来说,总资产增长率越高,说明企业规模增长的速度越快,企业的竞争力越强。但在分析企业资产数量增长的同时,也要注意分析企业资产规模扩张质和量的关系,以及企业的后续发展能力,避免盲目扩张。

【例 5-22】 长江公司 2022 年总资产增长率为

$$(42\,342-36\,816)÷36\,816×100\%=15.01\%$$

(三)营业利润增长率

营业利润增长率是企业本年营业利润增长额与上年营业利润总额的比率。计算公式如下:

$$营业利润增长率=本年营业利润增长额÷上年营业利润总额×100\%$$

其中，本年营业利润增长额=本年营业利润–上年营业利润。

营业利润增长率反映企业营业利润的增减变动情况，该比率越高，说明企业的成长性越好，发展能力越强。

【例5-23】长江公司2022年营业利润增长率为

$$（3279.5-2260.5）÷2260.5×100\%=45.08\%$$

（四）资本保值增值率

资本保值增值率是扣除客观因素影响后的所有者权益年末总额与年初总额之比。计算公式如下：

$$资本保值增值率=年末所有者权益总额÷年初所有者权益总额×100\%$$

资本保值增值率反映当年资本在企业自身努力下的实际增减变动情况。如果企业盈利能力提高，利润增加，则会使年末所有者权益大于年初所有者权益，所以该指标也是衡量企业盈利能力的重要指标。另外，该指标的高低，除了受企业经营成果的影响外，还受企业利润分配政策和投入资本的影响。

【例5-24】长江公司2022年资本保值增值率为

$$26\,009.5÷23\,706×100\%=109.72\%$$

（五）所有者权益增长率

所有者权益增长率，是本年所有者权益增长额与年初所有者权益的比率。计算公式如下：

$$所有者权益增长率=本年所有者权益增长额÷年初所有者权益×100\%$$

其中，本年所有者权益增长额=年末所有者权益–年初所有者权益。

所有者权益增长率反映企业当年资本的积累能力。一般来说，此比率越高，表明企业的资本积累越多，且应对风险、持续发展的能力越强。

【例5-25】长江公司2022年所有者权益增长率为

$$（26\,009.5-23\,706）÷23\,706×100\%=9.72\%$$

五、现金流量分析

企业的运转离不开资金流动。现金流量比率分析，是财务人员根据企业经营性现金净流量与其债务、资产、股本、销售净额、净利润等的比值，分析判断企业资产的流动性和财务状况，为管理者及报表使用者提供决策和参考信息。现金流量分析不仅依靠现金流量表，还需要结合资产负债表与利润表分析。

（一）获取现金能力的分析

1. 营业现金比率

营业现金比率是指企业经营活动产生的现金净流入与企业营业收入的比值，这里的营业收入包括营业收入和应向购买者收取的增值税销项税额。计算公式如下：

$$营业现金比率 = 经营活动现金净流入 \div 营业收入 \times 100\%$$

营业现金比率反映每1元营业收入得到的现金净流入，一般来说其数值越大越好。

【例 5-26】 长江公司 2022 年经营活动现金净流入为 38 900 万元，营业收入及应向购买者收取的增值税销项税额总和为 44 100 万元，则长江公司 2022 年营业现金比率为

$$38\,900 \div 44\,100 \times 100\% = 88.21\%$$

2. 每股营业现金净流量

每股营业现金净流量是指企业经营活动产生的现金流量净额与普通股股数的比率。计算公式如下：

$$每股营业现金净流量 = 经营活动产生的现金流量净额 \div 普通股股数$$

每股营业现金净流量反映企业最大的分派股利能力，超过此限度，可能就要借款分红。

3. 全部资产现金回收率

全部资产现金回收率是指企业经营活动产生的现金流量净额与企业平均总资产的比率。计算公式如下：

$$全部资产现金回收率 = 经营活动产生的现金流量净额 \div 平均总资产 \times 100\%$$

全部资产现金回收率反映企业全部资产产生现金的能力。该指标数值越大说明企业资产产生现金的能力越强。

【例 5-27】 长江公司 2022 年经营活动产生的现金流量净额为 2875 万元，则长江公司 2022 年全部资产现金回收率为

$$2875 \div [(42\,342 + 36\,816) \div 2] \times 100\% = 7.26\%$$

（二）收益质量分析

1. 净收益营运指数

净收益营运指数是指经营净收益与净利润之比。计算公式如下：

$$净收益营运指数 = 经营净收益 \div 净利润$$

其中，经营净收益 = 净利润 − 非经营净收益。

净收益营运指数反映企业收益质量高低，因为非经营净收益不反映企业的核心能力

或正常的收益能力,可持续性较低,所以净收益营运指数越小,非经营净收益所占比重越大,收益质量越差。

2. 现金营运指数

现金营运指数是经营活动产生的现金流量净额与经营所得现金之比。计算公式如下:

$$现金营运指数=经营活动产生的现金流量净额÷经营所得现金$$

其中,经营所得现金=经营净收益+非付现费用。

一般来说,现金营运指数小于 1,说明一部分收益尚未取得现金,停留在实物或债权形态,而实物或债权资产的风险大于现金,应收账款不一定能足额变现,存货也有贬值的风险,所以未收现的收益质量低于已收现的收益质量。

本 章 要 点

本章主要介绍了财务报表分析的基础知识,为后续的商务智能财务分析奠定了基础。通过本章的学习,应当了解财务报表分析的概念和目的,掌握财务报表分析的基本方法和逻辑框架,掌握偿债能力分析、营运能力分析、盈利能力分析、发展能力分析和现金流量分析五个方面的财务报表比率分析方法。本章的重点问题和难点问题是财务报表比率分析方法。

本章知识要点如下。

(1)财务报表分析,是通过收集、整理企业财务报表中的数据,并结合其他有关补充信息,采用专门方法,系统分析和评价企业财务状况、经营成果及未来发展趋势的过程。

(2)财务报表分析可以判断企业的财务实力;评价和考核企业的经营业绩,揭示财务活动存在的问题;挖掘企业潜力,寻求提高企业经营管理水平和经济效益的途径;评价企业的发展趋势。

(3)财务报表分析的目的是将财务报表数据转换成有用的信息,以帮助企业所有者、债权人、经营决策者、政府机构及其他利益相关者等信息使用者改善决策。

(4)财务报表分析的方法主要包括比较分析法、比率分析法及因素分析法。比较分析法可以对会计要素总量、结构百分比和财务比率进行比较。比率分析法主要计算分析的指标,有构成比率、效率比率和相关比率三种。因素分析法有连环替代法和差额分析法两种。

(5)哈佛财务分析框架主要包括企业战略分析、会计分析、财务分析及前景分析四个维度。战略分析通过宏观分析、行业分析和竞争策略分析判断企业未来的预期业绩。会计分析通过评估企业的会计政策和会计估计的合理性来评价企业的会计质量。财务分析运用财务数据来评价公司当前及过去的业绩。前景分析对企业的未来财务状况、经营成果和现金流量做出预测,对企业的发展前景和投资价值做出判断,为企业经营决策提供支持。

(6)基本的财务报表分析内容包括偿债能力分析、营运能力分析、盈利能力分析、发展能力分析和现金流量分析五个方面。

（7）偿债能力分析包括短期偿债能力分析和长期偿债能力分析。评价短期偿债能力的指标包括营运资本、流动比率、速动比率和现金比率；评价长期偿债能力的指标主要有资产负债率、产权比率、权益乘数和利息保障倍数。

（8）衡量营运能力的财务指标主要有应收账款周转率、存货周转率、流动资产周转率、固定资产周转率、总资产周转率等。

（9）评价企业盈利能力的指标主要有营业毛利率、营业净利率、总资产净利率和净资产收益率。

（10）评价企业发展能力的财务指标主要包括营业收入增长率、总资产增长率、营业利润增长率、资本保值增值率和所有者权益增长率。

（11）现金流量分析主要包括获取现金能力的分析和收益质量分析。获取现金能力的分析的常用指标是营业现金比率、每股营业现金净流量、全部资产现金回收率。收益质量分析的常用指标是净收益营运指数和现金营运指数。

复习思考题

1. 什么是财务报表分析？为什么要对企业财务报表进行分析？
2. 财务报表分析常用的方法有哪些？有什么优缺点？分别适用于什么情况？
3. 哈佛财务分析框架的主要内容是什么？
4. 如何对企业的偿债能力进行分析？
5. 如何对企业的营运能力进行分析？
6. 企业盈利能力分析通常采用哪些财务指标？
7. 如何对企业的发展能力进行分析？

练 习 题

1. 依据表 5-2、表 5-3 提供的财务报表数据，计算 2021 年长江公司的财务比率，填入表 5-4 中，并进行比较分析（为简化计算，可用期末金额代替平均值）。

表 5-4 长江公司财务比率

评价项目	财务比率	2021 年	2022 年
短期偿债能力	营运资本/万元		20 686
	流动比率		2.62
	速动比率		1.55
	现金比率		0.71
长期偿债能力	资产负债率		38.57%
	产权比率		62.79%
	权益乘数		1.63
	利息保障倍数		7.66

续表

评价项目	财务比率	2021年	2022年
营运能力	应收账款周转率		4.40
	存货周转率		2.41
	流动资产周转率		1.10
	固定资产周转率		8.83
	总资产周转率		0.93
盈利能力	营业毛利率		23.55%
	营业净利率		6.7%
	总资产净利率		6.22%
	净资产收益率		9.91%

2. 根据表4-7和表4-11提供的财务数据，对泰格公司的财务报表进行相关分析。

【案例分析】分析的洞见：B公司迷雾终散开

案例导引：B公司2021年4月收到北京证监局送达的《行政处罚决定书》，因公司财务造假、欺诈发行等违法行为，北京证监局对B公司处以2.406亿元罚款，对B公司实控人王某处以罚款2.412亿元。

本案例主要介绍B公司的违法事实和上市至退市十年间的发展历程。通过案例学习，明确专注主业、提高技能、稳扎稳打和具备工匠精神的重要性，进一步体会遵纪守法和诚信经营对实体经济发展的重要意义。

人在江湖飘，岂能不挨刀？

证监会在行政处罚决定书中认定了B公司五大违法事实：一是B公司于2007年至2016年财务造假，其报送、披露的申请首次公开发行股票并上市的相关文件及2010年至2016年年报存在虚假记载；二是B公司未按规定披露关联交易；三是B公司未披露为B控股（北京）有限公司等公司提供担保的事项；四是B公司未如实披露王某、刘某向上市公司履行借款承诺的情况；五是B公司2016年非公开发行股票行为构成欺诈发行。

十年生死两茫茫，求辉煌，忙扩张

B公司2004年成立，从2010年上市，2017年因违规开始接受证监会调查，到2020年退市，B公司在国内资本市场走过了大起大落的十年。如今一地鸡毛的B公司，退市股价仅0.18元，曾经却是炙手可热的投资标的。

回溯B公司的发展历程，2010年8月12日，B公司在创业板上市，成为中国A股市场第一家视频公司。上市交易价格超过发行定价的60%，接近47元/股。2014年底，王某以上市公司 B 公司为基础,开启了 B 公司生态的激进扩张,逐步构造 B 公司生态七大板块,涉及手机、体育、汽车、互联网金融等领域。2015 年,B 公司进军智能手机市场。每一项新业务的展开,背后都是源源不断的资金在消耗。2015 年 5 月 12 日,B 公司的股价达到历史最高点 179.03 元,一举夺下"创业板一哥"的称号,也成为继阿里巴巴、腾讯、百度、京东之后第五位市值在 1000 亿元以上的互联网公司。

一堆乱账,哪能不受伤?

通过财务指标可以发现,2010—2015 年 B 公司的流动比率先迅速下降至小于 1,后逐渐稳定在 1 左右,速动比率与流动比率的数值相近,其短期偿债能力较弱。B 公司的资产负债率呈现出持续上升的趋势,由 2010 年的不到 10% 到 2015 年的 77.53%。同期,虽然 B 公司的流动资产周转率、固定资产周转率均呈现出上升的趋势,但总资产周转率却在不断下降,这是由于公司的无形资产所占的比例较大。B 公司的销售净利率、销售毛利率同样呈现出不断下降的趋势,以销售净利率为例,2010 年至 2015 年由 29.42% 下降至 1.67%,远低于 2015 年的行业平均值 7.9%。

2016 年,B 公司完成 48 亿元定增,拿下酷派,同时进军北美、印度市场。也就是在这一年,B 公司达到了它的巅峰,市值达 1760 亿元,而后疯狂下跌。财报数据的背后,是王某曾经极力打造的"平台+内容+终端+应用"的 B 公司生态。资金链的断裂使得 B 公司的业务迅速陷入停顿。王某公开承认 B 公司存在资金链紧绷,当时他已质押 B 公司 9.83 亿元的股份,占总股本的 24.63%,B 公司办公楼作为地产资产被用于质押以换得融资。随后,B 公司引入包括融创中国控股有限公司(以下简称融创)在内的多家战略投资者,投资总额共 168 亿元,融创成为 B 公司第二大股东。2017 年 7 月 6 日,王某辞去 B 公司董事长,并出任 B 公司汽车生态全球董事长。同时,他飞往美国造车,开启了漫长的"下周回国"之旅。

2017 年、2018 年 B 公司连续亏损,2019 年财报显示,公司实现营业收入 4.86 亿元,同比下降 68.83%;亏损额高达 112.8 亿元,同比下降 175.39%,净资产则为-143.3 亿元。连续三年,B 公司已累计亏损近 290 亿元。2020 年 5 月 14 日晚,深圳证券交易所发布公告称,由于 B 公司 2018 年、2019 年末净资产、净利润、扣除非经常性损益之后的净利润均为负值,且年报被出具保留意见,决定 B 公司股票终止上市。

夜来幽梦有所想,要做强,靠工匠

一个企业从辉煌走向了毁灭让人遗憾,同时也给了我们一些启示。

企业尽量避免盲目进入自己不熟悉的领域是基本常识,但为什么 B 公司仍然能够获得投资人的青睐呢?从根本上来看,B 公司的操作方式并不复杂,通过讲概念获得融资,然后再投资,期望能够快速取得成果。然而这种思路并不适用于发展实体经济。实体经济尤其是高科技领域需要技术、管理、市场以及长期的人才培养等各个方面积累,并没有所谓的"捷径"可走。从 B 公司看,其主业没有绝对优势,就开始进行所谓的多元化发展,巨额资金被 B 公司其他下属企业占用,还违规为这些下属企业提供担保,且存在巨额的关联交易，以及背后的利益输送等现象。B 公司盲目扩张，"圈钱"跨界发展，导致决策出现重大失误，让曾经的"创业板一哥"最终变成了一家问题公司。

"B 公司现象"并不是孤立的，它折射出我国经济发展中一部分企业存在的问题。我们应深刻认识到做企业不是赌博，要稳扎稳打，在擅长的领域发挥"工匠精神"，这才是打造百年企业的正道。

第六章　商务智能财务分析基础

【学习目标】①了解商务智能的概念与商务智能分析技术；②了解智能财务、智能财务分析与商务智能财务分析可视化；③掌握 Power BI Desktop 的安装、Power BI 财务分析基本流程、Power BI 数据获取、数据清洗、自定义函数创建、批量获取上市公司财务数据及数据清洗与 Power BI 数据建模；④重点掌握 Power BI 导入财务报表结构表，基础度量值创建，资产负债表、利润表、现金流量表和上市公司相关信息的可视化过程。

第一节　商务智能财务分析概述

一、商务智能的概念与商务智能分析技术

（一）商务智能的概念

什么是商务智能（business intelligence，BI）？先看看商务智能专业人士给出的定义。商务智能概念的提出者——IBM 研究员 Hans Peter Luhn，在 1958 年的 IBM 内部期刊上发表的文章中，将商务智能系统定义为"一个自动系统，该智能系统将利用数据处理设备对文档进行自动提取和自动编码，并为组织中每个'行动点'创建兴趣配置文件"（Luhn，1958）。1989 年，Gartner 集团的 Howard Dresner 将商务智能定义为"通过应用以事实为基础的支持系统（fact-based support systems），以改善商务决策而制定的一系列概念和方法"（Power，2007；Dokhanchi and Nazemi，2015）。迄今为止，商务智能的定义还没有形成定论，商务智能领域专业人士以外的其他大多数人，似乎更不能准确回答和说出到底什么是商务智能。这就是一个仁者见仁、智者见智的概念。对于会计、财务管理以及非会计专业和非财务管理专业的人士来说，只需要知道它是分析的工具即可。我们无须成为商务智能的专业人士，但需要有数据思维，学会用商务智能分析技术辅助我们进行相关的决策，如经营决策、投资决策、融资决策等。正如荀子在《劝学》中所言，"假舆马者，非利足也，而致千里；假舟楫者，非能水也，而绝江河。君子生非异也，善假于物也"。简单来说就是，我们要善于利用环境、要善于借助外物来发展自己，让自己达到本来没有能力达到的境界。

（二）商务智能分析技术

商务智能分析技术的发展主要经历了 IT 主导的商务智能分析技术和自助式商务智能分析技术两个阶段。虽然这两种商务智能分析技术是两个相对的概念，但需要说明的

是，这两个阶段并不是相互替代的关系，而是各自面对不同的应用场景，且不断进阶和长期并存的关系。

IT主导的商务智能分析技术，也被称为传统的商务智能分析技术。在这种商务智能分析技术下，企业的信息系统与数据存储系统由IT部门的技术人员主导开发并进行日常维护，计算机技术和数据存储技术的门槛也较高。由于业务分析人员没有数据访问权限，也不是计算机技术和数据存储技术专业出身，因此，业务分析通常要数据没数据，要计算机技术和数据存储技术也没有计算机技术和数据存储技术，导致业务分析人员进行数据分析只能求助于技术人员。虽然技术人员掌握了计算机技术和数据存储技术，也拥有相关的业务数据，但是却不懂业务，导致业务分析人员和技术人员之间的沟通发生障碍。业务分析人员不知道数据的存储方式，也无法向技术人员解释清楚需要什么数据、如何生成和获取所需要的数据。技术人员也不理解业务分析人员提出的数据需求。两者之间的沟通完全是各说各话，从而降低了沟通效率，延长了沟通时间，提高了沟通成本，最终导致企业决策者因不能充分了解和掌握企业的具体的生产经营情况，而不能及时有效地做出相关决策。

大数据分析技术、大数据架构和人工智能技术的发展、自然语言分析和流数据分析的兴起、机器人流程的自动化以及云计算临界点的突破，使得以业务分析人员为主导的自助式商务智能分析技术开始盛行。之所以被称为自助式商务智能分析技术，原因在于，在这种分析技术下，业务分析人员不再需要花费大量时间学习和掌握晦涩难懂的编程语言，也无须向技术人员求助，或者向技术部门提出申请，从而经历漫长的审批流程和艰难的沟通过程。业务分析人员可以依据自己的决策需求，或者管理者的决策需要，灵活、快速、便捷地访问和使用各种数据源，并获取、清洗和管理相关数据，可以依据决策需求对数据进行分类和比较，创建动态智能酷炫的可视化图表，从而提高决策效率和质量。可见，自助式商务智能分析技术很好地解决了IT主导的商务智能分析技术所带来的部门沟通难题。

二、商务智能财务分析与可视化

（一）智能财务与智能财务分析

何为智能财务？迄今为止，尚未有统一和权威的界定。刘勤和杨寅（2018）认为，"智能财务是一种新型的财务管理模式，它基于先进的财务管理理论、工具和方法，借助于智能机器（包括智能软件和智能硬件）和人类财务专家共同组成的人机一体化混合智能系统，通过人和机器的有机合作，去完成企业复杂的财务管理活动，并在管理中不断扩大、延伸和逐步取代部分人类财务专家的活动；智能财务是一种业务活动、财务会计活动和管理会计活动全功能、全流程智能化的管理模式"。刘梅玲等（2020）将智能财务定义为"将以人工智能为代表的'大智移云物区'等新技术运用于财务工作，对传统财务工作进行模拟、延伸和拓展的财务管理模式"。这些定义虽有不同，但都有一个共同的特点，就是强调了以新技术为代表的商务智能构成了财务智能的核心。商务智能通过业务与财务的融合获取了大量的数据，通过查询、筛选、建模等功能对获取的数据进行清洗、处理和分析。人工智能的深度发展更是将企业财务分析模型和财务分析方法融入智能财务系统，能够快速、有效地向利益相关者提供动态、可靠、有较强视觉冲击力和立体化的可视化分析报告,实现智能财务分析。

(二)商务智能财务分析可视化

对于财务分析来说,都有哪些工作是重要的?数据质量重要吗?数据分析方法重要吗?数据分析结果的呈现方式重要吗?答案是,这些都重要。数据质量是财务分析的基础,"基础不牢,地动山摇"。数据的质量可以通过财务人员在会计核算过程中严格遵守会计信息质量要求得到保障,在"大智移云物区"时代,会计核算流程的智能化能显著提高数据的质量。此外,科学合理有效的数据分析方法是财务分析的关键,以高效且易于理解的方式向决策者提供数据分析结果是财务分析不可或缺的重点。数据分析方法与数据分析结果的呈现通常没有明显的界线,但是数据结果的呈现方式却能够凸显数据分析方法的选择是否恰当。好的数据结果呈现方式能够以清晰简洁的方式向利益相关者传递重要的信息,让利益相关者迅速抓住问题的关键,做出恰当合理的决策;不好的数据结果呈现方式则会导致利益相关者做出错误的决策。那么,数据分析结果如何呈现?数据分析结果的可视化就是很好的解决方案。人是视觉动物,对图表比对文字和数字更敏感。将数据分析结果通过合理恰当的可视化工具呈现出来,可以帮助利益相关者更快速更轻松地理解动态、复杂和多层次的数据分析结果。那么,可视化工具有那么多,应该选择什么样的可视化工具呢?国际著名的第三方机构 Gartner 每年都会对世界上顶级

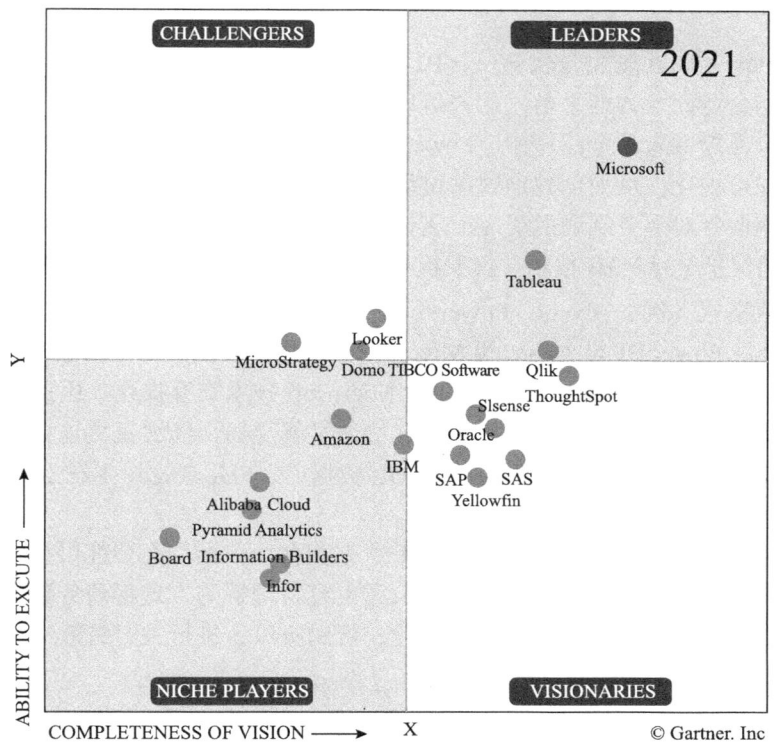

图 6-1 Gartner 发布的 2021 年商务智能魔力象限图

横轴的 COMPLETENESS OF VISION 表示视图完整性,纵轴的 ABILITY TO EXCUTE 表示执行力;四个象限中的 CHALLENGERS 表示挑战者,LEADERS 表示领导者,NICHE PLAYERS 表示利基者,VISIONARIES 表示远见者

的商务智能可视化工具进行评估，并绘制商务智能魔力象限图。图 6-1 就是 Gartner 发布的 2021 年商务智能魔力象限图。该图从视图完整性和执行力两个方面对当前顶级的 BI 厂商进行了评价。不难看出，Microsoft 和 Tableau 遥遥领先于其他 BI 厂商，处于领先者地位。Microsoft 更是一骑绝尘，无论是视图完整性，还是执行力，均远远超过了 Tableau。Microsoft 的 BI 产品就是 Power BI。既然 Microsoft 的 Power BI 最好，我们就选择最好的吧。当然选择 Power BI，不仅是因为它评分最高，还因为 Power BI 除了是一个可视化工具之外，还是一整套解决方案。Power BI 能够赋能每一个人，其数据查询（Power Query）、数据建模（Power Pivot）和数据可视化（Power View）均为单独的模块，还可以在数据获取、数据转换、数据输出和可视化阶段运用 Python 和 R 语言，实现更强大的功能。最关键的是，Power BI 简单易学。Power BI 是 Excel BI 的升级版，基于 Excel 发展而来，Power BI 的语句也与 Excel 函数一致，两者的知识体系是相同的。有了 Excel 的操作基础，切换至 Power BI 也不是难事。

第二节 商务智能财务分析技术

一、Power BI概述

（一）Power BI的定义

什么是 Power BI？按照微软 Power BI 官网上的定义，Power BI 是一个统一、可扩展的自助服务和企业商业智能平台。用户可以利用它连接到任何数据并实现数据可视化，并将视觉对象无缝融入日常应用中。Power BI 的优势如下。①轻松地连接到数据、对数据进行建模和可视化，从而创建通过关键绩效指标和品牌进行个性化的令人印象深刻的报表。快速获取针对业务问题的受 AI 支持的答案，即使是使用对话语言提问，也是如此。②更好地保护 Power BI 报表、仪表板和数据集中的数据。即使数据在组织外部共享或导出为其他格式（例如 Excel、PowerPoint 和 PDF），这种持久性保护也依然会发挥作用。③如果将 Power BI 与 Azure 和 Microsoft 365 结合使用，则可以最大限度地从技术和数据中获取价值。由于 Power BI 可以与 Microsoft 技术交互操作，因此可以高效地利用数据。④借助不断扩充的 500 多个免费连接器了解全局，能够直接连接到数百个本地和云数据源，例如 Dynamics 365、Azure SQL 数据库、Salesforce、Excel 和 SharePoint，有助于做出数据驱动的决策。

其实简单来说，Power BI 就是实现商务数据和会计数据动态智能可视化的工具。它通过将商务数据和会计数据可视化，以决策者更容易理解的方式将商务数据和会计数据呈现出来，回答更多的商业问题和会计问题，帮助决策者进行及时有效的决策，最终实现为企业创造价值的目的。

（二）Power BI的产品类型

Power BI 主要有桌面版（Power BI Desktop）、专业版（Power BI Pro）、增值版（Power BI Premium）和移动版（Power BI Mobile）四种产品类型。Power BI Desktop 和 Power BI

Pro 适用于个人和中小型企业，Power BI Premium 适用于对报表有高度需求的大中型企业。Power BI Desktop、Power BI Pro 和 Power BI Premium 都支持 Power BI Mobile，利用移动版可以随时随地在移动设备上安全访问和快速流畅地查看包含可视化内容的实时仪表板与报表。Power BI Desktop 完全免费，而且能够完成数据分析和可视化的全部工作。

（三）Power BI Desktop 的安装与界面

1. Power BI Desktop 的安装

Power BI Desktop 的安装主要包括两种方式。①如果计算机操作系统是 Windows 10，可以在 Microsoft Store 中搜索安装，如图 6-2 所示。这种方式下，Power BI Desktop 会自动更新。②如果计算机操作系统不是 Windows 10，可登录 Power BI Desktop 官方网站下载安装，如图 6-3 所示。这种方式下，Power BI Desktop 不会自动更新，需要自行下载新版本安装。

图 6-2　在 Microsoft Store 中搜索安装 Power BI Desktop

图 6-3 Power BI Desktop 官网下载安装

2. Power BI Desktop 的界面

安装 Power BI Desktop 之后，打开 Power BI Desktop，如图 6-4 所示。左上侧为主页、插入、建模、视图、优化和帮助六个选项卡。点击每一个选项卡，下方工具栏中显示对应的命令图标。图 6-4 显示的是主页选项卡中的相关命令，包括获取数据、转换数据、创建视觉对象等。界面左侧边框竖向排列三个图标，从上到下依次是报表、数据与模型。界面中间区域是画布，可以向其添加数据，是商务数据可视化结果呈现的区域。界面右侧分别为筛选器、可视化、数据等操作面板。可视化操作面板中列示了条形图、饼图、环形图、折线图、瀑布图、矩阵、地图等视觉对象，单击即可在中间的画布添加对应的可视化视觉对象。可视化操作面板图标的最后一项是"…"按钮，点击该按钮可以获取更多视觉对象，或者从文件导入视觉对象，这些视觉对象可丰富商务数据和会计数据的可视化结果，提高可视化结果的视觉冲击力和内容丰富程度。可视化操作面板下方的两

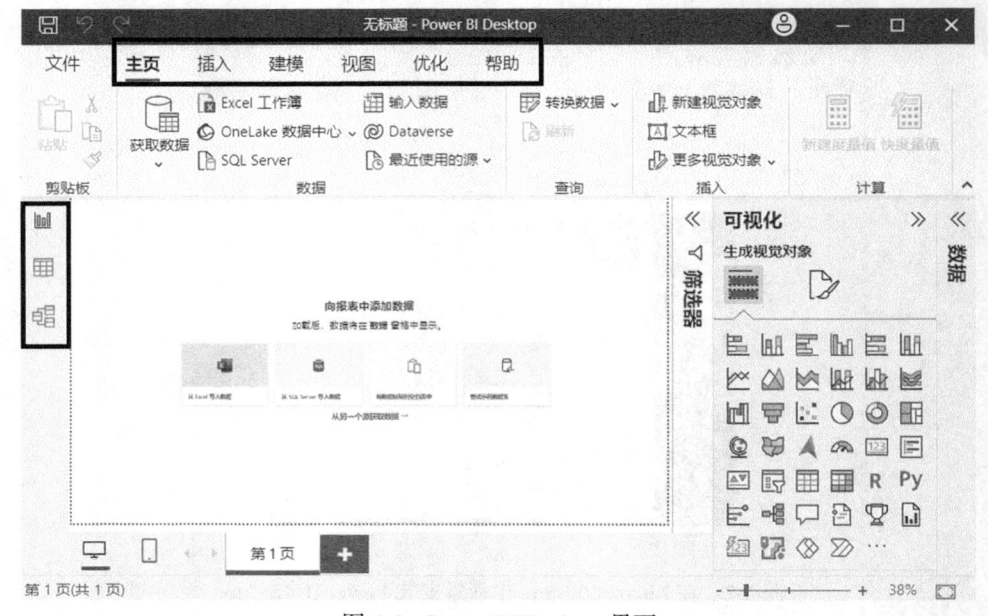

图 6-4 Power BI Desktop 界面

个图标分别为"字段"和"格式",字段中会有多个选项栏,选项栏的具体情况依选择的可视化对象不同而不同,但其来源均为字段操作面板中的字段。点击"格式"图标,可对可视化对象的样式进行编辑,比如调整背景颜色、字段大小与颜色、数据颜色、数据标签显示方式和颜色等。需要说明的是,Power BI 每个月更新一次,版本都会略有变化,但是不影响使用习惯。

(四) Power BI 财务分析基本流程

采用 Power BI 进行财务分析的基本流程主要可分为四个步骤,依次是获取数据源、数据清洗(对应 Power Query 模块)、数据建模和数据可视化,如图 6-5 所示。

获取数据源 → 数据清洗 → 数据建模 → 数据可视化

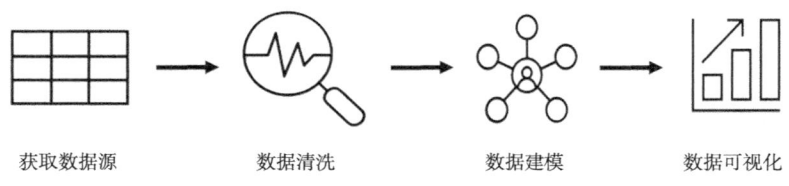

图 6-5 Power BI 财务分析基本流程

Power BI 获取数据的方式非常多,可达百种以上,目前能见到的绝大多数数据格式均可导入 Power BI Desktop 中,完整的数据源列表可参阅官网上的"Power BI 数据源"网页[①]。Power BI 获取数据的具体方式参见本节第二部分。

Power BI 获取数据后,自动进入 Power Query 模块。这一模块非常重要,将第一行用作标题、筛选、添加列、删除列、拆分列、重命名列、删除重复项和空值、替换、填充、格式修整、转置、逆透视列等所有数据清洗工作均在此模块完成。利用 Power Query 进行数据清洗的过程,将在本节第三部分、第四部分和第五部分,结合批量获取资产负债表、利润表和现金流量表数据进行重点阐释。

数据清洗完成之后,点击 Power Query 编辑器左上角的"关闭并退出"命令,即可退出 Power Query 模块,重新回到 Power BI Desktop 界面。点击界面左侧的"模型"按钮,进入数据建模(Power Pivot)模块。数据建模这一词汇听着很吓人,但实际上很简单,只是建立数据表格之间的关系而已。数据建模虽然简单,但很重要。原因是,"数据分析是用分类和比较的方法回答问题"(马世权,2018)。数据建模就是通过各个数据表的属性信息(Power BI 中称为维度)对数据表进行分类,并建立数据表之间的关联。数据建模的详细内容将在本节第六部分进行重点阐释。

数据可视化是利用 Power BI 进行动态智能分析的最后一步,也就是在分类的基础上,采用比较的方式呈现商务数据或者会计数据的可视化结果。它能够帮助企业发现自身的优势和劣势、潜在的机遇和威胁,回答相关的商务或者会计问题,将原始数据转化为能够为企业创造价值的知识,用智慧点亮数据,帮助管理者审时度势,制定合理的经营战略和投融资战略,输出对未来商务活动有影响力的建设性决策,从而提高企业的盈

---

① https://docs.microsoft.com/zh-cn/power-bi/connect-data/power-bi-data-sources。

利能力和运营效率，推动企业的高质量发展。本章的第三节和本书的第七章将着重阐释资产负债表、利润表和现金流量表的可视化过程及结果，并基于战略视角，从经营战略、投资战略、融资战略、运营效益和综合评价五个维度呈现财务分析的可视化分析结果。

二、Power BI数据获取

Power BI 获取数据的来源与方式非常多样灵活。图 6-6 显示，Power BI 的数据来源包含了 Excel、SQL Server、文本/CSV、Web 等，点击下面的"更多…"，会显示有多达数十种数据源。本书仅介绍其中几种方式。

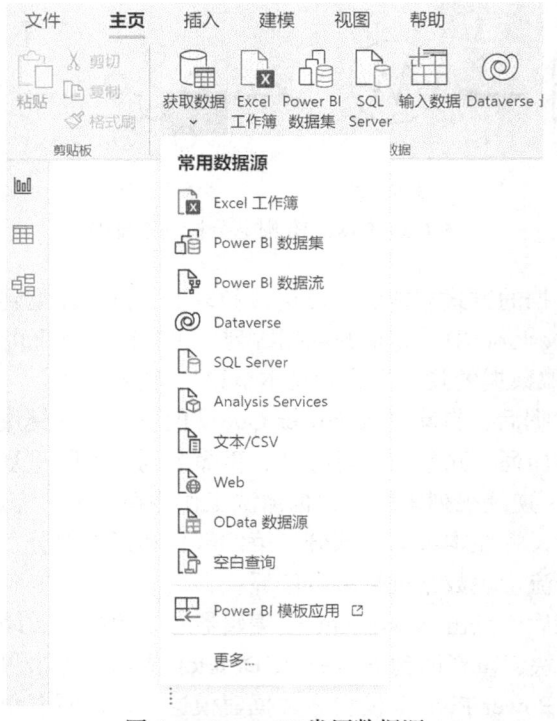

图 6-6 Power BI 常用数据源

（一）从Excel文件导入数据

实际工作中，企业的财务数据大多存储于 Excel 工作簿中，因此，从 Excel 导入数据是比较常见的事情。从 Excel 导入数据比较方便。点按 Power BI Desktop "主页"工具栏中的"获取数据"按钮，弹出菜单中的第一项就是"Excel 工作簿"。点击"Excel 工作簿"后，查找所要导入的 Excel 文件，弹出"导航器"对话框，如图 6-7 所示。勾选左侧"显示选项"下的文件名称，在右侧即可显示出该文件中的数据信息。核对是需要的数据后，点按下方的"转换数据"按钮，该文件中的数据就成功导入 Power BI 中，并自动启动 Power Query 编辑器，如图 6-8 所示。数据加载成功后，即可点击图 6-8 左上角的"关闭并应用"按钮，关闭 Power Query 编辑器，同时将数据加载至 Power BI 中。"关闭并应用"按钮还有"应用"和"关闭"两种方式可供选择。选择"应用",就是将数据加载至 Power BI,但不关闭 Power Query 编辑器。选择"关闭",就是关闭 Power Query 编辑器,数据也不加载至 Power BI 中。

图 6-7　从 Excel 获取并转换数据

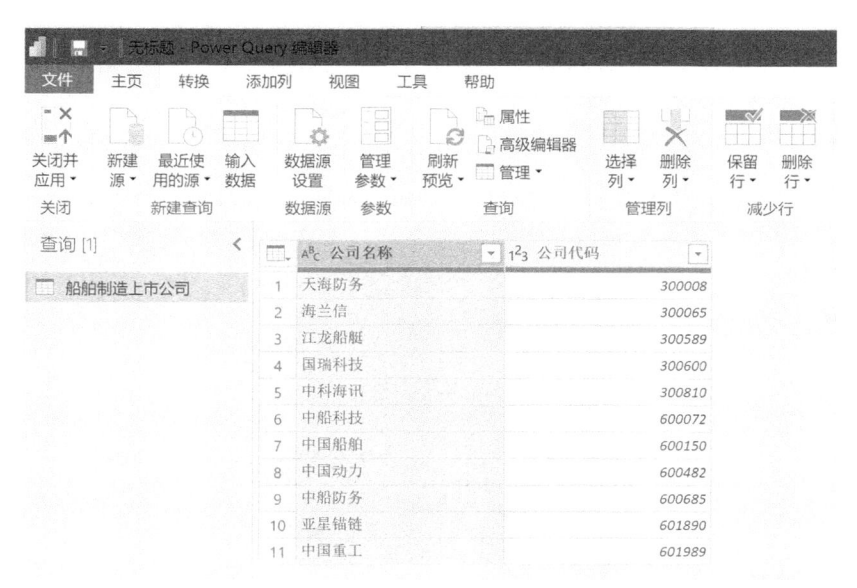

图 6-8　转换数据至 Power Query 编辑器

通过 Excel 导入企业的资产负债表、利润表和现金流量表数据的步骤与图 6-7、图 6-8 相同。需要注意的是,导入的资产负债表、利润表和现金流量表还需要在前述步骤的基础上进行逆透视、删除空行、列标题重命名和转化数据类型等数据清洗工作。本书导入的资产负债表、利润表和现金流量表源自中国研究数据服务平台(Chinese

Research Data Services Platform，CNRDS）。

1. 逆透视

导入的资产负债表如图 6-9 所示。图 6-9 显示，该表属于二维结构数据表，需要转换为一维结构数据表。在 Power Query 编辑器中，先选中"股票代码"和"统计日期"两个数据属性列，在"转换"工具栏中，点击"逆透视列"右侧的三角符号，在弹出的下拉菜单中选择"逆透视其他列"，如图 6-10 所示。对其他列进行逆透视后的结果如图 6-11 所示。

股票代码	统计日期	货币资金	交易性金融资产
300008	2016-03-31	574235644.16	
300008	2016-06-30	433644810.41	
300008	2016-09-30	368521088.51	
300008	2016-12-31	499918010.35	
300008	2017-03-31	433983305.57	
300008	2017-06-30	537046118.66	
300008	2017-09-30	394411417.56	

图 6-9 导入的资产负债表

图 6-10 对其他列进行逆透视

股票代码	统计日期	属性	值
300008	2016-03-31	货币资金	574235644.16
300008	2016-03-31	交易性金融资产	
300008	2016-03-31	衍生金融资产	
300008	2016-03-31	应收票据	7209653.74
300008	2016-03-31	应收账款	293132254.24
300008	2016-03-31	预付账款	43878521.43
300008	2016-03-31	应收股利	2765887

图 6-11 对其他列进行逆透视后的结果

2. 删除空行

图 6-11 显示，"值"列中有报表项目的值为空白，可以选择将其删除。点击"值"列旁边的三角符号，在弹出的下拉菜单中的"（空白）"前，点击取消"√"，如图 6-12 所示。

图 6-12　删除空白行

3. 重命名列标题

重命名列标题比较简单，直接点击需要修改的列标题，输入新的列标题即可。本书将"股票代码""统计日期""属性"列的标题依次重命名为"公司代码""报告日期""项目名称"。

4. 转换数据类型

图 6-11 显示，"值"列的数值为文本型数据，需要将其转换为数值型数据。在 Power Query 编辑器"转换"工具栏中，将"数据类型：任意"调整为"数据类型：小数"即可。

（二）从网页获取数据

Power BI 不仅可以从本地 Excel 工作簿中获取数据，也可以从网页获取数据。我们要进行上市公司财务报表分析，因此可以通过 Power BI 在相关财经网页批量爬取数据。以新浪财经为例，先介绍如何从网页爬取单张财务报表数据。

步骤 1：以上市公司——中国船舶（600150）为例，在网页地址栏中输入"https://money.

finance.sina.com.cn/corp/go.php/vFD_BalanceSheet/stockid/600150/ctrl/2022/displaytype/4.phtml",结果如图 6-13 所示。

图 6-13 复制网址后打开的"中国船舶"报表页面

步骤 2:分析步骤 1 中网页地址的结构,其中,"BalanceSheet"表示资产负债表,"600150"表示上市公司"中国船舶"的公司代码,"2022"表示 2022 年度。点击图 6-13 中显示页面中的"利润表"和"现金流量表",可以获取利润表和现金流量表对应的表示方式分别为"ProfitStatement"和"CashFlow"。

步骤 3:利用 Power BI 爬取财务报表数据。打开 Power BI Desktop,如图 6-14 所示,点击"获取数据"下拉列表中的"Web",在新对话框(图 6-15)中输入网址 https://money.finance.sina.com.cn/corp/go.php/vFD_BalanceSheet/stockid/600150/ctrl/2022/displaytype/4.phtml,随后点击"确定"按钮。稍后弹出"导航器"窗口,如图 6-16 所示。在导航器的左侧列示了许多表格,点击这些表格逐个查看,其中表 17 最标准。选中表 17,点击"转换数据"按钮,加载数据后,进入 Power Query 编辑器,结果如图 6-17 所示。

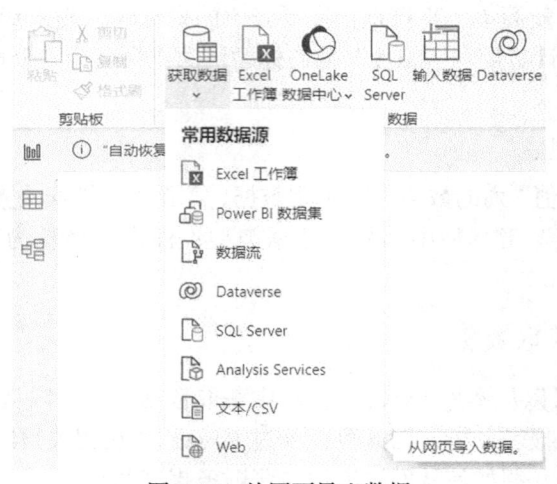

图 6-14 从网页导入数据

图 6-15 从 Web 上爬取数据

网址过长，对话框无法显示全部网址，图 6-15 中的网址在上方正文中的步骤 3 中已列出。

图 6-16 在导航器中选择表 17 和点击"转换数据"按钮

三、Power BI数据清洗

对导入的数据进行整理，即为数据清洗，通常包括替换空值、提升标题、删除空行、转置数据表等。

（一）删除自动进行的类型更改

自新浪财经网页获取数据后，Power Query 编辑器通常会自动对数据进行类型更改，为了减少未来的麻烦，通常需要对这一自动类型更改进行删除。方法是点按 Power Query 编辑器右侧"应用的步骤"中"更改的类型"前面的"×"，如图 6-17 所示。

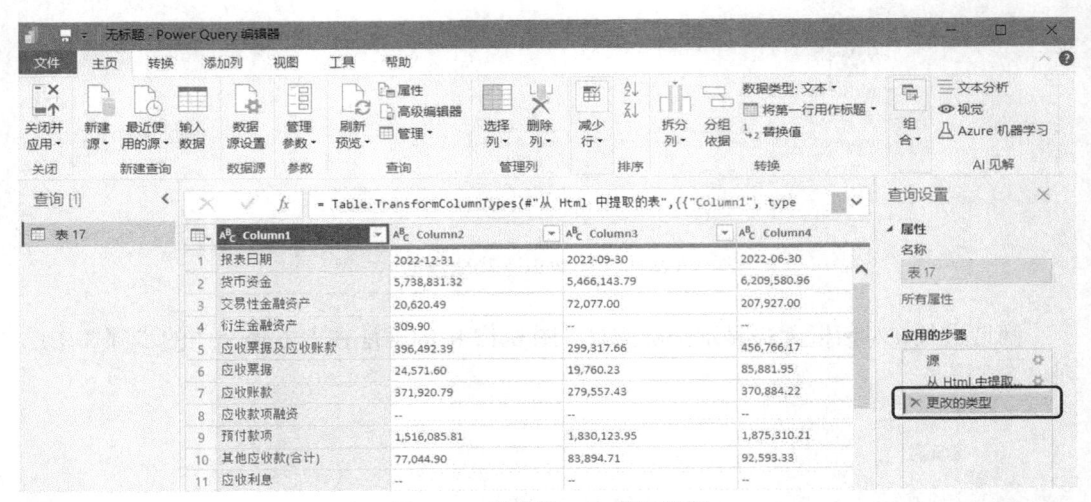

图 6-17 完成从 Web 获取数据

（二）删除中文字符中的空格

图 6-17 显示，数据表中第一列为中文字符，其中可能存在着空格，因此需要剔除。先选定第一列，然后点按 Power Query 编辑器"转换"工具栏中的"格式"按钮，在弹出的菜单中选择"修整"，如图 6-18 所示。

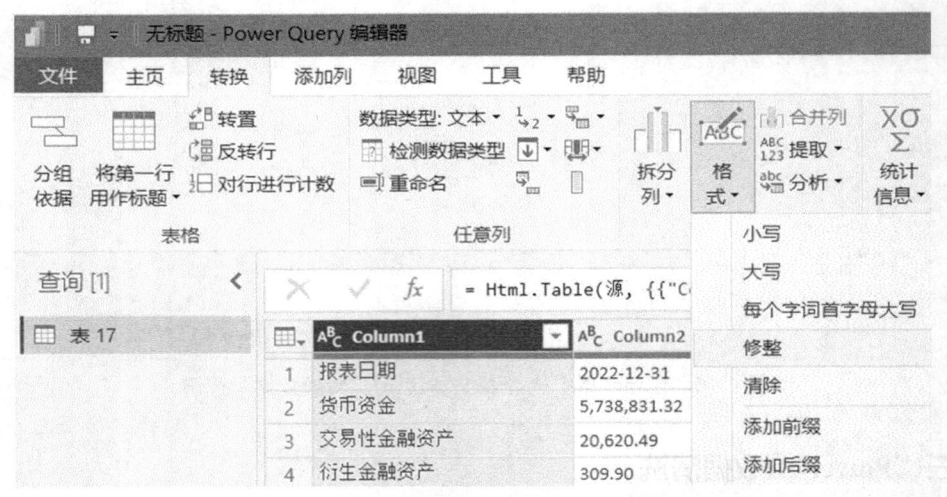

图 6-18 删除中文字符中的空格

（三）转置数据表

修整数据后，需要对数据表进行转置，即行列互换。只需要点按 Power Query 编辑器"转换"工具栏中的"转置"，即可完成该项任务，如图 6-19 所示。需要注意的是，数据转置后，需要检查数据是否存在空行，如果存在空行，需要将其删除。

第六章　商务智能财务分析基础

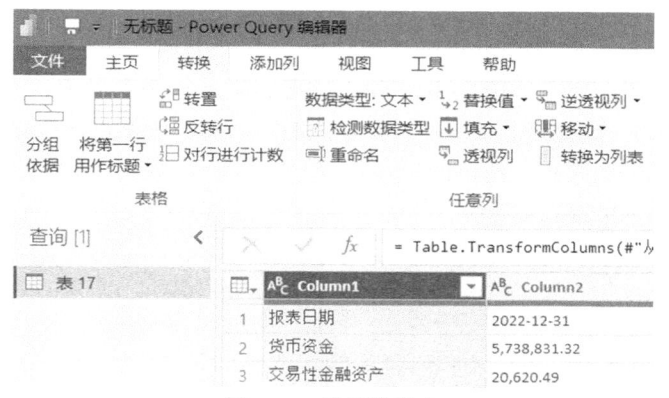

图 6-19　转置数据表

（四）提升标题

图 6-20 中，现有各列名称为 Column1、Column2……实际的列名称应当为现有第一行列示的内容，如"报表日期""货币资金"……因此，需要将第一行提升为标题。点击 Power Query 编辑器"主页"工具栏中的"将第一行用作标题"，即可完成该任务。

图 6-20　提升标题

（五）替换空值

提升标题后，观察数据表，不难发现，数据表中有很多以"--"表示的空值，需要将这些空值替换为 0。先选择全部变量，点击 Power Query 编辑器"主页"工具栏中的"替换值"按钮，如图 6-20 所示。然后会得到如图 6-21 所示的对话框，替换空值为 0。

图 6-21　替换空值为 0

（六）逆透视

现有数据表格为二维结构的数据表格，需要将其转换为一维表，方便后续进行数据分析和可视化操作。具体操作方法是，首先选中第一列，在 Power Query 编辑器"转换"工具栏中，点击"逆透视列"右侧的三角符号，选择"逆透视其他列"，如图 6-22 所示，即可获取一维表，如图 6-23 所示。

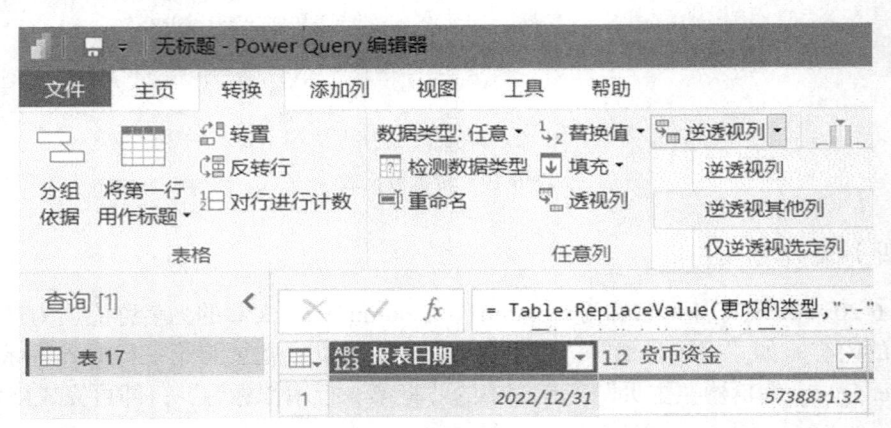

图 6-22　将二维结构数据表转换为一维表

图 6-23　转换后得到的一维表

（七）转换数据类型

图 6-23 显示，第一列"报表日期"的数据类型不是文本类型，第三列"值"的数据类型不全是数值类型。选中第一列，在 Power Query 编辑器"转换"工具栏中，点击"数据类型：任意"右侧的三角符号，选择"文本"，再选中第三列，点击"数据类型：任意"右侧的三角符号，选择"小数"，如图 6-24 所示，即可完成数据类型转换工作。

第六章　商务智能财务分析基础

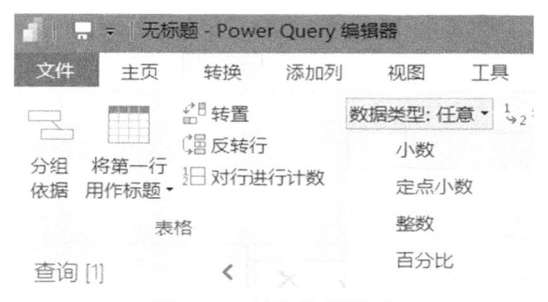

图 6-24　转换数据类型

四、创建自定义函数

上述步骤完成后，即完成了初步的数据清洗，但经过前述步骤仅仅获取了一个年度的单张数据表格——2022 年股票代码为 600150 公司的资产负债表。为了进行财务分析，仅仅获取一家公司的资产负债表是远远不够的，还需要获取该公司相关年度的利润表、现金流量表数据，以及同行业其他公司的相关数据。为了批量获取这些数据，需要创建自定义函数。

创建自定义函数，批量获取上市公司财务数据，需要建立"报表类型"、"公司代码"和"年度"三个参数。"报表类型"参数可命名为 type，"公司代码"参数可命名为 code，"年度"参数可命名为 year。

在 Power Query 编辑器左侧的"查询"中，鼠标右键点击"表 17"，在下拉菜单中选择"创建函数"，如图 6-25 所示。在弹出的对话框中，直接点击"创建"按钮。在新弹出的对话框中输入函数名称"balancesheet"，如图 6-26 所示，随后点击"确定"按钮。

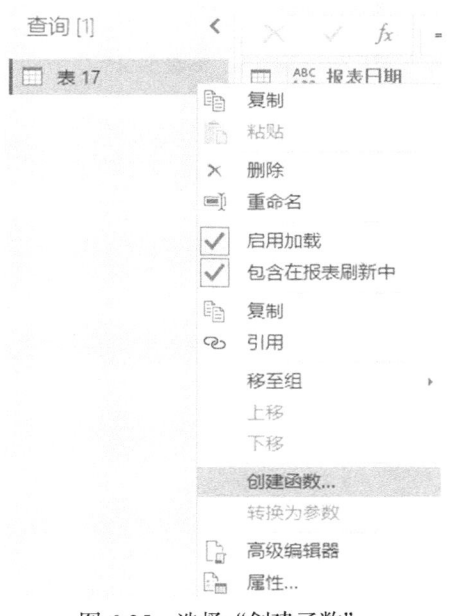

图 6-25　选择"创建函数"

图 6-26 输入 "balancesheet"

在 Power Query 编辑器左侧的 "查询" 中，鼠标右键点击新生成的 "*fx balancesheet*" 函数，在弹出的下拉菜单中点选 "高级编辑器"，如图 6-27 所示。在弹出的对话框中点击 "确定" 按钮，即可弹出 "高级编辑器" 对话框，如图 6-28 所示。

图 6-27 选择 "高级编辑器"

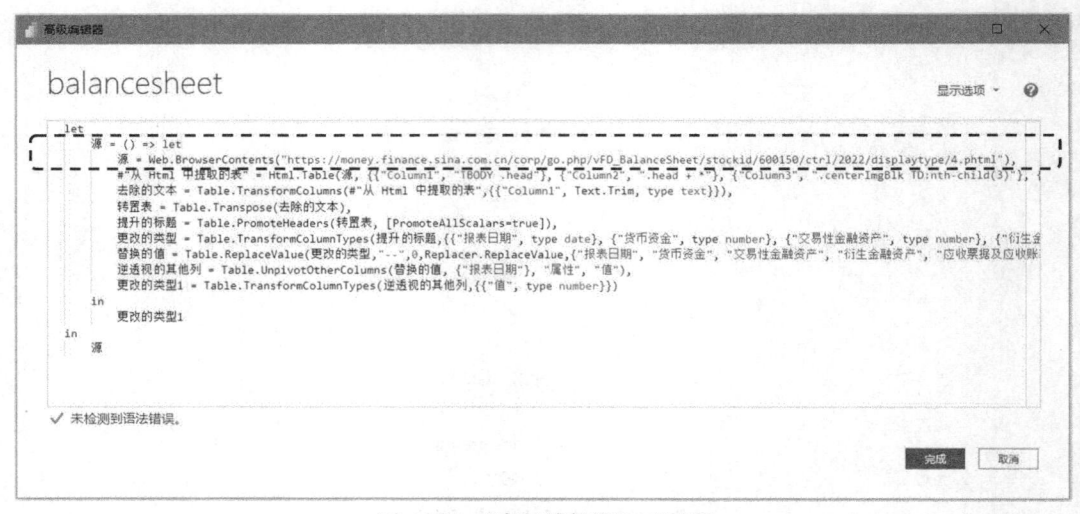

图 6-28 "高级编辑器" 对话框

图 6-28 中的"高级编辑器"对话框中的第二行和第三行(虚线框内)需要做如下修正。

(1)在第二行中"源 = ( ) => let"的括号内输入"type_ as text,code_ as text,year_ as text"。

(2)另起一行,输入"website="https://money.finance.sina.com.cn/corp/go.php/ vFD_"&type_&"/stockid/"&code_&"/ctrl/"&year_&"/displaytype/4.phtml""。其中,"&type_&"替换了原有的报表类型"BalanceSheet","&code_&"替换了原有的公司代码"600150","&year_&"替换了原有的年份"2022"。

(3)原有的第三行成为现有的第四行,将"源= Web.BrowserContents ("https:// money.finance.sina.com.cn/corp/go.php/vFD_BalanceSheet/stockid/600150/ctrl/2022/displaytype/4.phtml"),"中的公司网址替换为 website。

修改后的"高级编辑器"如图 6-29 所示。

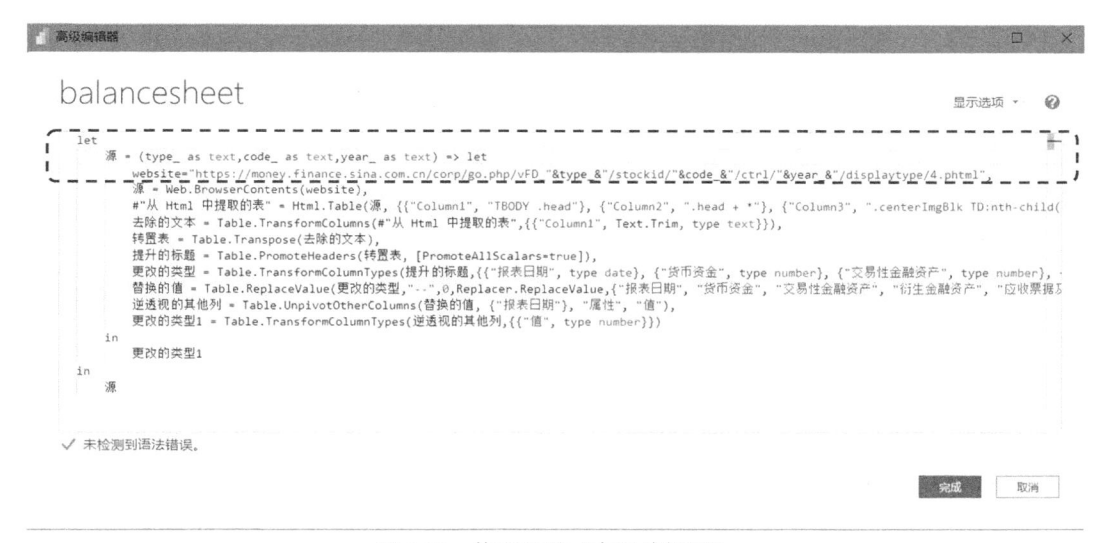

图 6-29 修改后的"高级编辑器"

在"高级编辑器"中修改完"报表类型"、"公司代码"和"年度"等相关参数后,点击下方的"完成"按钮,资产负债表自定义函数创建完成,如图 6-30 所示。

图 6-30 创建完成的资产负债表自定义函数

按照相同方式创建利润表自定义函数和现金流量表自定义函数。需要特别说明的是，现金流量表包括直接法和间接法两个部分，如果不需要间接法现金流量表部分，可以选择将这部分删除。

五、批量获取上市公司财务数据及数据清洗

在本节第二部分，通过导入 Excel 工作簿获取了船舶制造上市公司名称与公司代码数据，在本节第四部分，创建了批量获取上市公司财务数据的自定义函数。在此基础上，本部分介绍如何批量下载上市公司财务数据。

点选 Power Query 编辑器左侧"其他查询"的"船舶制造上市公司"表，右侧显示该表数据信息，如图 6-31 所示。

图 6-31 船舶制造上市公司表

1. 更改"公司代码"数据类型为文本型数据

图 6-31 中的数据显示，"公司名称"标题左侧显示 ᴬᴮC，表示公司名称数据为文本型数据。"公司代码"标题左侧显示 123，表示公司代码数据为数值型数据。由于中国上市公司主要在深圳证券交易所和上海证券交易所上市，每家公司均有唯一的股票代码。在上海证券交易所上市的公司，其股票代码为"6"字头，而在深圳证券交易所上市的公司有"0"字头、"3"字头等股票代码。当股票代码为"0"字头时，如果采用数值型数据，则从非 0 数值开始显示股票代码，不显示非 0 数值之前的 0，如股票代码为 000685 时，只显示 685。因此，需要将数值型的股票代码更改为文本型数据，才能通过网络获取该公司的财务数据。首先选中"公司代码"这一列数据，其次在 Power Query 编辑器"转换"工具栏中，找到"数据类型：整数"按钮，点击右侧的三角符号，即可弹出下拉菜单，如图 6-32 所示。在弹出的菜单中，可供选择的数据类型主要有小数、定点小数、整数、百分比、文本等共 12 种数据类型。本例选择"文本"。

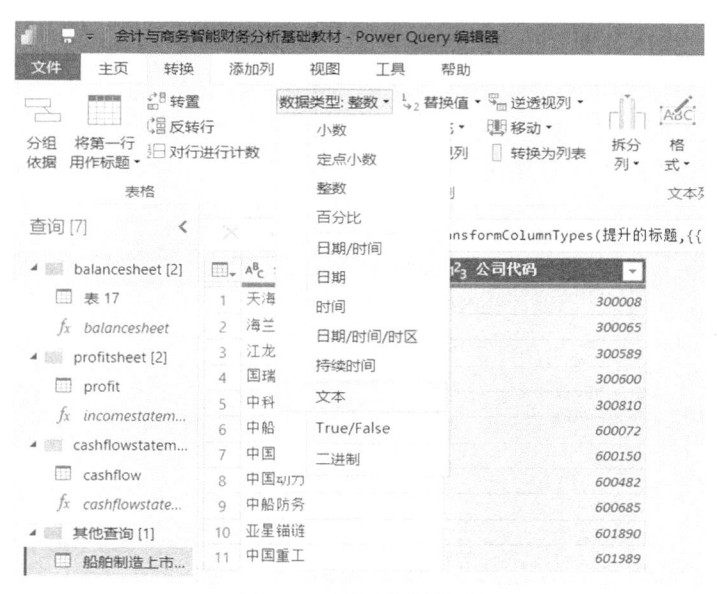

图 6-32　更改数据类型

2. 生成报表类型表和年度表

在 Power Query 编辑器中，点击"主页"工具栏中的"输入数据"按钮，如图 6-33 所示。

图 6-33　选择"输入数据"

在弹出的"创建表"对话框中，直接输入报表类型，然后点击"确定"按钮，即可生成报表类型表，如图 6-34 所示。按照相同的方式，生成年度表。

图 6-34　创建报表类型表

3. 合并公司代码、年度和报表类型表

合并公司代码、年度和报表类型表这三张表之前，首先为这三张表在 Power Query 中添加列。在"添加列"工具栏中点击"自定义列"按钮，如图 6-35 所示。在弹出的"自定义列"对话框中的"自定义列公式"框中输入"1"，然后点击"确定"按钮，如图 6-36 所示。

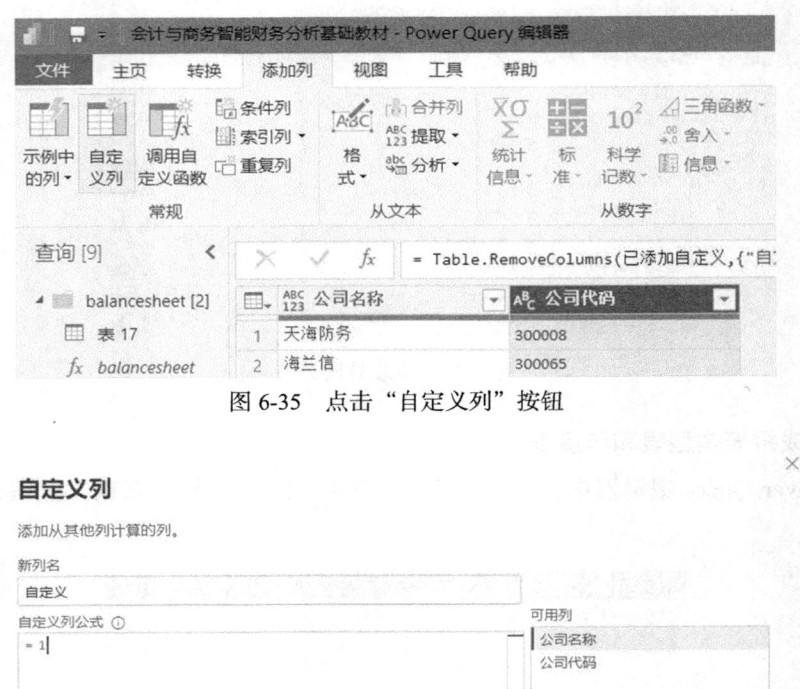

图 6-35　点击"自定义列"按钮

图 6-36　添加自定义列

为三张表分别添加自定义列后，先合并报表类型表和年度表。在 Power Query 编辑器左侧的"查询"中选中"报表类型"表，点击"主页"工具栏中的"组合"按钮，再点击"合并查询"，如图 6-37 所示。在弹出的"合并"对话框中，选择"年度"，再分别选中两个表中的"自定义"列，最后点击"确定"按钮，如图 6-38 所示。合并报表类型表和年度表后，在此基础上，采用相同方式，将该表与公司代码表合并查询，删除"自定义"列，修改每列的列名，即可得到最终的公司代码、年度和报表类型组合表，如图 6-39 所示。

第六章 商务智能财务分析基础

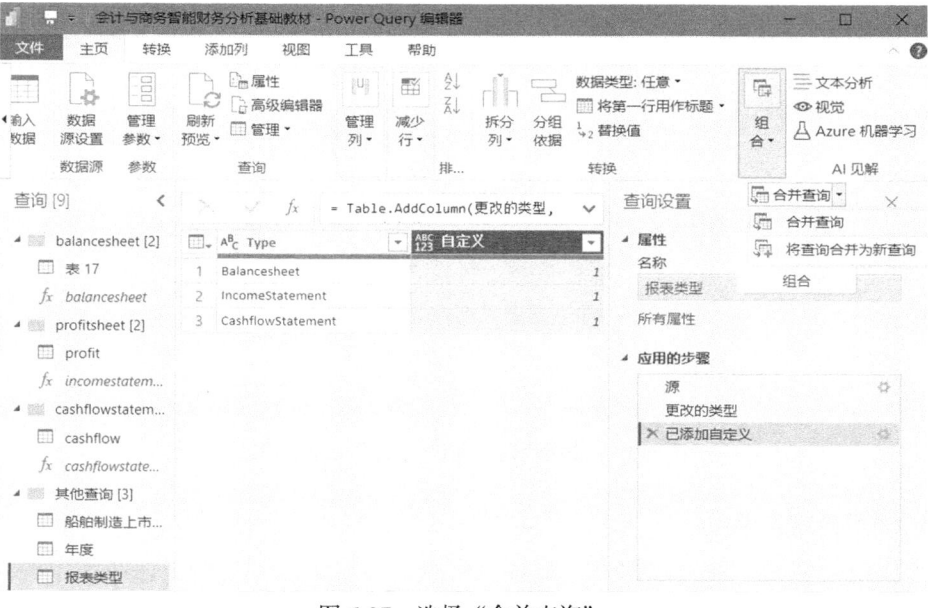

图 6-37 选择"合并查询"

合并

选择表和匹配列以创建合并表。

报表类型

Type	自定义
Balancesheet	1
IncomeStatement	1
CashflowStatement	1

年度

Year	自定义
2016	1
2017	1
2018	1
2019	1
2020	1

联接种类

左外部(第一个中的所有行,第二个中的匹配行)

☐ 使用模糊匹配执行合并

▷ 模糊匹配选项

✓ 所选内容匹配第一个表中的 3 行(共 3 行)。

确定　　取消

图 6-38 合并报表类型表和年度表

Type	Year	公司名称	公司代码
1	Balancesheet	2016	天海防务	300008
2	Balancesheet	2016	海兰信	300065
3	Balancesheet	2016	江龙船艇	300589
4	Balancesheet	2016	国瑞科技	300600
5	Balancesheet	2016	中科海讯	300810
6	Balancesheet	2016	中船科技	600072
7	Balancesheet	2016	中国船舶	600150
8	Balancesheet	2016	中国动力	600482
9	Balancesheet	2016	中船防务	600685
10	Balancesheet	2016	亚星锚链	601890
11	Balancesheet	2016	中国重工	601989
12	Balancesheet	2017	天海防务	300008
13	Balancesheet	2017	海兰信	300065

图 6-39　公司代码、年度与报表类型组合表

4. 调用自定义函数

生成组合表后，在"添加列"工具栏中点击"自定义列"按钮，在弹出的"自定义列"对话框中的"自定义列公式"框中输入代码，如图 6-40 所示。点击"确定"按钮后，即可开始爬取这些上市公司 2016 年至 2020 年的资产负债表、利润表和现金流量表数据。

自定义列

添加从其他列计算的列。

新列名

自定义

自定义列公式 ⓘ

```
= if [type]="CashFlow"
  then cashflowstatement([type],[code],[year])
  else if [type]="ProfitStatement"
       then incomestatement([type],[code],[year])
       else balancesheet([type],[code],[year])
```

可用列

type
year
公司名称
code

<< 插入

了解 Power Query 公式

✓ 未检测到语法错误。

确定　　取消

图 6-40　调用自定义函数

上市公司资产负债表、利润表和现金流量表数据的初步爬取结果如图 6-41 所示。在最右侧新增了"自定义"列，该列每一个单元格显示的值为"Table"。点击该列右上角的 按钮，在弹出的对话框中点击"确定"按钮，如图 6-42 所示，即可将"Table"全部展开，显示这些上市公司指定年度的三大报表数据。

第六章 商务智能财务分析基础

	type	year	公司名称	code	自定义
1	BalanceSheet	2016	天海防务	300008	Table
2	BalanceSheet	2016	海兰信	300065	Table
3	BalanceSheet	2016	江龙船艇	300589	Table
4	BalanceSheet	2016	国瑞科技	300600	Table
5	BalanceSheet	2016	中科海讯	300810	Table
6	BalanceSheet	2016	中船科技	600072	Table
7	BalanceSheet	2016	中国船舶	600150	Table
8	BalanceSheet	2016	中国动力	600482	Table
9	BalanceSheet	2016	中船防务	600685	Table
10	BalanceSheet	2016	亚星锚链	601890	Table
11	BalanceSheet	2016	中国重工	601989	Table
12	BalanceSheet	2017	天海防务	300008	Table
13	BalanceSheet	2017	海兰信	300065	Table
14	BalanceSheet	2017	江龙船艇	300589	Table
15	BalanceSheet	2017	国瑞科技	300600	Table

图 6-41 上市公司财务数据初步爬取结果

图 6-42 展开财务报表数据

需要说明的是，在图 6-40 调用自定义函数后，可能会报错，显示"正在访问的数据源包含无法一起使用的隐私级别"信息。此时需要更改 Power BI 的隐私级别。可通过 Power BI Desktop[①]选择"文件—选项和设置—选项"，然后选择"当前文件—隐私"找到"隐私级别"设置。该选项决定当 Power BI Desktop 合并数据时是否使用你的隐私级别设置。选择"忽略隐私级别并可能提升性能"后点击"确定"，如图 6-43 所示。

图 6-43 重新设定隐私级别

---

① 注意是 Power BI Desktop，不是 Power Query。

5. 数据清洗

图 6-44 列示了上市公司财务数据的最终爬取结果，为了便于以后数据分析和可视化呈现，还需要进行如下数据清洗工作。

	type	year	公司名称	code	自定义.报表日期	自定义.属性	自定义.值
1	BalanceSheet	2016	天海防务	300008	2016/12/31	货币资金	49991.8
2	BalanceSheet	2016	天海防务	300008	2016/12/31	交易性金融资产	Error
3	BalanceSheet	2016	天海防务	300008	2016/12/31	衍生金融资产	0
4	BalanceSheet	2016	天海防务	300008	2016/12/31	应收票据及应收账款	26692.45
5	BalanceSheet	2016	天海防务	300008	2016/12/31	应收票据	2496.54
6	BalanceSheet	2016	天海防务	300008	2016/12/31	应收账款	24195.9
7	BalanceSheet	2016	天海防务	300008	2016/12/31	应收款项融资	0
8	BalanceSheet	2016	天海防务	300008	2016/12/31	预付款项	4828.26
9	BalanceSheet	2016	天海防务	300008	2016/12/31	其他应收款(合计)	491.02
10	BalanceSheet	2016	天海防务	300008	2016/12/31	应收利息	0

图 6-44　上市公司财务数据爬取结果

（1）标题重命名。图 6-44 显示，除了"公司名称"列以外，其他列的标题不够规范，需要重命名。依次将各列标题——"type""year""code""自定义.报表日期""自定义.属性""自定义.值"重命名为"报表类型""报表年度""公司代码""报告日期""项目名称""值"。

（2）替换错误。在"值"列中，还有单元格显示"Error"，经过与原表进行核对，"Error"在原表中的实际数据为"--"，应当将其替换为"0"。鼠标右键点击该列标题，在弹出的下拉菜单中，选择"替换错误"，如图 6-45 所示。在弹出的对话框中输入"0"，该列中的"Error"即可全部替换完成。

图 6-45　替换错误

（3）转换数据类型。"报告日期"列的原有数据类型为"任意"，需要转换为"文本"，操作方法参见图 6-24。

上述步骤完成后，即可获取上市公司资产负债表、利润表和现金流量表的最终爬取结果，如图 6-46 所示。

	ABC 报表类型	报表年度	ABC 公司名称	ABC 公司代码	报告日期	ABC 项目名称	ABC 值
1	BalanceSheet	2016	天海防务	300008	2016/12/31	货币资金	49991.8
2	BalanceSheet	2016	天海防务	300008	2016/12/31	交易性金融资产	0
3	BalanceSheet	2016	天海防务	300008	2016/12/31	衍生金融资产	0
4	BalanceSheet	2016	天海防务	300008	2016/12/31	应收票据及应收账款	26692.45
5	BalanceSheet	2016	天海防务	300008	2016/12/31	应收票据	2496.54
6	BalanceSheet	2016	天海防务	300008	2016/12/31	应收账款	24195.9
7	BalanceSheet	2016	天海防务	300008	2016/12/31	应收款项融资	
8	BalanceSheet	2016	天海防务	300008	2016/12/31	预付款项	4828.26
9	BalanceSheet	2016	天海防务	300008	2016/12/31	其他应收款(合计)	491.02
10	BalanceSheet	2016	天海防务	300008	2016/12/31	应收利息	0
11	BalanceSheet	2016	天海防务	300008	2016/12/31	应收股利	0

图 6-46　上市公司财务数据最终爬取结果示意图

需要说明的是，网页爬取数据可能会受到被爬取网站相关政策的影响，也会受到被爬取网页格式的相关影响，因此，在爬取网页相关数据时，需要了解该网页的相关要求和格式，本书仅提供方法步骤的参考。

六、Power BI 数据建模

Power BI 数据建模，并不是通常意义上的创建数学模型，而是通过分析众多的数据表，寻找这些数据表的相同部分，以此搭建数据表之间的逻辑关系，便于这些数据表协同配合使用，为后续的数据分析和可视化奠定良好的基础。简单来说，Power BI 数据建模就是探寻数据表之间的逻辑关系。图 6-47 列示了 Excel 导入的三张数据表：资产负债表、利润表和现金流量表。资产负债表、利润表和现金流量表是财务分析的重点。

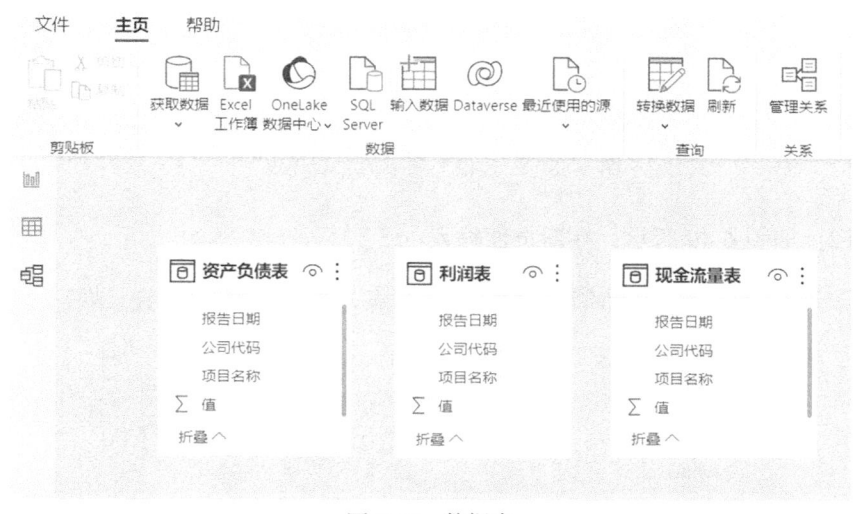

图 6-47　数据表

观察图 6-47，不难发现，资产负债表、利润表和现金流量表都列示了报告日期、公司代码、项目名称和值等字段，但实际上，只有报告日期和公司代码才是这三个数据表完全一致的字段，这两个字段提供的是属性信息。项目名称和值，三个数据表则是完全不同的，资产负债表中的项目名称主要是货币资金、应收票据、短期借款、实收资本等，利润表中的项目名称主要是营业收入、营业成本、净利润等，现金流量表中的项目名称主要是销售商品和提供劳务收到的现金、购买商品和接受劳务支付的现金等，这些项目对应的金额，也就是数据表中的值，每家公司、每个年度自然不同。这两个字段提供的是上市公司的运营信息。

图 6-47 中显示的资产负债表、利润表和现金流量表提供了财务分析所需要的数据，因此通常被称为事实表。采用 Power BI 进行智能商务财务分析，仅仅有事实表是不够的，还需要创建维度表。维度表显示的信息其实就是事实表中的属性信息，即公司名称、公司代码和报告日期。通常将公司名称和公司代码列入一个维度表，而将报告日期列入另一个维度表。

维度表可以通过外部导入，也可以通过 DAX 函数[①]添加。反映公司名称和公司代码的维度表，已经在本节第二部分中介绍了导入方法，参考本节第二部分的内容和图 6-7、图 6-8 导入，此处不再赘言。创建维度表后，可将该维度表名称由"船舶制造上市公司"重命名为"公司代码"。

由于 Excel 导入和网页上爬取的上市公司财务报表数据是季报、半年报和年报数据，"报告日期"数据中包含了年度和季度所在月份等信息，因此，时间维度表可利用"报告日期"中的信息，通过 DAX 函数创建。具体步骤如下。

步骤 1：在 Power BI 界面，点按"建模"项下的"新建表"，如图 6-48 所示。

图 6-48 "建模"项下的"新建表"

步骤 2：如图 6-49 所示，在新页面输入：

期间表 = SUMMARIZE（'资产负债表','资产负债表'[报告日期]）

图 6-49 创建期间表

SUMMARIZE()函数功能非常强大，在本例提取期间表时，会提取不重复的报告日期。第一个参数"资产负债表'"，意思是从资产负债表中提取。第二个参数"'资产负

---

① DAX（data analysis expression），即数据分析表达式。DAX 函数的写法与 Excel 函数类似，其实很多都是相同的。

债表'[报告日期]"，意思是从资产负债表中的"报告日期"列中提取不重复的报告日期。当然，也可以从利润表或者现金流量表中的"报告日期"列里提取，只需更改参数中的表的名称即可。

步骤 3：在期间表的 Power BI 界面，点击"表工具"项下的"新建列"，如图 6-50 所示，输入：

$$年度 = MID([报告日期],1,4)/1$$

报告日期	季度	年度	报表期间	年季
2021-03-31	1	2021	第一季度	202101
2020-12-31	4	2020	年度报告	202004
2020-09-30	3	2020	第三季度	202003
2020-06-30	2	2020	中期报告	202002
2020-03-31	1	2020	第一季度	202001

图 6-50 在期间表生成"年度"列

MID 函数用于从文本信息中提取指定长度的数据，其语法形式为 MID(<文本>,<起始位置>,<字符数>)。本例中，"年度=MID([报告日期],1,4)"表示从"报告日期"数据的第 1 个字符开始，提取 4 个字符，并命名为"年度"。

添加"年度"列后，采用相同的方式，依次添加"季度"、"年季"和"报表期间"列。相关的公式如表 6-1 所示。

表 6-1 添加"季度"、"年季"与"报表期间"列

列名	计算公式
季度	季度 = MID([报告日期], 6, 2)/3
年季	年季 = [年度]*100+[季度]
报表期间	报表期间 =SWITCH(MID([报告日期], 7, 1), "2","年度报告", "3","第一季度", "6","中期报告", "9","第三季度")

在表 6-1 中，生成"年季"列时，采用了"[年度]*100+[季度]"的方式，其目的是避免后续期间表排序过程中可能发生的排序混乱错误。SWITCH 函数属于逻辑判断函数。本例中，先从报告日期第 7 位提取 1 个字符，该字符为 2 时，输出"年度报告"；该字符为 3 时，输出"第一季度"；字符为 6 时，输出"中期报告"；字符为 9 时，输出"第三季度"。期间表最后的结果如图 6-51 所示。

报告日期	季度	年度	报表期间	年季
2006-12-31	4	2006	年度报告	200604
2007-03-31	1	2007	第一季度	200701
2007-06-30	2	2007	中期报告	200702
2007-09-30	3	2007	第三季度	200703
2007-12-31	4	2007	年度报告	200704
2008-03-31	1	2008	第一季度	200801

图 6-51 期间表最后的结果

公司代码维度表和期间表生成后，进入建模视图，将公司代码维度表中的"公司代码"字段分别拖到资产负债表、利润表和现金流量表的"公司代码"字段上，将期间表中的"报告日期"字段分别拖到资产负债表、利润表和现金流量表的"报告日期"字段上，就可以将五个数据表关联在一起了。最终建立的数据表关系模型如图6-52所示。

需要说明的是，数据表之间的关系可能自动生成，因此需要核对生成的结果是否符合数据分析的要求，如果不符合，可以将其删除，通过前述方式重新关联各个数据表。

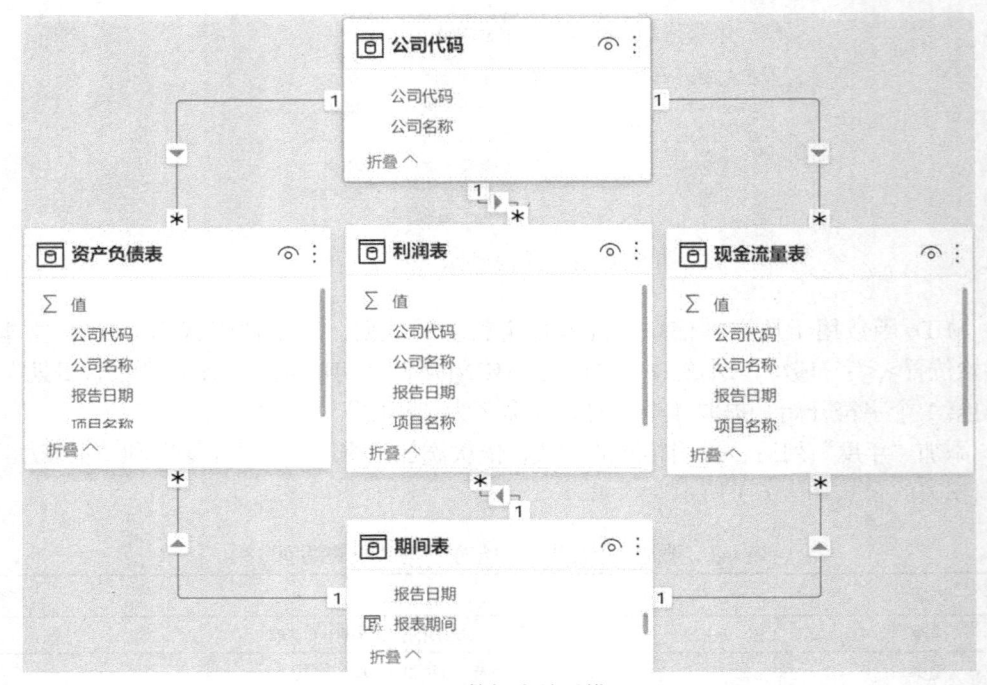

图6-52　数据表关系模型

第三节　商务智能财务分析应用基础

财务报表分析主要是对资产负债表、利润表和现金流量表进行分析。商务智能财务分析就是采用商务智能分析技术——Power BI对资产负债表、利润表和现金流量表进行动态智能分析，以动态智能可视化的方式展示一家公司的财务状况、经营成果和现金流量，帮助报表使用者进行生产经营、投资和融资决策。本节主要介绍Power BI导入财务报表结构表、创建基础度量值和基本的财务分析可视化结果，为后续的财务报表分析奠定基础。

一、财务报表结构表

在第二节导入上市公司资产负债表、利润表和现金流量表数据之后，为了在Power BI画布上显示报表数据，还需要建立一个基础度量值、一个"公司名称"切片器和一个"年度"切片器。

点击"主页"项下的"新建度量值",输入:

$$资产负债表基础度量值 = SUM('资产负债表'[值])$$

SUM()函数是聚合函数,用于计算某一列数据的总和,本例中就是对资产负债表中各项目的值求和。建立"资产负债表基础度量值"主要是为了将来在财务分析过程中便于取数和可视化操作。

为了对度量值进行分组管理,点击"主页"项下的"输入数据",加载一个空表,点击"表"右侧的"…",如图 6-53 所示。在弹出的对话框,选择"重命名",将名称命名为"基础度量值"。选择"资产负债表基础度量值",在"主表"中选择"基础度量值",如图 6-54 所示,即可将"资产负债表基础度量值"归类至"基础度量值"。利润表基础度量值和现金流量表基础度量值可以同样方式建立。

图 6-53 创建"基础度量值"表

图 6-54 调整"资产负债表基础度量值"至"基础度量值"

在"可视化"中点击切片器图标,将"字段"中的"公司名称"字段拖至"可视化"图标下面的"字段"方框中,即可创建"公司名称"切片器,如图 6-55 所示。采用同样方式可以创建"年度"切片器。

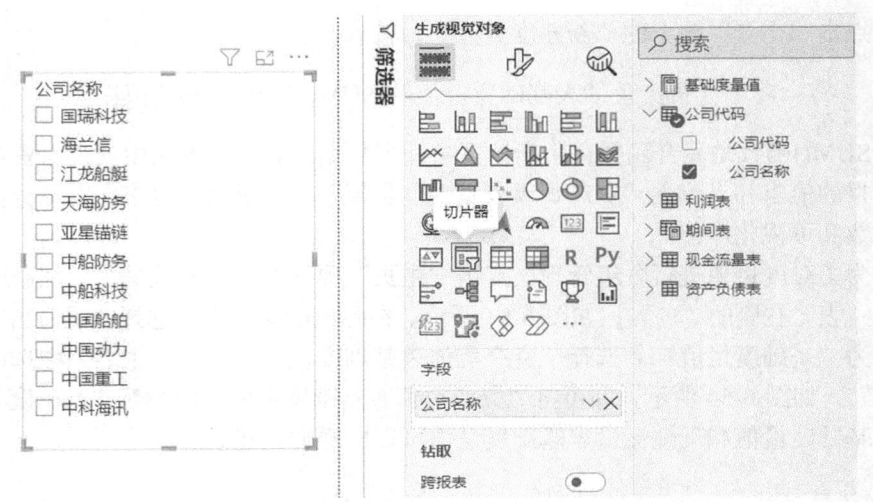

图 6-55 创建"公司名称"切片器

创建完成"公司名称"和"年度"切片器后，采用已经建立的资产负债表基础度量值，可以创建资产负债表矩阵。点击"可视化"中的矩阵图标，然后将资产负债表中的"项目名称"拖至"行"框中，将"资产负债表基础度量值"拖至"值"框中，左侧的画布中即可展现资产负债表数据。在切片器中选择"公司名称"和"年度"，相关的数据就自动呈现了，如图 6-56 所示。

图 6-56 资产负债表数据展示

图 6-56 显示的资产负债表除了不够美观之外，还存在着以下几个主要缺陷。

（1）项目名称排序混乱。与《〈企业会计准则第 30 号——财务报表列报〉应用指南》列示的资产负债表格式相比，图 6-56 所示的资产负债表项目名称的顺序混乱，应当调整为：资产按照流动性大小排序，负债按照清偿时间先后排序，所有者权益按照实收资本、资本公积、盈余公积和未分配利润等分项列示。

（2）项目金额列示错误。图 6-56 显示的各个项目的金额是当年四个季度金额的合计数。资产负债表属于静态报表，列示的金额应该是各个项目的期末余额。如果是年报，显示的应是截至当年年末的期末余额。如果是季报，显示的应是截至当季季末的余额。年末余额就是第四季度末余额，不能是当年四个季度末余额的简单相加。

（3）没有按照分类格式错落显示。图 6-56 列示的资产负债表中的所有项目都按照左对齐方式列示，导致不容易按照分类快速查看。资产负债表显示资产、负债和所有者权益两个部分，属于第一层次分类。资产细分为流动资产和非流动资产，属于第二层次分类。流动资产又细分为货币资金、交易性金融资产等项目，属于第三层次分类。为了便于查看，通常各层次之间并不是左对齐并列排开，而是同一层次并列显示，不同层次错落显示。

为了解决上述问题，采用 Excel 构造资产负债表结构表、利润表结构表和现金流量表结构表，资产负债表结构表如图 6-57 所示。该表主要包括序号、报表类型、报表名称、项目大类、项目中类、项目小类和项目名称。序号用于解决排序混乱问题。项目大类、项目中类、项目小类和项目名称用于解决各层次错落排列问题。构造结构表之后，将这些结构表导入 Power BI。导入方法见本章第二节第二部分获取数据的相关介绍。导入结构表后，将结构表和对应报表通过"项目名称"建立关系模型，如图 6-58 所示。需要说明的是，构造结构表时，需要认真核对结构表中的项目名称与新浪财经相关报表项目的名称，要保证文字和标点符号完全一致，这样可以避免无法提取相关数据的错误。

A	B	C	D	E	F	G
序号	报表类型	报表名称	项目大类	项目中类	项目小类	项目名称
1	BalanceSheet	资产负债表	资产	资产	流动资产	货币资金
2	BalanceSheet	资产负债表	资产	资产	流动资产	交易性金融资产
3	BalanceSheet	资产负债表	资产	资产	流动资产	衍生金融资产
4	BalanceSheet	资产负债表	资产	资产	流动资产	应收票据及应收账款
5	BalanceSheet	资产负债表	资产	资产	流动资产	应收票据
6	BalanceSheet	资产负债表	资产	资产	流动资产	应收账款
7	BalanceSheet	资产负债表	资产	资产	流动资产	应收款项融资
8	BalanceSheet	资产负债表	资产	资产	流动资产	预付款项
9	BalanceSheet	资产负债表	资产	资产	流动资产	其他应收款(合计)
10	BalanceSheet	资产负债表	资产	资产	流动资产	应收利息
11	BalanceSheet	资产负债表	资产	资产	流动资产	应收股利
12	BalanceSheet	资产负债表	资产	资产	流动资产	其他应收款
13	BalanceSheet	资产负债表	资产	资产	流动资产	买入返售金融资产
14	BalanceSheet	资产负债表	资产	资产	流动资产	存货
15	BalanceSheet	资产负债表	资产	资产	流动资产	消耗性生物资产
16	BalanceSheet	资产负债表	资产	资产	流动资产	合同资产
17	BalanceSheet	资产负债表	资产	资产	流动资产	划分为持有待售的资产
18	BalanceSheet	资产负债表	资产	资产	流动资产	一年内到期的非流动资产
19	BalanceSheet	资产负债表	资产	资产	流动资产	待摊费用
20	BalanceSheet	资产负债表	资产	资产	流动资产	其他流动资产
21	BalanceSheet	资产负债表	资产	资产	流动资产	流动资产合计
22	BalanceSheet	资产负债表	资产	资产	非流动资产	发放贷款及垫款
23	BalanceSheet	资产负债表	资产	资产	非流动资产	以公允价值计量且其变动计入其他综合收益的金融资产

图 6-57　资产负债表结构表

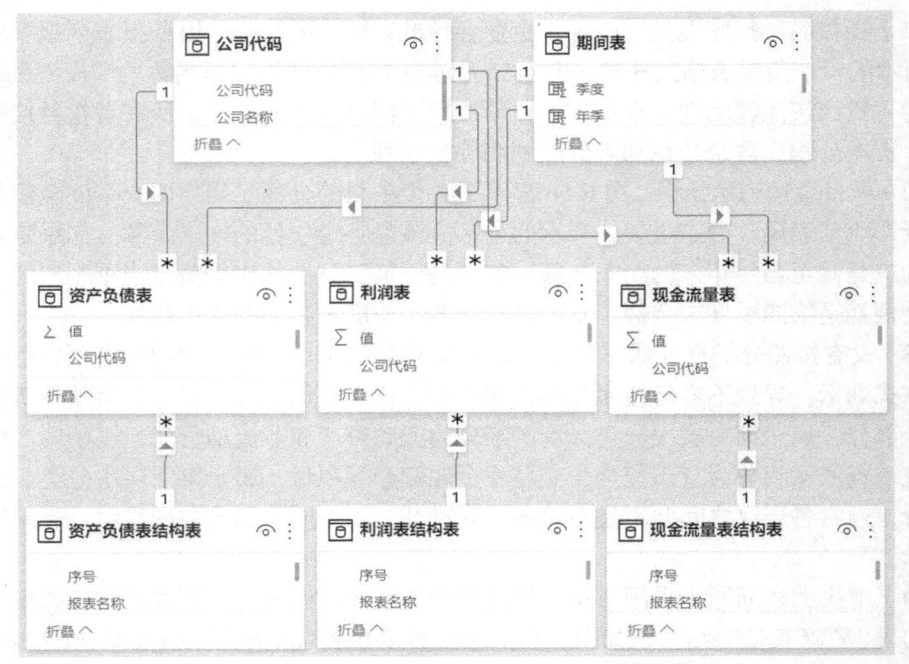

图 6-58　维度表、数据表和财务报表结构表关系模型

导入财务报表结构表并建立关系模型后，还需要进行以下几个步骤。

（1）将资产负债表结构表中的"项目大类"、"项目小类"和"项目名称"拖至"可视化"下的"行"框中。

（2）将期间表中的"年度"字段拖至"列"框中。

（3）将资产负债表结构表中的"序号"字段拖至"值"框中，点击该字段右侧的"⌄"，在弹出的菜单中选中"最小值"。

（4）点击资产负债表右上角的"…"，在弹出的菜单中选中"排序方式"—"序号"—"最小值"，再次点击"…"，选择"以升序排序"。

图 6-59 即为经过上述步骤调整后呈现的结果。相较于图 6-56，排序混乱和各层次并列显示问题得到解决。资产按照流动性大小排序，负债按照清偿时间先后排序，所有者权益按照实收资本、资本公积、盈余公积和未分配利润等分项列示。第一、第二和第三层次项目已经错落显示。

二、创建资产负债表基础度量值

图 6-59 虽然解决了排序混乱和层次不清问题，但项目金额列示错误还没有得到解决。前文已经说明，资产负债表属于静态报表，显示企业某一特定时点的财务状况，比如月末、季末、半年度末或者年度末的余额。但图 6-59 显示的金额实际上是当年第一季度末、半年度末、第三季度末和年度末余额的简单相加的合计数。因此，需要将其调整为仅显示每期期末的余额，如 2020 年度余额应当为 2020 年年末的余额。

第六章　商务智能财务分析基础

图 6-59　导入财务报表结构表后的资产负债表

点击"主页"—"新建度量值",如图 6-60 所示,输入：

期末 =
VAR EndDate=MAX('期间表'[年季])
//取得所选日期的最大值
Return
CALCULATE([资产负债表基础度量值], '期间表'[年季]=EndDate)
//计算期末金额

图 6-60　创建"期末"度量值

将"期末"字段拖至"值"框中,并与新浪财经上的资产负债表数据核对相符。

按照《〈企业会计准则第 30 号——财务报表列报〉应用指南》的要求,企业财务报表属于比较会计报表,资产负债表需要列示期初余额,利润表和现金流量表需要列示上年数额。因此，对于资产负债表，还需要创建"期初"度量值。点击"主页"—"新建度量值"，输入度量值计算公式，见表6-2。

表6-2 创建"期初"度量值

度量值名称	度量值计算公式
期初	期初 = VAR CURyear=MAX('期间表'[年度]) VAR beginAmt=CALCULATE([期末], 　　FILTER(ALL('期间表'), 　　'期间表'[年度]=CURyear-1 　　&& '期间表'[季度]=4)) return beginAmt

资产负债表分析，通常需要计算期末与期初的变化值与变化百分比，因此还需要创建"变化"与"变化%"度量值，见表6-3。

表6-3 创建"变化"与"变化%"度量值

度量值名称	度量值计算公式
变化	变化 = IF(ISBLANK([期末]), 　　BLANK(), 　　[期末]-[期初])
变化%	变化% = DIVIDE([变化],[期初])

图6-61显示了经过上述调整后的资产负债表。

公司名称	年度	2020				
☐ 国瑞科技	项目大类	序号 的最小值	期初	期末	变化	变化%
☐ 海兰信	☐ 资产					
☐ 江龙船艇	☐ 流动资产					
☐ 天海防务	货币资金	1	2353872901	2363451788	9578887	0%
☐ 亚星锚链	应收票据	4	83340333	139584456	56244124	67%
☐ 中船防务	应收账款	5	1020247600	720814479	-299433120	-29%
■ 中船科技	预付账款	6	210645802	263068732	52422930	25%
☐ 中国船舶	应收股利	7		4500000	4500000	
☐ 中国动力	应收利息	8		0	0	
☐ 中国重工	其他应收款	9	50958958	47150636	-3808322	-7%
☐ 中科海讯	存货	10	734470520	1057429601	322959082	44%
	合同资产	11		1446836681	1446836681	
	一年内到期的非流动资产	13	500907118	586934756	86027638	17%
年度	其他流动资产	14	69145559	71649817	2504257	4%
☐ 2016	流动资产合计	15	5023588790	6701420947	1677832157	33%
☐ 2017	☐ 非流动资产					
☐ 2018	其他权益工具投资	17	97015483	104816119	7800636	8%
☐ 2019	长期应收款	19	1643732644	375220479	-1268512164	-77%
■ 2020	长期股权投资	20	198115805	211322775	13206970	7%
	投资性房地产	21	120216652	429100729	308884077	257%

图6-61 调整后的资产负债表

三、资产负债表可视化

图 6-61 显示的资产负债表，虽然解决了排序混乱、金额显示错误、层次不清楚等问题，但显然还不够美观。在这一部分，主要介绍如何将资产负债表进行初步的可视化。

（一）添加主题

依次点击"视图"和下拉框，选择"潮汐"主题，如图 6-62 所示。

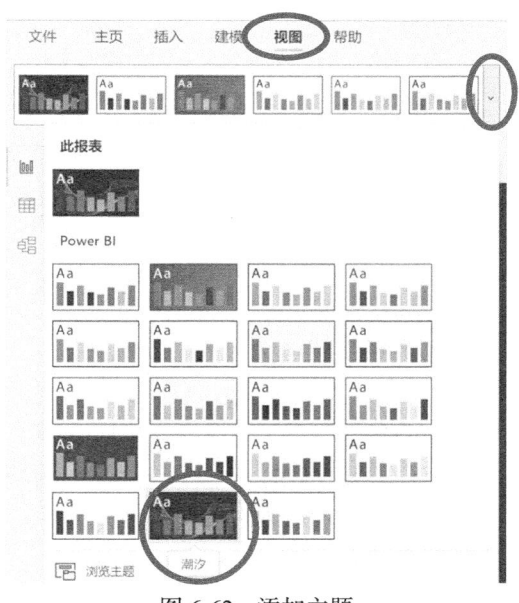

图 6-62　添加主题

（二）设置切片器格式

选定"年度"切片器，在右侧"可视化"区域点击，在"常规"的"方向"中选择"水平"。关闭"切片器标头"。在"项目"中进行"字体颜色"和"背景"设置。与"项目"并列的"背景"中的"透明度"选择"65%"。在"筛选器"的"显示值为以下内容的项"中，选择"不为空"，点击"应用筛选器"，如图 6-63 所示。"报表期间"切片器和"公司名称"切片器，可以参考相同方式进行设置，不再赘言。

（三）设置资产负债表格式

图 6-61 中的资产负债表显示，资产负债表的顶端存在空行，一些资产负债表项目也没有期初和期末金额，资产负债表项目的变化方向和变化程度也没有以醒目的方式显示出来，资产负债表的背景、字体颜色还需进一步调整……因此，有必要对资产负债表的可视化结果进行进一步完善。

1. 删除资产负债表中顶端的空行

取消筛选器"项目名称"中空白项前的勾选，即可删除资产负债表顶端的空行。

(a)   (b)   (c)

图 6-63　切片器设置

2. 不显示没有金额的资产负债表项目

在筛选器"期末"字段中的"显示值为以下内容的项"中选择"不为空",点击"应用筛选器",随后在"变化"字段中的"显示值为以下内容的项"中选择"不等于"——"0",没有金额的资产负债表项目就不在表中显示了。需要注意的是,经过上述调整后,资产负债表项目的排序可能混乱,需要重新按照序号进行排序。

3. 显示资产负债表项目变化方向和程度

在"可视化"下的"值"中,点击"变化"字段右侧的"▼",选择"条件格式"中的"数据条",在弹出的对话框中选择"正值条形图"和"负值条形图"的颜色,点击"确定",如图 6-64 所示。"变化%"以同样方式进行设置。

(a)   (b)

图 6-64　"变化"的方向和程度的设定

4. 背景、字体颜色的设定

选中资产负债表矩阵,点击右侧"可视化"下的 ▼ 按钮,在"行标题"、"列标题"、

“值”和“背景”中进行相关设置。

5. “资产”与“负债和所有者权益”左右分别列示

首先，点击 左侧的图标，双击“项目大类”，将其更名为“资产负债表项目”。其次，鼠标右键选中资产负债表矩阵。在弹出菜单中，选择“复制”—“复制视觉对象”。随后“Ctrl+V”粘贴，并将两个资产负债表矩阵分列左右。左侧资产负债表在“筛选器中”的“资产负债表项目”字段中勾选“资产”，右侧资产负债表在“筛选器”中的“资产负债表项目”字段中勾选“负债和所有者权益”，完整的资产负债表即可呈现在画布中。

6. 完成资产负债表的初始可视化

首先，插入文本框，输入“资产负债表（单位：万元）”，进行字体、字号和颜色设定。其次，双击画布左下角的“第 1 页”，将其更名为“资产负债表”。

经过上述步骤，完成了资产负债表的初始可视化工作，见图 6-65。

图 6-65 显示了中船科技 2020 年度的资产负债表，该表清晰地显示出：①应收票据、投资性房地产、固定资产、一年内到期的非流动负债等的期末数与期初数相比，都有明显的提高；②应收账款、长期应收款、短期借款、预收账款、其他应付款、其他流动负债、长期借款等都有明显的下降。可见，资产负债表的初步可视化，能清晰地反映出资产负债表哪些项目发生了明显的变化，便于报表使用者对这些发生明显变化的项目予以重点关注，并快速了解企业的财务状况。

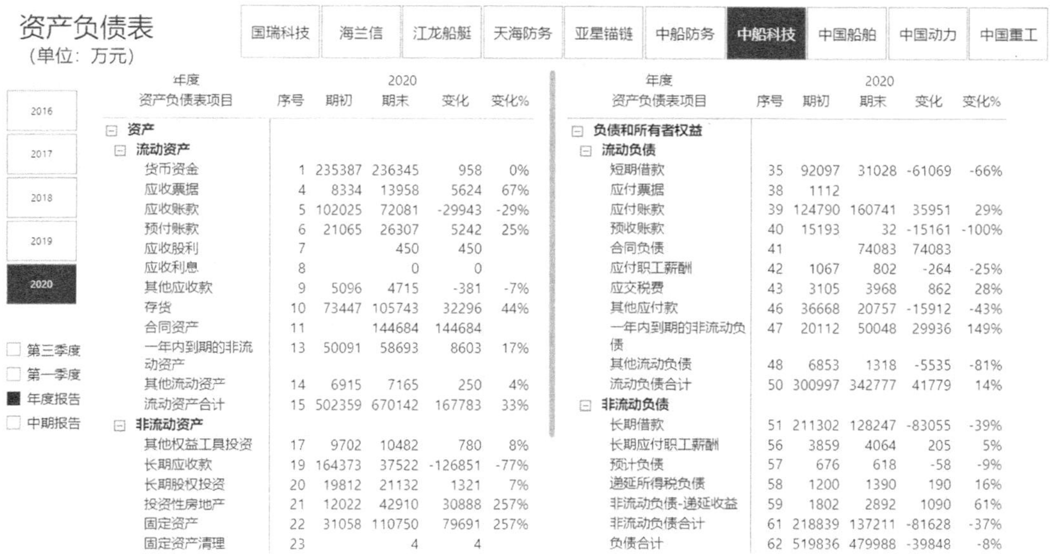

年度	2020				
资产负债表项目	序号	期初	期末	变化	变化%
⊟ 资产					
⊟ 流动资产					
货币资金	1	235387	236345	958	0%
应收票据	4	8334	13958	5624	67%
应收账款	5	102025	72081	-29943	-29%
预付账款	6	21065	26307	5242	25%
应收股利	7		450	450	
应收利息	8		0	0	
其他应收款	9	5096	4715	-381	-7%
存货	10	73447	105743	32296	44%
合同资产	11		144684	144684	
一年内到期的非流动资产	13	50091	58693	8603	17%
其他流动资产	14	6915	7165	250	4%
流动资产合计	15	502359	670142	167783	33%
⊟ 非流动资产					
其他权益工具投资	17	9702	10482	780	8%
长期应收款	19	164373	37522	-126851	-77%
长期股权投资	20	19812	21132	1321	7%
投资性房地产	21	12022	42910	30888	257%
固定资产	22	31058	110750	79691	257%
固定资产清理	23		4	4	

年度	2020				
资产负债表项目	序号	期初	期末	变化	变化%
⊟ 负债和所有者权益					
⊟ 流动负债					
短期借款	35	92097	31028	-61069	-66%
应付票据	38	1112			
应付账款	39	124790	160741	35951	29%
预收账款	40	15193	32	-15161	-100%
合同负债	41		74083	74083	
应付职工薪酬	42	1067	802	-264	-25%
应交税费	43	3105	3968	862	28%
其他应付款	46	36668	20757	-15912	-43%
一年内到期的非流动负债	47	20112	50048	29936	149%
其他流动负债	48	6853	1318	-5535	-81%
流动负债合计	50	300997	342777	41779	14%
⊟ 非流动负债					
长期借款	51	211302	128247	-83055	-39%
长期应付职工薪酬	56	3859	4064	205	5%
预计负债	57	676	618	-58	-9%
递延所得税负债	58	1200	1390	190	16%
非流动负债-递延收益	59	1802	2892	1090	61%
非流动负债合计	61	218839	137211	-81628	-37%
负债合计	62	519836	479988	-39848	-8%

图 6-65　资产负债表初始可视化

四、利润表和现金流量表的可视化

利润表和现金流量表的初始可视化过程与资产负债表的初始可视化过程基本相同。

有所不同的是，利润表与现金流量表属于动态报表，反映企业在一个季度、半年度、前三个季度、一个年度等一定时期的经营成果与现金流入和流出情况。具体来说，半年度报表反映的是半年的累计金额，第三季度报表反映的是前三个季度的累计金额，年度报表反映的是全年累计金额。另外还需要注意的是，利润表中，营业总收入、营业总成本、营业利润、利润总额和净利润等项目的金额通常为计算得出。例如，营业利润就是营业收入在扣减营业成本、税金及附加、管理费用、销售费用、研发费用、财务费用、资产减值损失、信用减值损失和加计公允价值变动净收益、投资收益等项目金额的基础上计算得出的。为了避免出现不必要的计算错误，对这些项目的金额通过如下度量值从新浪财经原始报表上直接提取。

（一）创建利润表基础度量值

首先，点击"主页"—"新建度量值"，分别创建利润表的基础度量值，见表6-4。

表6-4 利润表基础度量值

度量值名称	度量值计算公式
一、营业总收入	一、营业总收入 = CALCULATE([利润表基础度量值], FILTER(ALL('利润表结构表'), '利润表结构表'[项目名称]="一、营业总收入"))
二、营业总成本	二、营业总成本 = CALCULATE([利润表基础度量值], FILTER(ALL('利润表结构表'), '利润表结构表'[项目名称]="二、营业总成本"))
三、营业利润	三、营业利润 = CALCULATE([利润表基础度量值], FILTER(ALL('利润表结构表'), '利润表结构表'[项目名称]="三、营业利润"))
四、利润总额	四、利润总额 = CALCULATE([利润表基础度量值], FILTER(ALL('利润表结构表'), '利润表结构表'[项目名称]="四、利润总额"))
五、净利润	五、净利润 = CALCULATE([利润表基础度量值], FILTER(ALL('利润表结构表'), '利润表结构表'[项目名称]="五、净利润"))

其次，将营业总收入、营业总成本、营业利润、利润总额和净利润等项目的金额与其他正常项目的金额整合在"当期"度量值中，如表6-5所示。

表6-5 利润表"当期"度量值

度量值名称	度量值计算公式

当期	当期 =
	SWITCH(TRUE(),
	  NOT HASONEVALUE('利润表结构表'[项目小类]), [一、营业总收入],
	  NOT HASONEVALUE('利润表结构表'[项目名称]),
	    SWITCH(TRUE(),
	      SELECTEDVALUE('利润表结构表'[项目小类])="二、营业总成本", [二、营业总成本],
	      SELECTEDVALUE('利润表结构表'[项目小类])="三、营业利润", [三、营业利润],
	      SELECTEDVALUE('利润表结构表'[项目小类])="四、利润总额", [四、利润总额],
	      SELECTEDVALUE('利润表结构表'[项目小类])="五、净利润", [五、净利润]
	    ),
	  [利润表基础度量值]
	)

在利润表和现金流量表中，除了提供当期金额外，通常还需要提供上年同期的金额。上年同期金额通过以下两个步骤实现。

（1）创建"期间编号"度量值。

点击画布左侧 ⊞ 图标，在右侧"数据"中选择"期间表"，点击工具栏中的"新建列"，如图 6-66 所示，输入：

期间编号 = (mid([报告日期],1,4)/1-1990)*4+mid([报告日期],6,2)/3

图 6-66　创建"期间编号"度量值

（2）创建"上年同期"度量值，见表 6-6。

表 6-6　利润表"上年同期"度量值

名称	度量值计算公式
上年同期	上年同期 = VAR reportno=SELECTEDVALUE('期间表'[期间编号]) RETURN CALCULATE([当期], FILTER(ALL('期间表'), '期间表'[期间编号]=reportno-4))

为了便于报表使用人快速查看利润表各项目的变化情况，在利润表可视化过程中，通常提供与上年同期相比较的同比增长金额和同比增长率。"同比增长"和"同比增长%"度量值计算公式见表 6-7。

表 6-7 利润表"同比增长"与"同比增长%"度量值

度量值	度量值计算公式
同比增长	同比增长 = IF(ISBLANK([当期]), BLANK(), [当期]-[上年同期])

同比增长%	同比增长% =
	IF (
	  ISBLANK ([当期]),
	  BLANK (),
	  IF ([上年同期] > 0,
	    DIVIDE ([当期],
	    [上年同期]) - 1,
	    1 - DIVIDE ([当期], [上年同期]))
	)//注意负数情况

（二）利润表项目变化趋势可视化

利润表矩阵显示了利润表各项目的当期金额、上年同期金额、同比增长金额和同比增长率，但这仅仅是相邻两个年度的变化和变化百分比，在对一家企业经营状况进行分析时，通常还需要显示若干年度的变化趋势。为了和利润表矩阵中各项目建立互动关系，还需要创建"趋势图"度量值和"趋势图标题"度量值。

1. 创建"趋势图"和"趋势图标题"度量值

点击"主页"—"新建度量值"，如图 6-67 所示，分别输入"趋势图"和"趋势图标题"相关内容。

```
1  趋势图 =
2  IF (
3    HASONEVALUE ( '利润表'[项目名称] ),
4    [当期],
5    CALCULATE ( [当期],
6    '利润表结构表'[项目名称] = "一、营业总收入" )
7  )
```

```
1  趋势图标题 =
2  CONCATENATE (
3    IF ( HASONEVALUE ( '利润表'[项目名称] ),
4    VALUES ( '利润表'[项目名称] ),
5    "一、营业总收入" ),
6    "变化趋势"
7  )
```

(a)   (b)

图 6-67 创建"趋势图"与"趋势图标题"度量值

2. 利润表项目趋势可视化与设置

1）趋势图与相关可视化设置

点击"可视化"中的"折线图"图标，将"期间表"中的"报表年度"字段拖至"可视化"下方的"轴"框中，将"趋势图"字段拖至"值"框中，如图 6-68 所示。

如图 6-69 所示，点击"可视化"下方的"格式"图标。在"X 轴"中关闭"标题"，"颜色"选择白色。在"Y 轴"中关闭"标题"，"颜色"选择白色，"显示单位"选择"无"。"格式"中的"标题"选择关闭。

第六章 商务智能财务分析基础

(a) (b)

图 6-68 绘制折线图

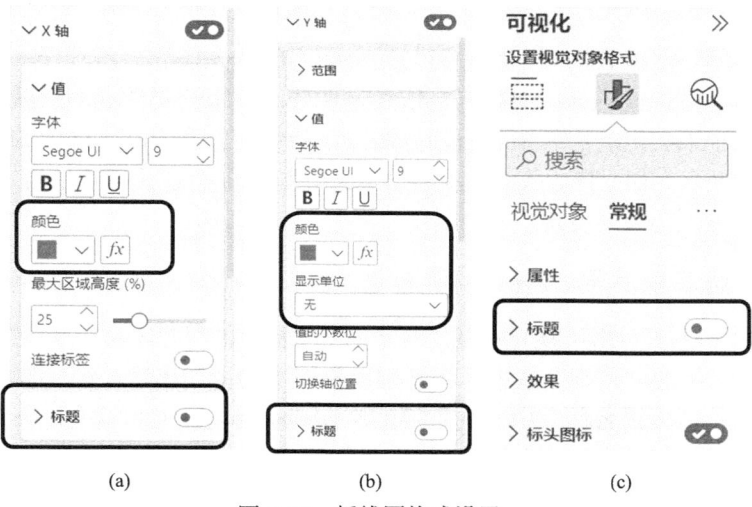

(a) (b) (c)

图 6-69 折线图格式设置

2）趋势图标题可视化与相关设置

如图 6-70 所示，点击"可视化"中的"卡片图"图标，将"趋势图标题"字段拖至"可视化"下方的"字段"框中。在"格式"中关闭"类别标签"和"标题"。"数据标签"中的"颜色"选择白色，"文本大小"选择"14 磅"。"背景"中的"颜色"选择"#06427C"色号。

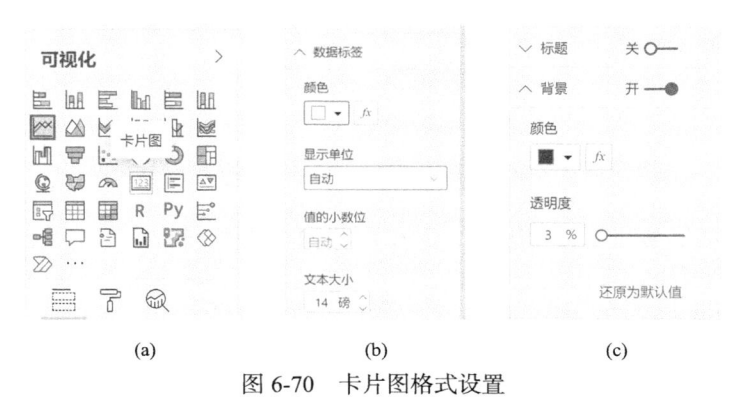

(a) (b) (c)

图 6-70 卡片图格式设置

3）关闭"年度""报表期间"切片器与趋势图之间的关联

如图 6-71 所示，点击"格式"—"编辑交互"，选中"年度"切片器，点击趋势图右上角的实心圆图标，关闭"年度"切片器与趋势图之间的关联。同理可关闭"报表期间"切片器与趋势图之间的关联。

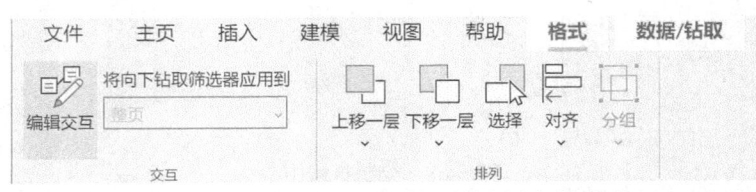

图 6-71　关闭年度切片器与趋势图之间的关联

关闭"年度""报表期间"切片器与趋势图之间的关联后，点选任一年度、任一期间，趋势图不会受到这一选择的影响，依然呈现选定上市公司的利润表项目金额的发展变化趋势。由于未关闭利润表矩阵与趋势图以及趋势图标题卡片图之间的关联，点选利润表矩阵中的项目，如"营业收入"项目时，趋势图会自动显示该项目的发展变化趋势，趋势图标题名称也会自动变更。

（三）利润表项目同比增长%瀑布图

如图 6-72 所示，点击可视化中的"瀑布图"图标。将利润表结构表中的"项目名称"拖至"可视化"下的"类别"框中。将基础度量值中的"同比增长%"拖至"值"框中。在"筛选器"—"项目名称"中勾选主要的利润表项目。在"可视化"下的"格式"和"字段"中，进行相关设置和调整，最终完成创建利润表项目同比增长%瀑布图。

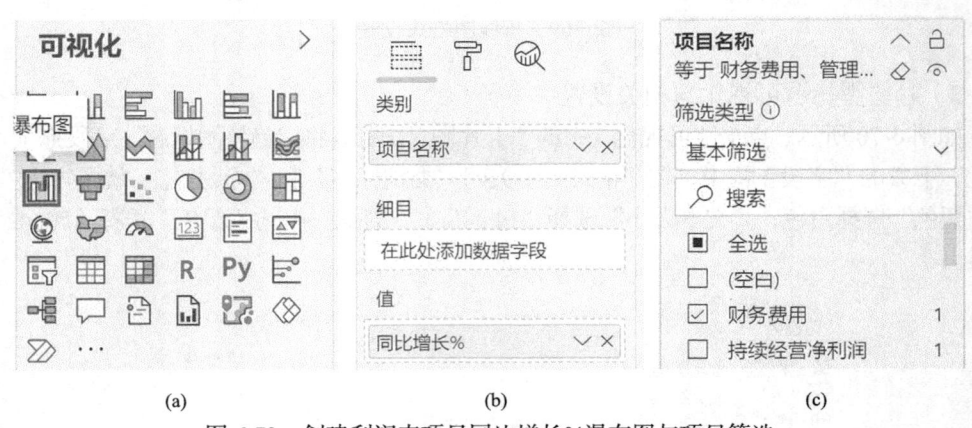

(a)　　　　　　　　　(b)　　　　　　　　　(c)

图 6-72　创建利润表项目同比增长%瀑布图与项目筛选

图 6-73 展示了利润表可视化图，显示了 2020 年中船科技的基本经营情况，主要包括以下几点。①营业收入相比上年约减少 14.53 亿元，下降 44%。②研发费用和上年同期相比约减少 4882 万元，降低 44%。③利润总额和上年同期相比约增加 4691 万元，提高 39%。④所得税费用相比上年同期约增加 1743 万元，上升 199%。⑤2016 年至 2020

年，中船科技营业总收入呈现下降趋势。中船科技 2016 年以来的销售下滑和收入下降，可能的原因是，中美之间的贸易战以及 2019 年疫情的影响。2020 年，中船科技在营业收入大幅下降 44% 的情况下，利润总额却上涨了 39%，这主要是通过减少研发费用、财务费用和管理费用来实现的。不过需要提醒的是，大幅减少研发费用虽能在短期增加公司的利润，但是对公司的技术创新和长远发展会产生非常不利的影响。

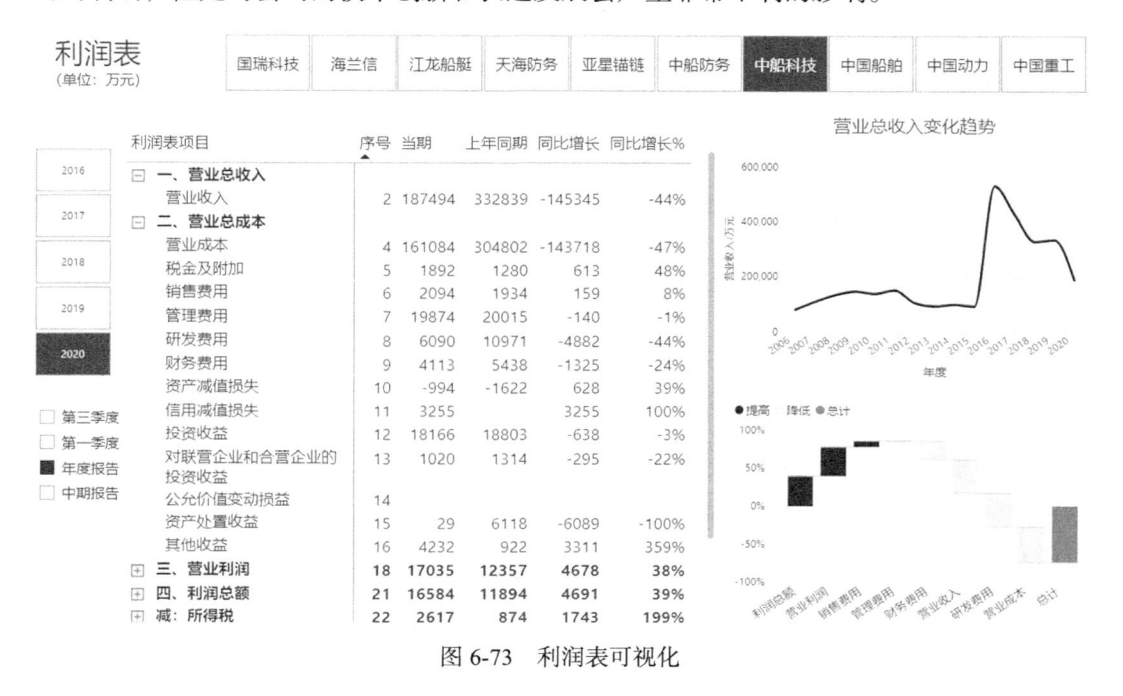

图 6-73 利润表可视化

（四）现金流量表可视化

现金流量表的可视化与利润表可视化没有显著不同，不再赘言。图 6-74 展示了现金流量表可视化结果。

图 6-74 显示，2020 年，中船科技经营活动产生的现金流量净额约为 6.56 亿元，投资活动产生的现金流量净额约为 6.74 亿元，筹资活动产生的现金流量净额约为 –12.70 亿元。中船科技当年经营活动有较好的"造血"机能，同时利用以前的积累，一方面增加投资，另一方面偿还债务，这有助于降低企业面临的财务风险，同时增加新的增长点，促进该公司高质量发展。图 6-74 还显示，自 2016 年起，中船科技的营业收入不断下降；从 2018 年开始，经营活动现金流入甚至超过了当年的营业收入，并呈现上升态势，可能的原因是，中船科技加强了对应收款项的管理。中船科技的经营活动现金流出在 2017 年至 2018 年连续下降之后，至 2020 年，基本保持平稳，但却低于经营活动现金流入，导致 2020 年经营活动产生的现金流量净额大幅增加，这或许是中船科技的降本增效措施发挥了作用。此外，中船科技在 2017 年扭转了营业利润亏损的状况，并且开启了上升通道，与之对应的经营活动产生的现金流量净额也逐渐摆脱了净流出的状况，甚至在 2019 年和 2020 年超越了营业利润，提高了营业利润的质量。

现金流量表
(单位：万元)

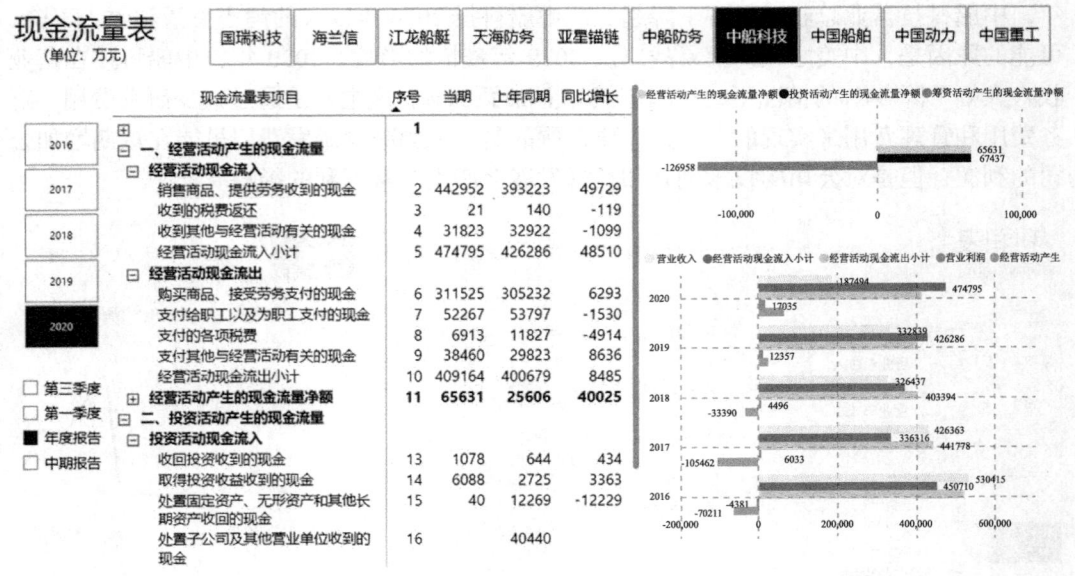

现金流量表项目	序号	当期	上年同期	同比增长
一、经营活动产生的现金流量	1			
经营活动现金流入				
销售商品、提供劳务收到的现金	2	442952	393223	49729
收到的税费返还	3	21	140	-119
收到其他与经营活动有关的现金	4	31823	32922	-1099
经营活动现金流入小计	5	474795	426286	48510
经营活动现金流出				
购买商品、接受劳务支付的现金	6	311525	305232	6293
支付给职工以及为职工支付的现金	7	52267	53797	-1530
支付的各项税费	8	6913	11827	-4914
支付其他与经营活动有关的现金	9	38460	29823	8636
经营活动现金流出小计	10	409164	400679	8485
经营活动产生的现金流量净额	11	65631	25606	40025
二、投资活动产生的现金流量				
投资活动现金流入				
收回投资收到的现金	13	1078	644	434
取得投资收益收到的现金	14	6088	2725	3363
处置固定资产、无形资产和其他长期资产收回的现金	15	40	12269	-12229
处置子公司及其他营业单位收到的现金	16		40440	

图 6-74 现金流量表可视化

为了加强对度量值的管理，便于以后快速查找，通常需要对度量值进行分类，将众多的度量值分别置于各自的文件夹中。如图 6-75 所示，点击画布左侧的"模型"图标，在画布右侧的"数据"中选中利润表有关的基础度量值，在"属性"下的"显示文件夹"中输入"利润表基础度量值"。资产负债表和现金流量表的不再赘言。

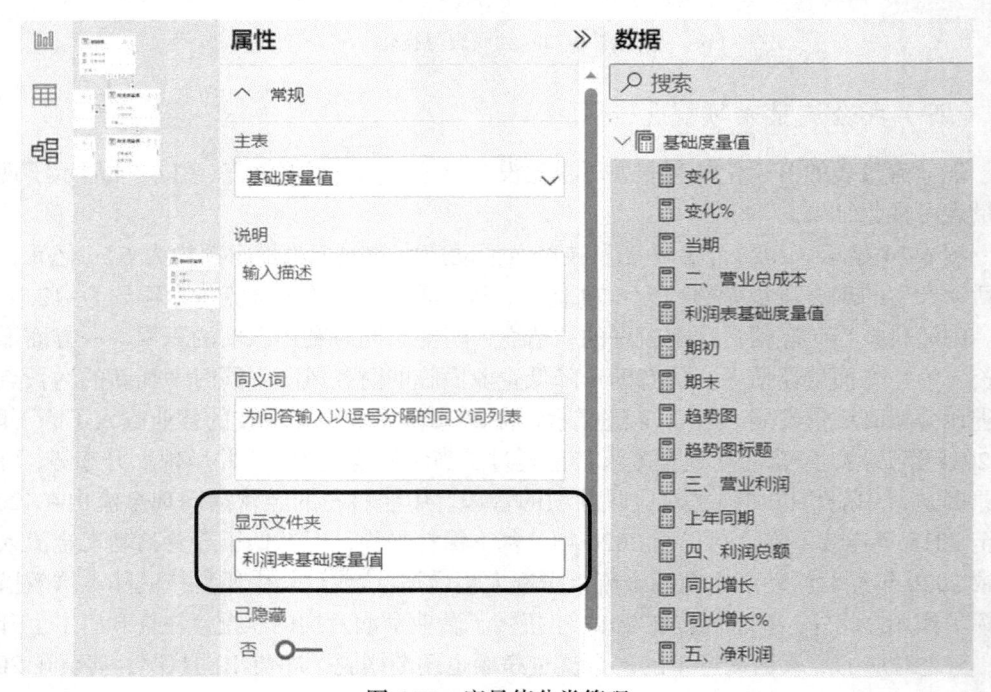

图 6-75 度量值分类管理

五、上市公司相关信息的可视化

如果想对一家公司有更充分的了解和把握，除了对该公司的财务报表进行可视化和智能商务分析，还需要了解该公司的基本情况。我们需要知道该公司的经营范围是什么，需要知道该公司的主营业务是什么，需要知道该公司的发展历程。该公司过去干什么？现在干什么？公司的董事长是谁？公司在哪？如何联系该公司？从哪获取该公司信息？该公司近期的股价走势如何？……

新浪财经等财经网站提供了上市公司的基本情况信息和股票历史交易数据等信息。相对资产负债表、利润表和现金流量表而言，各公司的公司资料与历史交易数据的网页地址之间的差别仅仅是上市公司的股票代码，因此，批量获取这些信息变得更为简单和容易。例如，新浪财经的中船科技的公司资料的网页地址是 https://vip.stock.finance.sina.com.cn/corp/go.php/vCI_CorpInfo/stockid/600072.phtml，中国船舶的公司资料的网页地址是 https://vip.stock.finance.sina.com.cn/corp/go.php/vCI_CorpInfo/stockid/600150.phtml。公司股票代码函数 StockCode 在创建批量获取财务报表数据自定义函数 getdata 过程中已经创建完毕，此处直接创建批量获取公司资料和股票历史交易数据的自定义函数 Getgszl 和 Gettrade 就可以了。Getgszl 和 Gettrade 自定义函数的创建过程与 getdata 的创建过程相同，此处不再赘言。图 6-76 列示了公司基本信息、股价走势、营业收入与 2023 年第一季度股价走势的可视化结果。

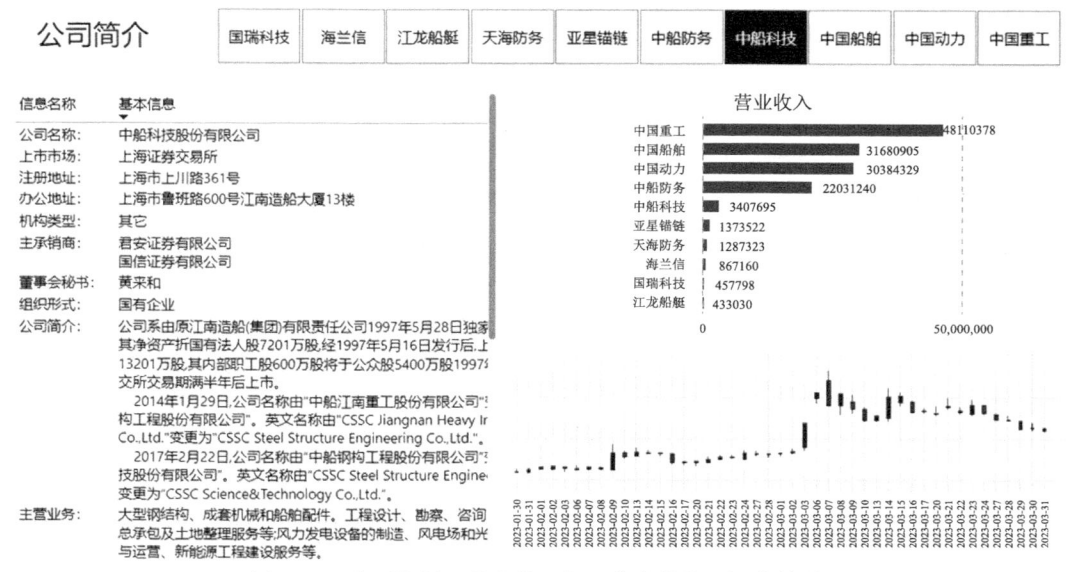

图 6-76 公司资料、营业收入与股价走势的可视化结果

图 6-76 中的股价走势数据源自爬取的搜狐证券历史交易数据，命名为"交易行情"。原始的可视化对象库中没有股票价格 K 线图视觉对象，需要在 Power BI 应用商店中免费下载安装，也可以直接在该视觉对象创建者的网页 https://okviz.com/candlestick/中免费下载安装。点击 Candlestick by OKViz 图标，如图 6-77 所示，将"交易行情"中的相关

字段拖至对应的框中即可。

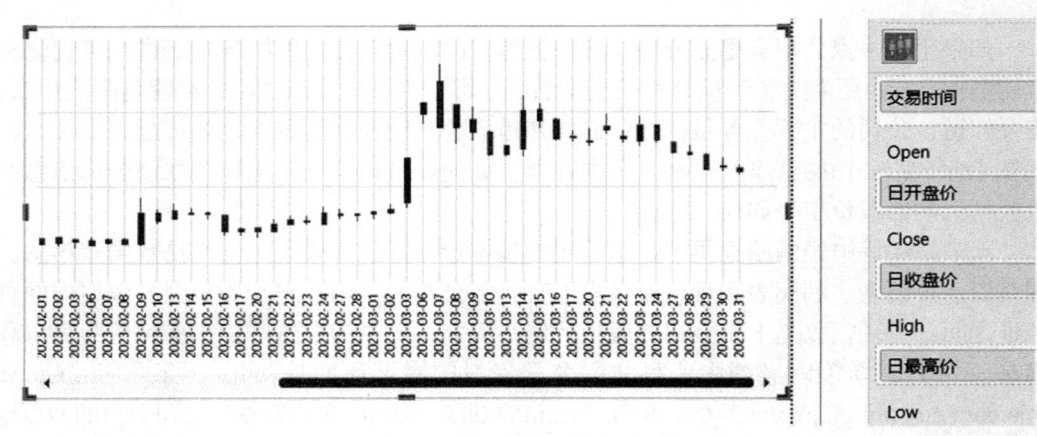

图 6-77　股票价格走势可视化

从财经网页爬取的股票价格原始数据中，可能没有昨日收盘价，可以创建"昨收价"度量值，见表 6-8。

表 6-8　"昨收价"度量值

度量值	度量值计算公式
昨收价	昨收价 = //计算不连续日期的前 n 天的值 var n=1 var date1=max('交易行情'[日期]) var date2=filter(all('交易行情'[日期]), '交易行情'[日期]<date1) var date3=topn(n, date2, '交易行情'[日期], DESC) var pcp=calculate('基础度量值'[收盘价], '交易行情'[日期]=date3) return pcp

本 章 要 点

本章主要知识点如下。

（1）Howard Dresner 将商务智能定义为："通过应用以事实为基础的支持系统，以改善商务决策而制定的一系列概念和方法。"

（2）商务智能分析技术的发展主要经历了 IT 主导的商务智能分析技术和自助式商务智能分析技术两个阶段。IT 主导的商务智能分析技术下，技术人员不懂业务，业务分析人员不懂技术，导致企业决策者因不能充分了解和掌握企业的具体生产经营情况，而不能及时有效地做出相关决策。自助式商务智能分析技术下，业务分析人员无须懂得技术，很好地解决了 IT 主导的商务智能分析技术所带来的部门沟通难题。

（3）商务智能通过业务与财务的融合获取了大量的数据，人工智能的深度发展更是将企业财务分析模型和财务分析方法融入智能财务系统，能够快速、有效地向利益相关者提供动态、可靠、有较强视觉冲击力和立体化的可视化分析报告，实现智能财务分析。

（4）数据分析结果的可视化是很好的解决方案。将数据分析结果通过合理恰当的可视化工具呈现出来，可以帮助利益相关者更快速更轻松地理解动态、复杂和多层次的数据分析结果。

（5）Power BI 就是实现商务数据和会计数据动态智能可视化的工具。通过将商务数据和会计数据可视化，以决策者更容易理解的方式将商务数据和会计数据呈现出来，帮助决策者进行及时有效的决策，最终实现为企业创造价值的目的。

（6）采用 Power BI 进行财务分析的基本流程主要可分为四个步骤，依次是获取数据源、数据清洗、数据建模和数据可视化。

（7）Power BI 可以通过 Excel、SQL Server、文本/CSV 导入以及 Web 爬取等多种方式获取数据，也可以通过 Web 批量获取数据。

（8）Power BI 获取数据后，在 Power Query 模块完成将第一行用作标题、筛选、添加列、删除列、拆分列、重命名列、删除重复项和空值、替换、填充、格式修整、转置、逆透视列等所有数据清洗工作。

（9）数据建模就是通过各个数据表的属性信息（在 Power BI 中称为维度）对数据表进行分类，并建立数据表之间的关联。

（10）数据可视化是在分类的基础上，采用比较的方式呈现商务数据或者会计数据的可视化结果。它能够帮助企业回答相关的商务或者会计问题，将原始数据转化为能够为企业创造价值的知识，帮助管理者制定合理的经营战略和投融资战略，输出对未来商务活动有影响力的建设性决策。

（11）商务智能财务分析需要通过 Power BI 导入财务报表结构表，创建资产负债表、利润表和现金流量表基础度量值，呈现资产负债表、利润表、现金流量表和企业相关信息的可视化结果，以动态智能可视化的方式展示一家公司的财务状况、经营成果和现金流量，帮助报表使用者进行生产经营、投资和融资决策。

复习思考题

1. 什么是商务智能？商务智能分析技术经历了哪几个阶段？
2. 什么是 Power BI？Power BI 包括哪些产品类型？
3. 采用 Power BI 进行财务分析的基本流程是什么？
4. Power BI 获取数据的来源与渠道有哪些？如何获取数据？
5. 采用 Power BI 对获取的数据进行清洗，通常需要做哪些工作？
6. 什么是数据建模？为什么要进行数据建模？如何建模？
7. 为什么要导入财务报表结构表？如何导入财务报表结构表？
8. 如何实现资产负债表、利润表、现金流量表和上市公司相关信息的可视化？需要创建哪些基础度量值？

练 习 题

自主选择一家上市公司,参考本章内容实现对该公司及所在行业其他公司的资产负债表、利润表、现金流量表以及相关信息的可视化。

【案例分析】信仰的坚守：辛顿与智能分析技术的发展

案例导引：纵观商务智能分析技术的发展历程,不得不提及被誉为"人工智能教父"和"深度学习教父"的杰弗里·辛顿。辛顿之所以取得伟大成就,不仅是因为他来自天才家庭,更是因为他对梦想的长期坚守与不懈努力。

本案例讲述辛顿彪悍的天才家庭以及他的"逆风而行,无畏悲伤,也无畏挫折"的坚守之路。通过本案例的学习,要努力鼓励自己做到心中有梦,脚下有路,不忘初心,牢记使命,只争朝夕,不负韶华,敬畏变局,飞越天堑。

天才家庭 名家辈出

1947年辛顿出生于英国的书香世家,其高外祖父乔治·布尔,因创立布尔逻辑、布尔代数和布尔函数而享有盛誉,高外祖母玛丽·埃弗里斯特（Mary Everest）是数学家和著名的儿童教育家及女权主义者。高外祖母的叔叔乔治·埃弗里斯特是英国著名的地理学家和探险家,珠穆朗玛峰的英文名（Mount Everest）就以其姓氏冠名。辛顿的曾祖父是知名的数学家和科幻小说作家,曾祖母的妹妹艾捷尔·丽莲·伏尼契是著名长篇小说《牛虻》的作者。辛顿的父亲霍华德·辛顿是著名的昆虫学家和英国皇家学会会士,母亲是数学教师。辛顿的堂叔威廉·辛顿的中文名是韩丁,著有《翻身——中国一个村庄的革命纪实》。辛顿的堂姑琼·辛顿的中文名是寒春,是芝加哥大学核子物理研究所的研究生,与杨振宁是同学,曾参与"曼哈顿计划",与丈夫阳早一同来到中国,是北京第一位"中国绿卡"获得者。韩丁和寒春是坚定的马克思主义者。辛顿被誉为"人工智能教父"和"深度学习教父",加拿大多伦多大学计算机科学系退休杰出教授、谷歌工程研究员和矢量人工智能研究所首席科学顾问。辛顿2018年获"图灵奖",并被彭博社评为2017年改变全球商业格局的50人之一。辛顿也信仰社会主义。

心守一抹暖阳

尽管辛顿出生于彪悍的天才家庭,但他对人工智能的探索之路并非一帆风顺。年少时,受全息图运行机制的启发,辛顿开启了人工智能的逐梦之旅。1965年,18岁的辛顿进入剑桥大学国王学院学习。在剑桥大学的5年里,因沉迷于大脑的工作原理,辛顿2次退学,4次换专业,先后在物理和化学专业、建筑学专业、物理学和生理学专业、哲学专业和心理学专业学习,1970年以实验心理学"荣誉学士"毕业。毕业后,辛顿当了2年的木匠,自学了人类大脑的工作原理,并试图用计算机科学模拟人类大脑,通过参加学术会议、发表学术论文,重返学术圈。1972年,25岁的辛顿重返校园,在爱丁堡大学攻读人工智能博士学位,导师劝他放弃神经网络。但辛顿并没选择放弃,每周的讨论会上都会与导师和同学展开激烈辩论,这些辩论更坚定了其认为神经网络是未来人工智能发展关键的信心。

静待一树花开

1986 年,顶尖科学期刊《自然》刊发了辛顿的文章,辛顿在文章里清晰地论证了"误差反向传播算法"可以更好地解决多层神经网络的训练问题,从而突破了多层神经网络训练无法实现的困境,为神经网络和未来人工智能的发展带来了生机,也奠定了辛顿在人工智能和深度学习领域的"教父"地位。1987 年,为避免"研究成果被用在一些不善意的目标上",辛顿来到加拿大高等研究院(Canadian Institute for Advanced Research,CIFAR)继续从事多层神经网络的研究。但在 CIFAR,神经网络的未来依然不被看好,辛顿经常被计算机科学与人工智能领域的重要学术会议拒之门外,神经网络方面的研究也一度陷入瓶颈。自 2005 年开始,辛顿因腰椎间盘突出几乎不能坐下,只能站着从事研究工作。但辛顿从未沮丧和气馁,仍然坚守着梦想。"不是一番寒彻骨,怎得梅花扑鼻香。"2006 年,另一个顶尖科学期刊《科学》发表了辛顿关于运用神经网络降维的学术论文,开启了深度学习的序幕。2009 年,辛顿的 2 名学生使用神经网络在语音识别比赛中获胜。2012 年,辛顿及其团队在机器视觉领域最具权威的学术竞赛——大规模视觉识别挑战赛中胜出,并提出了 AlexNet 模型,这使辛顿一跃成为人工智能和深度学习领域的领袖人物。2013 年,辛顿受邀加入谷歌。2017 年,辛顿发表了胶囊网络的学术论文。2018 年,辛顿获得美国计算机协会授予的"图灵奖"。辛顿的研究成果,彻底改变了人工智能乃至整个人类发展的轨迹。

曾有学者问辛顿:"是什么支持着你没有放弃对神经网络的研究?"辛顿回答:"其他人都错了。"(Everyone else is wrong)"千磨万击还坚劲,任尔东西南北风。"正是辛顿对梦想持之以恒的坚守和永无止境的奋斗,使得神经网络从被遗弃的边缘被挽救了回来,重获新生,并以铅华洗净的姿态重返人工智能的巅峰。

扫一扫浏览本章彩图

第七章 商务智能财务分析应用

【学习目标】①了解哈佛财务分析框架以及如何在哈佛财务分析框架中应用商务智能分析技术;②掌握战略分析可视化过程与方法;③重点掌握如何运用商务智能分析技术对公司经营战略、投资战略、融资战略、运营效益等进行动态分析及可视化呈现。

第一节 商务智能哈佛财务分析框架

如何在较短的时间内了解一家企业?当然是获取和阅读这家企业的财务报告。企业的财务报告,尤其是上市企业的公开财务报告,很容易获取,去企业官网、证券交易所网站、财经网站或者相关数据库下载即可。相对较难的是如何阅读财务报告。财务报告的内容很多,通常都在百页左右,显然一页一页去读并不能帮助我们快速了解这家企业。哈佛大学商学院的会计学者 K. G. Palepu、P. M. Healy 和 V. L. Bernard 为我们提供了一个比较有效的财务分析方法,就是著名的哈佛财务分析框架。本书借鉴哈佛财务分析框架,基于资产负债表分析、利润表分析和现金流量表分析指标,采用商务智能分析技术,从战略的高度和视角对企业的财务状况、经营成果与现金流量状况进行动态智能分析,帮助我们更好地了解企业过去的经营历史、评估企业现在的经营状况和预测企业未来的经营发展趋势。

哈佛财务分析框架主要从战略分析、会计分析、财务分析和前景分析四个角度对企业所处的经营环境、战略、商业逻辑、财务状况、经营业绩及未来前景进行分析。

一、哈佛财务分析框架之战略分析

战略分析是哈佛财务分析框架的起点。想快速读懂企业财务报表,就要先了解企业的战略。企业的战略是什么?企业的战略就是企业对所处环境所采取的应对措施。企业所处的环境包括企业所处的宏观环境和行业环境。因此,对企业进行战略分析就需要对企业进行宏观环境分析和行业环境分析。宏观环境分析主要关注国际经济形势、一国的政治、经济、社会和文化环境等。行业环境分析主要关注企业所属行业的基本状况,如行业的规模、行业的竞争程度、行业的利润空间、行业未来的发展前景等。除了宏观环境分析和行业环境分析,企业的战略分析还包括业务范围分析,业务范围分析主要关注企业做什么生意,通过从事什么业务获取收益等。宏观环境分析和行业环境分析的方法比较多,本书不做过多解释,仅结合财务报表分析做简单介绍。

(一)宏观环境和行业环境分析

如何对一家企业所处的宏观环境和行业环境进行分析呢?首先应当获取相关数据。

从哪获取相关数据？答案是行业协会官网或者行业的统计年鉴。由于行业协会官网的信息更新速度最快，因此，选择行业协会官网是一种最有效率的获取数据的方法。本书选择船舶制造业上市公司进行动态的商务智能财务分析，其行业协会是中国船舶工业行业协会，官方网址是 http://www.cansi.org.cn/。在中国船舶工业行业协会官方网站首页的"统计数据"栏目中可以获取历年的世界造船三大指标数据，在"运行分析"栏目中可以获取历年的船舶工业经济运行情况信息[①]。

图 7-1、图 7-2 和图 7-3 分别展示了 2013—2020 年全球与中国造船完工量、新接订单量与手持订单量三大造船指标的发展变化趋势，以及全球造船完工量、新接订单量与手持订单量的地区平均占比。不难看出，全球造船完工量呈现震荡下行趋势，新接订单量与手持订单量呈现明显下降趋势。中国造船完工量、新接订单量与手持订单量虽然也呈现下降趋势，但与全球趋势相比，下行趋势平缓很多。2020 年，全球造船完工 8831 万载重吨，同比下降 10.8%；新接订单 5523 万载重吨，同比下降 14.2%；手持订单 15 994 万载重吨，同比下降 14.2%。2020 年，中国造船完工量 3740 万载重吨，同比增长 1.4%；新接订单量 2483 万载重吨，同比下降 11.7%；手持订单量 7214 万载重吨，同比下降 10.3%。2020 年，由于疫情得到有效控制，"船舶行业坚决贯彻党中央、国务院决策部署，科学统筹疫情防控和复工复产工作"[②]，与同年全球造船完工量同比下降 10.8% 相比，中国造船完工量不仅没有下降，反而增加了，新接订单量和手持订单量的下降幅度也低于全球的下降幅度。2020 年，中国造船完工量、新接订单量与手持订单量仍全部位居世界第一，占比分别为 42%、45% 和 45%。2013 年以后，中国船舶工业三大造船指标呈现下降趋势，原因是中国船舶工业整个行业受到了国际金融危机、国际船舶市场持续深度调整、新冠疫情全球蔓延、世界经济复苏以及贸易增长放缓、地缘政治冲突不断增多、船海市场需求不足等不利影响，中国骨干船舶企业在承接订单方面竞争更加激烈，完工船舶交付更加艰难，融资贷款审查更加严格，全行业手持订单持续下滑，生产成本迅速上升，盈利水平大幅下降。2020 年，全国规模以上船舶工业企业共计 1043 家，实现主营业务收入 4362.4 亿元，同比增长 0.6%；规模以上船舶工业企业实现利润总额 47.8 亿元，同比下降 26.9%。

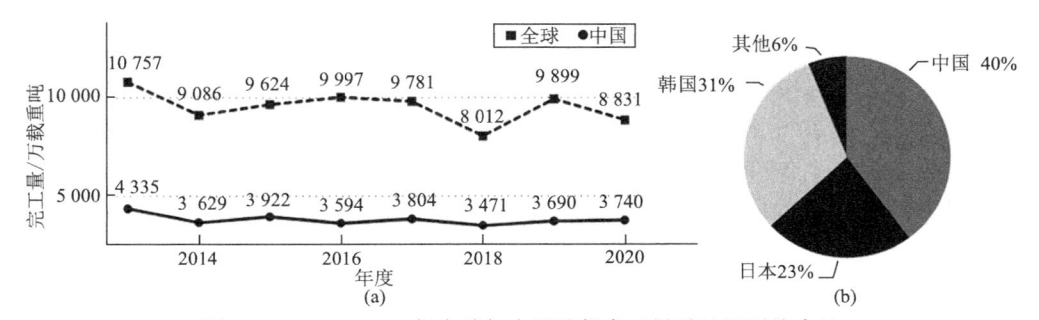

图 7-1　2013—2020 年全球与中国造船完工量及地区平均占比

[①] 由于"统计数据"栏目中的各年度世界造船三大指标为图片格式，因此需要手动逐年整理为 Excel 格式，再导入 Power BI 中。

[②] 《2020 年船舶工业经济运行分析》，http://www.cansi.org.cn/cms/document/15636.html[2022-06-01]。

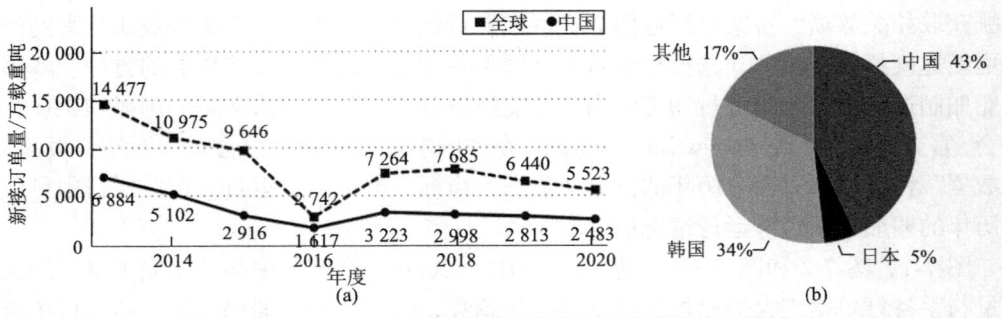

图 7-2 2013—2020 年全球与中国新接订单量及地区平均占比

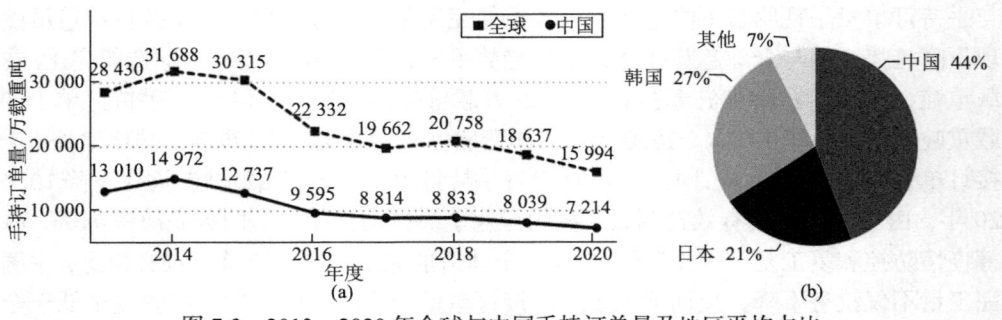

图 7-3 2013—2020 年全球与中国手持订单量及地区平均占比

（二）业务范围分析

战略分析除了分析企业所处的宏观环境和行业环境，通常还需要弄清楚企业的业务范围，也就是企业是靠经营什么获取收益的。这些信息可以通过官方网站获取，也可以在新浪财经等财经网站爬取相关信息。本书使用的船舶制造业上市公司的基本信息就是通过批量爬取的方式从新浪财经网站上的"公司资料"中获取的。"公司资料"显示[①]，中船科技由原江南造船（集团）有限责任公司 1997 年 5 月 28 日独家发起设立，以其净资产折国有法人股 7201 万股，经 1997 年 5 月 16 日发行后，上市时总股本达 13 201 万股，其内部职工股 600 万股将于公众股 5400 万股 1997 年 6 月 3 日在上海证券交易所交易期满半年后上市。2014 年 1 月 29 日，公司名称由"中船江南重工股份有限公司"变更为"中船钢构工程股份有限公司"。2017 年 2 月 22 日，公司名称由"中船钢构工程股份有限公司"变更为"中船科技股份有限公司"。其主营业务是"大型钢结构、成套机械和船舶配件。工程设计、勘察、咨询、监理、工程总承包及土地整理服务"等。具体的经营范围是"从事建筑科技、船舶科技、海洋科技领域内的技术开发、技术咨询、技术转让、技术服务，投资管理，船舶海洋工程设计，建筑工程规划施工一体化，建设工程专业施工，从事货物及技术进出口业务"[②]。

除此之外，搜狐证券等财经网站还披露了各上市公司按照产品、行业和地域分类的

[①] 参见 https://vip.stock.finance.sina.com.cn/corp/go.php/vCI_CorpInfo/stockid/600072.phtml。
[②] 参见 https://q.stock.sohu.com/cn/600072/gsjj.shtml。

收入构成信息。利用这些信息可以进一步了解企业的业务范围、收入来源、利润来源及其占比。从搜狐证券等网页爬取收入构成信息并导入 Power BI 中的方式与获取资产负债表、利润表和现金流量表的方式基本相同。需要说明的是，收入构成信息可能并没有按照报告日期分列显示，而是如图 7-4 所示按照时间顺序自上而下显示。因此，需要单独添加一列报告日期。具体的步骤如下。

首先，选中报告日期所在的"Column5"列，单击"添加列"下的"重复列"，可以新增"Column5-复制"列。

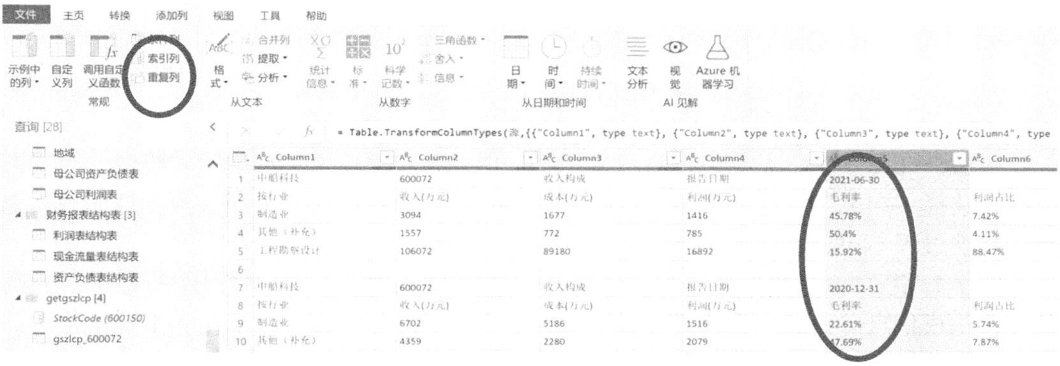

图 7-4　复制报告日期所在的"Column5"列

其次，单击左上角"添加列"工具栏中的"条件列"，弹出"添加条件列"对话框，如图 7-5 所示。在"列名"框中选择"Column5-复制"，在"运算符"中选择"包含"，在"值"框中填写"%"，在"输出"框中填写"null"，在"ELSE"中选择"Column5-复制"列。此项操作的含义是，如果"Column5-复制"列中的值含有"%"，在新增的"自定义"列取值为 null，否则取值为"Column5-复制"列中的原始数值。随后鼠标右键单击新增的"自定义"列中的"毛利率"，将其也替换为"null"。以同样方式，将"自定义"列中的"--"也替换为"null"。调整后的"自定义"列如图 7-6 所示。可以看出，在新增的"自定义"列中，除了日期之外的所有其他值均已经调整为"null"。

图 7-5　添加"自定义"列

图 7-6 调整后的"自定义"列

最后，在图 7-6 中，选中"自定义"列，再点击左上角工具栏中的"转换"—"填充"，选择"向下"，即可将每一报告日期下的 null 值全部填充为同一报告日期。其他数据清洗过程不再赘言。

图 7-7 与图 7-8 分别报告了中船科技 2020 年的收入和利润按照产品与行业进行分类的相关构成信息。按照产品分类，如图 7-7 所示，2020 年，工程总承包和工程设计、勘察、咨询和监理是中船科技的主要收入来源，占比分别为 63%和 30%，合计 93%。但是其利润占比有所不同，工程总承包由于毛利率低，利润占比降至 45%，而工程设计、勘察、咨询和监理因毛利率较高，利润占比升至 40%。按照行业分类，如图 7-8 所示，2020年，中船科技来自工程勘察设计的收入占比高达 94%，其利润占比也高达 86%。可见，

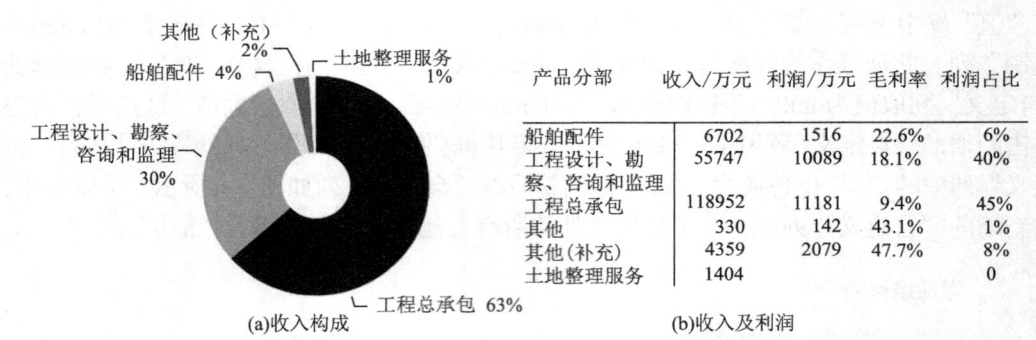

产品分部	收入/万元	利润/万元	毛利率	利润占比
船舶配件	6702	1516	22.6%	6%
工程设计、勘察、咨询和监理	55747	10089	18.1%	40%
工程总承包	118952	11181	9.4%	45%
其他	330	142	43.1%	1%
其他（补充）	4359	2079	47.7%	8%
土地整理服务	1404			0

(a)收入构成　　　　　　　　　(b)收入及利润

图 7-7　中船科技 2020 年产品分部收入及利润情况

行业分部	收入/万元	利润/万元	毛利率	利润/占比
工程勘察设计	176433	22816	12.9%	86%
制造业	6702	1516	22.6%	6%
其他（补充）	4359		47.7%	8%

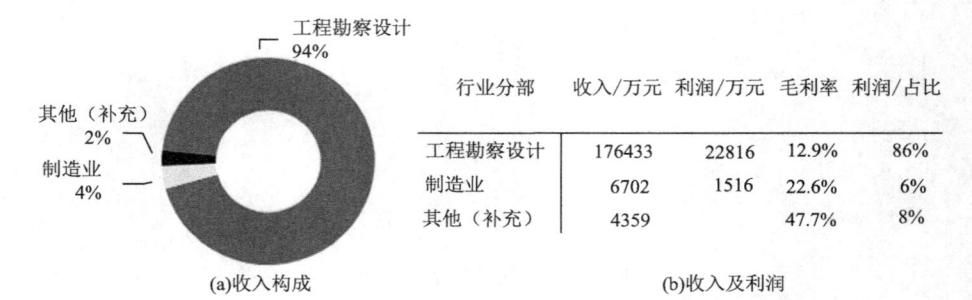

(a)收入构成　　　　　　　　　(b)收入及利润

图 7-8　中船科技 2020 年行业分部收入及利润情况

中船科技的主要收入来源与利润来源是与工程相关的业务。那么，中船科技是以经营战略为主导，还是以投资战略为主导？如果以经营战略为主导，其市场规模有多大？所在的市场竞争程度如何？来自竞争者的威胁有多大？采取的是成本领先战略还是差异化战略？效果如何？……这些将在后续的分析中逐一回答和展示。

（三）战略分析及可视化

1. 基于战略视角的资产结构划分

企业无论采取什么战略，毫无疑问都会在财务报表上有所体现。财务报表是企业战略的必然结果。资产负债表中的资产结构就能体现出企业是以经营战略为主导，还是以投资战略为主导。换句话说，资产负债表中的资产结构可以体现出企业是靠生产经营活动创造价值，还是靠对外投资创造价值。此外，资产负债表中的权益结构能够体现出企业的融资战略，即企业是从债权人处融入资金，还是从股权投资者处引入资本，是依靠以前的内部积累，还是从银行取得借款，或者从供应商、客户处取得商业信用……

从战略分析视角来看，资产负债表分析应当从分析资产结构开始。与传统的资产负债表分析不同，战略分析视角的资产负债表分析不是将资产划分为流动资产和非流动资产，而是将企业资产划分为经营性资产和投资性资产。经营性资产是指企业在销售商品、提供劳务等日常活动中形成和使用的资产，通常包括货币资金、应收款项、存货、固定资产、无形资产和开发支出等。投资性资产是指企业在对外投资过程中形成的资产，通常包括购买其他企业股票、债券等过程中形成的交易性金融资产、债权投资、其他债权投资、其他权益工具投资和长期股权投资等。上述项目比较明确，容易区分出经营性资产和投资性资产。资产负债表中还存在一些项目，如其他应收款项目和预付账款项目，这两个项目可能是经营性资产，也可能是投资性资产，对于企业内部会计人员来说，对这两个项目进行划分比较容易，根据账簿记录即可区分。但是，对于外部报表使用人来说，由于无法查阅企业的账簿记录，只能根据资产负债表进行大致的判断，对这两个项目进行划分有一定难度。通常的做法是，将该公司对外提供的合并报表与母公司报表的相关项目进行比较进而判断。当合并报表中的该项目的金额大于母公司报表中的相应金额时，将其认定为经营性资产。当母公司报表该项目的金额大于合并报表相应项目的金额时，将超出部分认定为投资性资产，未超出部分认定为经营性资产。例如，中船科技2020年合并报表上的其他应收款金额为4715万元，母公司报表上其他应收款项目的金额为18 475万元。母公司报表上的金额远大于合并报表上的金额。一般情况下，合并报表反映的是整个集团的财务状况，其项目金额应该大于母公司个别报表上的金额。如果合并报表上的金额小于母公司报表上的金额，则说明集团内部发生了交易，集团内部的交易在编制合并报表过程中应当做抵销处理。本例中，中船科技母公司2020年的其他应收款金额大于合并报表的其他应收款金额，这可能表明子公司使用了母公司提供的资源，母公司将其列在了其他应收款项目之下，由于该项交易属于内部交易，因此在编制合并报表过程中对其进行了抵销，导致合并报表上的其他应收款金额小于母公司报表上的其他应收款金额。由于母公司已经能够控制子公司，母公司的资金被子公司占用，其实就相当于对子公司的投资，因此可以将这部分其他应收款认定为投资性资产。

需要特别说明的是，采用资产负债表中的资产结构分析公司的战略时，应当基于母公司个别报表上的数据，而不是合并报表上的数据，毕竟母公司才是整个集团未来发展方向的决策主体。

2. 导入母公司报表数据

财经网站一般不提供母公司报表，母公司报表数据可以在国泰安（CSMAR）数据库和 Wind 数据库获取。本书的母公司财务报表数据源自 Wind 数据库，获取后采用第六章第二节所述的从 Excel 文件导入数据，并进行相关清洗，具体程序不再赘言。再次提醒注意的是，要认真核对母公司会计报表各项目的名称与财务报表结构表的名称，这两者要完全一致，包括标点符号、全角半角符号格式以及数据类型。

3. 经营性资产与投资性资产相关度量值的创建

基于上述想法，经营性资产与投资性资产相关度量值的创建可以分为如下几个步骤。

1）其他应收款和预付账款的划分

正如前文所述，当母公司其他应收款和预付款项的金额大于合并报表的其他应收款和预付款项金额时，母公司报表该项目的金额超出合并报表该项目金额的部分通常被认为是子公司使用了母公司提供的资源，母公司应当将其作为投资性资产处理，而未超出部分属于与第三方之间的正常经济业务，可以认定为经营性资产。基于此，创建的其他应收款和预付账款相关度量值见表 7-1。

表 7-1 创建的其他应收款和预付账款相关度量值

类别	度量值名称	度量值计算公式
母公司报表	母公司资产负债表基础度量值	母公司资产负债表基础度量值 = SUM('母公司资产负债表'[值])
母公司报表	其他应收款（母）	其他应收款（母） = CALCULATE(SUM('母公司资产负债表'[值]),'资产负债表结构表'[项目名称]="其他应收款")
	预付款项（母）	预付款项（母） = CALCULATE(SUM('母公司资产负债表'[值]),'资产负债表结构表'[项目名称]="预付款项")
合并报表	其他应收款	其他应收款 = CALCULATE('基础度量值'[资产负债表基础度量值],'资产负债表结构表'[项目名称]="其他应收款")
	预付款项	预付款项 = CALCULATE('基础度量值'[资产负债表基础度量值],'资产负债表结构表'[项目名称]="预付款项")
经营性	其他应收款（经）	其他应收款（经） = SWITCH(TRUE(), [其他应收款（母）]<=[其他应收款], CALCULATE([其他应收款（母）]), [其他应收款（母）]>[其他应收款], CALCULATE([其他应收款]))
	预付款项（经）	预付款项（经） = SWITCH(TRUE(), [预付款项（母）]<=[预付款项], CALCULATE([预付款项（母）]), [预付款项（母）]>[预付款项], CALCULATE([预付款项]))

续表

类别	度量值名称	度量值计算公式
投资性	其他应收款（投）	其他应收款（投）= SWITCH(TRUE(), [其他应收款（母）]>[其他应收款], CALCULATE([其他应收款（母）]-[其他应收款]))
	预付款项（投）	预付款项（投）= SWITCH(TRUE(), [预付款项（母）]>[预付款项], CALCULATE([预付款项（母）]-[预付款项]))

2）创建经营性资产相关度量值

创建的经营性资产相关的度量值见表 7-2。

表 7-2 创建的经营性资产相关的度量值

度量值名称	度量值计算公式
货币资金（母）	货币资金（母）= CALCULATE(SUM('母公司资产负债表'[值]),'资产负债表结构表'[项目名称]="货币资金")
应收项目（母）	应收项目（母）= CALCULATE(SUM('母公司资产负债表'[值]),'资产负债表结构表'[项目名称]="应收账款")+CALCULATE(SUM('母公司资产负债表'[值]),'资产负债表结构表'[项目名称]="应收票据")+[其他应收款（经）]
存货（母）	存货（母）= CALCULATE(SUM('母公司资产负债表'[值]),'资产负债表结构表'[项目名称]="存货")
固定资产（母）	固定资产（母）= CALCULATE(SUM('母公司资产负债表'[值]),'资产负债表结构表'[项目名称]="固定资产净值")
无形资产（母）	无形资产（母）= CALCULATE(SUM('母公司资产负债表'[值]),'资产负债表结构表'[项目名称]="无形资产")
开发支出（母）	开发支出（母）= CALCULATE(SUM('母公司资产负债表'[值]),'资产负债表结构表'[项目名称]="开发支出")
经营性资产	经营性资产 = CALCULATE([货币资金（母）]+[应收项目（母）]+[预付款项(经)]+[存货（母）]+[固定资产（母）]+[无形资产（母）]+[开发支出（母）])
经营性资产占比	经营性资产占比 = DIVIDE([经营性资产],[资产总计（母）])

3）创建投资性资产相关度量值

创建的投资性资产相关的度量值见表 7-3。

表 7-3 创建的投资性资产相关的度量值

度量值名称	度量值计算公式
交易性金融资产（母）	交易性金融资产（母）= CALCULATE(SUM('母公司资产负债表'[值]),'资产负债表结构表'[项目名称]="交易性金融资产")
债权投资（母）	债权投资（母）= CALCULATE(SUM('母公司资产负债表'[值]),'资产负债表结构表'[项目名称]="债权投资")

续表

度量值名称	度量值计算公式
其他债权投资（母）	其他债权投资（母）= CALCULATE(SUM('母公司资产负债表'[值]),'资产负债表结构表'[项目名称]="其他债权投资")
其他权益工具投资（母）	其他权益工具投资（母）= CALCULATE(SUM('母公司资产负债表'[值]),'资产负债表结构表'[项目名称]="其他权益工具投资")
可供出售金融资产（母）	可供出售金融资产（母）= CALCULATE(SUM('母公司资产负债表'[值]),'资产负债表结构表'[项目名称]="可供出售金融资产")
长期股权投资（母）	长期股权投资（母）= CALCULATE(SUM('母公司资产负债表'[值]),'资产负债表结构表'[项目名称]="长期股权投资")
控制性投资	控制性投资 = CALCULATE([其他应收款(投)]+[预付款项(投)]+[长期股权投资（母）])
金融性投资	金融性投资 =[交易性金融资产（母）]+[债权投资（母）]+[其他债权投资（母）]+[其他权益工具投资（母）]+[可供出售金融资产（母）]
投资性资产	投资性资产 =[金融性投资]+[控制性投资]
投资性资产占比	投资性资产占比 = DIVIDE([投资性资产],[资产总计（母）])

4. 公司战略分析的可视化

1）其他应收款与预付款项的可视化

图 7-9 和图 7-10 展示了中船科技合并报表和母公司报表中的其他应收款项目金额。不难看出，自 2006 至 2020 年，中船科技母公司报表中的其他应收款项目金额只有在 2011 年、2014 年、2018 年和 2020 年大于合并报表上的其他应收款金额，其他年度均小于合并报表上的其他应收款项目金额。不过需要注意的是，在 2018 年和 2020 年，母公司报表上的其他应收款项目金额远大于合并报表上的其他应收款项目金额，2018 年，母公司金额是合并报表金额的 3.3 倍，2020 年，母公司金额是合并报表金额的 3.9 倍。因此，对于中船科技来说，应当将母公司报表超出合并报表上的其他应收款项目金额计入投资性资产，将未超出部分计入经营性资产。

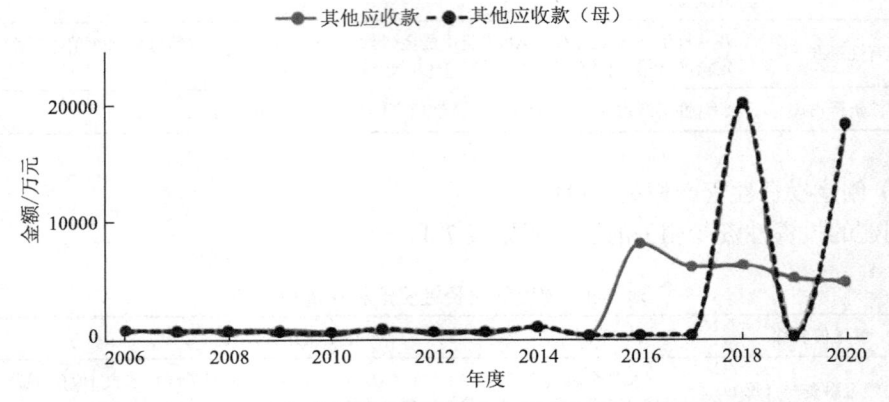

图 7-9　2006—2020 年中船科技合并报表与母公司报表中的其他应收款

年份	合并报表	母公司	经营性	投资性
2006	629	623	623	
2007	573	569	569	
2008	587	575	575	
2009	616	437	437	
2010	443	361	361	
2011	645	711	645	66
2012	460	445	445	
2013	509	417	417	
2014	584	894	584	310
2015	153	125	125	
2016	8130	152	152	
2017	6085	151	151	
2018	6129	20264	6129	14135
2019	5096	5	5	
2020	4715	18475	4715	13760

图 7-10 其他应收款（单位：万元）

年份	合并报表	母公司	经营性	投资性
2006	741	738	738	
2007	2761	2758	2758	
2008	11166	7628	7628	
2009	3677	5033	3677	1356
2010	4276	2783	2783	
2011	4527	1918	1918	
2012	3761	1881	1881	
2013	2104	1480	1480	
2014	2254	1349	1349	
2015	1283	1280	1280	
2016	70862	496	496	
2017	95883	11	11	
2018	106461	5	5	
2019	21065			
2020	26307			

图 7-11 预付款项（单位：万元）

图 7-11 和图 7-12 展示了中船科技合并报表与母公司报表上的预付款项项目金额。不难发现，2006—2020 年，除了 2009 年以外的其他年度，母公司报表上的预付款项金额全部小于合并报表上的预付款项金额，因此，可以将中船科技的预付款项认定为经营性资产。

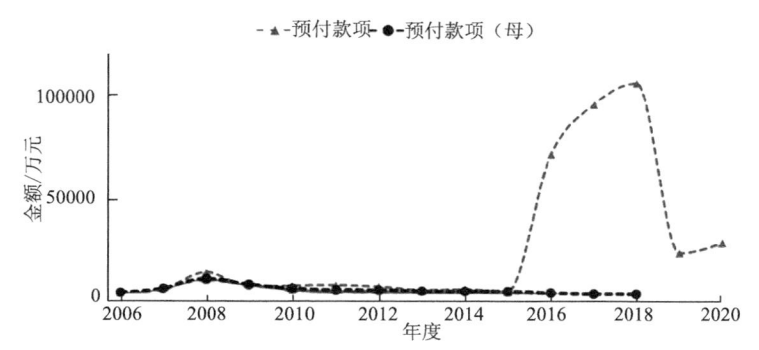

图 7-12 2006—2020 年中船科技合并报表与母公司报表中的预付款项金额

2）经营性资产与投资性资产的划分及构成

其他应收款和预付账款项目划分至经营性资产与投资性资产后，经营性资产主要包括货币资金、应收款项、经营性预付款项、存货、固定资产、无形资产和开发支出。其中，应收款项包括应收账款、应收票据和经营性其他应收款。图 7-13 显示了经营性资产的构成情况。可以看出，经营性资产呈现下降趋势，尤其是 2017 年，和 2016 年相比出现了断崖式下降，下降至 2016 年的 50%左右。在 2006—2015 年，货币资金、应收项目、存货和固定资产一直是中船科技的主要资产。2016 年中船科技大幅清理固定资产，由 4.9 亿元降至 0.9 亿元。2017 年，中船科技大幅减少存货，由 4.2 亿元减少至 1.5 亿元，导致货币资金成为主要的经营性资产，占比约为 50%。当然，货币资金也由 2016 年的 6.9 亿元减少至 2017 年的 3.0 亿元。减少的货币资金没有用于增加其他经营性资产，应该是用于增加投资性资产。

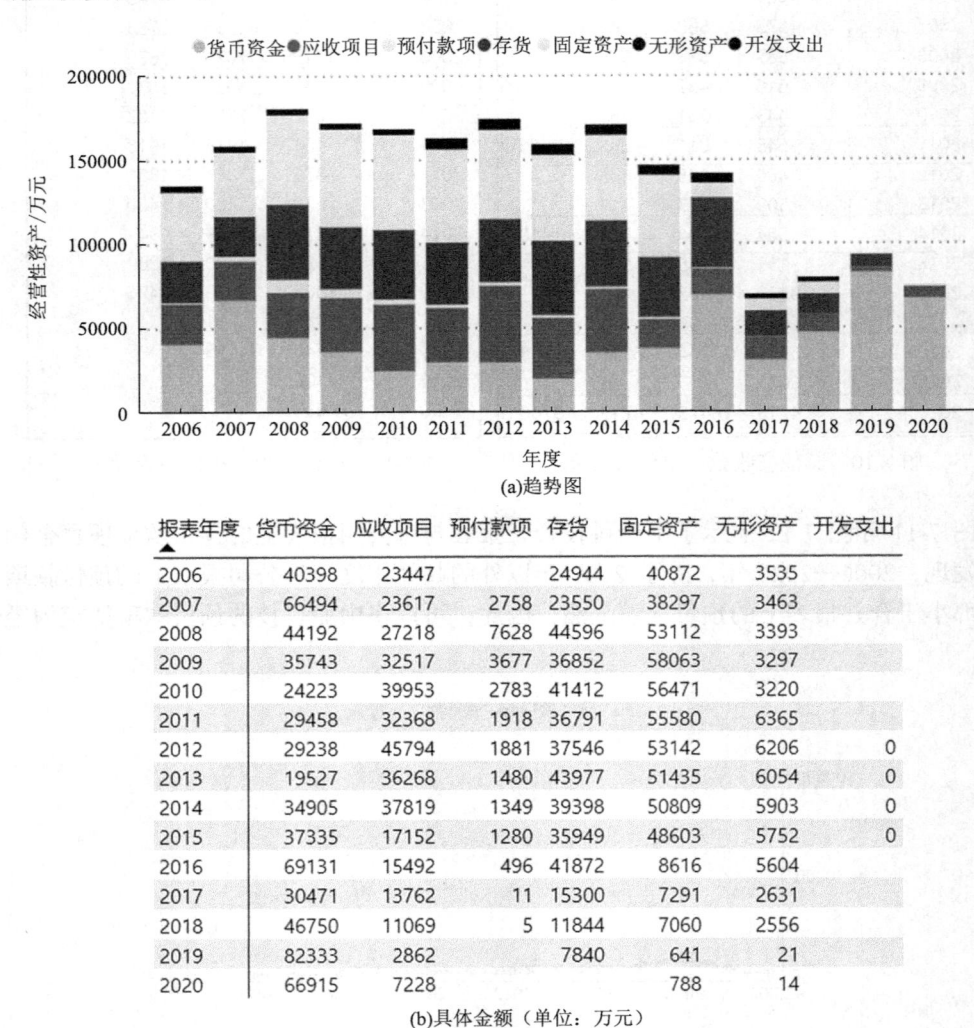

报表年度	货币资金	应收项目	预付款项	存货	固定资产	无形资产	开发支出
2006	40398	23447		24944	40872	3535	
2007	66494	23617	2758	23550	38297	3463	
2008	44192	27218	7628	44596	53112	3393	
2009	35743	32517	3677	36852	58063	3297	
2010	24223	39953	2783	41412	56471	3220	
2011	29458	32368	1918	36791	55580	6365	
2012	29238	45794	1881	37546	53142	6206	0
2013	19527	36268	1480	43977	51435	6054	0
2014	34905	37819	1349	39398	50809	5903	0
2015	37335	17152	1280	35949	48603	5752	0
2016	69131	15492	496	41872	8616	5604	
2017	30471	13762	11	15300	7291	2631	
2018	46750	11069	5	11844	7060	2556	
2019	82333	2862		7840	641	21	
2020	66915	7228			788	14	

(b)具体金额（单位：万元）

图 7-13　2006—2020 年中船科技经营性资产的构成情况

图 7-14 展示了中船科技的投资性资产构成情况。可以看出，中船科技的投资性资产一直以长期股权投资和可供出售金融资产为主。2019 年，依据新的会计准则将可供出售金融资产调整至其他权益工具投资项目。与可供出售金融资产下降的趋势相比，长期股权投资呈现上涨趋势，尤其是 2016 年，长期股权投资由 2015 年的 2.0 亿元突增至 2016 年的 27.7 亿元，为 2015 年的 13 倍多。结合经营性资产变化，不难得出结论，中船科技在 2016 年开始进行战略转型，不再以经营战略为主，而转为以投资战略为主。分析经营性资产和投资性资产的变化，不难发现，减少的经营性资产与增加的投资性资产，在金额上并不匹配，这意味着，中船科技还需要从外部引入资本，或者是股东新增投入，或者是从债权人处融入资金。后面的融资战略会对这一问题做进一步解释。

年度	交易性金融资产	债权投资	其他债权投资	其他权益工具投资	可供出售金融资产	其他应收款(投)	预付款项(投)	长期股权投资
2006								15697
2007	14				30209			8018
2008	26				6656			13910
2009	11				8554		1356	15066
2010					7578			16016
2011					4721	66		20449
2012	0				1896			20644
2013	0				2049			20982
2014	0				1142	310		20321
2015	0				1142			20485
2016					2981			277255
2017					2582			277177
2018					2741	14135		277213
2019			2876					277301
2020			3609			13760		277439

(a) 具体金额（单位：万元）

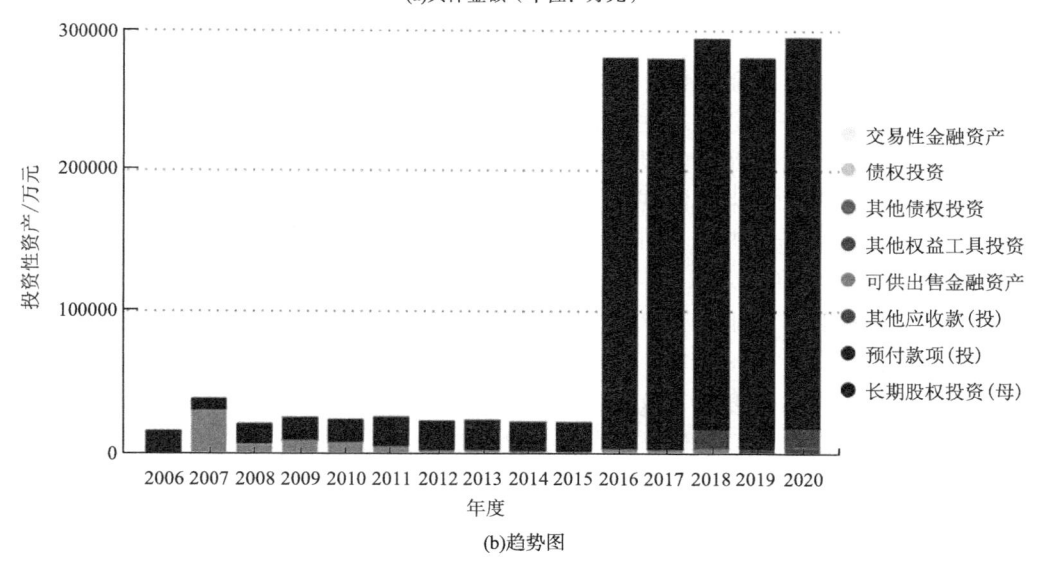

(b) 趋势图

图 7-14　2006—2020 年中船科技投资性资产构成情况

3）战略主导类型的判定

判定企业的战略类型是以经营战略为主导，还是以投资战略为主导，还需要考察这两类资产在母公司报表资产总计中的比重。图 7-15 展示了中船科技经营性资产、投资性资产，以及无法判定是经营性还是投资性资产的不确定资产的比重。可以看出，2006—2015 年，中船科技的经营性资产占比一直在 70% 以上，而投资性资产占比均不到 20%。2016 年之后，情况发生了逆转，经营性资产占比降至 25% 及以下，投资性资产占比升至 70% 以上。不确定资产占比一直较小，对资产类型的划分影响不大。综合而言，中船科技在 2015 年之前以经营战略为主导，在 2016 年之后以投资战略为主导。该公司经历了经营性战略到投资性战略的转变，这为更好地理解这两种战略提供了很好的案例素材。

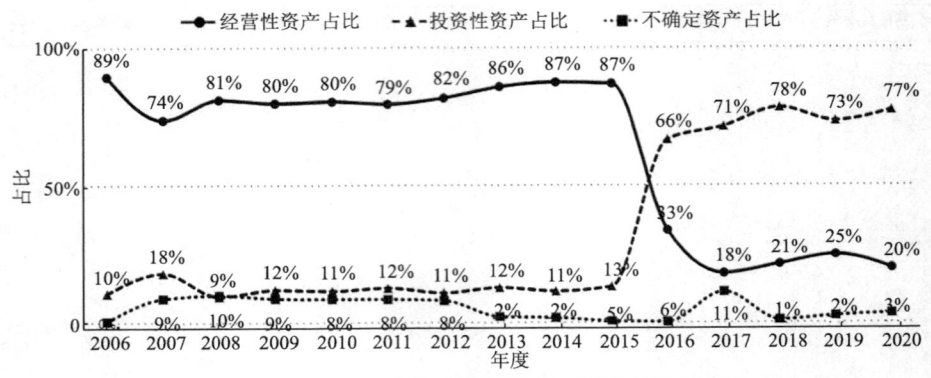

图 7-15　2006—2020 年中船科技的不同类型资产占比

二、哈佛财务分析框架之会计分析

学习了前面的会计基础知识，大家都知道会计报表上的数据源自会计程序对原始经济数据的加工。从经济业务的发生开始，这些数据经历了原始凭证的填制和审核、记账凭证的填制和审核、会计账簿的登记和审核，直至最终生成会计报表。虽然这期间有相关的会计制度和规范的约束，但现行会计制度也赋予了企业一定的灵活性，企业可依据具体情况和自己的经验与理解，对发生的经济业务做出职业判断，并选择自己认为合理的会计政策与会计处理方法。"一千个人眼中就有一千个哈姆雷特"，那么，会计报表中的数据能否更好地刻画出企业"真实"的商业活动？我们能否规避"眼见为实的偏见"（卡尼曼，2012）？我们能否摆脱"柏拉图洞穴"（柏拉图，1986）的束缚？因此，对企业进行会计分析是非常必要的，这可以帮助我们了解企业对会计政策和会计处理方法使用的灵活性，可以帮助我们了解企业所采取的会计政策与会计处理方法反映经济业务的真实程度，可以帮助我们了解哪些会计政策和会计处理方法对企业产生的影响最大，可以帮助我们了解企业在某一段时间内对哪些会计政策和方法进行了变更，为什么变更？此项变更对企业有什么影响？影响程度如何？还可以帮助我们了解企业对相同的经济业务，是否采取了与同行业其他企业相同的会计政策和会计处理方法，如果不同，有何不同？为什么不同？对企业产生的影响有多大？关于会计政策与会计处理方法的相关知识，建议学习中级财务会计等专业知识。总之，会计分析能够在一定程度上消除会计信息在生成过程中产生的"噪声"，尽可能提高财务分析的可靠性。

三、哈佛财务分析框架之财务分析

有了战略分析与会计分析的基础，就可以借助商务智能分析技术对企业进行动态智能的财务分析了。通常情况下，财务分析主要是从横向和纵向两个角度，对企业的盈利能力、偿债能力、运营能力和成长能力进行分析。本书同样从横向和纵向两个角度分析。横向分析主要是将企业与同行业上市公司进行对比分析，以了解企业在同行业中所处的位置以及与行业平均水平之间存在的差距；了解企业在哪些方面超越了行业平均水平、处于优势地位、需要进一步保持和发扬，在哪些方面低于行业平均水平、处于劣势地位、需要予以重点关注和进一步改善。纵向分析主要是将企业与其过去水平进行比较，以了解企业历年的发展变化趋势。与传统的资产负债表分析、利润表分析和现金流量表分析不同的是，本书没有按照盈利能力、偿债能力、营运能力和成长能力对企业进行财务分析，而是基于战略视角，在区分企业战略类型的基础上，采用商务智能分析技术（Power BI），按照经营战略、投资战略、融资战略、运营效益和综合评价五个维度对企业进行动态智能的财务分析。具体的商务智能财务分析框架见图 7-16。

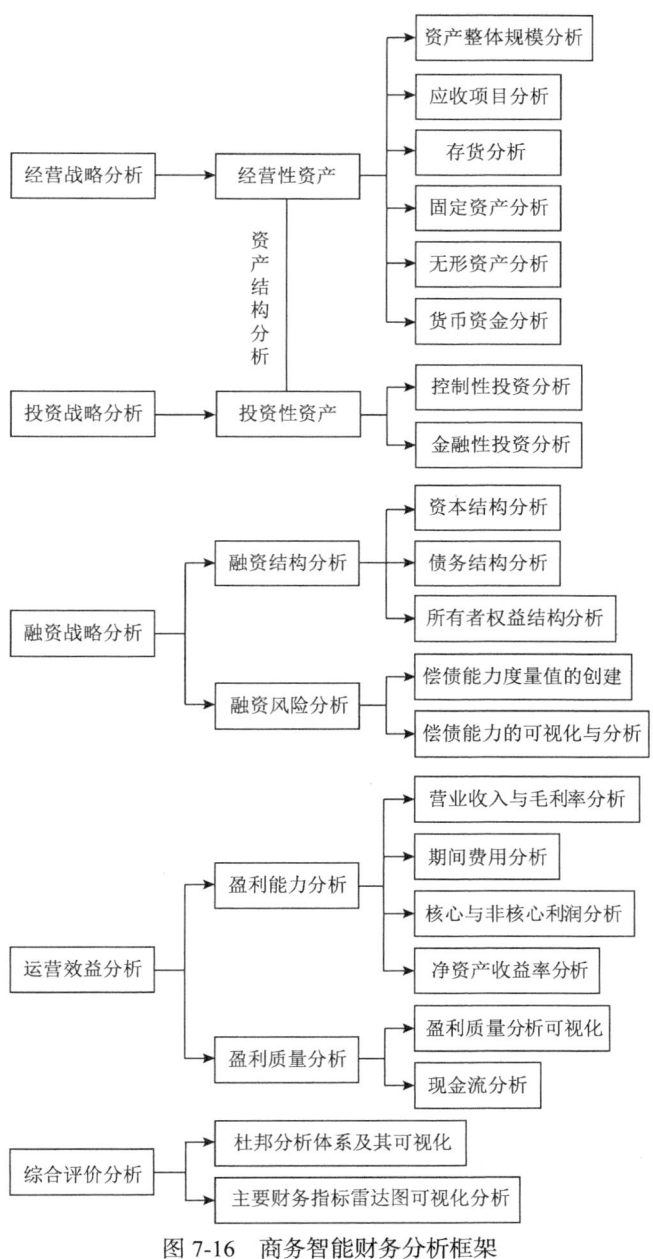

图 7-16 商务智能财务分析框架

四、哈佛财务分析框架之前景分析

哈佛财务分析框架中的战略分析、会计分析与财务分析是对企业的过去和现在的经营状况进行的分析，是对企业的过去和现在所做的总结。通过这些分析，可以了解企业所处的宏观经营环境、行业环境、企业的战略选择与战略执行能力，可以确定和评价企业来自外部的机会与威胁，以及企业内部所具有的优势与不足。只有了解了企业的过去，才能更好地把握企业的未来，只有充分理解了企业的过去，才能更好地预测未来。因此，哈佛财务分析框架将前景分析作为该分析框架的最后一步，通过对企业的未来进行前瞻性预测，以实现财务报表的"决策有用性"目标。

第二节　经营战略分析

资产负债表是静态报表，反映了企业在某一特殊时点的财务状况，能够体现企业在这一时点拥有多少资源，以及这些资源的来源渠道。无论是传统视角的资产负债表分析，还是战略视角下的资产负债表分析，都需要从资产的整体规模开始分析。

一、资产整体规模分析

资产的整体规模反映企业的整体实力，与同行业企业比较时，能够体现企业在整个行业中所处的地位；与企业的过去比较时，能够发现企业这些年的发展变化趋势。

图 7-17 展示了中船科技母公司和合并报表在 2006—2020 年的资产总计的变化趋势。可以看出，2006—2015 年，中船科技资产总计一直保持稳定，合并报表上的资产总计仅仅比母公司报表上的资产总计略高一些。2015 年，母公司资产总计 168 202 万元，合并报表上的资产总计为 219 210 万元。但是，2016 年中船科技进行了战略转型，由原来的经营战略为主导转变为投资战略为主导，当年母公司的资产总计升至 421 668 万元，上涨了 151.2%，合并报表上的资产总计升至 1 117 766 万元，上涨了 410.5%。合并报表上的资产总计与母公司报表上的资产总计之间的差额也迅速拉开，合并报表资产总计为母

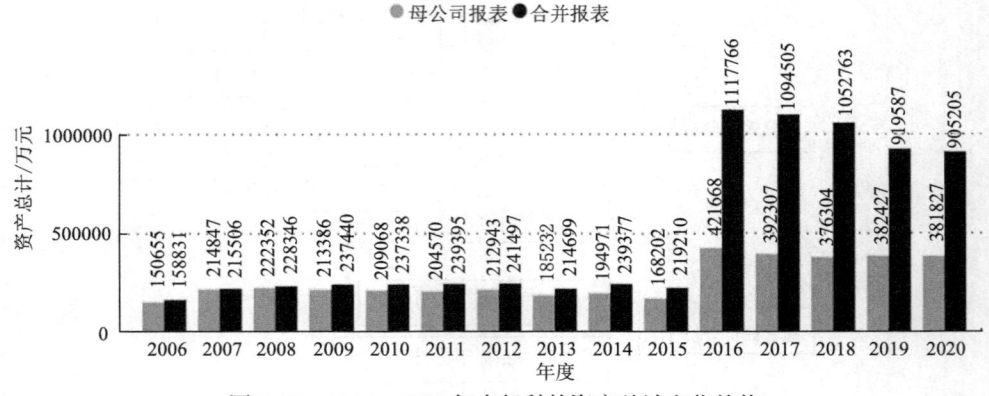

图 7-17　2006—2020 年中船科技资产总计变化趋势

公司报表资产总计的 2.65 倍。图 7-17 表明，与自身的历史相比，从掌控资产规模看，中船科技的战略转型取得了较大的成功，实现了对自身的一种突破。

图 7-18 展示了船舶制造行业主要上市公司合并报表中的资产规模。可以看出，中国重工、中国船舶和中船防务一直处于行业龙头地位，中国重工和中船防务近几年保持稳定，中国船舶 2020 年突飞猛进，中国动力和中船科技自 2016 年战略转型之后，也取得了一席之位，但中船科技资产规模上涨幅度远小于中国动力。

报表年度	国瑞科技	海兰信	江龙船艇	天海防务	亚星锚链	中船防务	中船科技	中国船舶	中国动力	中国重工	中科海讯
2006				2875		767545	158831	2037983	176213		
2007		10080		7400	145543	1103443	215506	3047727	321410		
2008		12225		13608	178478	1025823	228346	4501604	259975	2576627	
2009		17802		49168	210839	980522	237440	4303017	284290	4178982	
2010		64409		56818	384319	1215745	237338	5143431	300338	4401565	
2011	17599	73578		67080	377179	1188551	239395	4975047	328024	16018567	
2012	26462	72926	40668	65172	378623	1086209	241497	4536701	342335	17916399	
2013	33134	83494	46776	64275	372116	1260038	214699	5102681	413632	17341028	
2014	45083	82593	47583	131864	380046	2367009	239377	5178533	434381	20650520	18942
2015	58040	165728	52644	170213	384178	4899595	219210	5133179	435191	20763771	28049
2016	70882	180870	51115	380008	379991	4626859	1117766	5248470	3951957	18428293	39488
2017	106183	221261	69129	443988	380555	4415766	1094505	5232657	4419052	19544871	50167
2018	129535	216817	92167	235971	377584	4747534	1052763	4527024	5720818	18619822	57798
2019	204115	220771	81287	202454	389644	5230407	919587	4435138	5601570	18265146	109445
2020	181732	291863	98691	203900	402768	3893752	905205	15250953	5874469	17240677	112686

(a)具体金额（单位：万元）

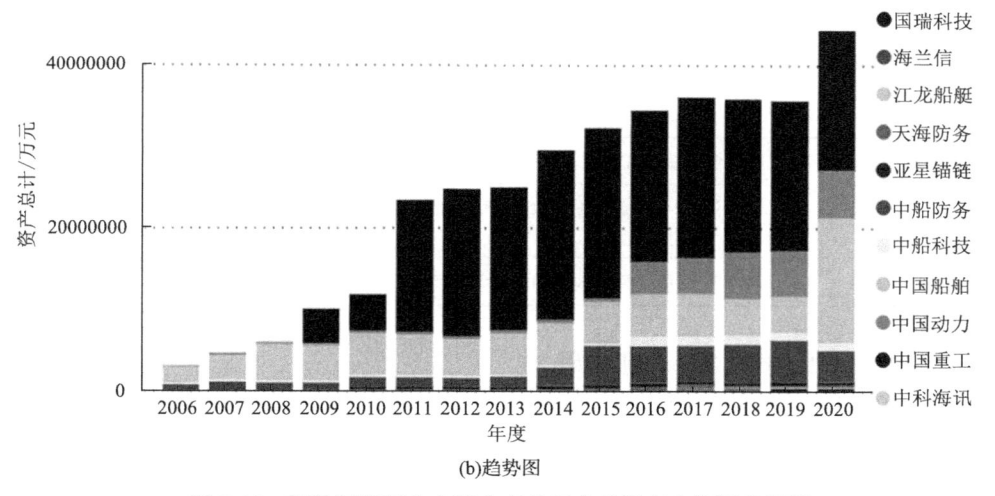

(b)趋势图

图 7-18　船舶制造行业主要上市公司合并报表中的资产规模

二、经营性资产动态指标度量值的创建

常见的经营性资产主要包括应收项目、预付款项、存货、固定资产、无形资产和货币资金。采用 Power BI 进行可视化过程中，如果为每一项经营性资产创建可视化图表，会占用很多空间和页面。因此，有必要只创建一个可视化图表将上述经营性资产融入其

中，通过动态切换显示每一项经营性资产的相关信息。为了实现这一目标，需要按照如下几个步骤进行。

第一步，创建相关的经营性资产度量值。

为了反映每一项经营性资产的金额及其在资产总计中的占比，每一项经营性资产都创建了金额和占比两个度量值，见表7-4。部分度量值在前文的讲解过程中已经创建，为了方便查找，表7-4依然列示。

表7-4 相关的经营性资产度量值

度量值名称	度量值计算公式
应收项目	应收项目 = CALCULATE([资产负债表基础度量值], '资产负债表结构表'[项目名称]="应收账款")+CALCULATE([资产负债表基础度量值], '资产负债表结构表'[项目名称]="应收票据")+[其他应收款]
应收项目%	应收项目% = DIVIDE([应收项目], [资产总计])
预付款项	预付款项 = CALCULATE('基础度量值'[资产负债表基础度量值], '资产负债表结构表'[项目名称]="预付款项")
预付款项%	预付款项% = DIVIDE([预付款项], [资产总计])
存货	存货 = CALCULATE([资产负债表基础度量值], '资产负债表结构表'[项目名称]="存货")
存货%	存货% = DIVIDE([存货], [资产总计])
固定资产	固定资产 = CALCULATE([资产负债表基础度量值], '资产负债表结构表'[项目名称]="固定资产")
固定资产%	固定资产% = DIVIDE([固定资产], [资产总计])
无形资产	无形资产 = CALCULATE([资产负债表基础度量值], '资产负债表结构表'[项目名称]="无形资产")
无形资产%	无形资产% = DIVIDE([无形资产], [资产总计])
货币资金	货币资金 = CALCULATE([资产负债表基础度量值], '资产负债表结构表'[项目名称]="货币资金")
货币资金%	货币资金% = DIVIDE([货币资金], [资产总计])

第二步，创建经营性资产分析指标表。

为了将各项经营性资产指标统一在一个可视化图表中，需要创建经营性资产分析指标表。点击"主页"—"输入数据"，在弹出的对话框中输入相关指标和序号，如图7-19所示。点击"加载"，将该表更名为"经营性资产指标"。点击左上角的"关闭和应用"，关闭Power Query界面。需要特别提醒的是，一定在"模型"中删除该表与其他表自动建立的任何关联。

第三步，创建经营性资产分析指标切片器。

点击"可视化"设置中的"切片器"，将上一步骤创建的"经营性资产指标"中的"分析指标"拖至"字段"框中，见图7-20。

图 7-19 创建经营性资产分析指标表　　图 7-20 创建经营性资产分析指标切片器

第四步，创建"经营性资产金额"和"经营性资产%"度量值。

利用 SWITCH( )函数和 SELECTEDVALUE( )函数创建"经营性资产金额"和"经营性资产%"度量值，见表 7-5。

表 7-5　创建"经营性资产金额"和"经营性资产%"度量值

度量值名称	度量值计算公式
经营性资产金额	经营性资产金额 = SWITCH(TRUE(), SELECTEDVALUE('经营性资产指标'[分析指标])="应收项目", [应收项目], SELECTEDVALUE('经营性资产指标'[分析指标])="预付款项", [预付款项], SELECTEDVALUE('经营性资产指标'[分析指标])="存货", [存货], SELECTEDVALUE('经营性资产指标'[分析指标])="固定资产", [固定资产], SELECTEDVALUE('经营性资产指标'[分析指标])="无形资产", [无形资产], SELECTEDVALUE('经营性资产指标'[分析指标])="货币资金", [货币资金], [应收项目])
经营性资产%	经营性资产% = SWITCH(TRUE(), SELECTEDVALUE('经营性资产指标'[分析指标])="应收项目", [应收项目%], SELECTEDVALUE('经营性资产指标'[分析指标])="预付款项", [预付款项%], SELECTEDVALUE('经营性资产指标'[分析指标])="存货", [存货%], SELECTEDVALUE('经营性资产指标'[分析指标])="固定资产", [固定资产%], SELECTEDVALUE('经营性资产指标'[分析指标])="无形资产", [无形资产%], SELECTEDVALUE('经营性资产指标'[分析指标])="货币资金", [货币资金%], [应收项目%])

图 7-21 展示了通过上述步骤创建的"经营性资产金额"和"经营性资产%"度量值的可视化结果。在这个可视化图表中，可以通过点击该图表上方的切片器的方式进行经营性资产金额和占比的动态分析。

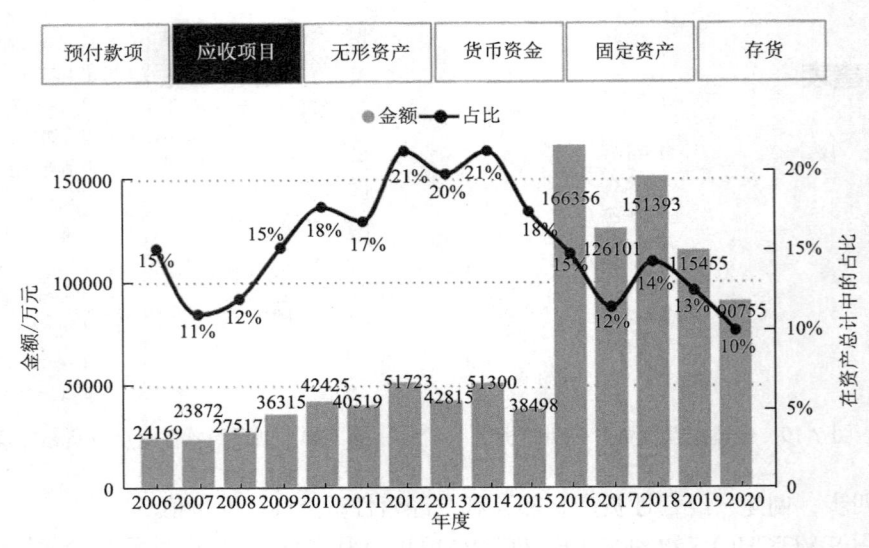

图 7-21 经营性资产金额及其占比的可视化

三、应收项目分析

应收项目通常包括应收账款、应收票据、应收利息、应收股利、其他应收款等。应收股利和应收利息是指企业对外投资取得股权或者购买债券等应收的股利和利息，本质上属于投资活动获取的收益，而且这两项通常不会发生坏账，金额相对于其他资产而言，也不是很高，因此一般不对这两项做重点关注，也不将其作为重点分析的对象。其他应收款是指除应收账款、应收票据、预付账款、应收股利和利息以外的其他应收及暂付款项。其他应收款可能是经营性的，也可能是投资性的，但这仅限于在母公司报表中。在合并报表中，由于集团内部活动形成的其他应收款在编制合并报表时已经被抵销，保留在合并报表中的其他应收款基本属于经营性资产。通常情况下，经营性的其他应收款，相对于其他资产而言也不会占有较大比重，一般也不作为重点分析的对象。应收账款和应收票据是企业在销售商品或提供劳务过程中给予客户的商业信用。应收账款与应收票据有助于产品的销售和营业收入的增加，通常金额较大，占比较高，但同时也面临着可能无法收回的坏账风险，对企业的核心利润会产生很大的影响。因此，应收项目的分析通常是指对应收账款和应收票据的分析。应收项目的分析通常包括应收项目的规模与占比、应收款项的周转和应收账款的账龄与坏账分析。本书仅介绍应收项目的规模与占比及应收款项的周转分析。

（一）应收项目规模与占比分析

在"经营战略"页面点击"中船科技"和"年度报告"后，单击"应收项目"，可视化图表自动报告中船科技在 2006—2020 年应收项目的金额及其在资产总计中占比的历年发展变化趋势，如图 7-21 所示。这里的应收项目包含了应收账款、应收票据和其他应收款。不难看出，应收项目金额在 2016 年有了大幅上涨，由 2015 年的 38 498 万元，上涨至 2016 年的 166 356 万元，上涨了 3.3 倍。虽然，应收项目在金额上呈现上涨趋势，但在资产总计中的占比在 2014 年达到 21%的高点后开始呈现下降趋势，在应收项目金额大幅上涨的 2016 年，其在资产总计中的占比也下降至 15%。前文分析公司战略时，已经得出结论，中船科技在 2016 年开始进行了战略转型，由原来的经营战略为主导转变为以投资战略为主导。因此，在采用该公司的经营性资产分析该公司的经营战略时，应当采用2015 年之前的报表数据。图 7-22 报告了中船科技 2006—2015 年应收款项与其他应收款金额的变化趋势。其中，应收款项为应收票据与应收账款合计数，即企业在销售商品和提供劳务过程中对客户提供的商业信用。图 7-22 显示，2006—2015 年，与应收款项相比，中船科技的其他应收款金额极少，在分析过程中可以忽略不计。结合图 7-21，2006—2014 年，中船科技的应收款项在资产总计中的比重呈现上涨趋势，2015 年略有下降。图 7-23 展示了应收款项在营业收入中的占比。不难看出，2006—2015 年，中船科技的应收款项在营业收入中的比重，与在资产中的比重有相同的趋势。应收款项在营业收入中的占比在 2008 年时最低，为 20%，在 2014 年达到 52%的高点，在 2015 年降至 42%。这说明，中船科技的营业收入有将近一半要靠商业信用来实现。与行业平均相比，所有年度都高于行业平均，多个年份甚至比行业平均高出 10 个百分点以上。因而，如果中船科技不加强对应收款项的管理，会面临较高的坏账风险，从而对公司造成较大的不利影响。

年度	应收款项	其他应收款
2006	23541	629
2007	23299	573
2008	26930	587
2009	35699	616
2010	41982	443
2011	97874	645
2012	51264	460
2013	42306	509
2014	50716	584
2015	38345	153

图 7-22 中船科技应收款项与其他应收款（单位：万元）

图 7-23 中船科技和行业平均的应收款项占营业收入的比例

（二）应收款项周转分析

一般而言，应收款项是企业一项重要的资产。在应收款项占比较高的企业，应收款项能否及时收回对该公司的生产经营活动会产生很大的影响。因此，除了分析应收项目的规模和结构，还需要分析应收款项的回收速度。应收款项周转率和应收款项周转天数就是衡量企业应收款项回收速度及其管理效率的指标。应收款项的回收速度越快，回收期越短，企业的资金使用效率就越高。对应收款项进行周转分析需要创建的度量值如表7-6所示。

表7-6 应收款项周转分析需创建的度量值

度量值名称	度量值计算公式
年初应收款项	年初应收款项 = VAR reportyear=SELECTEDVALUE('期间表'[年度]) RETURN CALCULATE([应收款项], FILTER(ALL('期间表'), '期间表'[年度]=reportyear-1&&'期间表'[报表期间]="年度报告"))
应收款项周转率	应收款项周转率 = DIVIDE([营业收入]*4/SELECTEDVALUE('期间表'[季度]),([应收款项]+[年初应收款项])/2)
应收款项周转天数	应收款项周转天数 = DIVIDE(([应收款项]+[年初应收款项])/2, [营业收入]*4/SELECTEDVALUE('期间表'[季度]))*365

行业平均应收款项	行业平均应收款项 =
	AVERAGEX(
	    ALL('公司代码'[公司名称]), //用 all 去除外部上下文的筛选
	    [应收款项]
	)

行业平均年初应收款项	行业平均年初应收款项 =
	AVERAGEX(
	    ALL('公司代码'[公司名称]), //用 all 去除外部上下文的筛选
	    [年初应收款项]
	)

行业平均应收周转率	行业平均应收周转率 = DIVIDE([行业平均营业收入]*4/SELECTEDVALUE('期间表'[季度]), ([行业平均应收款项]+[行业平均年初应收款项])/2)
行业平均应收周转天数	行业平均应收周转天数 = DIVIDE(([行业平均应收款项]+[行业平均年初应收款项])/2, [行业平均营业收入]*4/SELECTEDVALUE('期间表'[季度]))*365

图7-24展示了2006—2015年中船科技和行业平均的应收款项周转率与周转天数。可以看出，2006—2015年，中船科技应收款项周转率呈现下降趋势，由2006年的每年6.8次下降到2015年的2.1次；应收款项周转天数呈现上涨趋势，由2006年的54天上升至2015年的178天。与行业平均进行比较,应收款项周转率远低于行业平均水平,2015年还不到行业平均周转率的1/2；应收款项周转天数也远高于行业平均天数，2015年比

行业平均周转天数多98天。可见，中船科技采用给予客户商业信用的方式增加了营业收入，每年回款次数越来越少，回收款项所经历的天数越来越长，导致企业有越来越多的资金被客户占用。这一方面会使得企业的营业收入质量和核心利润质量越来越低，另一方面会导致企业的资金会越来越短缺，为了维持企业日常的生产经营活动，需要从外部融入资金。无论是股权融资，还是债务融资，都会增加企业的外部融资成本，从而进一步侵蚀企业的利润，降低企业的盈利能力。

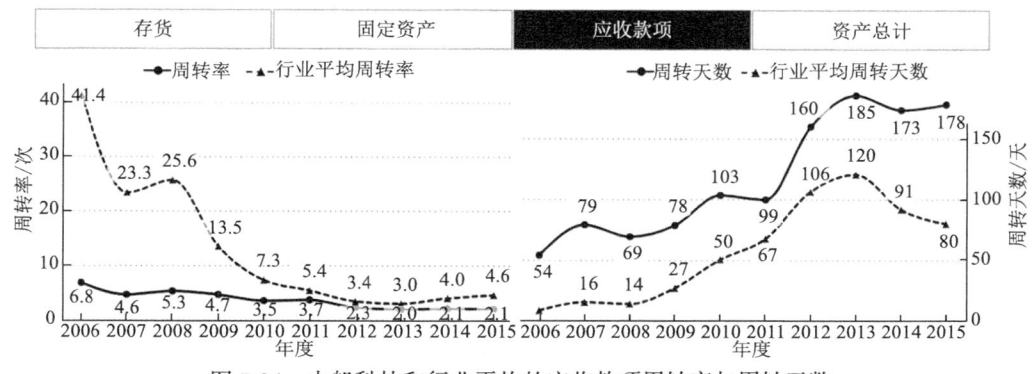

图 7-24 中船科技和行业平均的应收款项周转率与周转天数

四、存货分析

存货是企业在日常生产经营活动中所持有的准备出售的库存商品、正处于生产加工过程中的在产品以及准备在生产加工过程中消耗的材料物资等。资产负债表中的存货项目一般根据在途物资、原材料、材料成本差异、生产成本、库存商品、包装物、低值易耗品等账户的余额计算填列。存货是企业重要的流动资产。企业的生产经营活动就是围绕存货的采购、加工和出售展开的。企业在采购过程中会支付款项或者形成对供应商的负债，如应付账款、应付票据等。在生产加工过程中，产品价值会不断增加。在销售过程中会收取款项和形成营业收入或者形成对客户的债权，如应收账款、应收票据等。每期终了，依据当年销售存货形成的营业收入，扣除所承担的营业成本和相关费用之后，形成企业的利润。因此，对企业的存货进行分析，非常有助于了解企业的生产经营情况和存货管理效率。

存货的分析一般包括存货的规模分析和存货的周转分析。

（一）存货的规模分析

存货的规模分析主要包括存货的金额及其在资产总计和营业收入中的比重。图 7-25 报告了中船科技在 2006—2020 年的存货金额及其在资产总计中的比重。可以看出，存货的金额在 2006—2015 年基本保持稳定状态，只是在 2016 年战略转型后存货金额大幅上涨。但是，存货在资产总计中的比重却呈现了相反的情况。在以经营战略为主导的 2006—2015 年，除了 2007 年处于 11% 的最低点以外，其他年度都在 20% 左右。而在以投资战略为主导的 2016—2020 年，存货在资产总计中的占比均在 10% 左右。2016 年，存货金额由

2015 年的 44 188 万元上涨至 124 104 万元，上涨了 181%，但存货在资产总计中的比重由 2015 年的 20% 下降至 11%，下降了将近 100%。这表明，虽然存货金额大幅上涨，但资产总计上涨的幅度更大，而且上涨的金额更多来自投资性资产，中船科技实现了由经营战略为主导到投资战略为主导的战略转型。

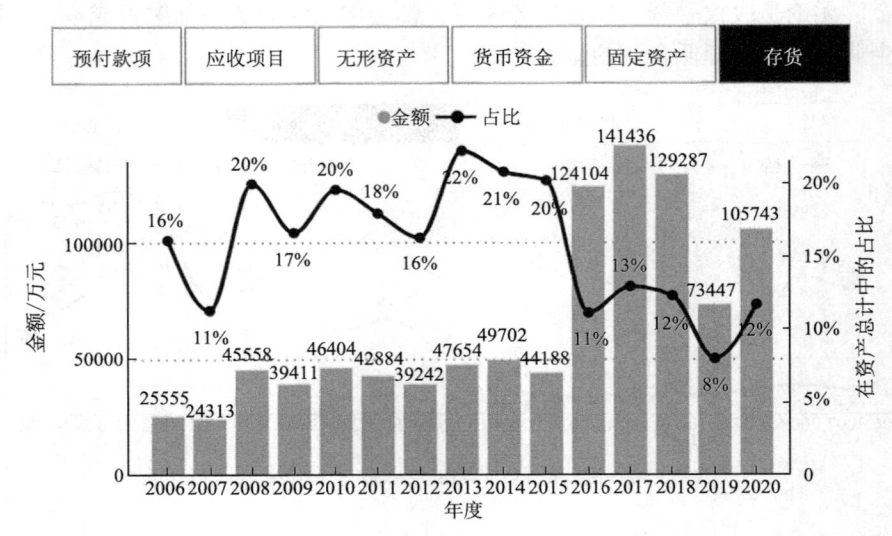

图 7-25　存货规模及其在资产总计中的占比

图 7-26 展示了中船科技与行业平均的存货在营业收入中的比重（存货收入比）。不难看出，中船科技和行业平均的存货在营业收入中的比重都呈现上涨的趋势。中船科技存货在营业收入中的比重由 2006 年的 32% 上升至 2015 年 48%。行业平均存货收入比由 2006 年的 27% 上升至 2015 年的 44%。在 2006—2015 年，中船科技的存货收入比只有在 2007 年低于行业平均存货收入比。这表明，相对于行业平均存货收入比而言，中船科技

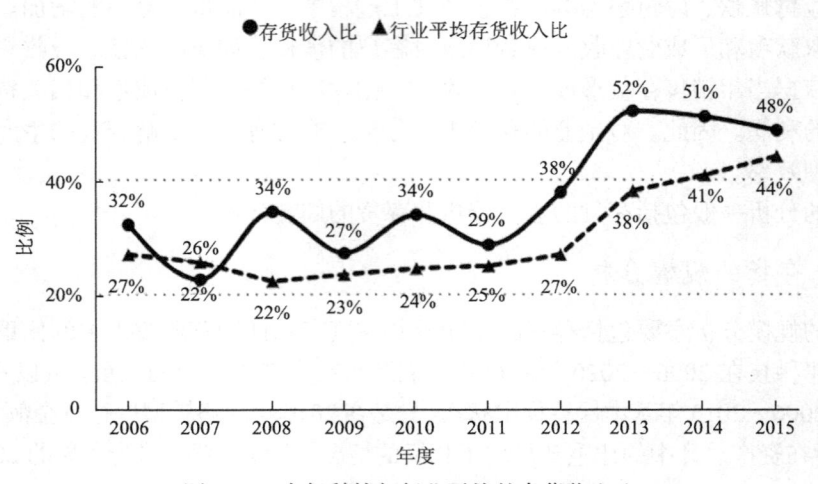

图 7-26　中船科技与行业平均的存货收入比

的存货的销售情况弱于行业平均水平，会存在一定程度的存货积压，中船科技需要采取措施促进存货的销售。当然，从行业整体情况看，存货在营业收入中的比重上升也与2010年后的GDP增长放缓，以及世界海运量的总体下滑有关。

（二）存货的周转分析

从前面的分析中可以看出，2006—2015年，中船科技的存货在资产总计中的比重在20%左右，在营业收入中的比重在后期达到了50%左右。因此，有必要分析存货周转情况，通过分析存货周转情况，了解中船科技的存货管理效率。

存货周转分析需要创建的度量值见表7-7。

表7-7 存货周转分析需要创建的度量值

度量值名称	度量值计算公式
年初存货	年初存货 = VAR reportyear=SELECTEDVALUE('期间表'[年度]) RETURN CALCULATE([存货], FILTER(ALL('期间表'), '期间表'[年度]=reportyear-1&&'期间表'[报表期间]="年度报告"))
存货周转率	存货周转率 = DIVIDE([营业成本]*4/SELECTEDVALUE('期间表'[季度]), ([存货]+[年初存货])/2)
存货周转天数	存货周转天数 = DIVIDE(([存货]+[年初存货])/2, [营业成本]*4/SELECTEDVALUE('期间表'[季度]))*365

行业平均存货	行业平均存货 =
	AVERAGEX(
	    ALL('公司代码'[公司名称]), //用 all 去除外部上下文的筛选
	    [存货]
	)

行业平均年初存货	行业平均年初存货 =
	AVERAGEX(
	    ALL('公司代码'[公司名称]), //用 all 去除外部上下文的筛选
	    [年初存货]
	)

行业平均存货周转率	行业平均存货周转率 = DIVIDE([行业平均营业成本]*4/SELECTEDVALUE('期间表'[季度]), ([行业平均存货]+[行业平均年初存货])/2)
行业平均存货周转天数	行业平均存货周转天数 = DIVIDE(([行业平均存货]+[行业平均年初存货])/2, [行业平均营业成本]*4/SELECTEDVALUE('期间表'[季度]))*365

图7-27展示了2006—2015年中船科技与行业平均的存货周转率和存货周转天数的发展变化趋势。中船科技的存货周转率由2006年的5.8次下降到2015年的1.8次。与此相对应的是，中船科技的存货周转天数由2006年的63天上升至2015年的204天。这些数据表明，中船科技的存货需要越来越多的时间才能对外出售，才能完成一个周转。表

面上看，这可能意味着中船科技的存货管理效率下降了。但事实上，从行业平均的发展变化趋势来看，整个船舶制造行业本身就存在着存货周转率下降，存货周转天数上升的趋势。也就是说，2006—2015年，中船科技的存货周转效率下降其实是这些年整个行业的整体下降趋势造成的，并非中船科技的存货管理效率下降所致。事实上，2015年，中船科技的存货周转率1.8次反而超越了行业平均周转率1.7次，中船科技的存货周转天数204天少于行业平均的213天。那么，2006—2015年，整个船舶制造行业经历了什么？众所周知，2008年，金融危机席卷全球，海运业受到非常大的影响。"国际船舶市场持续深度调整，完工船舶交付更加艰难，盈利水平大幅下降，船舶行业面临的形势更为严峻。"[①]

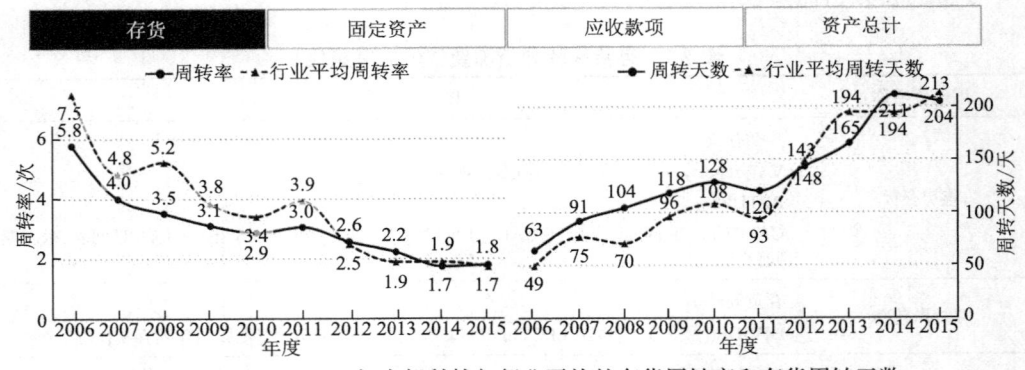

图 7-27　2006—2015年中船科技与行业平均的存货周转率和存货周转天数

五、固定资产分析

固定资产是企业为了生产商品、提供劳务、对外出租或经营管理而长期持有的，不能在一年或者超过一年的一个营业周期内变现的非货币性资产，通常包括房屋、建筑物、机器设备、运输工具等。固定资产是大部分企业的主要资产构成部分，是这些企业非流动资产中的一个重要部分。在船舶制造行业，固定资产是企业为了维持正常的生产经营活动而持有的非常重要的一项非流动资产。对固定资产的分析通常包括固定资产规模分析、固定资产成新率分析和固定资产投入产出效率分析。

（一）固定资产规模分析

对企业固定资产规模进行分析，主要是考察固定资产总额的发展变化趋势以及固定资产在资产总计中所占比重的发展变化趋势。图 7-28 展示了 2006—2020 年中船科技固定资产总额及其在资产总计中所占比重的发展变化趋势。从固定资产总额角度看，中船科技固定资产总额在 2009 年升至 79 389 万元以后，至 2015 年基本保持稳定。2016 年，由于中船科技由以经营战略为主导转型至以投资战略为主导，在资产总计大幅上升的情况下，固定资产总额由 2015 年的 71 349 万元降至 2016 年的 43 319 万元，下降了 39%。从固定资产在资产总计中的比重看，中船科技的固定资产占比在 2009 年升至 33%后，

---

① 中船科技 2016 年年度报告中的行业情况说明。

至 2015 年一直维持在 33%左右。2016 年，中船科技的固定资产占比由 2015 年的 33%降至 4%。但是，在 2020 年，固定资产总额和固定资产占比都有大幅度上涨，固定资产总额由 2019 年的 31 058 万元上升至 110 750 万元，比转型前的固定资产总额还多，固定资产占比也由 2019 年的 3%上升至 2020 年的 12%。虽然中船科技固定资产总额与在资产总计中所占的比重在 2020 年都有明显上升，但从图 7-15 的结果可以看出，中船科技在 2020 年的经营性资产占比不仅没有上升，反而由 2019 年的 25%下降至 2020 年的 20%。这些数据表明，中船科技在 2020 年快速增加的固定资产并不意味着企业的战略再次转型，仅仅是经营性资产结构的内部调整而已。

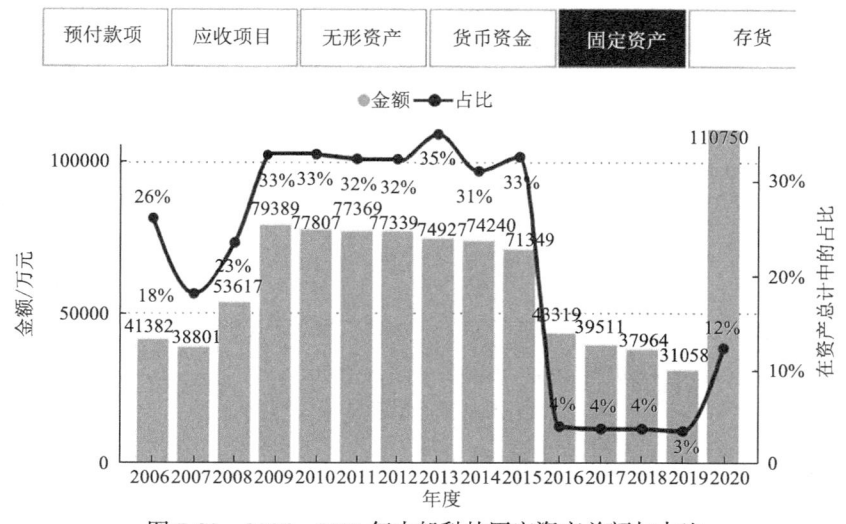

图 7-28　2006—2020 年中船科技固定资产总额与占比

（二）固定资产成新率分析

为了反映企业固定资产的新旧程度和技术水平，通常采用固定资产成新率指标。固定资产成新率指标的数值越高，在某种意义上可以代表企业的固定资产越新，技术水平相对而言也越先进，反之则固定资产相对而言比较陈旧，技术水平也相对落后。固定资产成新率指标的计算公式为

$$固定资产成新率 = \frac{固定资产原价 - 固定资产累计折旧}{固定资产原价}$$

图 7-29 展示了 2006—2015 年中船科技与行业平均固定资产成新率的发展变化趋势，以及 10 家上市公司 2015 年的固定资产成新率。可以看出，中船科技的固定资产成新率曲线在 2006—2015 年呈现较为明显的倒"V"形变化。在 2009 年升至最高值 77.9%，随后逐年下降至 2015 年的 62.4%。行业平均固定资产成新率曲线略呈倒"U"形，在 2010—2012 年基本保持在 70%左右，在 2015 年，也仅仅同比下降了不到 2 个百分点。从整体趋势上看，行业平均固定资产成新率呈现上涨趋势，由 2006 年的 63.1%升至 2015 年的 68.5%。中船科技与行业平均水平相比，在 2008—2011 年超过了行业平均水平，其他

年度均低于行业平均水平。整体而言,中船科技在 2006—2015 年的固定资产成新率均值为 68.07%,同期行业平均固定资产成新率的均值为 67.41%,中船科技的固定资产成新率均值略高于行业均值。上述数据表明,中船科技的固定资产更新速度较快,固定资产技术装备水平也较高。但与行业最先进水平相比,仍存在一定差距,2015 年中船科技 62.4%的固定资产成新率远低于国瑞科技的 86.4%。

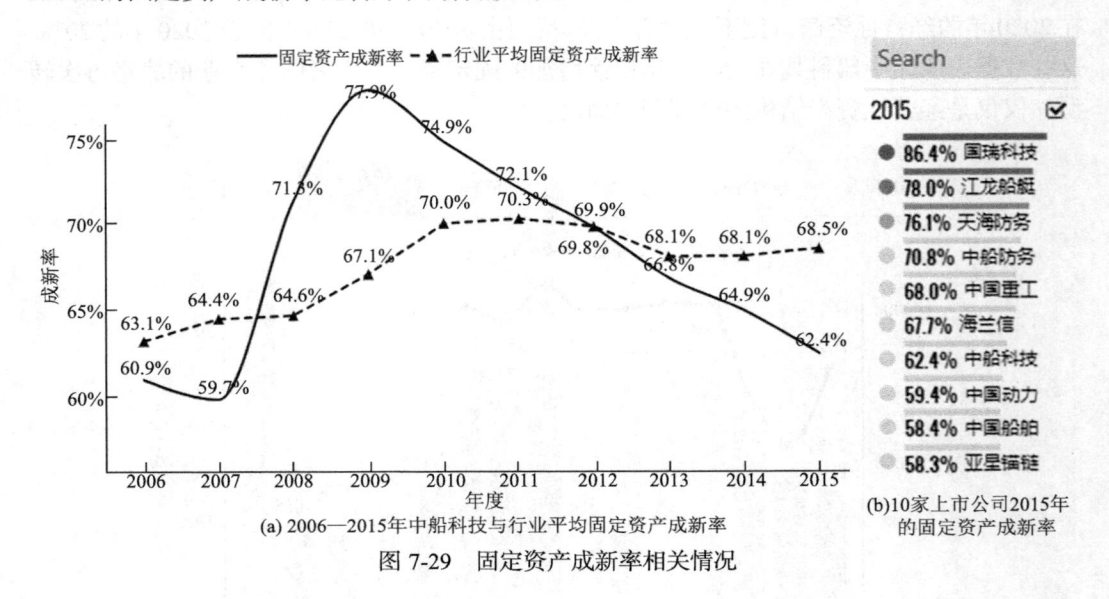

图 7-29 固定资产成新率相关情况

(三)固定资产投入产出效率

固定资产投入产出效率是指企业运用固定资产创造新增营业收入的能力。企业运用固定资产对存货加工产生营业收入的能力非常重要,那么固定资产产生营业收入的能力如何衡量呢?固定资产周转率就能够很好地反映企业运用固定资产产生营业收入的能力。第五章已经阐明,该指标为企业年度营业收入与当年固定资产平均值的比值。这一指标衡量了企业运用固定资产的有效性,它的含义是,每增加 1 元的固定资产投入能够为企业带来的新增营业收入金额。固定资产周转率越高,说明企业运用固定资产的效率越高,为企业创造的营业收入越高。与固定资产周转率相关的一个指标是固定资产周转天数。固定资产周转天数越短,说明企业将固定资产转换为现金的时间越短,企业固定资产更新的速度也越快,技术装备水平也会紧跟时代潮流,技术装备水平的先进性也越高。

固定资产投入产出效率分析需要创建的度量值见表 7-8。

表 7-8 固定资产投入产出效率分析需要创建的度量值

度量值名称	度量值计算公式
年初固定资产	年初固定资产 = VAR reportyear=SELECTEDVALUE('期间表'[年度]) RETURN CALCULATE([固定资产], FILTER(ALL('期间表'), '期间表'[年度]=reportyear-1&&'期间表'[报表期间]="年度报告"))

续表

度量值名称	度量值计算公式
固定资产周转率	固定资产周转率 = DIVIDE([营业收入]*4/SELECTEDVALUE('期间表'[季度]), ([固定资产]+[年初固定资产])/2)
固定资产周转天数	固定资产周转天数 = DIVIDE(([固定资产]+[年初固定资产])/2, [营业收入]*4/SELECTEDVALUE('期间表'[季度]))*365

行业平均存货	行业平均存货 =
	AVERAGEX(
	    ALL('公司代码'[公司名称]), //用 all 去除外部上下文的筛选
	    [存货]
	)

行业平均固定资产	行业平均固定资产 =
	AVERAGEX(
	    ALL('公司代码'[公司名称]), //用 all 去除外部上下文的筛选
	    [固定资产]
	)

行业平均固定资产周转率	行业平均固定资产周转率 = DIVIDE([行业平均营业收入]*4/SELECTEDVALUE('期间表'[季度]), ([行业平均固定资产]+[行业平均年初固定资产])/2)
行业平均固定资产周转天数	行业平均固定资产周转天数 = DIVIDE(([行业平均固定资产]+[行业平均年初固定资产])/2, [行业平均营业收入]*4/SELECTEDVALUE('期间表'[季度]))*365

图 7-30 展示了 2006—2015 年中船科技及行业平均固定资产周转率和固定资产周转天数的发展变化趋势。不难看出，中船科技的固定资产周转率呈现下降趋势。新增 1 元固定资产投入能够增加的营业收入，由 2006 年的 3.9 元降至 2015 年的 1.3 元，下降了 67%。与行业平均值相比，2006—2015 年的每一年都低于行业平均值，2015 年中船科技的每 1 元固定资产投入所创造的营业收入仅相当于行业平均的 62%。中船科技的固定资产周转天数则呈现上升趋势，由 2006 年的 95 天升至 2015 年的 291 天。与行业平均值相比，中船科技的固定资产周转天数均高于行业平均值，2015 年，中船科技的固定资产周

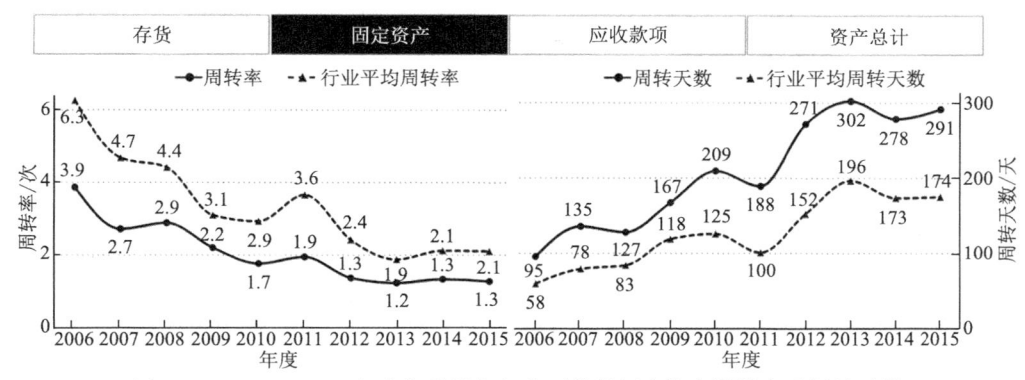

图 7-30　2006—2015 年中船科技与行业平均的固定资产周转率及周转天数

转天数比行业平均周转天数多 117 天，是行业平均周转天数的 1.7 倍。这些数据表明，中船科技的固定资产投入产出效率越来越低，而且与行业平均水平存在一定差距，这会延缓中船科技固定资产的更新速度，降低固定资产技术装备水平的先进性。

六、无形资产分析

按照企业会计准则的定义，无形资产是企业拥有或者控制的没有实物形态的可辨认的非货币性资产，通常包括专利权、专有技术、商标权、著作权等。在数字经济时代，企业所处的经济环境发生了翻天覆地的变化，企业的特征与资产结构也与过去有明显的不同。企业比过去越来越重视无形资产的投入。图 7-31 展示了列夫和谷（2018）的研究成果。可以看出，在 1977—2014 年，企业在无形资产方面的投资逐年上升。与此相反，企业在有形资产方面的投资却呈现了明显下降的趋势。自 1997 年无形资产投资率高于有形资产投资率之后，无形资产投资率与有形资产投资率的差距越来越大。巴菲特在 2018 年的伯克希尔·哈撒韦股东年会上曾经说过，现在股市中市值最大的四家公司已经进入了轻资产时代，不再需要大量的固定资产投资，无形资产的价值远远高于有形资产的价值。因此，在数字经济时代，更需要关注对无形资产的分析。但遗憾的是，如今的会计准则还停留在传统经济状态下，会计报表中的无形资产还不能充分反映出无形资产的真实价值。对无形资产的分析也只能停留在简单的规模分析上。

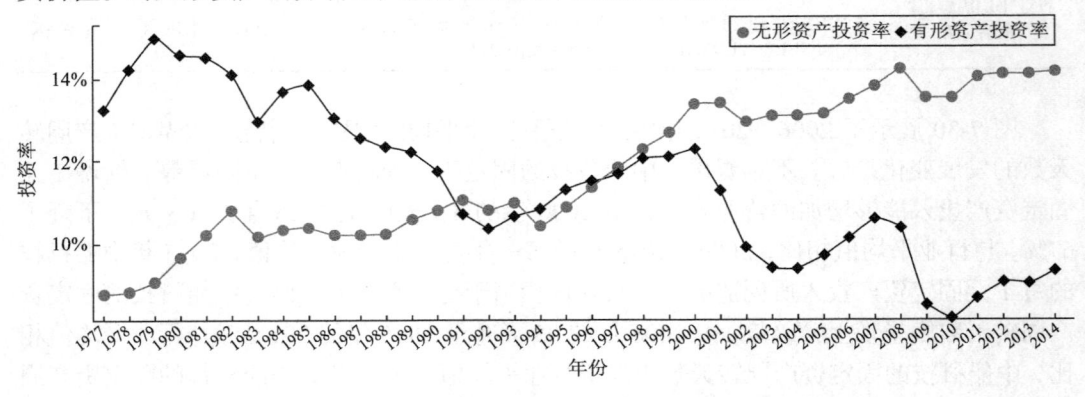

图 7-31 1977—2014 年企业有形资产投资率和无形资产投资率

图 7-32 展示了中船科技在 2006—2020 年各年的无形资产总额、无形资产在资产总计中的占比，以及行业平均无形资产占比的数据。不难看出，在 2006—2015 年以经营战略为主导的时期，中船科技的无形资产总额呈现上涨趋势，由 2006 年的 3805 万元上升至 2015 年的 8443 万元，上涨 122%。无形资产占比也呈现上涨趋势，由 2006 年的 2.4%上升至 2015 年的 3.9%。在以投资战略为主的 2016—2020 年，2016 年转型当年，无形资产总额比 2015 年上涨 1 倍，但无形资产占比由于资产总额的大幅上涨反而下降到 1.6%。在随后的几年中，无形资产总额和占比都不断下降。与行业平均水平相比，只有 2006 年和 2011 年略高于行业平均水平，其他年度均明显低于行业平均水平。现有数据表明，船舶制造行业在无形资产上的投入可能偏低，中船科技则更低。2015 年，海兰信

和江龙船艇的无形资产占比分别为 9.84%和 7.87%，中船科技的无形资产占比还未达到这两家公司的一半。

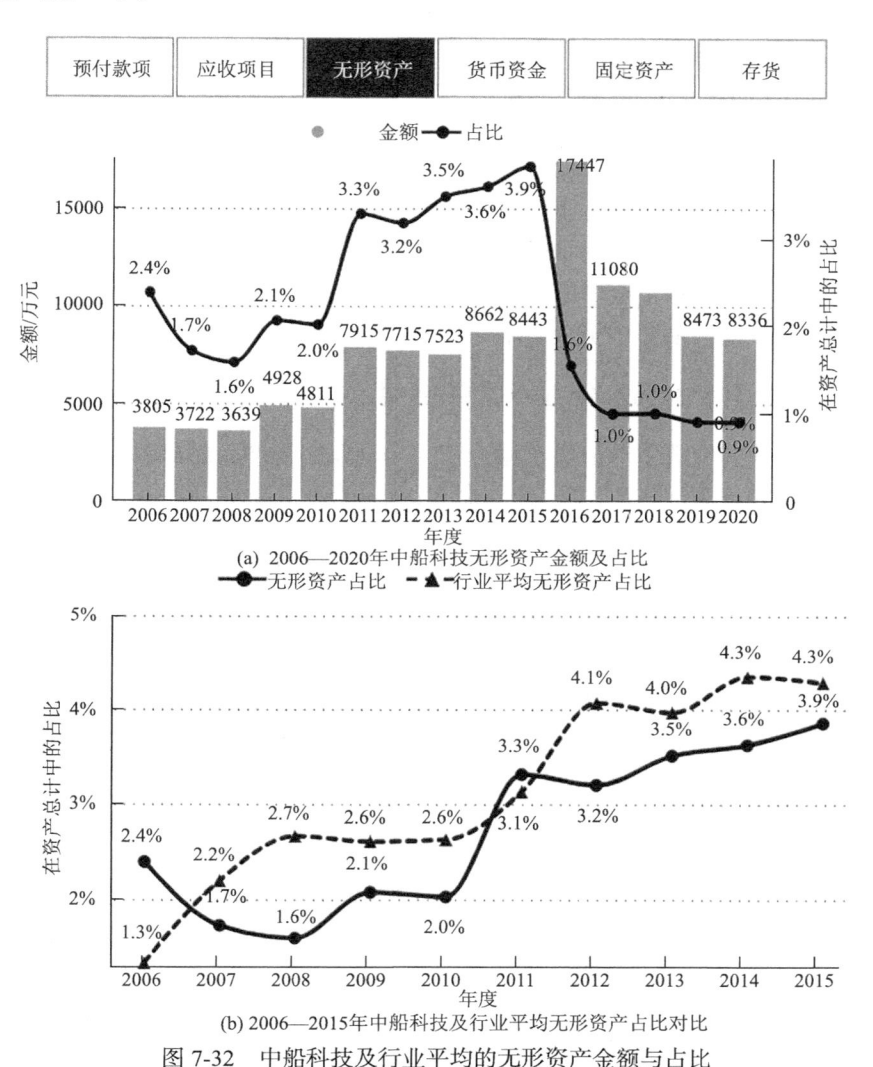

图 7-32 中船科技及行业平均的无形资产金额与占比

七、货币资金分析

货币资金是企业流动性最强的资产，它关系着企业的生死存亡。著名的会计学泰斗 Beaver（1966）研究发现，企业的现金持有水平是所有企业财务特征中最重要的一项指标。这意味着，企业破产，可能不是因为没有利润，而更可能是因为没有现金（贾宁，2020）。因此，对货币资金进行有效的分析，有助于企业加强对货币资金的有效管理，降低企业的破产概率。对货币资金进行分析，主要从货币资金的存量和货币资金的流量两种角度展开。

（一）货币资金存量分析

货币资金存量分析主要是分析企业在每期终了究竟还拥有多少货币资金，持有的这些货币资金能否应对未来的生产经营活动的需求，是否会发生货币资金短缺，或者是否持有过多的货币资金。虽然货币资金能够决定企业的生死存亡，但并不是持有货币资金越多越好。一家企业如果持有过多的货币资金，可能意味着企业没有更好的投资项目，也可能意味着企业信誉不好不容易获得融资，或者即使能够融入资金，但要承担较高的融资成本。持有过多的货币资金也容易导致企业乱花钱。那么企业拥有多少货币资金比较合理呢？通常情况下，持有的货币资金数额能够满足日常的生产经营活动需求即可。日常生产经营活动对货币资金的需求量如何计算？OPM（other people's money，别人的钱）战略为计算经营活动货币资金需求量提供了一种方法，具体公式为

经营活动货币资金需求量=应收款项+预付款项+存货−应付款项−预收款项

其中，应收款项为应收账款与应收票据合计，是企业销售产品或提供劳务过程中给予客户的商业信用，是被客户占用的资金；预付款项是企业购买商品或者接受劳务过程中预先支付给供应商的货款，是被供应商占用的资金；存货是在日常生产经营活动中所持有的准备出售的库存商品、正处于生产加工过程中的在产品以及准备在生产加工过程中消耗的材料物资，企业持有存货也要占用资金。应付款项为应付账款和应付票据合计，是企业购买商品或者接受劳务过程中从供应商处获取的商业信用，是企业占用供应商的资金；预收款项是企业销售商品或者提供劳务过程中从客户处预先收取的货款，是企业占用客户的资金。公式中，前三项是被其他方和存货占用的资金，后两项是占用其他方的资金。该公式计算的结果大于 0 时，说明企业的资金被净占用，此时企业需要一定数额的货币资金来维持正常的生产经营活动。

经营活动货币资金需求的可视化需要在已创建度量值的基础上补充创建如下相关度量值，见表 7-9。

表 7-9　经营活动货币资金需求的可视化需要补充创建的度量值

度量值名称	度量值计算公式
应付款项	应付款项 = CALCULATE([资产负债表基础度量值], '资产负债表结构表'[项目名称]="应付票据")+CALCULATE([资产负债表基础度量值], '资产负债表结构表'[项目名称]="应付账款")
预收款项	预收款项 = CALCULATE([资产负债表基础度量值], '资产负债表结构表'[项目名称]="预收账款")
经营活动货币资金需求	经营活动货币资金需求 = [应收款项]+[预付款项]+[存货]-[应付款项]-[预收款项]
资金需求占比	资金需求占比 = DIVIDE([经营活动货币资金需求], [资产总计])
行业平均货币资金占比	行业平均货币资金占比 = AVERAGEX(　　ALL('公司代码'[公司名称]),//用 all 去除外部上下文的筛选 　　[货币资金%]

度量值名称	度量值计算公式

行业平均资金需求占比	行业平均资金需求占比 =
	AVERAGEX(
	    ALL('公司代码'[公司名称]), //用 all 去除外部上下文的筛选
	    [资金需求占比]
	)

图 7-33 展示了 2006—2015 年中船科技的货币资金、货币资金在资产总计中的占比和经营活动货币资金需求量。可以看出，中船科技 2007 年货币资金占比升至最高 31.0%，随后先降后升，至 2015 年为 19.2%。此外，2006—2015 年，中船科技经营活动货币资金需求始终大于 0。2010—2014 年，企业持有的货币资金低于经营活动货币资金需求量，其他年度的货币资金持有量能够满足经营活动所需的货币资金。

(a) 货币资金金额及占比

(b) 经营活动货币资金需求

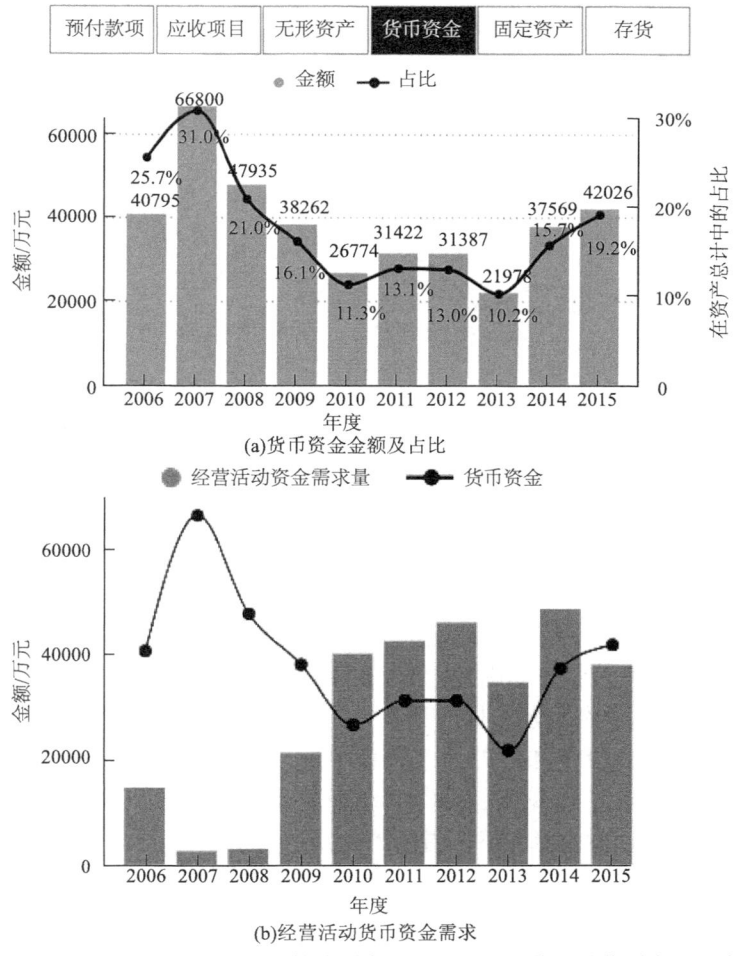

图 7-33　2006—2015 年中船科技货币资金、占比及经营活动货币资金需求量

图 7-34 展示了 2006—2015 年中船科技和行业平均的货币资金占比与经营活动货币资金需求占比。可以看出，经营战略主导的 2006—2015 年，中船科技的货币资金占比始终低于行业平均。差距最小的一年是 2015 年，中船科技货币资金占比 19%，行业平均占比 25%。相差最大的一年是 2010 年，中船科技货币资金占比 11%，行业平均占比 48%，中船科技的货币资金占比不到行业平均的 1/4。较低的货币资金持有量也会导致较高的经营活动货币资金需求量。2010 年，中船科技资金需求占比为 15%，但货币资金占比仅为 11%，货币资金持有量明显不足以维持正常的生产经营活动。同年，行业平均资金需求占比为 6%，行业平均货币资金占比为 48%，行业平均持有过多货币。2015 年，中船科技资金需求占比 17%，货币资金占比 19%，行业平均资金需求占比 14%，货币资金占比 25%。无论是中船科技还是行业平均，货币资金持有数量略高于货币资金需求量。实际上，一方面货币资金存量应该满足生产经营活动的需求，另一方面也不应过多持有，应该处于最优状态。

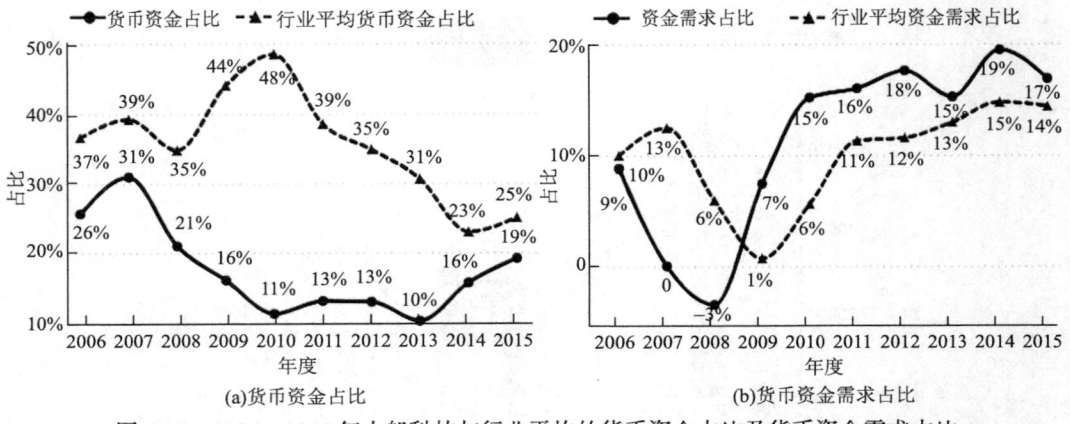

图 7-34　2006—2015 年中船科技与行业平均的货币资金占比及货币资金需求占比

（二）货币资金流量分析

货币资金流量分析主要是分析企业在每一期的现金流量结构情况。现金流量表中，企业的现金流量被分成经营活动产生的现金流量、投资活动产生的现金流量和筹资活动产生的现金流量三种类型。经营活动现金流量是企业生产经营过程中产生的现金流入和流出，如销售商品和提供劳务形成现金流入，购买商品和接受劳务产生现金流出。经营活动现金流量是企业主要活动产生的现金流量，相当于企业的"造血"功能。投资活动现金流量是企业对内投资和对外投资过程中形成的现金流入及现金流出，如收回投资收到的现金，投资支付的现金。投资活动现金流量相当于企业的"放血"功能。筹资活动现金流量是企业融资活动过程中形成的现金流入和流出，如从银行借款收到的现金，偿还借款本金和利息支付的现金。筹资活动现金流量相当于企业的外部"输血"功能。

图 7-35 展示了 2006—2015 年中船科技的现金流量结构情况。可以看出，中船科技的经营现金流有 4 个年度为正，6 个年度为负，而且波动较大，2006 年净流入 18 422 万

元，2014 年净流出 11 211 万元，这说明经营现金流不够稳定，"造血"功能需要完善和加强。投资现金流只有 2007 年和 2014 年 2 个年度为正，而且这 2 个年度净流入的金额较大，2007 年为 11 488 万元，2014 年为 24 009 万元，其他 8 个年度为负，说明企业在多数年份从事投资活动。筹资现金流在 2006 年和 2013 年 2 个年度为负，2007 年为 0，其他 7 个年度为正，在这 7 个年度中，净流入的金额一般不大，最多的 2 年——2009 年和 2012 年也刚刚超过 1 亿元。将存量的货币资金与流量的现金流量结构相比较，不难看出，货币资金和现金流量之间基本协调一致，现金净流入时货币资金存量增加，现金净流出时，货币资金存量减少。结合经营活动货币资金需求分析，2006—2009 年，货币资金持有量超过了经营活动货币资金需求量，也就是说，这 4 个年度无须为经营活动融入资金。但由于在 2008 年和 2009 年大幅增加了投资，中船科技在这 2 年利用"输血"功能从外部融入了部分资金，弥补了投资活动所造成的资金短缺。2010—2014 年，中船科技的经营活动货币资金需求量超过了货币资金持有量，5 年中有 4 年为经营活动现金净流出，5 年中有 4 年投资活动现金流量为净流出，因此，中船科技在 2011 年和 2012 年融入了外部资金，弥补经营活动和投资活动所造成的资金短缺。2015 年，经营活动产生了现金净流入，使得当年的经营活动货币资金需求量降至货币资金持有量以下，中船科技只需要融入资金满足投资活动对现金的需求即可。

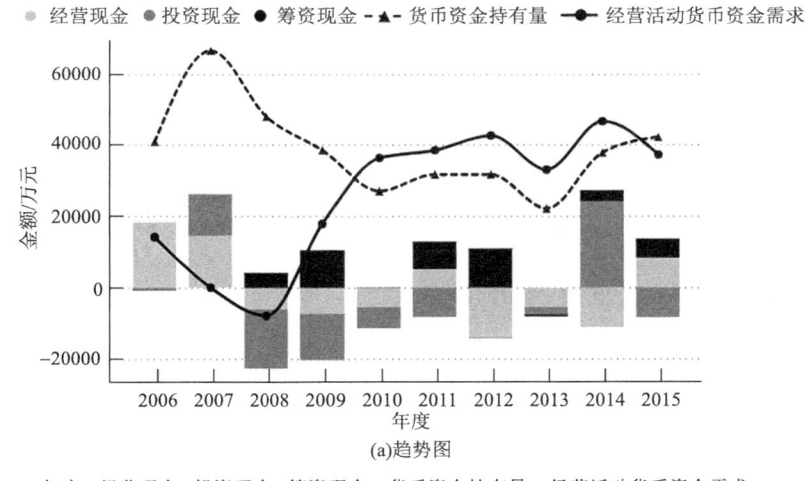

(a)趋势图

年度	经营现金	投资现金	筹资现金	货币资金持有量	经营活动货币资金需求
2006	18422	−603	−123	40795	14851
2007	14534	11488	0	66800	2770
2008	−6020	−16718	4130	47935	3233
2009	−7265	−13089	10495	38262	21452
2010	−5455	−5949	78	26774	40362
2011	5219	−8220	7650	31422	42817
2012	−14010	−325	10929	31387	46268
2013	−5402	−2128	−545	21978	34842
2014	−11211	24009	2953	37569	48825
2015	8331	−8390	5332	42026	38260

(b)具体金额（单位：万元）

图 7-35　2006—2015 年中船科技现金流量结构

第三节　投资战略分析

企业在从事了一段时间的生产经营之后，有了一定的积累，也有了雄心壮志，不再满足现有的规模，期盼把手中的蛋糕做大。如何做大手中的蛋糕？诺贝尔经济学奖得主美国经济学家乔治·斯蒂格勒曾给出一个答案："没有一家美国的大公司不是通过某种程度、某种方式的并购而成长起来的，几乎没有一家大公司主要是靠内部积累成长起来的。"并购能够让一家企业在短期内快速成长，甚至能够让企业的规模实现成倍扩张。本章第一节将资产划分为经营性资产和投资性资产。投资性资产又进一步细分为金融性投资和控制性投资。其中，控制性投资其实就是企业实施并购战略所投入的资产。需要特别说明的是，将企业资产划分为经营性资产和投资性资产，进而确定企业战略的主导类型时，依据的是母公司报表的数据，而不是合并报表中的数据，对于其他的财务分析本书基本都采用合并报表中的数据，如遇特殊情况，会做特别说明。

本节主要对中船科技的投资战略进行分析。图 7-36 显示，中船科技的投资性资产主要以长期股权投资为主，长期股权投资是控制性投资的最重要部分。因此本节着重分析中船科技的控制性投资。

一、控制性投资分析

控制性投资主要是指通过直接或间接持有股票能够对被投资企业施加控制、共同控制和重大影响的投资，一般包括长期股权投资和母公司对子公司的其他应收款及预付账款。控制性投资分析主要包括控制性投资规模与结构分析、控制性投资扩张效应分析、控制性投资效益分析和控制性投资现金流分析。

（一）控制性投资规模与结构分析

控制性投资规模与结构分析主要是分析控制性投资总额及内部项目构成情况。图 7-36 展示了中船科技 2006—2020 年控制性投资构成项目金额、控制性投资在资产总计中的比重以及合并报表与母公司报表中的长期股权投资金额。可以看出，在 2006—2020 年，无论是经营战略主导的 2006—2015 年，还是投资战略主导的 2016—2020 年，长期股权投资一直是控制性投资的最重要部分，仅在个别年份，如 2018 年、2020 年有相对较少的其他应收款。在 2006—2015 年，母公司报表中的长期股权投资金额大约是合并报表中长期股权投资金额的 2 倍左右，如 2015 年，母公司报表的长期股权投资为 20 485 万元，合并报表上的长期股权投资金额为 11 519 万元，母公司报表金额是合并报表金额的 1.78 倍。但是在投资战略主导的 2016—2020 年，母公司报表中的长期股权投资金额则上升至合并报表的 13 倍左右，如 2016 年，母公司报表中的长期股权投资金额为 277 255 万元，合并报表中的长期股权投资金额为 23 446 万元，母公司报表上的金额是合并报表上的金额的 11.83 倍。

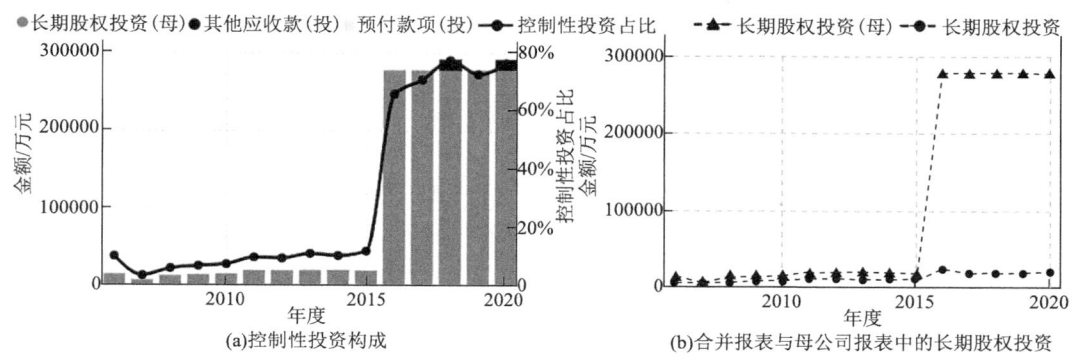

图 7-36　2006—2020 年中船科技母公司控制性投资构成及长期股权投资

（二）控制性投资扩张效应分析

企业实施投资战略主要是为了通过增加控制性投资和股权控制做大蛋糕，扩大企业的资产规模，实现企业跨越式发展的战略目标。因而，增加控制性投资之后是否实现了扩张效应，是否以相对较少的投资撬动了更多的资产是考察控制性投资的扩张效应的主要指标。

1. 创建控制性投资扩张效应相关度量值

在本章第一节的基础上，还需创建控制性投资扩张效应相关度量值，见表 7-10。

表 7-10　控制性投资扩张效应相关度量值

度量值名称	度量值计算公式
撬动资产	撬动资产 = [资产总计]-[资产总计（母）]
撬动系数	撬动系数 = DIVIDE([撬动资产], [控制性投资])

行业平均撬动系数	行业平均撬动系数 =
	AVERAGEX(
	　　ALL('公司代码'[公司名称]), //用 all 去除外部上下文的筛选
	　　[撬动系数]
	)

表 7-10 表明，撬动资产是指合并报表中的资产总计与母公司报表中的资产总计的差额。两者差额越大，说明企业增加控制性投资所撬动的资产增量越多，企业能够控制的资产规模越大，扩张效应越强。将撬动资产与控制性投资相比所得到的撬动系数能更好地体现出企业控制性投资的扩张效应。

2. 控制性投资扩张效应可视化

图 7-37 展示了 2006—2020 年中船科技控制性投资的撬动资产、撬动系数和同期行业平均撬动系数[①]。可以看出，2016 年，中船科技的控制性投资由 2015 年的 20 485 万

[①] 由于中国船舶 2006 年母公司控制性投资为 28 311 万元，撬动资产为 1 732 130 万元，撬动系数为 61.18，导致行业平均撬动系数为 16.24，相对其他年度不到 2 的撬动系数，数值明显偏大，使得折线图中其他年度的折线呈现为平铺的直线。为了便于观察分析，在折线图中未选择显示 2006 年的相关信息。

元大幅上涨至 277 255 万元，上涨了 12.5 倍。撬动资产由 2015 年的 51 008 万元大幅上涨至 696 098 万元，上涨了 12.6 倍。撬动系数自 2014 年开始上涨，由 2013 年的 1.40 上升至 2014 年的 2.15，上涨了 54%。2016 年的撬动系数为 2.51，表明中船科技增加 1 元的控制性投资可以撬动 2.51 元的增量资产。中船科技的撬动系数在 2017 年达到最高点 2.53 之后，开始逐年下降，2020 年降至 1.80。图 7-37 显示，2016—2020 年的控制性投资保持平稳，但撬动资产却在 2017 年之后出现了明显下降，表明中船科技控制性投资的扩张效应呈现了下降趋势。与行业平均相比，自 2014 年以来，中船科技的撬动系数始终大于行业平均，两者的差距略呈扩大趋势。2020 年，中船科技的撬动系数为 1.80，行业平均撬动系数为 0.92，中船科技的撬动系数为行业平均撬动系数的 1.96 倍，表明相同的投资，中船科技能够比行业平均撬动更多的增量资产，中船科技控制性投资的扩张效应明显好于行业平均水平。

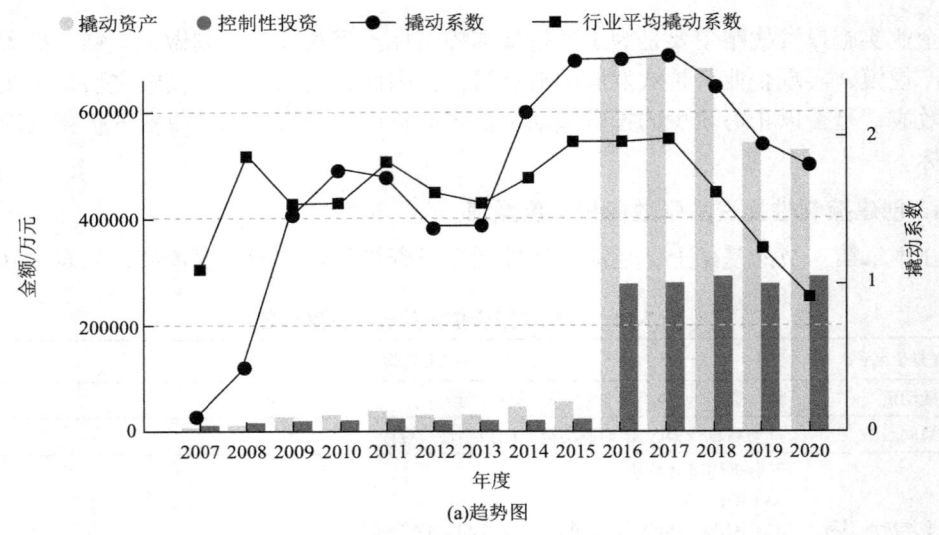

(a) 趋势图

年度	撬动资产	控制性投资	撬动系数	行业平均撬动系数
2006	8176	15697	0.52	16.24
2007	659	8018	0.08	1.08
2008	5994	13910	0.43	1.87
2009	24054	16422	1.46	1.53
2010	28270	16016	1.77	1.53
2011	34825	20515	1.70	1.81
2012	28554	20644	1.38	1.62
2013	29467	20982	1.40	1.55
2014	44406	20631	2.15	1.72
2015	51008	20485	2.49	1.96
2016	696098	277255	2.51	1.94
2017	702198	277177	2.53	1.98
2018	676459	291348	2.32	1.61
2019	537160	277301	1.94	1.23
2020	523378	291199	1.80	0.92

(b) 具体数值

图 7-37　中船科技控制性投资的扩张效应

（三）控制性投资效益分析

企业增加控制性投资，除为了实现资产规模上的跨越性发展目标之外，获取收益也是其重要目标。如何衡量控制性投资所取得的收益？最为简单的做法是将合并报表中的净利润与母公司报表中的不含投资收益的净利润[①]进行比较，分析母公司净利润和子公司净利润对合并报表净利润的贡献。

图 7-38 展示了 2006—2020 年中船科技合并报表与母公司报表中的净利润。可以看出，在经营战略主导的 2006—2015 年，中船科技合并报表中的净利润在绝大部分年份都大于母公司报表中的不含投资收益的净利润。在 2014 年和 2015 年，在母公司发生净亏损的情况下，合并报表中的净利润大于 0。这表明子公司在经营战略主导的期间为合并报表中的净利润做出了一定贡献。在投资战略主导的 2016—2020 年，中船科技合并报表中的净利润均大于母公司报表中的不含投资收益的净利润，而且两者差距较大。2016 年，中船科技母公司报表中的净利润为 -14 823 万元，合并报表中的不含投资收益的净利润为 -4014 万元，这表明子公司获取的净利润弥补了母公司报表中的大部分亏损。2020 年，中船科技合并报表中的净利润为 13 967 万元，母公司报表中的不含投资收益的净利润为 1170 万元，母公司不含投资收益的净利润占合并报表净利润的 8%。可见，在投资战略主导的期间，子公司为整个集团贡献了绝大部分利润，控制性投资不仅实现了规模上的扩张效应，也实现了获取更多收益的目标。

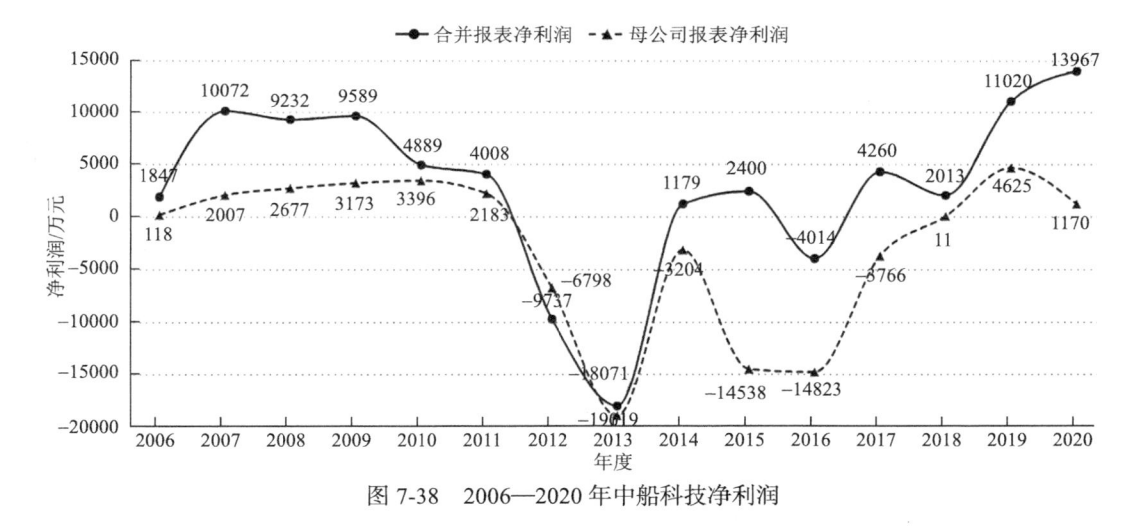

图 7-38　2006—2020 年中船科技净利润

（四）控制性投资现金流分析

由于现金流量表中的现金流量分为经营活动现金流量、投资活动现金流量和筹集活动现金流量，控制性投资现金流分析也因此包括这三种活动的现金流量分析。图 7-39 展

---

① 母公司报表中不含投资收益的净利润=母公司报表净利润-母公司报表投资收益，创建该度量值的公式为净利润(母)= CALCULATE(SUM('母公司利润表'[值]), FILTER(ALL('利润表结构表'), '利润表结构表'[项目名称]="五、净利润"))-CALCULATE(SUM('母公司利润表'[值]), FILTER(ALL('利润表结构表'), '利润表结构表'[项目名称]="投资收益"))。

示了中船科技在投资战略主导的 2016—2020 年的合并报表与母公司报表中的经营活动现金流量、投资活动现金流量和筹资活动现金流量。可以看出，中船科技母公司的经营活动现金流量相对比较平稳，而合并报表中的经营活动现金流量大幅起落，2016—2018 年有较大金额的净流出，2019—2020 年有较大金额的净流入。2020 年，母公司经营活动现金净流入 478 万元，合并报表中的经营活动现金净流入 65 631 万元，母公司经营活动现金净流入金额仅占合并报表经营活动现金净流入金额的 0.7%，说明子公司为合并报表贡献了绝大部分的经营活动现金流量。2016—2020 年，中船科技母公司报表中的投资活动现金流量有较大波动，但合并报表中的投资活动现金流量呈现上涨趋势，由 2016 年的净流出 47 893 万元升至 2020 年的净流入 67 437 万元。2016 年，中船科技母公司报表投资活动净流出 119 506 万元，而合并报表中的投资活动净流出 47 893 万元，这说明子公司投资活动净流入了 71 613 万元，弥补了大部分母公司的投资活动净流出。2020 年，母公司报表中的投资活动净流入 5215 万元，合并报表中的投资活动净流入 67 437 万元，母公司报表投资活动净流入占合并报表投资活动净流入的 7.7%，表明子公司为合并报表贡献了绝大部分的投资活动现金流量。2016—2020 年，中船科技母公司与合并报表中的筹资活动现金流量均呈现下降趋势。中船科技母公司的筹资活动现金流量由 2016 年的净流入 160 754 万元下降至 2020 年的净流出 4197 万元。合并报表中的筹资活动现金流量由 2016 年的净流入 200 178 万元降至 2020 年的净流出 126 958 万元。2016 年，中船科技母公司报表中的 160 754 万元的筹资活动现金净流入占合并报表中 200 178 万元的筹资活动现金净流入的 80%，说明合并报表中的筹资活动现金净流入绝大部分为母公司贡献。

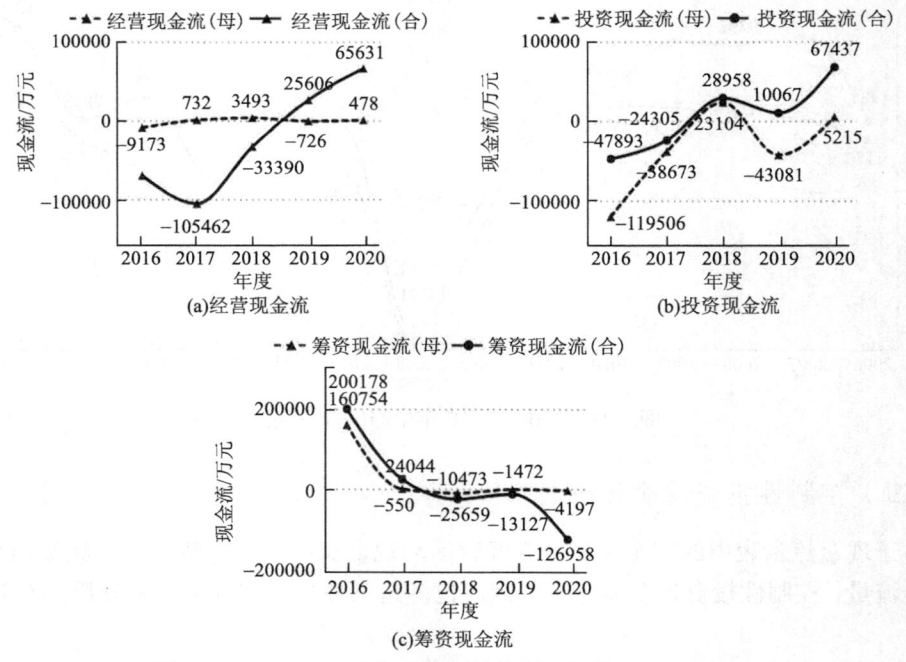

图 7-39　2016—2020 年中船科技控制性投资现金流量分析

母公司在当年经营活动净流出的情况下,通过投资活动取得的投资回报和筹资活动取得的现金流入支撑了当年的大额投资活动现金流出。2020年,中船科技母公司筹资活动现金净流出4197万元,合并报表中的筹资活动现金净流出126 958万元,母公司筹资活动现金流出占合并报表筹资活动现金流出的3%,说明当年子公司贡献了合并报表中的绝大部分筹资活动现金流出。子公司当年在经营活动和投资活动获取现金流量之后,将其用于清偿融资借款,有助于企业实现"去杠杆"的目标,降低企业的财务风险。

综合而言,中船科技的控制性投资不仅实现了企业资产规模的跨越式发展的战略目标,也取得了较好的投资效益,改善了企业的现金流结构,降低了财务风险,有助于企业后续的高质量发展。

二、金融性投资分析

企业除了拥有控制性投资以外,为了充分利用闲置资金,还会持有一些以短期交易为目的的,或者购入时未明确是长期持有还是以短期交易为目的的持有的股权和债权投资。这些投资,可以统称为金融性投资,通常包括交易性金融资产、债权投资、其他债权投资、其他权益工具投资、可供出售金融资产等。金融性投资一般属于对闲置资金所采取的保值措施,因此企业通常不会进行过多金融性投资。从图7-14展示的投资性资产即可看出,中船科技的对外投资中,长期股权投资具有绝对优势,而金融性投资占比微乎其微,仅有少量的可供出售金融资产,后因会计准则的修订,调整至其他权益工具投资。因此,本书对金融性资产不再赘言。

第四节　融资战略分析

了解了企业的经营战略和投资战略之后,不难发现,经营战略和投资战略是依据经营性资产和投资性资产在资产总计中的占比进行划分与认定的。无论是经营性资产,还是投资性资产,都是资产。分析了这么久,一直围绕着资产转,也就是资产负债表的左半部分。现在就把目光转到资产负债表的右半部分,了解一下企业的资产是怎么来的?这个问题很好回答——花钱买来的。但问题是,钱从哪来?这一节就为大家介绍企业的融资战略问题。

对企业的融资战略进行分析,主要是从企业的融资结构和融资风险两个方面展开。

一、融资结构分析

企业的融资来源主要有两个:股东和债权人。投资者购买公司的股票或者持有企业的股权,成为公司的股东,企业也从股东手中融入了资金,这就是通常所说的股权融资,在资产负债表中被称为所有者权益。投资者把钱借给了企业或者购买企业的债券,成为企业的债权人,企业也从债权人手中融入了资金,这就是债权融资,在资产负债表中被列为负债。负债与所有者权益的比例关系通常被称为资本结构。

（一）资本结构分析

众所周知，资产=负债+所有者权益。负债与所有者权益不同，负债需要还本付息，需要到期偿还。到期如果无法偿还，发生违约，企业就会面临破产倒闭的风险。所有者权益属于永久性资本，投资者不能要求企业偿还，因此企业不会因所有者权益的"到期"面临破产倒闭的风险。资本结构分析主要分析负债和所有者权益之间的比例关系，其目的在于获知企业的资产中究竟有多少资产是通过负债获取的。因此，对于企业的资本结构分析，通常可直接分析负债在资产总计中的比重，即资产负债率。

1. 创建资本结构分析相关度量值

为了对企业进行资本结构分析，需要创建相关度量值，见表7-11。

表 7-11 资本结构分析相关度量值

度量值名称	度量值计算公式
负债合计	负债合计= CALCULATE([资产负债表基础度量值], '资产负债表结构表'[项目名称]="负债合计")
资产负债率	资产负债率=DIVIDE([负债合计], [资产总计])

行业平均资产负债率	行业平均资产负债率=
	AVERAGEX(
	    ALL('公司代码'[公司名称]), //用 all 去除外部上下文的筛选
	    [资产负债率]
	)

2. 资本结构分析可视化

图 7-40 展示了 2006—2020 年中船科技的资产负债率和行业平均资产负债率的发展变化趋势。不难看出，在经营战略主导的 2006—2015 年，中船科技的资产负债率虽然呈现上涨趋势，但多数年份一直低于行业平均资产负债率，而且一直在 50%以下，资产负债率不高，企业没有较高的偿债压力和风险。在投资战略主导的 2016—2020 年，中船科技的资产负债率明显提高，由 2015 年的 44.4%上升至 2016 年的 63.9%，随后又呈现了逐年下降的趋势。与行业平均资产负债率相比，中船科技在这一期间的资产负债率一直远高于行业平均值。可见，中船科技实施战略转型，由以经营战略为主导转型为以投资战略为主导，主要是通过债务融资融入更多的资金，以实现其跨越式发展的战略目标，但这也提高了企业的资产负债率和偿债风险。从后期的发展态势看，中船科技的资产负债率逐年下降，由 2016 年的 63.9%下降至 2020 年的 53.0%，说明中船科技具有较强的风险意识，同时积极响应国家"去杠杆"的号召，不断采取措施，清偿债务，降低资产负债率，化解偿债风险，使得中船科技的财务状况回归到健康状态。

第七章　商务智能财务分析应用

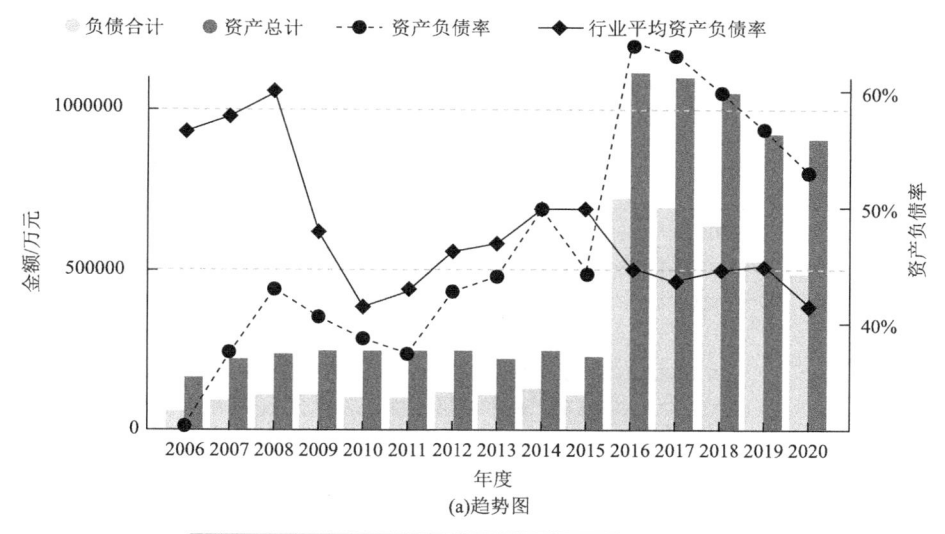

年度	负债合计	资产总计	资产负债率	行业平均资产负债率
2006	49279	158831	31.0%	56.5%
2007	80881	215506	37.5%	57.8%
2008	98292	228346	43.0%	59.8%
2009	96135	237440	40.5%	47.9%
2010	92025	237338	38.8%	41.4%
2011	89419	239395	37.4%	42.9%
2012	103308	241497	42.8%	46.2%
2013	94451	214699	44.0%	46.9%
2014	119381	239377	49.9%	50.0%
2015	97293	219210	44.4%	49.8%
2016	714441	1117766	63.9%	44.7%
2017	688229	1094505	62.9%	43.5%
2018	631306	1052763	60.0%	44.7%
2019	519836	919587	56.5%	45.1%
2020	479988	905205	53.0%	41.3%

(b)具体数值

图 7-40　2006—2020 年中船科技与行业平均资产负债率

（二）债务结构分析

企业的债务，按照来源，一般包括金融负债、商业信用和其他经营负债。金融负债主要是指从银行和债券投资者处融入的带息债务，通常包括短期借款、长期借款、应付债券和一年内到期的长期负债。商业信用是指企业在销售商品、提供劳务时从客户处预收的款项，以及在购买商品、接受劳务时对供应商形成的欠款，一般包括应付票据、应付账款和预收款项。其他经营负债与商业信用一般合称为经营负债，是指企业在生产经营过程中形成的除商业信用以外的其他负债，通常包括应付职工薪酬、应交税费、其他应付款等。对企业的债务结构进行分析，有助于了解企业债务风险、在供应链中的谈判能力以及对利益相关者所负有的基本责任。

1. 创建债务结构相关度量值

债务结构相关度量值的计算公式具体见表 7-12。

表 7-12 债务结构相关度量值

度量值名称	度量值计算公式
金融负债	金融负债 = CALCULATE([资产负债表基础度量值], '资产负债表结构表'[项目名称]="短期借款") + CALCULATE([资产负债表基础度量值], '资产负债表结构表'[项目名称]="长期借款") + CALCULATE([资产负债表基础度量值], '资产负债表结构表'[项目名称]="应付债券") + CALCULATE([资产负债表基础度量值], '资产负债表结构表'[项目名称]="长期应付款") + CALCULATE([资产负债表基础度量值], '资产负债表结构表'[项目名称]="一年内到期的非流动负债") + CALCULATE([资产负债表基础度量值], '资产负债表结构表'[项目名称]="应付利息") + CALCULATE([资产负债表基础度量值], '资产负债表结构表'[项目名称]="应付股利")
金融负债占比	金融负债占比 = DIVIDE([金融负债], [负债合计])
商业信用	商业信用 = CALCULATE([资产负债表基础度量值], '资产负债表结构表'[项目名称]="应付账款") + CALCULATE([资产负债表基础度量值], '资产负债表结构表'[项目名称]="应付票据") + CALCULATE([资产负债表基础度量值], '资产负债表结构表'[项目名称]="预收账款")
商业信用占比	商业信用占比 = DIVIDE([商业信用], [负债合计])
其他经营负债	其他经营负债 = [负债合计]-[金融负债]-[商业信用]
其他经营负债占比	其他经营负债占比 = DIVIDE([其他经营负债], [负债合计])

行业平均金融负债%	行业平均金融负债% =
	AVERAGEX(
	    ALL('公司代码'[公司名称]), //用 all 去除外部上下文的筛选
	    [金融负债占比]
	)

行业平均商业信用%	行业平均商业信用% =
	AVERAGEX(
	    ALL('公司代码'[公司名称]), //用 all 去除外部上下文的筛选
	    [商业信用占比]
	)

2. 债务结构可视化

图 7-41 展示了 2006—2020 年中船科技的债务结构。可以看出，在以经营战略为主导的 2006—2015 年，中船科技的商业信用占比呈现下降趋势，由 2006 年的 71.0%降至 2015 年的 46.8%，金融负债占比呈现上升趋势，由 2006 年的 23.0%升至 2015 年的 46.3%。这表明相对而言，中船科技在供应链中的地位有逐渐弱化的趋势，为了弥补资金的短缺，转而融入带息的金融负债，这会增加企业的融资成本和融资风险。2016 年，中船科技从以

经营战略为主导转型为以投资战略为主导之后，开始大额融入金融负债。金融负债的占比由 2015 年的 46.3%升至 2016 年的 62.0%。商业信用占比由 2015 年的 46.8%降至 2016 年的 25.9%。金融负债占比在 2017 年达到 65.6%的高点后开始逐年下降，2020 年降至与 2015 年持平。商业信用占比在 2018 年达到 19.5%的最低点之后开始逐年上升，2020 年升至 33.5%。

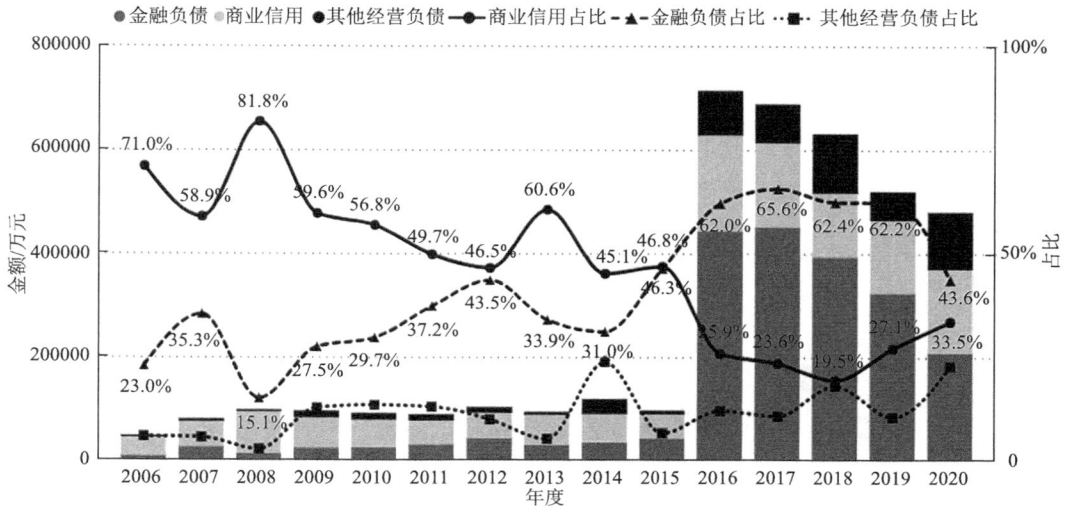

图 7-41 2006—2020 年中船科技债务结构

图 7-42 展示了 2006—2020 年中船科技与行业平均金融负债占比和商业信用占比的对比情况。在以经营战略为主导的 2006—2015 年，中船科技的商业信用占比从最初的高于行业平均降至 2014 年和 2015 年低于行业平均。前文的图 7-22 和图 7-23 显示，中船科技同期的应收款项也呈现上涨趋势且高于行业平均。综合而言，这可能意味着中船科技在供应链中的谈判地位较弱。销售商品、提供劳务后不能从客户处及时收回货款，需要给予对方商业信用。购买商品、接受劳务可能较少获得供应商给予的商业信用，使得企业资金被客户和供应商过多占用。资金短缺时转而寻求成本较高的金融负债。与行业平均相比，中船科技的金融负债占比在多数年份高于行业平均。2015 年，在经营战略主导的最后一年，中船科技的金融负债占比 46.3%，行业平均金融负债占比 35.6%，中船科技比行业平均高 10.7 个百分点。在投资战略主导的 2016—2019 年，商业信用占比远低于行业平均，仅在 2020 年高于行业平均，金融负债占比始终高于行业平均。2016—2019 年金融负债占比高达 60%以上。可见，中船科技的投资战略主要靠成本较高的金融负债来支撑。2020 年，金融负债占比大幅下降，逐渐向行业平均靠拢，商业信用也在当年超越行业平均，中船科技的财务健康状况得到较大改善。

（三）所有者权益结构分析

所有者权益是投资者对企业净资产拥有的权益，在数量上等于资产减去负债后的余额，是投资者对企业拥有的剩余权益。所有者权益通常包括实收资本（或股本）、资本公积、盈余公积和未分配利润。实收资本和资本公积通常来自投资者的投入，即通常所说的股权融资。盈余公积和未分配利润则来自企业历年以来的利润积累。如果投资者投入的占比较高，则说明企业有较大比重的股权融资，可能会承担较高的股权融资成本。如果历年累积的利润积累占比较高，则说明企业的所有者权益更多来自企业自身创造的价值。按照优序融资理论，企业应当优先使用企业的内部资金，这部分的成本最低；其次使用债务融资，这部分的成本对应的是利率；最后才是股权融资，这部分的成本高于债务融资成本（Myers and Majluf，1984）。

(a)趋势图

年度	金融负债占比	行业平均金融负债%	商业信用占比	行业平均商业信用%
2006	23.0%	27.4%	71.0%	36.2%
2007	35.3%	32.8%	58.9%	38.3%
2008	15.1%	27.5%	81.8%	52.6%
2009	27.5%	25.7%	59.6%	48.4%
2010	29.7%	25.2%	56.8%	49.5%
2011	37.2%	36.5%	49.7%	45.7%
2012	43.5%	37.6%	46.5%	49.3%
2013	33.9%	35.2%	60.6%	48.3%
2014	31.0%	34.2%	45.1%	47.8%
2015	46.3%	35.6%	46.8%	47.8%
2016	62.0%	33.8%	25.9%	49.0%
2017	65.6%	34.0%	23.6%	41.2%
2018	62.4%	31.0%	19.5%	41.3%
2019	62.2%	30.2%	27.1%	45.2%
2020	43.6%	28.6%	33.5%	31.3%

(b)具体数值

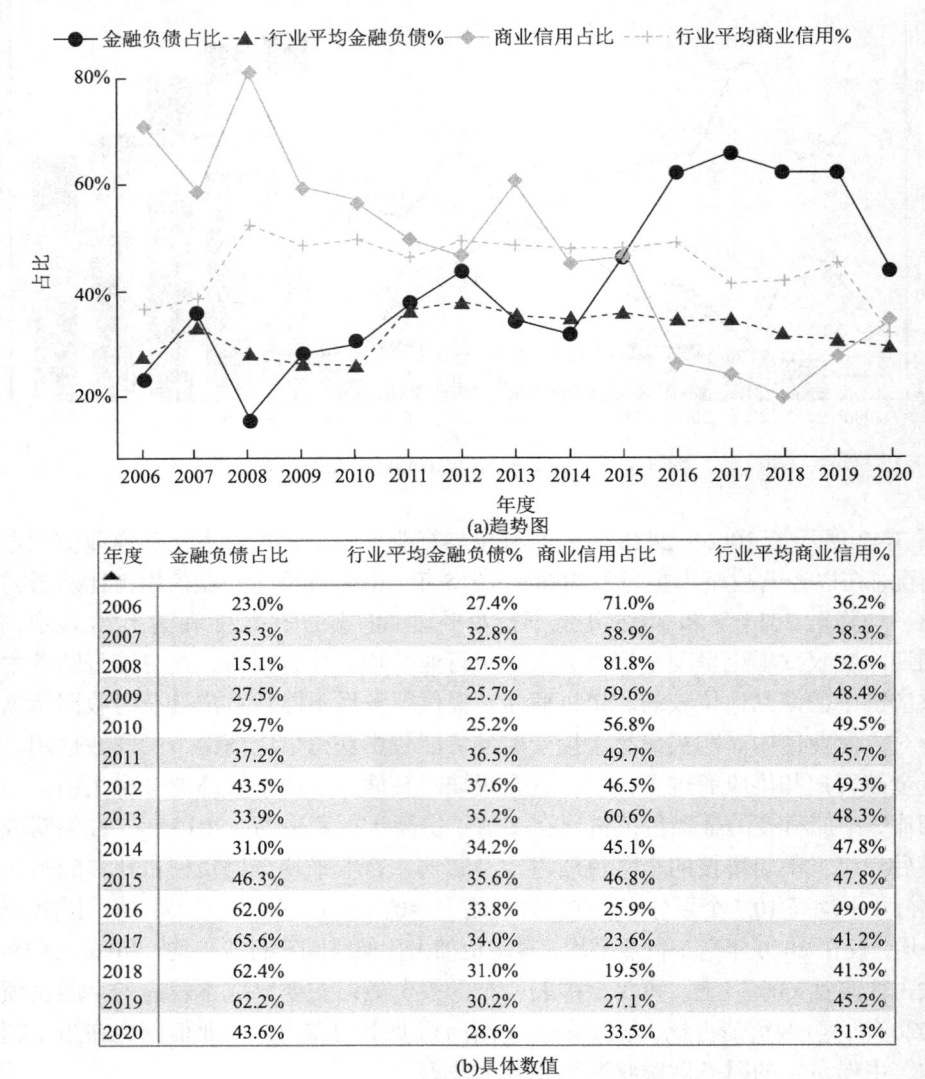

图 7-42　2006—2020 年中船科技与行业平均金融负债占比及商业信用占比

1. 创建所有者权益结构分析相关度量值

所有者权益结构分析的相关度量值创建公式见表 7-13。

表 7-13 所有者权益结构分析相关度量值的创建公式

度量值名称	度量值计算公式
实收资本	实收资本= CALCULATE([资产负债表基础度量值], '资产负债表结构表'[项目名称]= ="实收资本(或股本)")
资本公积	资本公积= CALCULATE([资产负债表基础度量值], '资产负债表结构表'[项目名称]= ="资本公积")
盈余公积	盈余公积= CALCULATE([资产负债表基础度量值], '资产负债表结构表'[项目名称]= ="盈余公积")
未分配利润	未分配利润= CALCULATE([资产负债表基础度量值], '资产负债表结构表'[项目名称]= ="未分配利润")
所有者权益合计	所有者权益合计= CALCULATE([资产负债表基础度量值], '资产负债表结构表'[项目名称]= ="所有者权益合计")
投资者投入占比	投资者投入占比= DIVIDE([实收资本]+[资本公积], [所有者权益合计])
留存收益占比	留存收益占比= DIVIDE([盈余公积]+[未分配利润], [所有者权益合计])

行业平均投资者投入%	行业平均投资者投入% =
	AVERAGEX(
	    ALL('公司代码'[公司名称]), //用 all 去除外部上下文的筛选
	    [投资者投入占比]
	)

行业平均留存收益%	行业平均留存收益% =
	AVERAGEX(
	    ALL('公司代码'[公司名称]), //用 all 去除外部上下文的筛选
	    [留存收益占比]
	)

2. 所有者权益结构分析可视化

图 7-43 展示了 2006—2020 年中船科技的所有者权益结构以及行业平均投资者投入占比与留存收益占比[①]。不难看出，无论是中船科技，还是行业平均，无论是经营战略主导期间，还是投资战略主导期间，所有者权益的主要来源还是投资者投入，而不是来自历年的利润积累。这一方面可能说明了整个船舶制造行业的盈利能力较低，另一方面说明了船舶制造行业可能面临相对较高的股权融资成本。

---

① 通常情况下，投资者投入占比与留存收益占比的合计数应当为 100%，图 7-43 中两者合计数不等于 100%的可能原因是：会计准则的变化导致诸如其他权益工具、其他综合收益等新的项目被列入所有者权益，这些项目有可能为负数，而本书仅列示了常用的实收资本、资本公积、盈余公积和未分配利润。

● 实收资本 ● 资本公积 ● 盈余公积 ● 未分配利润 ━●━ 投资者投入占比 ⋯▲⋯ 行业平均投资者投入%
━■━ 留存收益占比 ⋯×⋯ 行业平均留存收益%

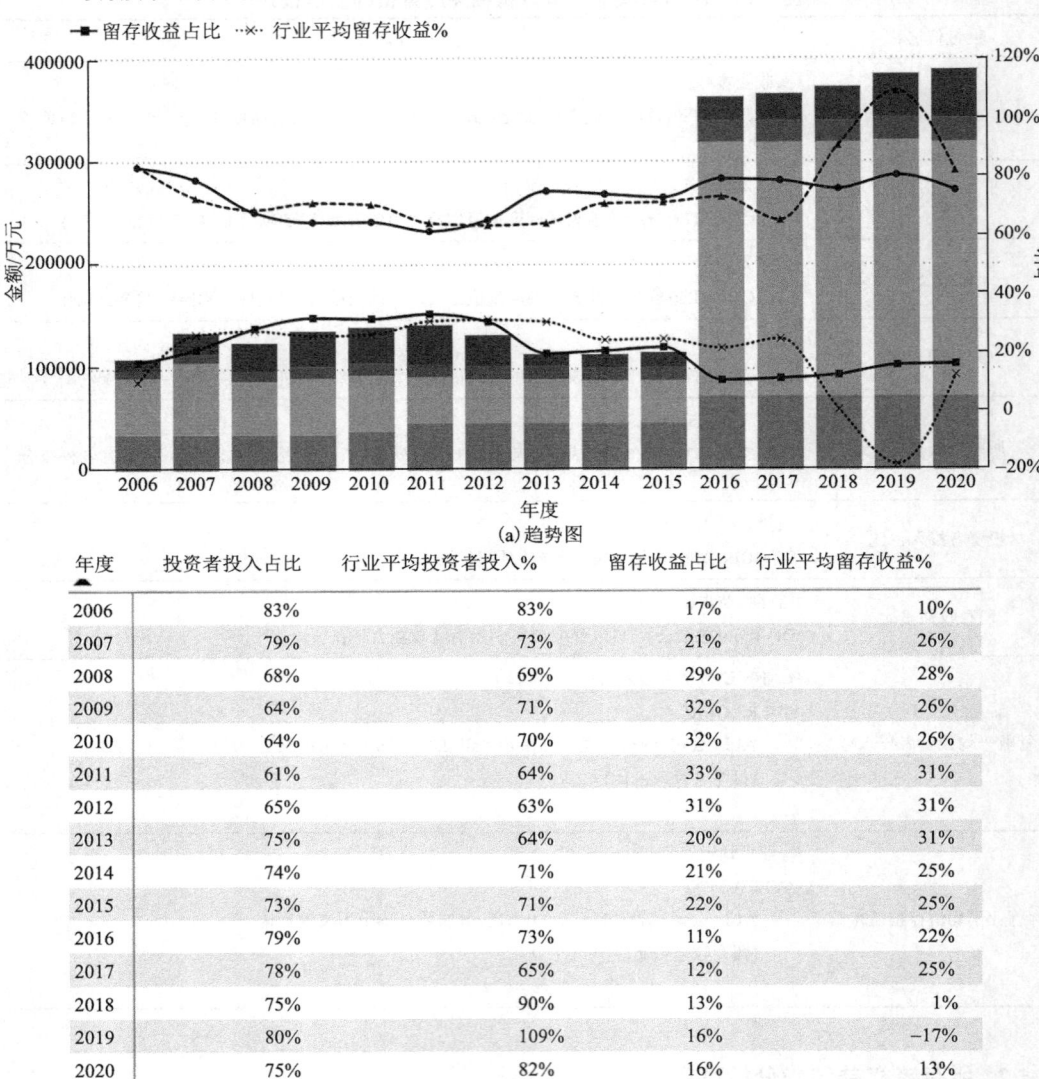

(a) 趋势图

年度	投资者投入占比	行业平均投资者投入%	留存收益占比	行业平均留存收益%
2006	83%	83%	17%	10%
2007	79%	73%	21%	26%
2008	68%	69%	29%	28%
2009	64%	71%	32%	26%
2010	64%	70%	32%	26%
2011	61%	64%	33%	31%
2012	65%	63%	31%	31%
2013	75%	64%	20%	31%
2014	74%	71%	21%	25%
2015	73%	71%	22%	25%
2016	79%	73%	11%	22%
2017	78%	65%	12%	25%
2018	75%	90%	13%	1%
2019	80%	109%	16%	−17%
2020	75%	82%	16%	13%

(b) 具体数值

图 7-43 2006—2020 年中船科技所有者权益结构以及行业平均权益结构指标

二、融资风险分析

企业的融资风险主要体现在债务到期时企业没有能力偿还债务而引发的破产风险。企业的债务按照偿还期限不同分为流动负债和非流动负债。流动负债是企业在一年或长于一年的一个营业周期以内需要偿还的债务。非流动负债就是企业在一年或长于一年的一个营业周期以上需要偿还的债务。因此，企业的融资风险分析就包括短期债务偿还能力的分析和长期债务偿还能力的分析。企业长期债务的偿还能力分析常用的指标是资产负债率和利息保障倍数，资产负债率相关的可视化和分析内容已经在本节资本结构分析中做了相关介绍。因此，此处仅对短期债务的偿还能力和利息保障倍数进行可视化和相关分析。

（一）偿债能力度量值的创建

评价企业短期偿债能力的指标通常包括流动比率、速动比率和现金比率。表7-14列示了偿债能力分析相关度量值的创建公式。

表7-14 偿债能力分析的相关度量值

度量值名称	度量值计算公式
流动资产	流动资产 = CALCULATE([资产负债表基础度量值], '资产负债表结构表'[项目名称]="流动资产合计")
流动负债	流动负债 = CALCULATE([资产负债表基础度量值], '资产负债表结构表'[项目名称]="流动负债合计")
流动比率	流动比率 = DIVIDE([流动资产], [流动负债])
速动比率	速动比率 = DIVIDE([流动资产]-[存货], [流动负债])
现金比率	现金比率 = DIVIDE([货币资金], [流动负债])
财务费用	财务费用 = CALCULATE([利润表基础度量值], '利润表结构表'[项目名称]="财务费用")
利息保障倍数	利息保障倍数 = DIVIDE([四、利润总额]+[财务费用], [财务费用])

行业平均流动比率	行业平均流动比率 =
	AVERAGEX(
	    ALL('公司代码'[公司名称]), //用 all 去除外部上下文的筛选
	    [流动比率]
	)

行业平均速动比率	行业平均速动比率 =
	AVERAGEX(
	    ALL('公司代码'[公司名称]), //用 all 去除外部上下文的筛选
	    [速动比率]
	)

行业平均现金比率	行业平均现金比率 =
	AVERAGEX(
	    ALL('公司代码'[公司名称]), //用 all 去除外部上下文的筛选
	    [现金比率]
	)

行业平均利息保障倍数[①]	行业平均利息保障倍数 =
	AVERAGEX(
	    ALL('公司代码'[公司名称]), //用 all 去除外部上下文的筛选
	    [利息保障倍数]
	)

---

① 利息保障倍数应当是息税前利润与利息费用的比值，由于网页数据没有提供利息费用的详细数据，采用财务费用进行了替代。

（二）偿债能力的可视化与分析

1. 流动比率可视化与分析

流动比率考察的是，当企业的流动负债到期时，企业将所有的流动资产变卖成现金后能否偿还全部的流动负债。图 7-44 展示了 2006—2020 年中船科技与行业平均的流动比率。总体而言，中船科技的流动比率在 1.29—2.04 的区间范围内，在 2013—2018 年相对较低，2019 年开始上升，2020 年升至 1.96，这意味着 1 元的流动负债有 1.96 元的流动资产做担保，短期偿债能力还是较强的。与行业平均相比，自 2009 年以来，中船科技的流动比率始终低于行业平均，而且差异较大，这说明中船科技的短期偿债能力弱于行业平均水平。

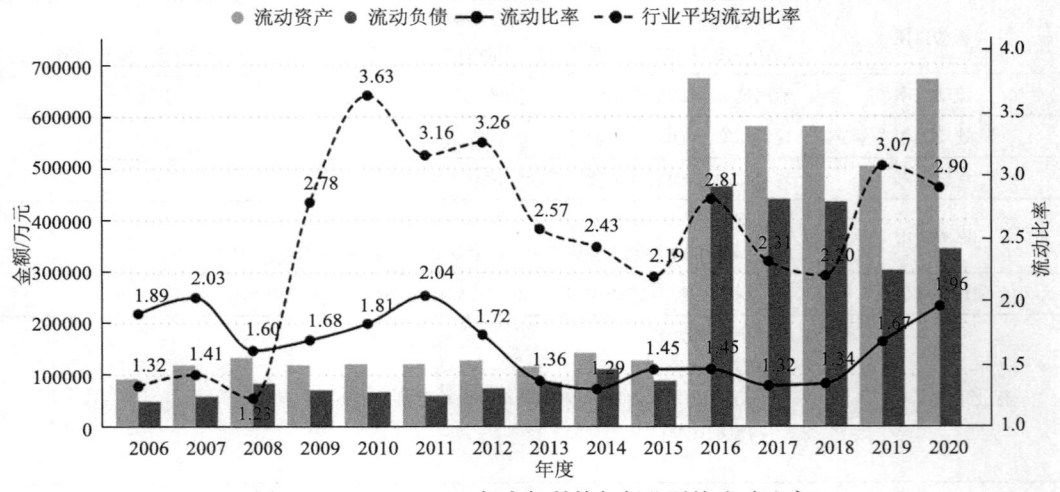

图 7-44 2006—2020 年中船科技与行业平均流动比率

2. 速动比率可视化与分析

流动比率中隐含着一个很重要的假设是，所有的流动资产都能够在需要的时候瞬间转化成现金。事实上，这个假设过于乐观了。原因是，并不是所有的流动资产都能立刻转化成现金。流动资产中的存货就非常难变现，尤其是企业的产品难以满足客户和消费者的需求时更难以变现。因此，在分析企业偿债能力时，尤其是对存货质量差、变现能力弱的企业的偿债能力进行分析时，要将存货从流动资产中扣除，将余额除以流动负债，得到速动比率指标，这一指标可能会更好地衡量企业的短期偿债能力。

图 7-45 展示了 2006—2020 年中船科技与行业平均的速动比率。可以看出，除了 2013—2015 年以外的其他年度，中船科技的速动比率都在 1.0 及以上，尤其是 2018—2020 年，速动比率呈现了上升趋势，在 2020 年达到了 1.6，这说明在 2020 年，1 元的流动负债有 1 元的速动资产做担保，中船科技的速动资产能够很好地满足流动负债的偿还需求。与行业平均相比，中船科技的速动比率明显低于行业平均，这再次说明中船科技的短期偿债能力弱于行业平均水平。

图 7-45 2006—2020 年中船科技与行业平均速动比率

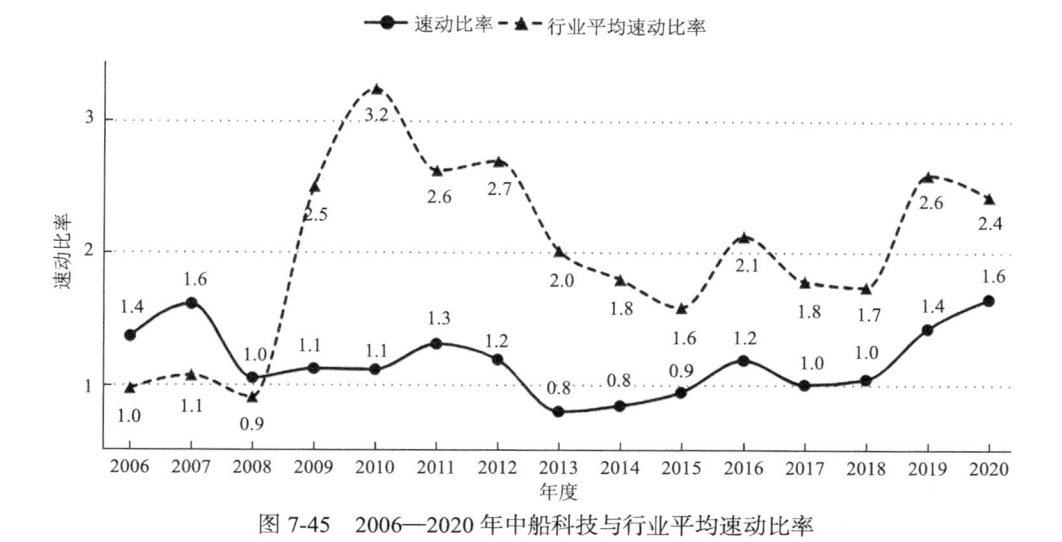

3. 现金比率可视化与分析

速动比率虽然比流动比率严格一些，剔除了较难变现的存货的影响，但是，剩余的流动资产也并非都是能够立刻变成现金的资产，如应收款项就不一定能够瞬间转化成现金。因此，对于应收款项质量不高的企业，应该选择更为苛刻的现金比率指标来衡量企业的短期偿债能力。图 7-46 展示了 2006—2020 年中船科技与行业平均的现金比率变化趋势。不难看出，中船科技的现金比率基本保持平稳状态，在 2018—2020 年呈现上升趋势。2020 年，现金比率为 0.69，表明 1 元的流动负债有 0.69 元的现金做担保。就一般情况而言，这个数值应该处于比较安全的范围，原因在于短期借款的自我循环。换句话说，短期借款经常采用借新债还旧债的方式运作，企业只需保留足够的现金能够满足短

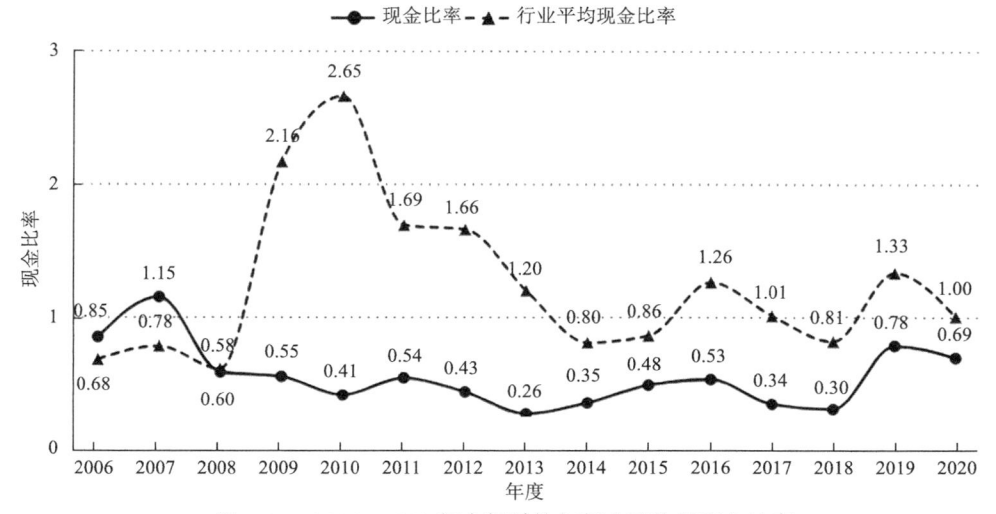

图 7-46 2006—2020 年中船科技与行业平均的现金比率

期借款以外的流动负债的偿还需要即可。与行业平均相比，自 2008 年以来，中船科技的现金比率一直低于行业平均，这可能表明中船科技的短期偿债能力弱于行业平均水平。但从现金使用效率角度看，可能表明中船科技的现金使用效率高于行业平均水平，毕竟企业持有的现金越多，参与实际生产经营活动的现金就越少，为企业创造的价值也越低。钱是不能自动生钱的，需要参与企业的生产经营活动才能创造更多的价值。

4. 利息保障倍数可视化与分析

对于负债经营的企业来说，按时偿付债务利息是其日常生产经营过程中面临的最大的短期资金压力。利息保障倍数衡量每一个年度企业的盈余能否足额偿付当年的债务利息。利息保障倍数越大，企业越有能力以当年的盈余偿付利息，企业的偿债能力越强。图 7-47 展示了 2006—2020 年中船科技的息税前利润、财务费用、利息保障倍数和行业平均利息保障倍数的发展变化趋势。不难看出，利息保障倍数有正有负，原因在于息税前利润和财务费用符号不一致。当息税前利润为正，财务费用为负时，说明企业当年银行存款、理财产品等获取的利息收入在足额偿付当年的利息费用之后还有剩余，此时不存在偿还债务的风险。反之，则存在较严重的偿债风险。自 2014 年以来，中船科技的息税前利润一直为正，除 2016 年小于当年的财务费用外，其他年度都大于当年的财务费用。2020 年，息税前利润为 20 697 万元，财务费用为 4113 万元，利息保障倍数为 5.0，表明中船科技当年获取的盈余足以偿还当年的债务利息，不存在不能偿还债务的风险。此外，2015—2019 年行业平均利息保障倍数大多为负数，应考察同行业其他企业的息税前利润和财务费用的符号情况，进而综合判断中船科技的利息保障倍数在行业中所处的地位和健康程度。

(a) 利息保障倍数　　　　(b) 中船科技财务费用及息税前利润（单位：万元）

图 7-47　2006—2020 年中船科技利息保障倍数相关指标与行业平均利息保障倍数

第五节　运营效益分析

企业存在的目的就是为了获取收益。以经营战略为主导是为了获取收益，以投资战略为主导也是为了获取收益。企业采取哪个战略为主导,关键看哪种战略获取的收益更多。那么企业战略的实施效果如何评价?投资战略主导的战略实施效果在本章第三节已经介绍,本节主要介绍如何评价经营战略的实施效果,因此本节实际上是本章第二节内容的延续。

经营战略实施效果的评价主要通过盈利能力与盈利质量两个角度进行。

一、盈利能力分析

企业盈利能力的分析主要通过营业收入、毛利率、期间费用、核心利润与非核心利润、净资产收益率等指标展开。

(一)营业收入与毛利率分析

企业获取经营收益的方式主要有两种:一种是扩大营业收入,即通过销售商品、提供劳务从外部市场赚钱;另一种是降低成本,从企业内部通过节约成本赚钱。

1. 营业收入与毛利率分析相关度量值的创建

表 7-15 列示了营业收入与毛利率分析相关度量值的创建公式。

表 7-15 营业收入与毛利率分析的相关度量值创建公式

度量值名称	度量值计算公式
毛利	毛利 = [营业收入]-[营业成本]
毛利率	毛利率 = DIVIDE([毛利], [营业收入])

行业平均毛利率	行业平均毛利率 =
	AVERAGEX(
	    ALL('公司代码'[公司名称]), //用 all 去除外部上下文的筛选
	    [毛利率]
	)

营业收入上年同期	营业收入上年同期 = var reportno=selectedvalue('期间表'[期间编号]) return calculate([营业收入], filter(all('期间表'), '期间表'[期间编号]=reportno-4))
营业收入增长率	营业收入增长率 = DIVIDE([营业收入]-[营业收入上年同期], [营业收入上年同期])

行业平均营业收入增长率	行业平均营业收入增长率 =
	AVERAGEX(
	    ALL('公司代码'[公司名称]), //用 all 去除外部上下文的筛选
	    [营业收入增长率]
	)

2. 营业收入与毛利率可视化与分析

从图 7-48 可以看出,在 2006—2020 年,中船科技由于经历了 2016 年的战略转型,2016 年以后的营业收入明显高于转型之前的营业收入。但是,营业收入在 2016 年达到最高点之后，开始下降，由 2016 年的 530 415 万元降至 2020 年 187 494 万元，仅相当于 2016 年的 35%。在转型前的 2006—2015 年，中船科技营业收入呈现先升后降的倒 "U" 形趋势，在 2011 年达到最高点 150 312 万元之后降至 2015 年的 91 359 万元。与此形成鲜明对照的是，2006—2020 年，行业平均营业收入却呈现上涨趋势，由 2006 年的 430 419 万元升至 1 222 355 万元。这可能表明，中船科技的营业收入下降不是因为行业整体状况不佳所致，而是因为来自竞争对手的冲击。

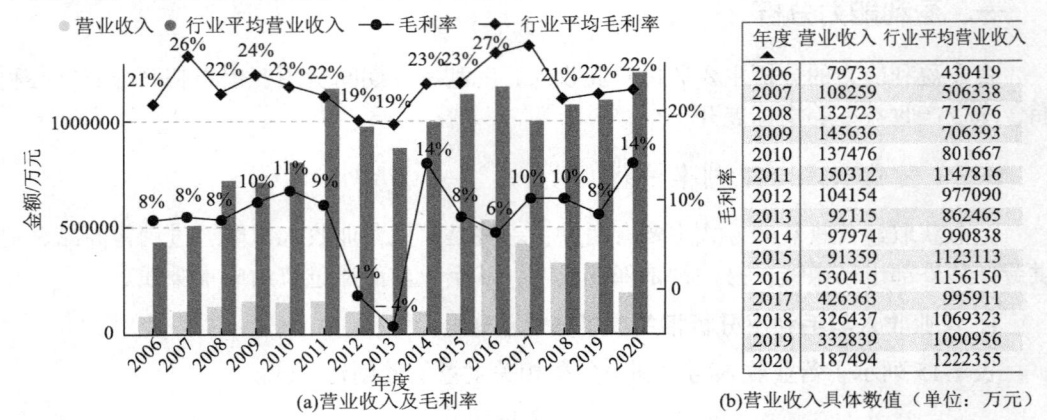

年度	营业收入	行业平均营业收入
2006	79733	430419
2007	108259	506338
2008	132723	717076
2009	145636	706393
2010	137476	801667
2011	150312	1147816
2012	104154	977090
2013	92115	862465
2014	97974	990838
2015	91359	1123113
2016	530415	1156150
2017	426363	995911
2018	326437	1069323
2019	332849	1090956
2020	187494	1222355

图 7-48　2006—2020 年中船科技与行业平均营业收入及毛利率

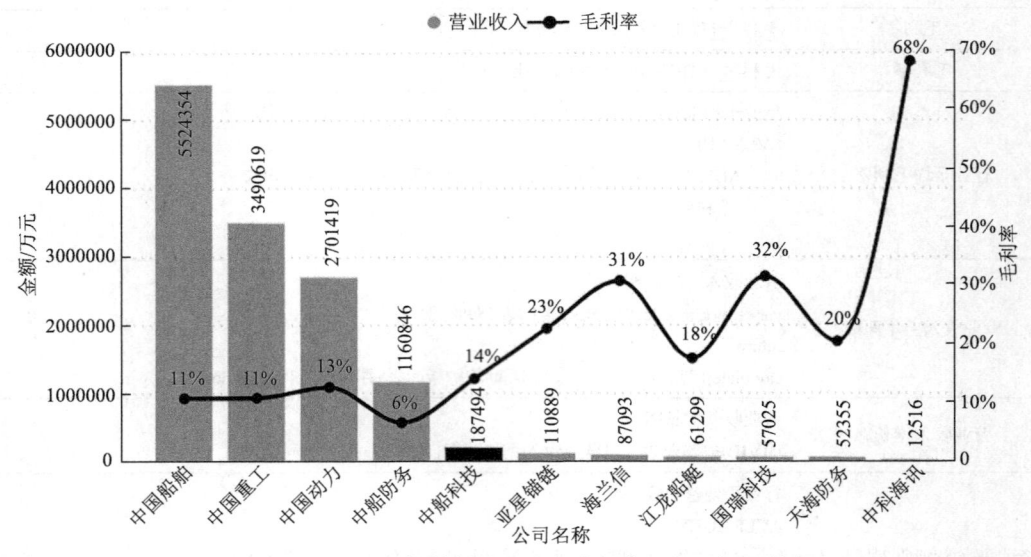

图 7-49　2020 年船舶制造业上市公司营业收入与毛利率

就上市情况看，中船科技的竞争对手主要有中国船舶（600150）、中国重工（601989）、中国动力（600482）、中船防务（600685）、亚星锚链（601890）、海兰信（300065）、江龙船艇（300589）、国瑞科技（300600）、天海防务（300008）、中科海讯（300810）等 10 家上市公司，其中前 5 家上市公司是主板上市公司，后 5 家上市公司是创业板上市公司。

就转型时间看，中国船舶在 2007 年转型，中国重工在 2010 年转型，天海防务在 2014

年转型，海兰信在 2015 年转型，中船防务和中国动力与中船科技均在 2016 年转型，其他企业则一直保持着以经营战略为主导。

从毛利率角度看，中船科技除在 2012 年和 2013 年出现亏损之外，其他年度的毛利率基本在 10%左右，且每年均明显低于行业平均毛利率。图 7-49 展示了 2020 年 11 家船舶制造业上市公司的营业收入与毛利率情况。不难发现，主板上市公司的营业收入规模较大，市场占有率高，但毛利率低。创业板上市公司营业收入规模较小，市场占有率低，但毛利率均较高。2020 年上市的中科海讯的毛利率更是高达 68%。

3. 经营战略分析

综合营业收入与毛利率情况可以得知，中船科技的竞争对手主要有两个来源：其一是同行业的公司，如中国船舶、中国重工、中国动力、中船防务和亚星锚链等主板上市公司，其中前四家公司的营业收入规模远超中船科技，市场占有率非常高；其二是行业新进入者，如海兰信、江龙船艇、国瑞科技、天海防务和中科海讯，这五家公司是创业板上市公司，虽然市场占有率不高，但是具有创业板上市公司所具有的技术独特和产品市场潜力大的特征。直觉告诉我们，中船科技所处的市场环境竞争非常激烈。

面对激烈的市场竞争，企业应当如何应对？应当选择什么样的经营战略？

通常情况下，经营战略主要包括成本领先战略和差异化战略两种类型。成本领先战略是指企业通过降低成本的方式在竞争中获取优势，如通过规模优势增加产量以摊薄单位成本、通过简化产品设计去除多余功能降低成本、通过严格的成本控制体系降低成本等。由于成本降低，产品或服务的定价也低，产品或服务的销量就会增加，成本领先战略的财务特征表现为毛利率低、周转率高。也就是说，成本领先战略是低效益、高效率的战略，选择牺牲一些效益换取更高的效率。因此，它也被称效率优先战略。

与成本领先战略相反，差异化战略是指企业通过丰富产品或服务的类型以满足客户的个性化需求的方式在竞争中获取优势，如对同一种类的产品或服务提供更多的型号、提高产品或服务的质量、提供更好的售后服务、提高送货速度、提高品牌形象等。由于产品或服务具有独特性，价格通常相对较高，差异化战略的财务特征就表现为毛利率高、周转率低。换言之，差异化战略是高效益、低效率的战略，选择牺牲一些效率以换取更高的效益。因此，它也被称为效益优先战略。

图 7-50 分别展示了 2015 年和 2020 年船舶制造业上市公司效益与效率组合的竞争战略四象限图。选择展示这两个年度的四象限图的原因是，2015 年是中船科技战略转型的前一年，2020 年则是最近一期会计年度。效益采用毛利率表示，效率采用总资产周转率表示。四象限的分割线采用毛利率和总资产周转率的年度均值线。绘制四象限图比较简单，如图 7-51 所示，点击"可视化"中的散点图图标，将"总资产周转率"度量值拖至"X 轴"框中，"毛利率"度量值拖至"Y 轴"框中，将公司代码表中的"公司名称"度量值拖至"图例"框中，在"格式"中进行相关格式修改，在"分析"中平均值选择添加 2 条平均值线，然后取消"公司名称"切片器与该图之间的交互即可。

竞争战略四象限图中，左上区域为高毛利率低周转率的差异化战略区域，右下区域为高周转率低毛利率的成本领先战略区域。右上区域是高毛利率高周转率的理想区域。

为什么说是理想区域？原因是，想进入这个区域很难。成本领先战略和差异化战略是两个比较矛盾的战略，想获得低成本就需要节约开支，想满足客户个性化需求就要增加额外耗费，想同时做到既节约成本又能满足客户个性化需求显然很难。现实中，也很少有企业能够同时实施成本领先战略和差异化战略。图 7-50 就很清楚地显示，没有船舶制造业上市公司落入右上的理想区域。左下区域为不理想区域，每一家企业都不愿意落入这一区域，收益低，周转率也低。但理想总是很丰满，现实却总是很骨感。2015 年，中船科技、中国重工和中国船舶落入这一区域，2020 年，中国船舶转入成本领先战略区域，天海防务和中船防务落入不理想区域。仔细观察，2015 年总资产周转率的均值线大于 0.5，而 2020 年的均值线小于 0.4。中国船舶在 2005 年和 2020 年的总资产周转率一直在 0.5 和 0.6 之间，但天海防务和中船防务的总资产周转率却明显下降，由 2015 年的大于 0.5 下降至 2020 年的略高于 0.2。中国动力的总资产周转率也明显下降，由 2015 年的大于 1.0 降至 2020 年的略高于 0.4。本书的主角中船科技的总资产周转率由 2015 年的不到 0.5 降至 2020 年的 0.2 左右。综合而言，2020 年和 2015 年相比，船舶制造业上市公司整体的总资产周转率明显下降，疫情和中美之间的贸易摩擦可能是总资产周转率下降、销售不畅的重要原因。

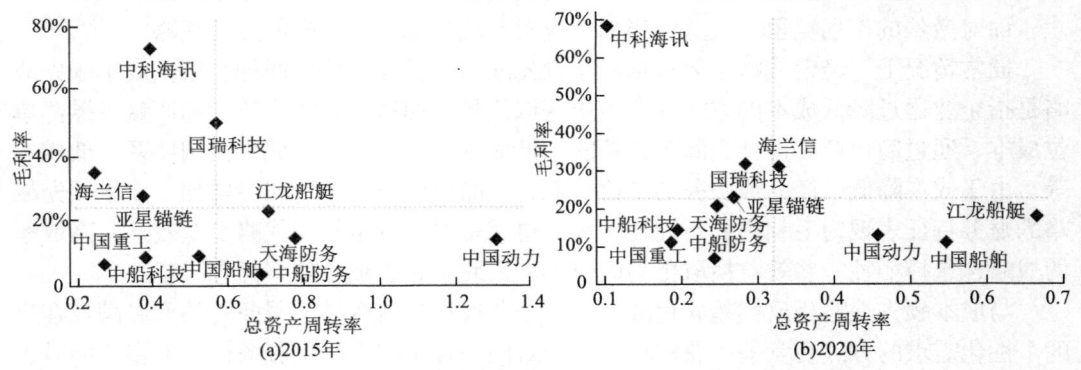

图 7-50 2015 年和 2020 年船舶制造上市公司竞争战略四象限图

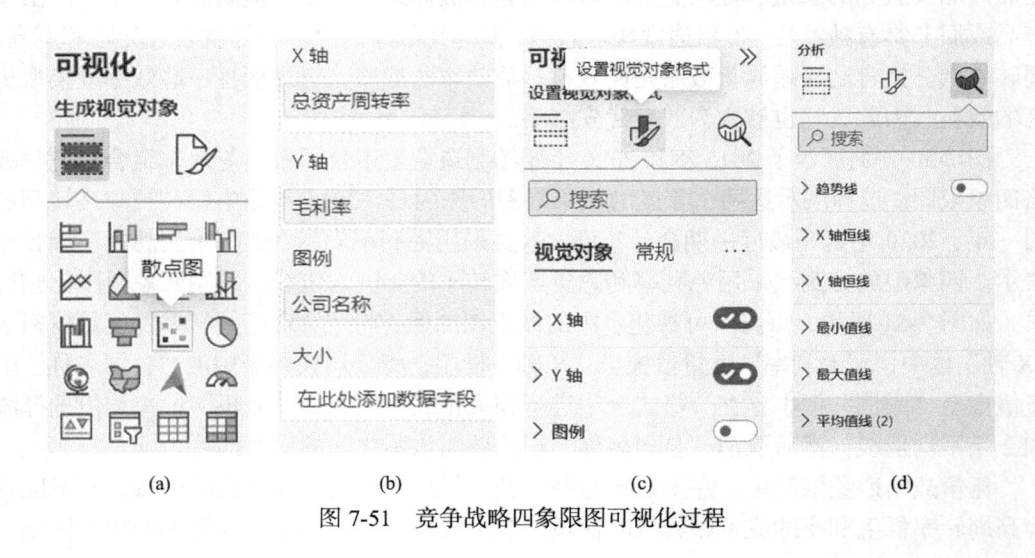

图 7-51 竞争战略四象限图可视化过程

4. 营业收入增长率可视化

图 7-48 虽然显示了 2006—2020 年中船科技和行业平均营业收入规模的发展变化趋势，但却无法捕捉营业收入增长率的发展变化趋势。有时看似营业收入在增长，实则营业收入增长率却在下降。因此，有必要对营业收入增长率进行可视化分析。图 7-52 展示了 2007—2020 年中船科技和行业平均营业收入增长率的发展变化趋势。可以看出，在多数年份，中船科技的营业收入增长率小于行业平均营业收入增长率。在 2016 年转型的前几年，中船科技营业收入增长率要么低于行业平均营业收入增长率，要么呈现负的增长率（除 2009 年）。这可能是中船科技将经营战略主导转型至投资战略主导的原因之一。在 2016 年转型当年，中船科技的营业收入增长率的确有了大幅飞跃，不过随后的数据显示，中船科技的营业收入增长率再次降至行业平均营业收入增长率以下。从营业收入增长、效益以及效率角度看，中船科技的战略转型似乎并没有很好地应对来自竞争者的冲击。

图 7-52　2007—2020 年中船科技与行业平均营业收入增长率

（二）期间费用分析

毛利不是企业最终的经营成果，也不是考核经营战略实施效果的唯一指标，毛利仅仅扣除了产品生产过程中发生的直接材料、直接人工和制造费用。在考核经营战略实施效果的时候，还需要在毛利的基础上扣除期间费用。期间费用主要包括管理费用、销售费用、财务费用和研发费用。这里的研发费用是指企业在研究开发过程中发生的费用化支出，以及计入管理费用的自行开发无形资产的摊销。这四项费用能够对企业的利润产生较大影响。一家企业最终能否盈利，一方面取决于毛利，另一方面受这四项费用的影响。因此有必要对这四项费用进行分析。

1. 期间费用相关度量值的创建

表 7-16 列示了对管理费用、销售费用、财务费用和研发费用进行分析所需要的相关度量值的创建公式。

表 7-16 期间费用分析的相关度量值

度量值名称	度量值计算公式
管理费用	管理费用 = CALCULATE([利润表基础度量值], '利润表'[项目名称]="管理费用")
销售费用	销售费用 = CALCULATE([利润表基础度量值], '利润表'[项目名称]="销售费用")
研发费用	研发费用 = CALCULATE([利润表基础度量值], '利润表'[项目名称]="研发费用")
财务费用	财务费用 = CALCULATE([利润表基础度量值], '利润表'[项目名称]="财务费用")
四项费用	四项费用 = [管理费用]+[销售费用]+[财务费用]+[研发费用]
管理费用%	管理费用% = DIVIDE([管理费用], [营业收入])
销售费用%	销售费用% = DIVIDE([销售费用], [营业收入])
财务费用%	财务费用% = DIVIDE([财务费用], [营业收入])
研发费用%	研发费用% = DIVIDE([研发费用], [营业收入])
四项费用%	四项费用% = [管理费用%]+[销售费用%]+[财务费用%]+[研发费用%]

行业平均管理费用%	行业平均管理费用% =
	 AVERAGEX(
	     ALL('公司代码'[公司名称]), //用 all 去除外部上下文的筛选
	     [管理费用%]
	)

行业平均销售费用%	行业平均销售费用% =
	 AVERAGEX(
	     ALL('公司代码'[公司名称]), //用 all 去除外部上下文的筛选
	     [销售费用%]
	)

行业平均财务费用%	行业平均财务费用% =
	 AVERAGEX(
	     ALL('公司代码'[公司名称]), //用 all 去除外部上下文的筛选
	     [财务费用%]
	)

行业平均研发费用%	行业平均研发费用% =
	 AVERAGEX(
	     ALL('公司代码'[公司名称]), //用 all 去除外部上下文的筛选
	     [研发费用%]
	)

行业平均四项费用%	行业平均四项费用% =
	 AVERAGEX(
	     ALL('公司代码'[公司名称]), //用 all 去除外部上下文的筛选
	     [四项费用%]
	)

2. 期间费用可视化及分析

对期间费用进行可视化分析，先从四项费用率开始进行，以考察四项费用对经营成果的总体影响情况，然后分别对管理费用、销售费用、财务费用和研发费用进行分析，以考察哪一项费用对经营成果的影响最大，需要予以更多关注。

1) 四项费用率可视化及分析

图 7-53 展示了 2006—2020 年中船科技与行业平均的四项费用率，以及 2020 年船舶制造业上市公司的四项费用率。可以看出，中船科技的四项费用率呈现波动式上涨趋势，由 2006 年的 5.1% 上升至 2015 年的 15.7%，超过了当年的行业平均数。2016 年战略转型，当年降至 7.8%，但随后又上升至 2020 年的 17.2%，而当年的毛利率仅为 14%，导致当年扣除四项费用后的核心利润出现了亏损。与行业平均相比，虽然仅有 2015 年超过了行业平均四项费用率，其他年度都低于行业平均，但从 2020 年各公司四项费用率排名可以看出，中船科技的四项费用率在这 11 家公司中排名第 4，在主板上市公司中排名第一，比 2016 年同年进行战略转型的中船防务和中国动力高出近一倍。细究中船科技的四项费用率低于行业平均的原因，不难发现，中科海讯高达 62.3% 的四项费用率是拉高行业平均四项费用率的主要原因。如果剔除中科海讯的影响，中船科技的四项费用率可能会超过行业平均。因此，中船科技较高的四项费用率需要引起更多关注，以实现降本增效的目标。

(a) 中船科技与行业平均四项费用率　　(b) 2020 年 11 家上市公司的四项费用率

图 7-53　四项费用率可视化结果

2) 管理费用率可视化及分析

图 7-54 展示了 2006—2020 年中船科技与行业平均管理费用率，以及 2020 年船舶制造业上市公司的管理费用率。可以看出，中船科技的管理费用率在 2015 年战略转型之前呈现上涨趋势，由 2006 年的 5.2% 上升至 2015 年的 12.8%，尤其是在 2011—2013 年上升的速度最快。战略转型之后 2017 年迅速下降至 5.5%，但在 2020 年由 2019 年的 6.0% 突增至 10.6%，并超越了行业平均数。中船科技在 2020 年各公司管理费用率中排名第 4，在主板上市公司中排名第 1。2020 年，中船科技管理费用的突然增加可能与新冠疫情防控有关，但加强管理费用的管控，对于中船科技来说，也是非常有必要的。

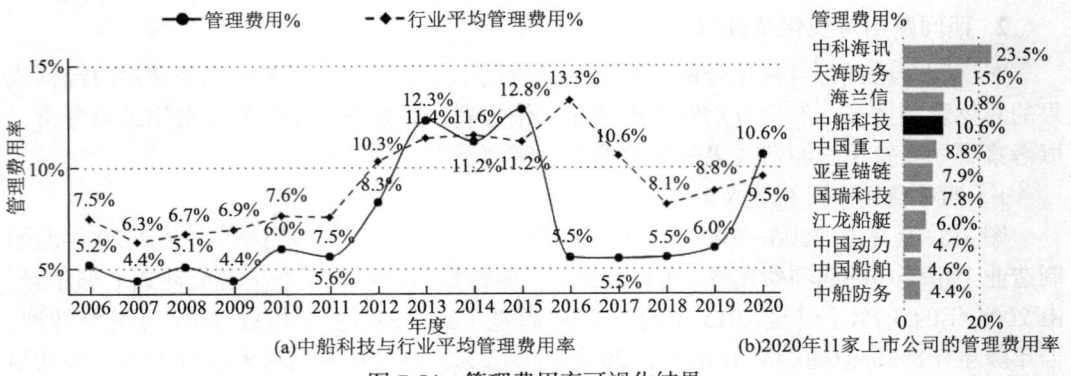

图 7-54　管理费用率可视化结果

3）销售费用率可视化及分析

图 7-55 展示了 2006—2020 年中船科技与行业平均销售费用率，以及 2020 年船舶制造业上市公司的销售费用率。不难看出，中船科技的销售费用率一直比较平稳，多数年份都保持在 0.3%至 0.7%的范围之内，仅仅在 2020 年由 2019 年的 0.6%提升至 1.1%。与同行业平均水平相比，中船科技的销售费用率明显偏低，在 2020 年，还没达到行业平均的一半，在 11 家上市公司中排名倒数第 3，仅高于中国船舶和中船防务两家主板上市公司。中船科技较低的销售费用投入，可能是该公司销售不畅的重要原因。在面对竞争对手的冲击时，可能没有做好对公司的宣传。

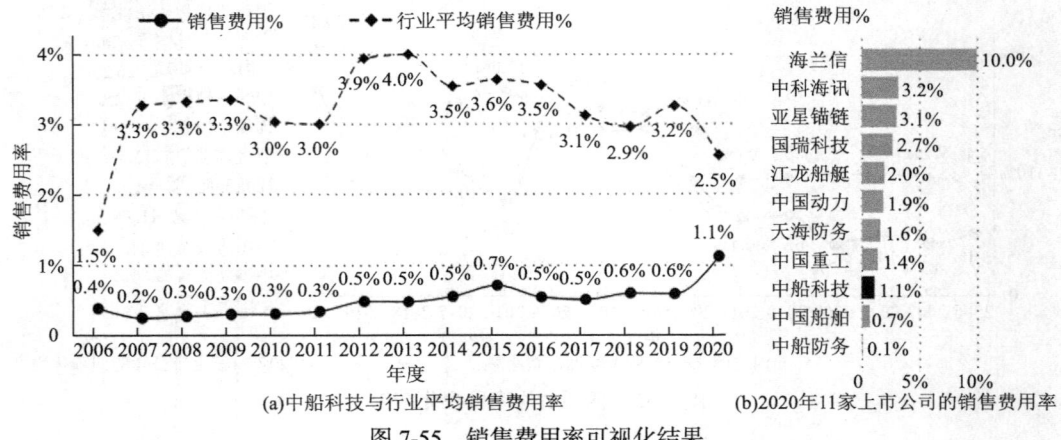

图 7-55　销售费用率可视化结果

4）财务费用率可视化及分析

图 7-56 展示了 2006—2020 年中船科技与行业平均财务费用率，以及 2020 年船舶制造业上市公司财务费用率排序情况。可以看出，中船科技在 2006—2009 年，财务费用率为负，这表明中船科技在这段时间内的利息收入高于利息支出，不存在偿债风险。自 2010 年开始，中船科技的财务费用率呈现上升趋势，在 2015 年升至 2.1%。2016 年战略转型当年回落至 1.7%，随后由于战略转型借入大量资金，导致 2017 年升至 4.5%，在 2018 年达到最高点 5.3%。2019 年为了降低财务风险，响应"去杠杆"的号召，清偿债务，

财务费用率降至1.6%，2020年又升至2.2%。与行业平均相比，2010年以后，中船科技的财务费用率始终远高于行业平均。2020年，在11家船舶制造业上市公司中，中船科技的财务费用率排名第3，在其中的主板上市公司中排名第1。可见，中船科技还存在着一定程度的偿债风险，需要在未来予以关注。

图 7-56 财务费用率可视化结果

5）研发费用率可视化及分析

图 7-57 展示了 2017—2020 年中船科技与行业平均研发费用率，以及 2020 年船舶制造业上市公司的研发费用率排序情况。因会计准则变化，自 2018 年开始，研发费用在利润表中单独列示，但一些公司自愿在 2017 年利润表中也单独列示研发费用。因此，本书的研发费用起始时间选择 2017 年。不难看出，中船科技 2018—2020 年的研发费用率比较平稳，分别为 3.0%、3.3%和 3.2%。这三年的研发费用率也低于行业平均研发费用率。2020 年，在 11 家船舶制造业上市公司中排名倒数第 4，这表明中船科技在研发方面的投入偏低。与中船科技形成鲜明对照的是，中科海讯的研发费用率高达 37.2%，由于注重研发创新，该公司的毛利率也高达 68%，在竞争战略四象限图中落入差异化战略区域中。

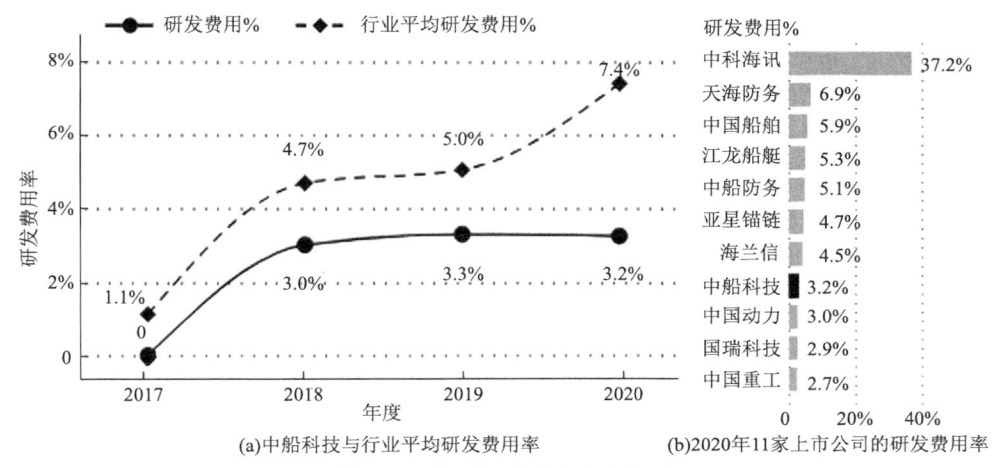

图 7-57 研发费用率可视化结果

（三）核心利润与非核心利润分析

经营战略的实施效果好不好主要表现在企业的核心利润高不高。核心利润就是营业收入扣除营业成本、税金及附加和四项费用之后的余额。核心利润就是企业的主业所创造的利润，是企业核心的"造血"机能。如果企业的主业出了问题，不能源源不断地为企业创造生存所需的"血液"，企业就不会长久地生存下去。企业不能靠核心利润以外的利润生存，也就是不能靠非核心利润生存。对企业来说，非核心利润今年有，明年不一定有，不具有持续性。当然，如果企业有多余的资金，也可以将这些闲置资金利用起来，为企业获取一些非核心利润。因此，对企业的核心利润和非核心利润进行分析，不仅可以让我们获知企业的主业经营成果，也就是经营战略的实施效果，还可以让我们获知企业获取的非核心利润的相关情况。

1. 核心利润分析

1）核心利润分析相关度量值的创建

表 7-17 列示了为了进行核心利润分析所创建的度量值及其公式。

表 7-17　核心利润分析的相关度量值

度量值名称	度量值计算公式
核心利润	核心利润 = [毛利]-[税金及附加]-[四项费用]
核心利润%	核心利润% = DIVIDE([核心利润], [营业收入])

行业平均核心利润%	行业平均核心利润% =
	AVERAGEX(
	　　ALL('公司代码'[公司名称]), //用 all 去除外部上下文的筛选
	　　[核心利润%]
	)

2）核心利润率可视化及分析

图 7-58 展示了 2006—2020 年中船科技与行业平均核心利润率的发展变化趋势，以及 2020 年船舶制造业上市公司的核心利润率。可以看出，中船科技在 2006—2011 年的核心利润为正，说明这段时间的主业能够为企业带来利润。2012 年之后，中船科技的主业就基本不能为企业贡献利润。与行业平均相比，在 2006—2020 年的所有年份，中船科技的核心利润率都低于行业平均水平。2020 年，中船科技的核心利润率在 11 家船舶制造业上市公司中排名倒数第 3，仅高于中船防务和天海防务。

图 7-59 展示了 2006—2020 年中船科技和行业平均毛利率以及中船科技核心利润率的发展变化趋势。可以看出，中船科技主业的"造血"机能还有待于进一步提升。正如前文所言，一家企业主业最终盈利与否，一方面取决于毛利，另一方面取决于各项经营费用。企业毛利越高，越不容易亏损，企业各项经营费用越低，也越不容易亏损。中船科技的毛利率始终低于行业平均，毛利率一直不高，四项费用又很高，尤其是较高的管理费用和财务费用，最终导致中船科技的核心利润率较低，甚至发生了亏损，尤其是在战略转型之后一直处于主业亏损状态。因此，在主业方面，中船科技不仅需要降本增效，

更需要加大研发投入和销售费用投入。加大研发费用投入可以促进企业技术创新，提供高质量的产品或服务，或者提供差异化的产品或服务，满足客户个性化的需求。加大销售费用投入，则可以促进产品或服务的销售，赢取更多订单，增加营业收入。

(a) 中船科技与行业平均核心利润率

(b) 11家上市公司的核心利润率

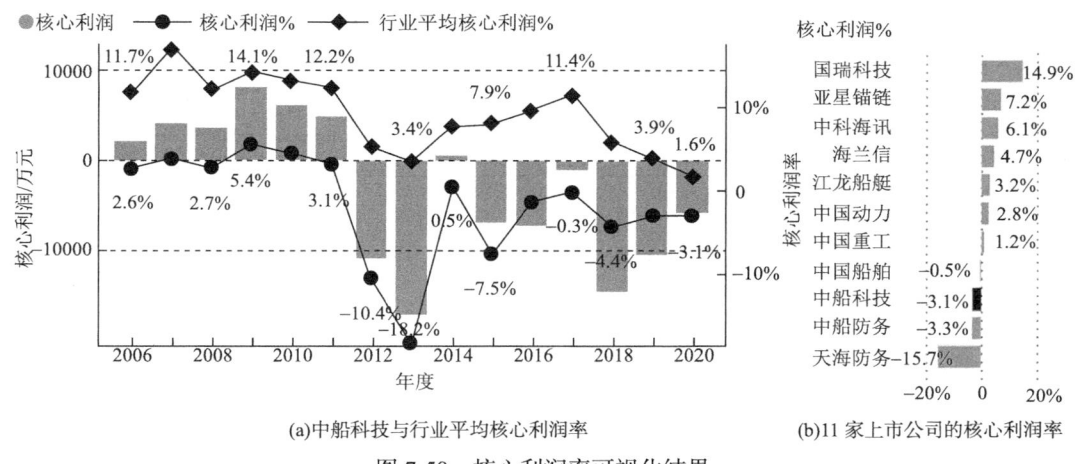

图 7-58　核心利润率可视化结果

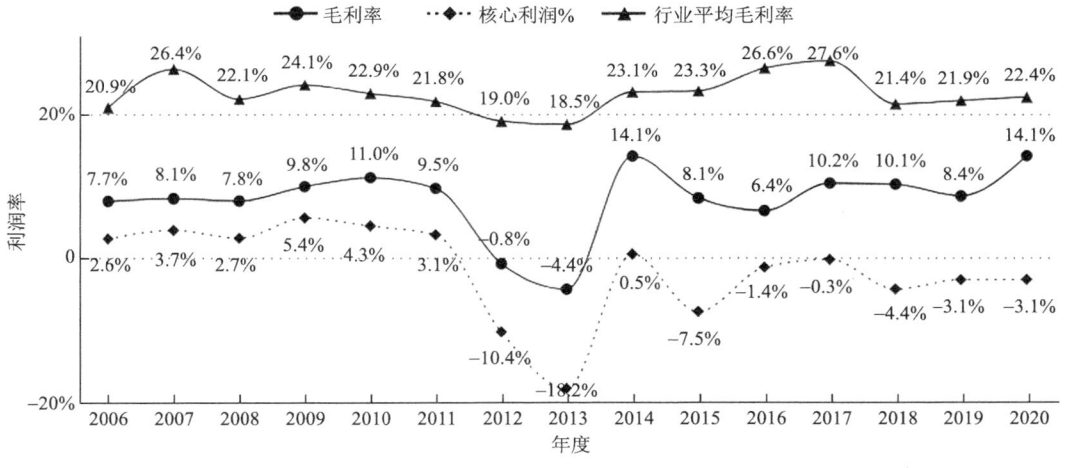

图 7-59　2006—2020 年中船科技与行业平均毛利率和中船科技核心利润率

2. 非核心利润分析

核心利润是企业核心业务也就是主业获取的利润，非核心利润自然就属于"副业"获取的利润。非核心利润是利润总额与核心利润之间的差额。因此，非核心利润包含的内容比较多，如投资活动获取的收益（投资收益）、股票涨跌所带来的未实现收益（公允价值变动损益等），偶然的、意外的、不经常的利得或损失（营业外收入或者营业外支出）以及资产跌价可能带来的未实现损失（资产减值损失、信用减值损失）等。与核心利润不同，非核心利润通常不具有持续性和稳定性，今年有，明年不一定有，今年可能是这项资产获取，明年可能是另外一项资产获取。所以，对企业来说，还是尽量完善主业，这个才是企业高质量发展的真正源泉。虽然"技多不压身"，但术业还是需要有专攻。

1）非核心利润相关度量值的创建

表 7-18 列示了非核心利润可视化所需的相关度量值的创建公式。

表 7-18 非核心利润分析的相关度量值

度量值名称	度量值计算公式
非核心利润	非核心利润 = [四、利润总额]-[核心利润]
非核心利润%	非核心利润% = DIVIDE([非核心利润], [营业收入])
行业平均非核心利润%	行业平均非核心利润% = AVERAGEX(　　ALL('公司代码'[公司名称]),//用 all 去除外部上下文的筛选 　　[非核心利润%])
利润%	利润% = DIVIDE([四、利润总额], [营业收入])
投资收益	投资收益 = CALCULATE([利润表基础度量值], '利润表结构表'[项目名称]="投资收益")
公允价值变动收益	公允价值变动收益 = CALCULATE([利润表基础度量值], '利润表结构表'[项目名称]="公允价值变动收益")
资产减值损失	资产减值损失 = CALCULATE([利润表基础度量值], '利润表结构表'[项目名称]="资产减值损失")*(-1)
营业外收入	营业外收入 = CALCULATE([利润表基础度量值], '利润表结构表'[项目名称]="加：营业外收入")
营业外支出	营业外支出 = CALCULATE([利润表基础度量值], '利润表结构表'[项目名称]="减：营业外支出")*(-1)
投资收益%	投资收益% = DIVIDE([投资收益], [营业收入])
公允价值变动收益%	公允价值变动收益% = DIVIDE([公允价值变动收益], [营业收入])
资产减值损失%	资产减值损失% = DIVIDE([资产减值损失], [营业收入])
营业外收入%	营业外收入% = DIVIDE([营业外收入], [营业收入])
营业外支出%	营业外支出% = DIVIDE([营业外支出], [营业收入])

2）非核心利润可视化与分析

图 7-60 展示了 2006—2020 年中船科技与行业平均非核心利润率、中船科技核心利润率，以及 2020 年船舶制造业上市公司的非核心利润率。容易发现，中船科技的非核心利润率在多数年份为正，尤其是在核心利润率为负的 2015—2020 年，非核心利润率不仅大于 0，而且均大于当年核心利润率的绝对值。换句话说，中船科技非核心业务获取的利润不仅弥补了核心业务造成的亏损，而且还有剩余，使得该公司当年最终的经营成果为正。2020 年船舶制造业上市公司的非核心利润率排序显示，中船科技的非核心利润率为 11.9%，在 11 家船舶制造业上市公司中排名第 3。此外，行业平均情况显示，多数年份的行业平均非核心利润率在 0 左右，仅在 2018 年有了大幅亏损。

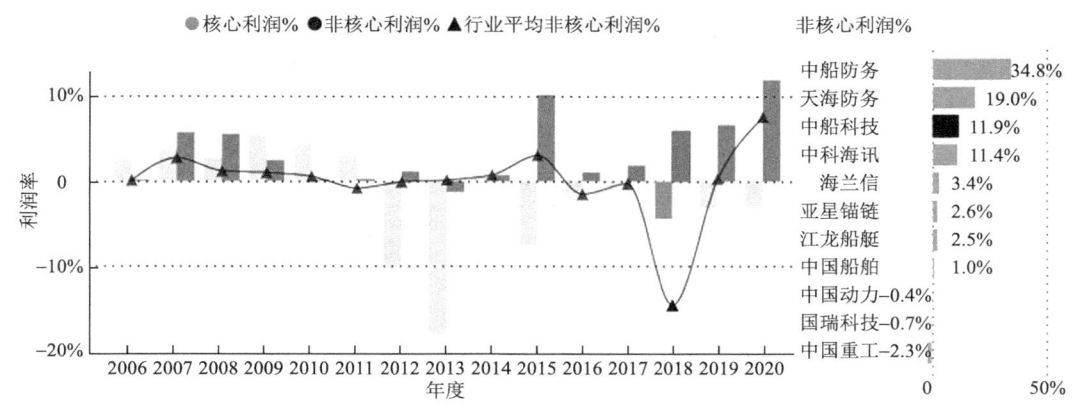

(a) 中船科技核心与非核心利润率及行业平均非核心利润率　　(b) 2020年11家上市公司非核心利润率

图 7-60　非核心利润率可视化结果

图 7-61 展示了 2006—2020 年中船科技的核心利润率与利润率的发展变化趋势。该图清晰地显示了，在 2006—2009 年，核心利润率为正，利润率也为正，且利润率大于核心利润率，说明中船科技在这段时间内的非核心利润率也为正。在 2010—2014 年，利润率与核心利润率基本重合，也就是说，中船科技在这段时间内没有较高的非核心利润或者亏损。在 2015—2020 年，核心利润率全部为负，除 2016 年以外的其他年份的利润率均为正，而且始终大于核心利润率，这说明中船科技的非核心利润起到了扭亏为盈的重要作用。

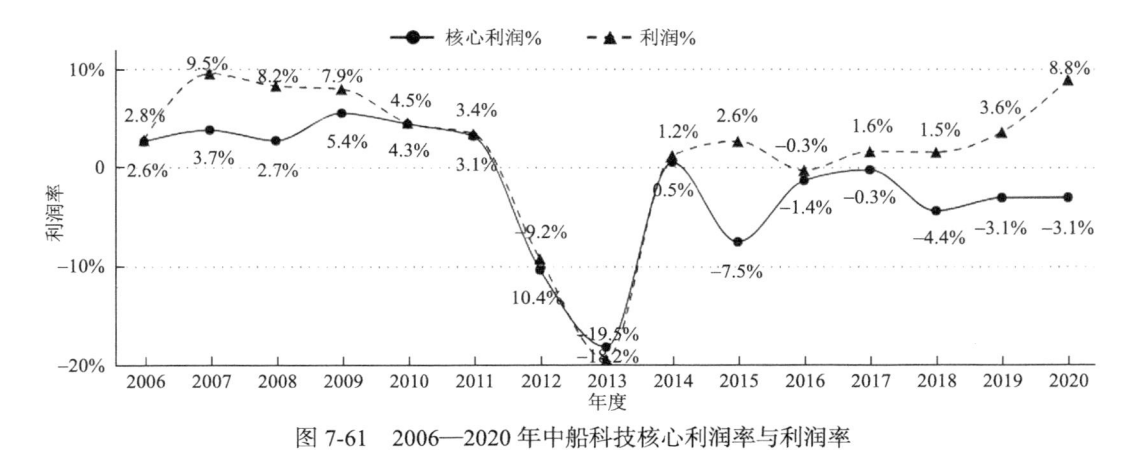

图 7-61　2006—2020 年中船科技核心利润率与利润率

中船科技的非核心利润包括什么？究竟是哪一种非核心利润占比更高、发挥作用更大呢？图 7-62 展示了 2006—2020 年中船科技非核心利润的组成成分及其占比。中船科技的非核心利润主要由投资收益、资产减值损失、营业外收入和营业外支出组成。其中，资产减值损失和营业外支出属于负向指标。不难看出，中船科技的非核心利润中，除 2013 年以外的其他所有年份，投资收益占比均最高。在 2015 以后的年份中，即使在占比最低的 2016 年，也高达 60.2%，在 2018—2020 年，更是高达 90% 以上。图 7-63 显示，中船科技投资收益与营业收入的比率为 9.7%，在 11 家船舶制造业上市公司中位列第 3。中船科技 2020 年年度报告中"第四节 经营情况讨论与分析"中披露,"报告期内,公司实现归属上市公司股东的净利润增长主要系因公司全资子公司中船九院转让徐州中船阳光 20%股权实现投资收益及租金增加所致,影响金额约为 1.56 亿元"。

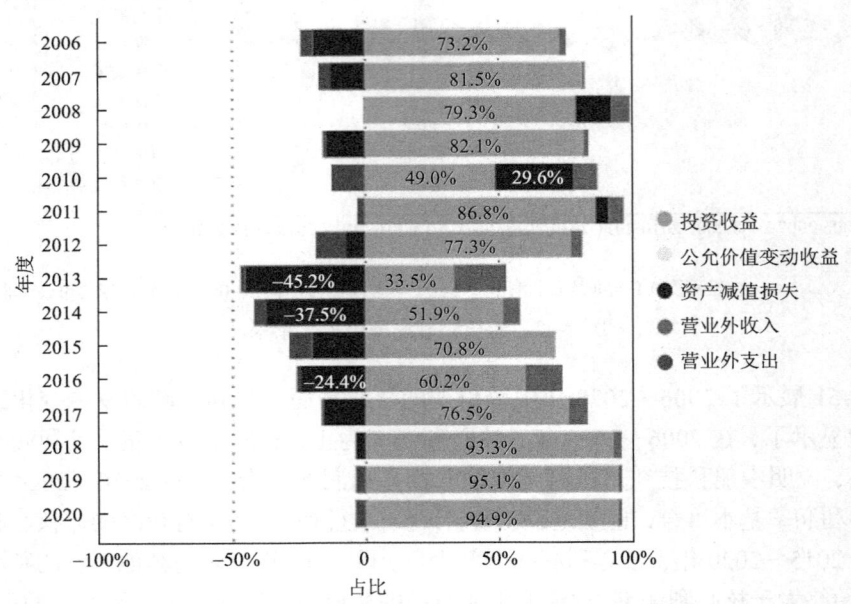

图 7-62　2006—2020 年中船科技非核心利润构成项目及占比

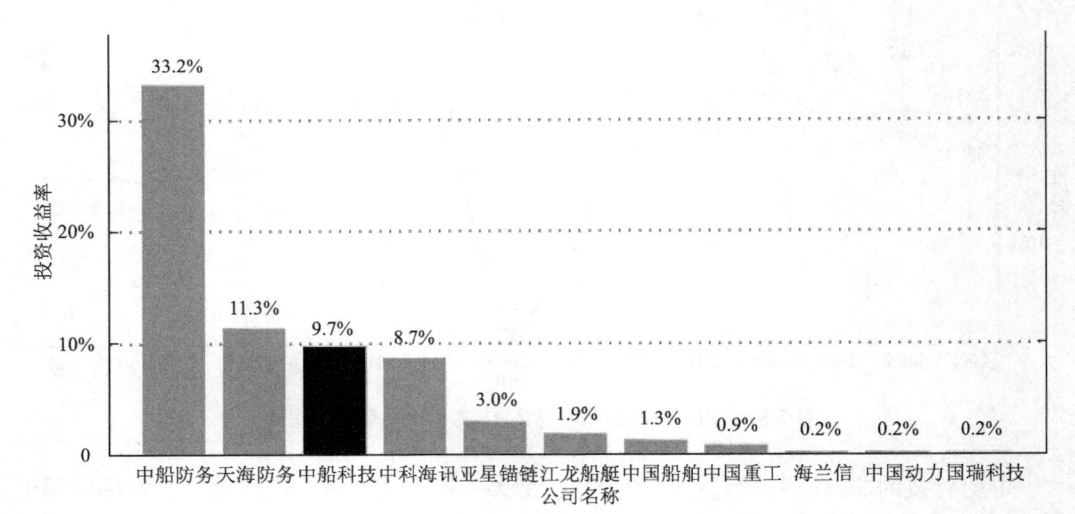

图 7-63　船舶制造业上市公司 2020 年投资收益率

(四)净资产收益率分析

净资产收益率,也称为股东权益报酬率,用来衡量企业为股东创造收益的能力。该指标数值越高,说明企业为股东创造收益的能力越强,企业资金的自给自足率越高,对外部融资的依赖性越低,股东对企业的信心也越强。因此,巴菲特将这一指标作为其决定是否购买某只股票的最重要指标。

1. 净资产收益率相关度量值的创建

表 7-19 列示了净资产收益率分析所需要创建的度量值。

表 7-19　净资产收益率分析所需的相关度量值

度量值名称	度量值计算公式
年初所有者权益	年初所有者权益 = VAR reportyear=SELECTEDVALUE ('期间表'[年度]) RETURN CALCULATE([所有者权益合计], FILTER(ALL('期间表'), '期间表'[年度]=reportyear-1&&'期间表'[报表期间]="年度报告"))
平均净资产	平均净资产 =([年初所有者权益]+[所有者权益合计])/2
净资产收益率	净资产收益率 = DIVIDE([五、净利润], [平均净资产])

行业平均净资产收益率	行业平均净资产收益率 =
	AVERAGEX(
	　　ALL('公司代码'[公司名称]), //用 all 去除外部上下文的筛选
	　　[净资产收益率]
	)

平均总资产	平均总资产 = ([年初总资产]+[资产总计])/2
权益乘数	权益乘数 = DIVIDE([平均总资产], [平均净资产])
净利润率	净利润率 = DIVIDE([五、净利润], [营业收入])

2. 净资产收益率可视化与分析

图 7-64 展示了 2006—2020 年中船科技与行业平均净资产收益率，以及 2020 年船舶制造业上市公司的净资产收益率。该图显示，与呈现下降趋势的行业平均净资产收益率相比，中船科技的净资产收益率相对比较平稳。在 2013 年降至最低点-14.0%之后回升至 2015 年的 2.0%，随后几年在 1.0%左右波动，2016 年之后略呈上升状态，与行业平均

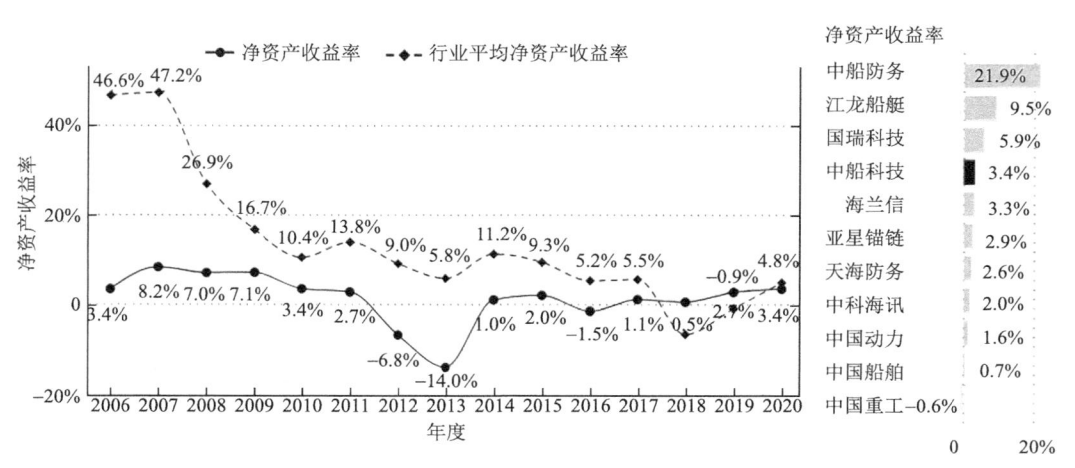

(a) 中船科技与行业平均净资产收益率　　(b) 2020 年 11 家上市公司净资产收益率

图 7-64　净资产收益率可视化结果

净资产收益率也比较接近。净资产收益率较低的可能原因是，整个行业受到了世界经济贸易增长放缓、地缘政治冲突不断增多、新船需求大幅下降的不利影响。2020年，中船科技的净资产收益率为3.4%，在11家船舶制造业上市公司中位列第4名。

二、盈利质量分析

企业的盈利能力衡量的是企业获取利润的能力。但是，企业有获取利润的能力不等于企业有赚钱的能力。获取利润与赚钱是两个不同的概念。现实中，就有很多企业获取了利润，但却没有钱，甚至破产倒闭了。有研究发现，即使在西方发达国家经济比较繁荣的20世纪90年代，平均每四家破产倒闭的企业中，就有三家企业是盈利企业，只有一家企业是亏损企业（黄世忠，2007b）。这说明什么？说明企业的生存靠的不是利润，而是现金流。利润衡量的是企业有没有未来，现金流则代表的是企业现在能不能活着。因此，对企业财务报表进行商务智能分析，就不能仅仅分析企业的盈利能力，还需要对盈利的质量进行分析。

（一）盈利质量分析相关度量值的创建

盈利质量的分析主要包括营业收入含金量分析、营业成本付现率分析、净利润含金量分析和核心利润质量分析。相关度量值的创建公式见表7-20。

表7-20 盈利质量分析相关度量值

度量值名称	度量值计算公式
销货收现	销货收现 = CALCULATE([现金流量表基础度量值], '现金流量表结构表'[项目名称]="销售商品、提供劳务收到的现金")
营业收入含金量	营业收入含金量 = DIVIDE([销货收现], [营业收入])

行业平均收入含金量	行业平均收入含金量 =
	AVERAGEX(
	    ALL('公司代码'[公司名称]), //用 all 去除外部上下文的筛选
	    [营业收入含金量]
	)

购货付现	购货付现 = CALCULATE([现金流量表基础度量值], '现金流量表结构表'[项目名称]="购买商品、接受劳务支付的现金")
营业成本付现率	营业成本付现率 = DIVIDE([购货付现], [营业成本])

行业平均营业成本付现率	行业平均营业成本付现率 =
	AVERAGEX(
	    ALL('公司代码'[公司名称]), //用 all 去除外部上下文的筛选
	    [营业成本付现率]
	)

净利润含金量	净利润含金量 = DIVIDE([经营活动产生的现金流量净额], [五、净利润])

度量值名称	度量值计算公式

行业平均净利润含金量	行业平均净利润含金量 =
	AVERAGEX(
	    ALL('公司代码'[公司名称]),//用 all 去除外部上下文的筛选
	    [净利润含金量]
	)

核心利润质量	核心利润质量 = DIVIDE([经营活动产生的现金流量净额], [核心利润])

行业平均核心利润质量	行业平均核心利润质量 =
	AVERAGEX(
	    ALL('公司代码'[公司名称]),//用 all 去除外部上下文的筛选
	    [核心利润质量]
	)

（二）盈利质量分析可视化

图 7-65 展示了 2006—2020 年中船科技与行业平均营业收入情况的发展变化趋势。可以看出，在以经营战略为主导的 2006—2015 年，中船科技的营业收入与销售商品、提供劳务收到的现金基本趋于一致，营业收入含金量基本在 1 左右波动，说明中船科技当年的营业收入基本都能以现金收回，营业收入含金量较高，有些年度的销售商品、提供劳务收到的现金甚至超过了当年的营业收入，表明中船科技的应收款项管理效率较高，不仅能够收回当年的营业收入，还能对以前期间的应收款项进行较好的清理。与行业平均相比，中船科技以经营战略为主导的后期表现好于行业平均。2016 年开始战略转型后略低于行业平均，随后呈现上升趋势，2018—2020 年的销售商品、提供劳务收到的现金都大于当年的营业收入。2020 年，营业收入含金量高达 2.4，即当年的销货收现是当年营业收入的 2.4 倍，说明中船科技对 2016 年和 2017 年形成的应收款项进行了清理。

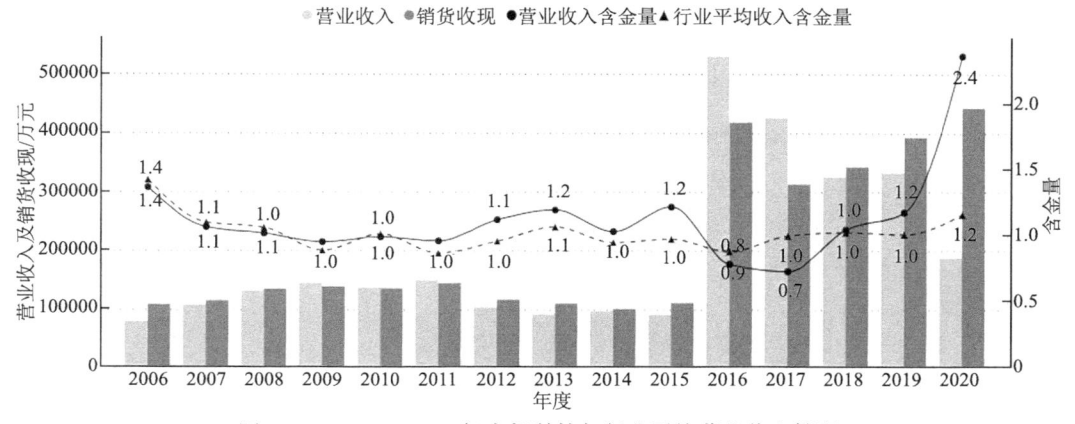

图 7-65　2006—2020 年中船科技与行业平均营业收入情况

图 7-66 展示了 2006—2020 年中船科技与行业平均营业成本情况的发展变化趋势。

可以看出，除了 2020 年中船科技的营业成本付现率一直在 1 左右波动，与行业平均趋势比较吻合。2020 年，中船科技的营业成本付现率高达 1.9，这说明当年购货付现是当年营业成本的 1.9 倍。营业成本中除了包含商品所消耗的材料费用之外，还包含生产人员的薪酬、生产设备的折旧费以及其他相关费用。由于生产人员的薪酬不在"购买商品、接受劳务支付的现金"中列示，而在现金流量表中的"支付给职工以及为职工支付的现金"项目列示，固定资产折旧费在当年不会发生现金流出，产品生产过程中发生的其他相关费用，或者在"支付的其他与经营活动有关的现金"项目中列示，或者不流出现金，因此，购货付现一般应当远小于当年的营业成本。中船科技以及行业平均营业成本付现率大于 1 时，意味着整个行业都有较大的经营活动现金流出，同时会形成存货的积压。较高的营业成本付现率应该是船舶制造业行业的一个明显特征。中船科技 2020 年营业成本付现率高达 1.9，也的确使得该公司的存货余额有了大幅增加。2020 年其资产负债表显示，存货年初余额 7.3 亿元，年末余额 10.6 亿元，年末比年初上涨了 45.2%。

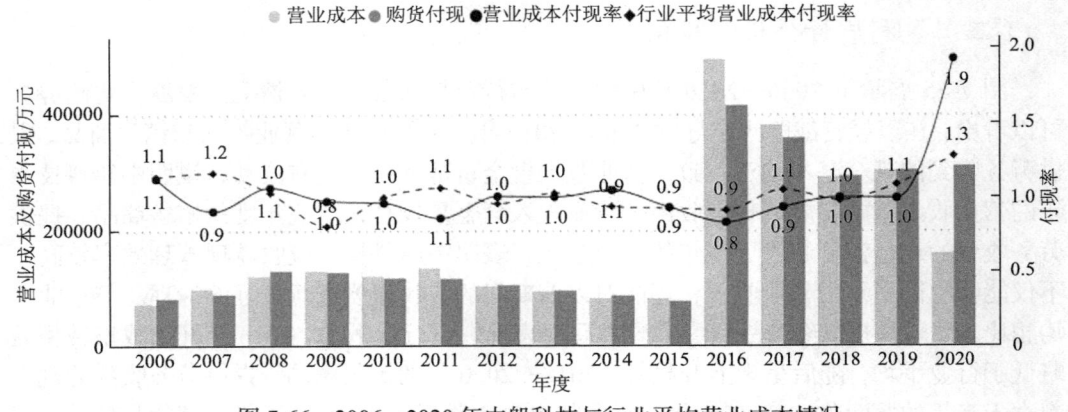

图 7-66　2006—2020 年中船科技与行业平均营业成本情况

图 7-67 展示了 2006—2020 年中船科技与行业平均净利润含金量及相关指标的发展变化趋势。不难发现，在 15 年内，中船科技只有 6 个年度的经营活动产生了净流入，多数年份都是经营活动现金净流出。在以经营战略为主导的 2006—2015 年，中船科技有 4 个年度的

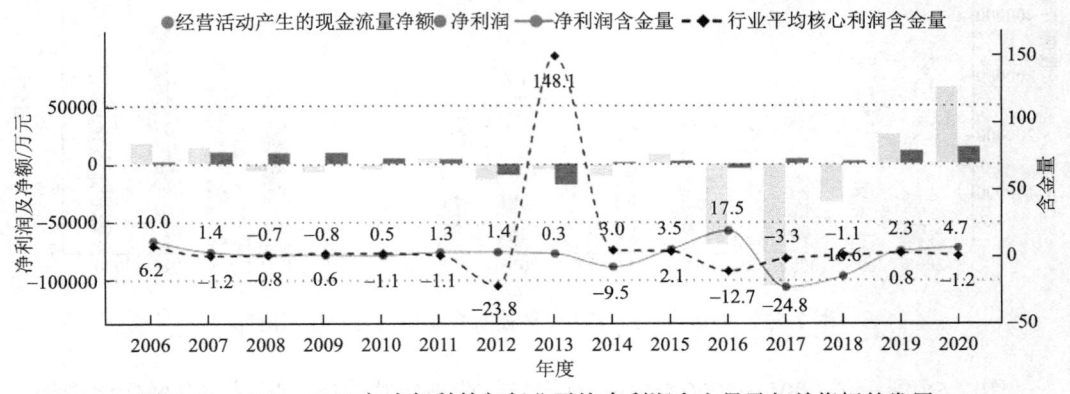

图 7-67　2006—2020 年中船科技与行业平均净利润含金量及相关指标的发展

经营活动产生的现金流量净额与净利润均为正；有 4 个年度净利润为正，但经营活动产生的现金流量净额为负，2 个年度的净利润与经营活动产生的现金流量净额均为负。在投资战略主导的 2016—2020 年，中船科技净利润逐渐改善，经营活动产生的现金流量净额呈现先降后升的趋势，使得净利润含金量也呈现先降后升的趋势，2020 年的净利润含金量升至 4.7。

图 7-68 展示了 2006—2020 年中船科技与行业平均核心利润质量及相关指标的发展变化趋势。可以看出，自 2012 年以后，中船科技的核心利润除了 2014 年略有盈利之外，其他年度均为亏损，且只有 3 个年度的经营活动产生的现金流量净额为正。也就是说，多数年份核心业务亏损也伴随着经营活动现金净流出。2016 年之后，核心利润与经营活动产生的现金流量净额的偏离程度较大。例如，2017 年，经营活动现金流量净流出是当年核心利润亏损额的 31.6 倍。2020 年，核心利润为亏损，经营活动产生的现金流量净额为正，且为核心利润亏损绝对值的 5 倍。可见，由于经营活动产生的现金流量净额的大幅波动，中船科技的核心利润质量也不够稳定。长期来看，一家健康的企业，经营活动产生的现金流量净额应当与核心利润呈现相同的趋势。因此，中船科技一方面需要提高核心业务的盈利能力，另一方面需要在近两年改善的经营活动现金流的基础上保持经营活动现金流的长期稳定。

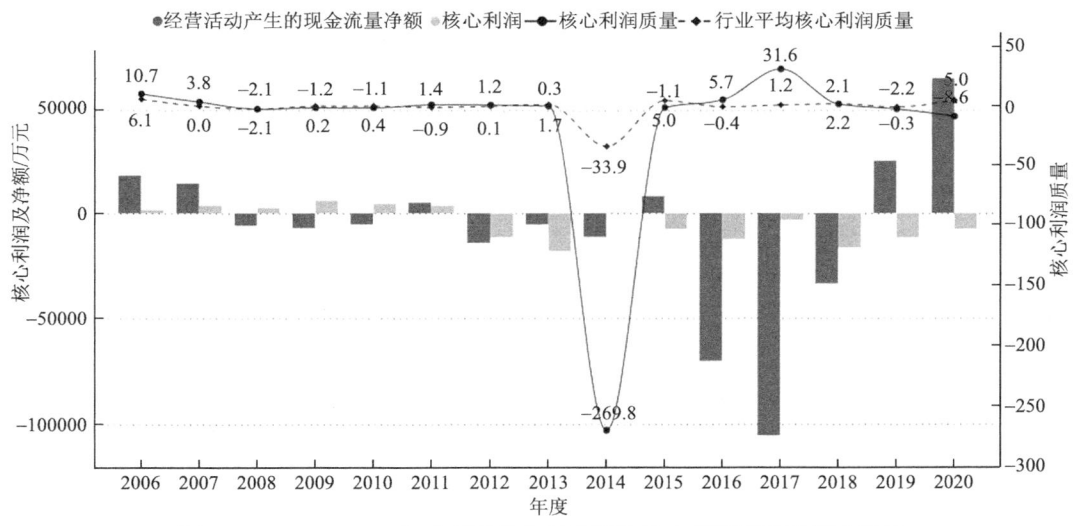

图 7-68　2006—2020 年中船科技与行业平均核心利润质量及相关指标

（三）现金流分析

现金流是企业生存发展的"血液"。企业没有了现金流，也就没有了血液，企业自然会失去生命，破产倒闭。企业想长期健康发展，就需要有良好的自我"造血"机能。企业的"造血"机能是什么？答案就是经营活动产生的现金流量。企业具有良好的"造血"机能就表现在，企业可以通过自身的核心业务创造出生产经营所需要的现金流，而无须通过外部"输血"来维持生命。经营活动现金流衡量了企业自我积累、自我创造现金流的能力。因此，现金流分析主要就是对企业的经营活动现金流进行分析。常用的经营活动现金流分析指标是现金充裕率和自由现金流,其相关度量值的创建公式见表7-21。

表 7-21 现金流分析相关度量值

度量值名称	度量值计算公式
还债付现	还债付现 = CALCULATE([现金流量表基础度量值], '现金流量表结构表'[项目名称]="偿还债务支付的现金")
股利利息付现	股利利息付现 = CALCULATE([现金流量表基础度量值], '现金流量表结构表'[项目名称]="分配股利、利润或偿付利息所支付的现金")
现金充裕率	现金充裕率 = DIVIDE([经营活动产生的现金流量净额], ([购建长期资产付现]+[还债付现]+[股利利息付现]))
行业平均现金充裕率	行业平均现金充裕率 = AVERAGEX(ALL('公司代码'[公司名称]), //用 all 去除外部上下文的筛选 [现金充裕率])
自由现金流	自由现金流 = [经营活动产生的现金流量净额]-[购建长期资产付现]-[股利利息付现]
自由现金流%	自由现金流% = DIVIDE([自由现金流], [营业收入])
行业平均自由现金流%	行业平均自由现金流% = AVERAGEX(ALL('公司代码'[公司名称]), //用 all 去除外部上下文的筛选 [自由现金流%])

1. 现金充裕率分析与可视化

图 7-69 展示了 2007—2020 年中船科技与行业平均现金充裕率的发展变化趋势,以及 2020 年船舶制造业上市公司的现金充裕率。现金充裕率用来衡量企业利用自主经营创造的现金流进行固定资产等长期资产更新、偿还债务本息和发放现金股利的能力。图 7-69 显示,船舶制造业上市公司的行业平均现金充裕率在大多数年份都远小于 100%,这表明制造业上市公司"造血"机能较弱,经营活动所创造的现金流无法满足固定资产等长期资产的更新、债务本息的偿还和现金股利的发放。相较于行业平均,中船科技的现金充裕率在多数年份都小于行业平均值,在一些年份,现金充裕率甚至小于 0,这说明中船科技的经营活动不仅不能创造现金流,而且需要从外部融资,来弥补经营活动所造成的现金净流出。自 2017 年开始,中船科技的现金充裕率开始呈现上升的趋势,2020 年升至 23.6%,在 11 家船舶制造业上市公司中排名第 4。虽然中船科技的现金充裕率还不能完全满足固定资产等长期资产的更新、债务本息的偿还和现金股利的发放,但已经改变了之前过度依赖外部融资的困境。这表明,中船科技核心业务的"造血"机能已经得到了较好改善。

图 7-69 (a) 中船科技与行业平均现金充裕率

图 7-69 (b) 2020年船舶制造上市公司现金充裕率

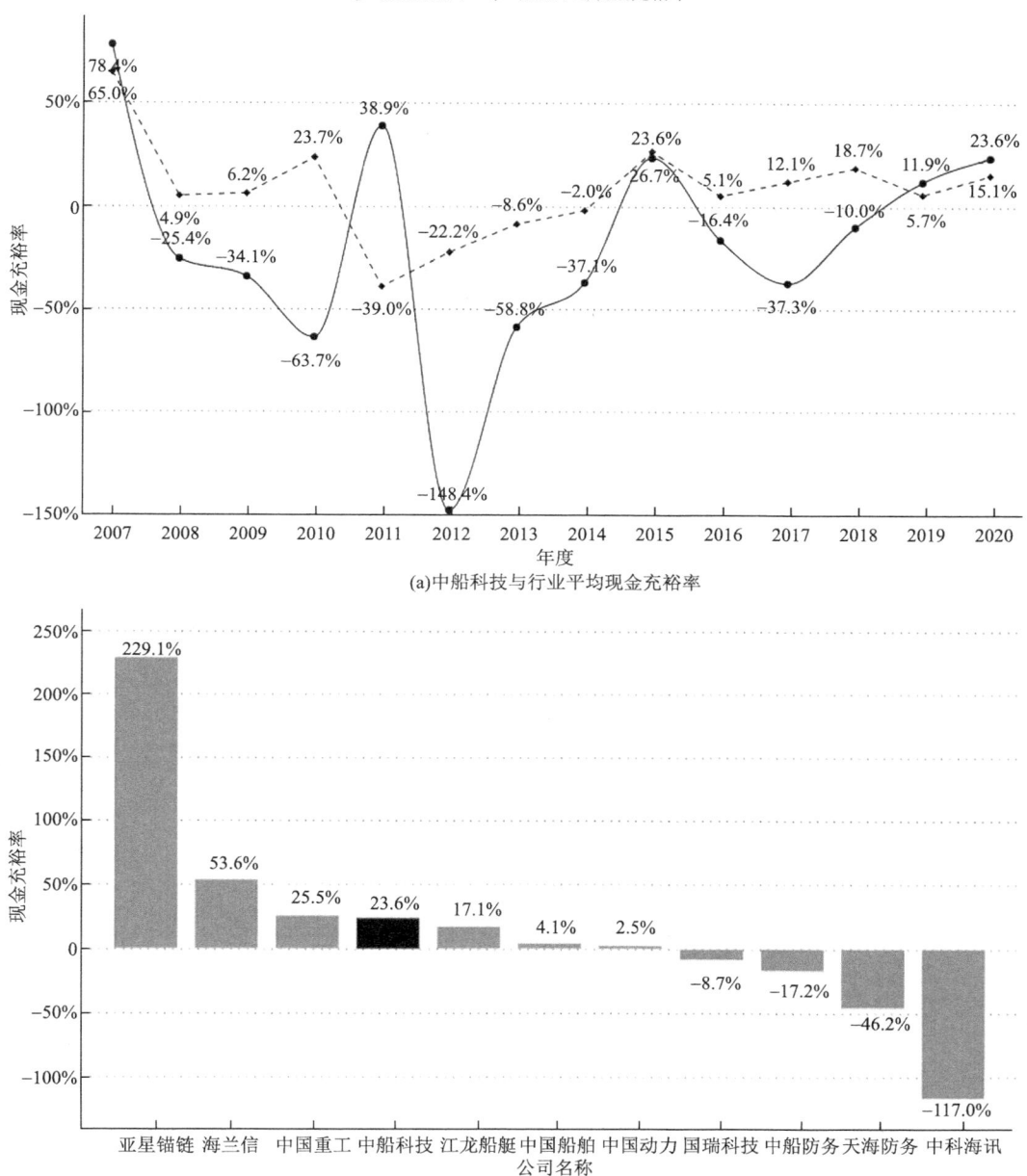

图 7-69 现金充裕率可视化结果

2. 自由现金流分析与可视化

什么是自由现金流？这是一个仁者见仁、智者见智的概念，但通常是指企业在维持现有产能和发放现金股利后可以自由支配的经营活动现金流。其在数量上等于经营活动产生的现金流量净额扣除购置固定资产、无形资产以及其他长期资产支付的现金和分配股利、利润或偿付利息所支付的现金后的余额。图 7-70 显示，行业平均自由现金流比率相对比较稳定，但在多数年份为负。这表明，船舶制造业公司的经营活动所创造的现金流不仅不能维持现有产能以及向股东发放股利，而且需要从外部融入资金来弥补经营活动所形成的亏空。相较于行业平均，中船科技的自由现金流比率虽然波动较大，但自 2016 年开始呈现逐渐改善的趋势。2020 年不仅扭转了自由现金流比率为负的态势，而且还有较大剩余，自由现金流金额高达 37 616 万元，自由现金流与营业收入的比值也升至 20%。自由现金流金额在 11 家上市公司中排名第 2，自由现金流与营业收入的比值排名第 1。

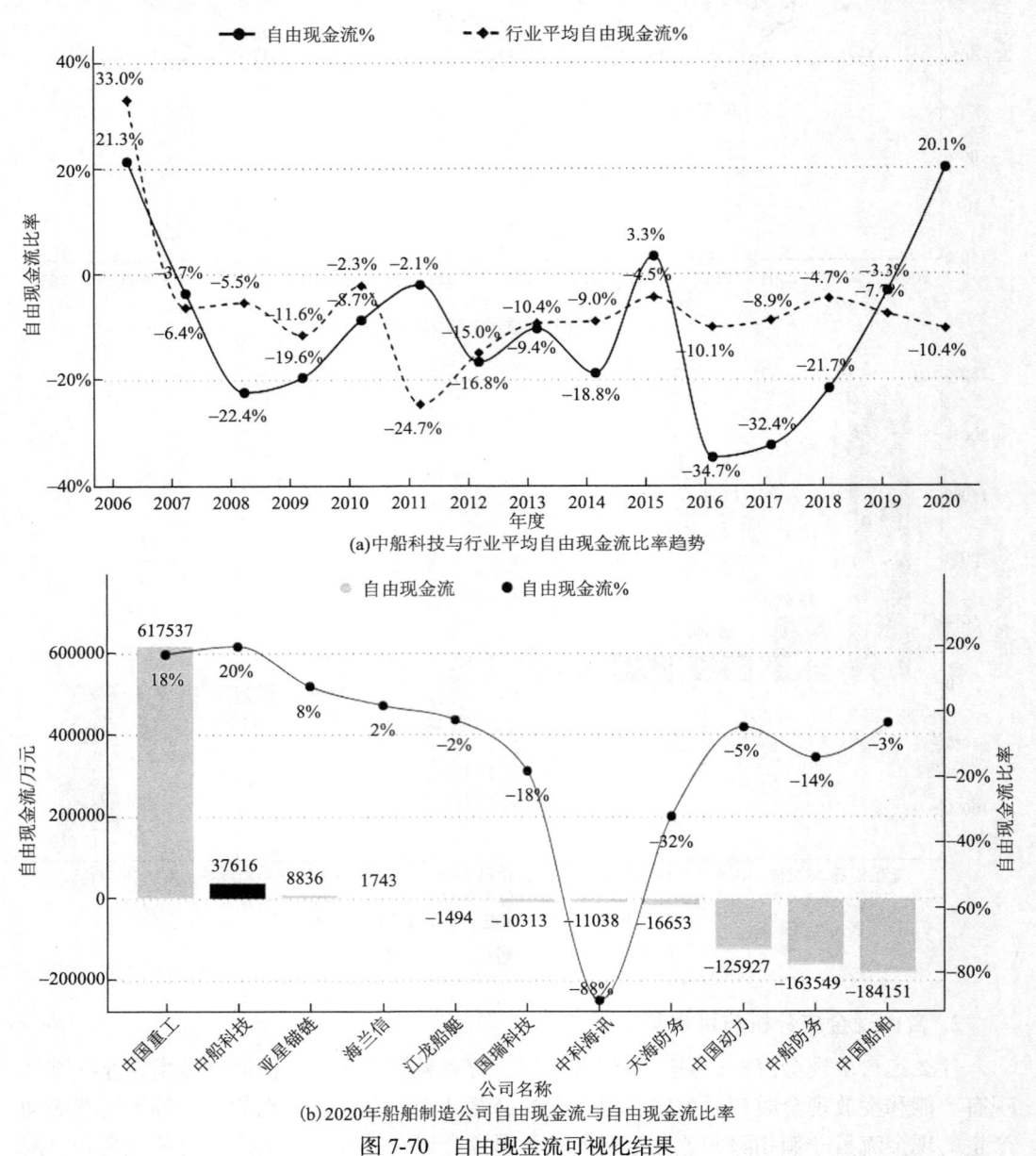

(a) 中船科技与行业平均自由现金流比率趋势

(b) 2020 年船舶制造公司自由现金流与自由现金流比率

图 7-70 自由现金流可视化结果

第六节 综合评价

1903 年,杜邦公司利用主要财务指标之间的内在联系对净资产收益率进行了分解,构造了著名的杜邦分析体系。杜邦分析体系先将净资产收益率分解为权益乘数和总资产收益率,随后将总资产收益率进一步分解为总资产周转率和营业收入净利率,最终使得净资产收益率被分解为营业收入净利率、总资产周转率和权益乘数三个驱动因素。营业收入净利率衡量的是企业的盈利能力,代表的是企业生产的产品或提供的劳务赚不赚钱,赚的钱多还是少。总资产周转率衡量的是企业的营运能力,代表的是企业生产的产品或提供的劳务卖得快不快,资产周转的速度和运用效率高不高。将营业收入净利率和总资产周转率相结合可以反映企业所采取的经营战略。如果企业对其生产的产品或提供的劳务实施的是"薄利多销",说明企业实施的是成本领先战略。如果企业宁可少卖产品或劳务也要追求高利润,说明企业实施的是差异化战略。权益乘数与资产负债率密切相关,资产负债率越高,权益乘数越大。因此,权益乘数衡量的是企业的偿债能力和财务政策。可见,杜邦分析体系不仅综合了资产负债表和利润表中的相关项目,而且能够反映企业的盈利能力、营运能力和偿债能力,也能够体现企业的经营战略和财务政策。因此,杜邦分析体系可用于对企业的财务状况和经营成果进行综合系统的分析与评价。

一、杜邦分析体系

(一)杜邦分析结构表及度量值

1. 创建杜邦分析结构表

创建杜邦分析体系度量值之前,需要在 Excel 中创建杜邦分析体系结构表(图 7-71),并导入 Power BI 中。

	A	B	C	D
1	项目	杜邦分析_一级	杜邦分析_二级	杜邦分析_三级
2	净资产收益率	总资产收益率	净利润率	毛利率
3	净资产收益率	总资产收益率	净利润率	销售费用率
4	净资产收益率	总资产收益率	净利润率	管理费用率
5	净资产收益率	总资产收益率	净利润率	财务费用率
6	净资产收益率	总资产收益率	净利润率	研发费用率
7	净资产收益率	总资产收益率	总资产周转率	资产总额
8	净资产收益率	总资产收益率	总资产周转率	营业收入
9	净资产收益率	权益乘数	资产总额	
10	净资产收益率	权益乘数	净资产	

图 7-71 杜邦分析体系结构表

2. 创建杜邦分析净资产收益率度量值

依据图 7-71 创建的杜邦分析体系结构表,以及已创建的相关度量值,创建"杜邦分析净资产收益率"度量值,其计算公式见表 7-22[①]。

[①] 源自采悟公众号,网页地址:https://zhuanlan.zhihu.com/p/183945663。作者根据本书内容略作修改。

表 7-22　"杜邦分析净资产收益率"度量值计算公式

```
杜邦分析净资产收益率=
SWITCH(TRUE(),
    SELECTEDVALUE('净资产收益率_杜邦分析'[杜邦分析_一级])="权益乘数",
        SWITCH(TRUE(),
            SELECTEDVALUE('净资产收益率_杜邦分析'[杜邦分析_二级])="资产总额", [平均总资产],
            SELECTEDVALUE('净资产收益率_杜邦分析'[杜邦分析_二级])="净资产", [平均净资产],
            [权益乘数]
        ),
    SELECTEDVALUE('净资产收益率_杜邦分析'[杜邦分析_一级])="总资产收益率",
        SWITCH(TRUE(),
            SELECTEDVALUE('净资产收益率_杜邦分析'[杜邦分析_二级])="净利润率",
                SWITCH(TRUE(),
                    SELECTEDVALUE('净资产收益率_杜邦分析'[杜邦分析_三级])="毛利率", [毛利%],
                    SELECTEDVALUE('净资产收益率_杜邦分析'[杜邦分析_三级])="销售费用率", [销售费用%],
                    SELECTEDVALUE('净资产收益率_杜邦分析'[杜邦分析_三级])="管理费用率", [管理费用%],
                    SELECTEDVALUE('净资产收益率_杜邦分析'[杜邦分析_三级])="财务费用率", [财务费用%],
                    SELECTEDVALUE('净资产收益率_杜邦分析'[杜邦分析_三级])="研发费用率", [研发费用%],
                    SELECTEDVALUE('净资产收益率_杜邦分析'[杜邦分析_三级])="核心利润率", [核心利润%],
                    SELECTEDVALUE('净资产收益率_杜邦分析'[杜邦分析_三级])="非核心利润率", [非核心利润%],
                    [净利润率]
                ),
            SELECTEDVALUE('净资产收益率_杜邦分析'[杜邦分析_二级])="总资产周转率",
                SWITCH(TRUE(),
                    SELECTEDVALUE('净资产收益率_杜邦分析'[杜邦分析_三级])="资产总额", [平均总资产],
                    SELECTEDVALUE('净资产收益率_杜邦分析'[杜邦分析_三级])="营业收入", [营业收入],
                    [总资产周转率]
                ),
            [总资产收益率]
        ),
    [净资产收益率]
)
```

（二）杜邦分析体系可视化

1. 杜邦分析体系可视化步骤

图 7-72 展示了杜邦分析体系可视化过程。首先在"可视化"中点击分解树图标。其次将创建的"杜邦分析净资产收益率"度量值拖至"分析"框中，双击框中的名称，重命名为"净资产收益率"。再次将图 7-71 创建的杜邦分析体系结构表中的三个指标依次拖至"解释依据"框中，并双击重命名为"一级"、"二级"和"三级"。最后在"格式"中进行相应的修改即可完成杜邦分析体系的可视化。

(a)　　　　　　　　　(b)　　　　　　　　　(c)

图 7-72　杜邦分析体系可视化过程

2. 杜邦分析可视化结果

图 7-73 展示了中船科技 2020 年的净资产收益率的杜邦分析体系。不难看出，中船科技 2020 年 3.4%的净资产收益率主要源自 221.2%的权益乘数和 1.5%的总资产收益率。权益乘数是资产总额与所有者权益总额的比值[①]。企业的资产负债率越高，权益乘数越大，净资产收益率越高。总资产收益率是净利润与平均资产总额的比值，用于考察企业运用全部资产获取收益的能力。总资产收益率越高，说明企业为股东和债权人创造收益的能力越强。中船科技 2020 年 1.5%的总资产收益率源自 20.5%的总资产周转率和 7.4%的净利润率。净利润率主要源自毛利率，是毛利率加计其他收益率及扣除相关费用率后的余额。

杜邦分析体系有什么作用？其实，它告诉我们的不仅是净资产收益率如何分解成其他财务指标以及各项财务指标之间的内在联系，其更重要的作用是告诉了我们提升净资产收益率的方法。观察杜邦分析体系，不难发现，企业想提升净资产收益率，无非就是三种途径，要么提高资产负债率，要么提高企业的净利润率，要么提高总资产周转率，企业应当根据自己的实际情况选择适合自己的策略，更要注意每一种策略背后所隐含的风险或者内在冲突。例如，提高资产负债率，虽然能够通过提高权益乘数的方式提高净资产收益率，但也会为企业带来较高的财务风险和破产风险。提高总资产周转率和净利润率虽然都能提高净资产收益率，但两者之间可能存在着一定程度上的内在冲突，想获取高效益可能要牺牲一些效率，想获取高效率可能要牺牲一些效益，效益和效率有时是难以同时实现的。

（三）杜邦分析体系下的横纵向可视化比较

图 7-73 展示的是 2020 年中船科技杜邦分析体系的可视化结果。该图虽然比较完美

---

① 权益乘数=资产总额/净资产=资产总额/(资产总额−负债总额)=资产总额/[资产总额(1−资产负债率)]=1/(1−资产负债率)。

地展示了中船科技 2020 年的净资产收益率及其驱动因素的相关情况,但是还不能反映出净资产收益率及其驱动因素的发展变化情况,也不能反映出与同行公司之间的相对表现。因此,还需要对中船科技的杜邦分析体系进行横向和纵向的比较分析。

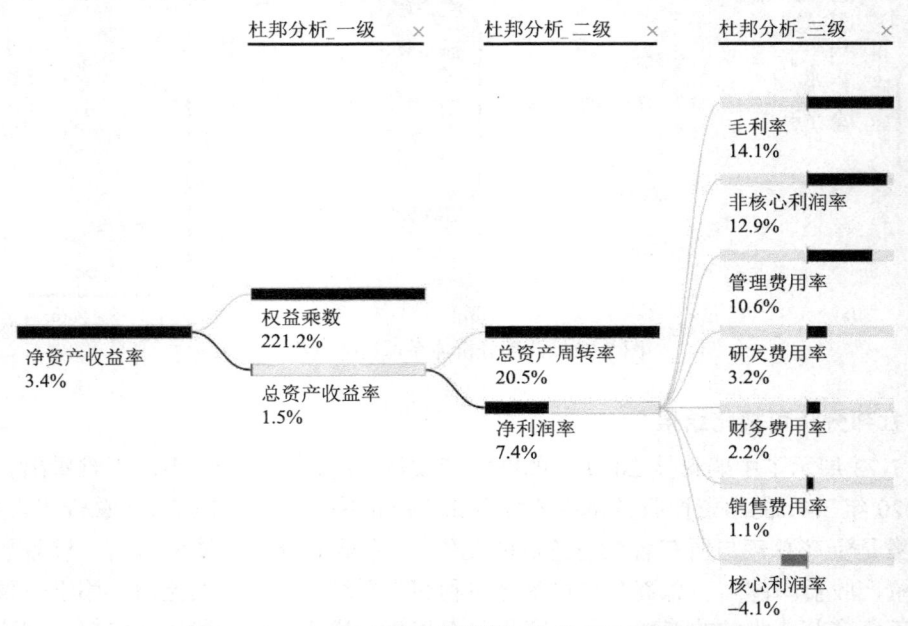

```
杜邦分析_一级 ×    杜邦分析_二级 ×    杜邦分析_三级 ×
```

净资产收益率 3.4%
权益乘数 221.2%
总资产收益率 1.5%
总资产周转率 20.5%
净利润率 7.4%
毛利率 14.1%
非核心利润率 12.9%
管理费用率 10.6%
研发费用率 3.2%
财务费用率 2.2%
销售费用率 1.1%
核心利润率 -4.1%

图 7-73　2020 年中船科技净资产收益率杜邦分析体系

图 7-74 展示了中船科技净资产收益率的横向纵向比较分析结果。总体而言,中船科技净资产收益率只有两年超越了行业平均水平,其他年份都低于行业平均水平,这可能意味着,中船科技为股东创造收益的能力弱于同行业其他企业的平均水平。近几年,中船科技与行业平均净资产收益率相差不大,而且都呈现上涨趋势。2020 年,行业平均净资产收益率为 4.8%,中船科技净资产收益率为 3.4%,行业平均净资产收益率比中船科技净资产收益率高出 1.4 个百分点。

图 7-75、图 7-76 和图 7-77 分别展示了中船科技与行业平均的净利润率、总资产周转率和权益乘数。不难发现,中船科技的净利润率只有两年高于行业平均水平。这表明,整体而言,中船科技的盈利能力弱于行业平均水平。中船科技的总资产周转率与行业平均水平相差不多,且呈现相互交替状态。2020 年,中船科技的总资产周转率为 0.21,与 0.34 的行业平均总资产周转率存在一定距离,这意味着中船科技的资产运营效率也弱于行业平均水平。自 2016 年战略转型之后,中船科技的权益乘数一直高于行业平均水平。换句话说,中船科技的资产负债率自 2016 年以来一直高于行业平均水平。这意味着中船科技自 2016 年开始采取的以债务融资为主的财务政策,虽然提高了净资产收益率,也缓解了一定程度的资金紧张,但也会提高企业的融资成本,给企业带来相对较高的财务风险。从 2018 年至 2020 年权益乘数的下降趋势来看,中船科技管理层显然注意到了较高的资产负债率可能带来的财务风险,因而实施了"去杠杆"政策。

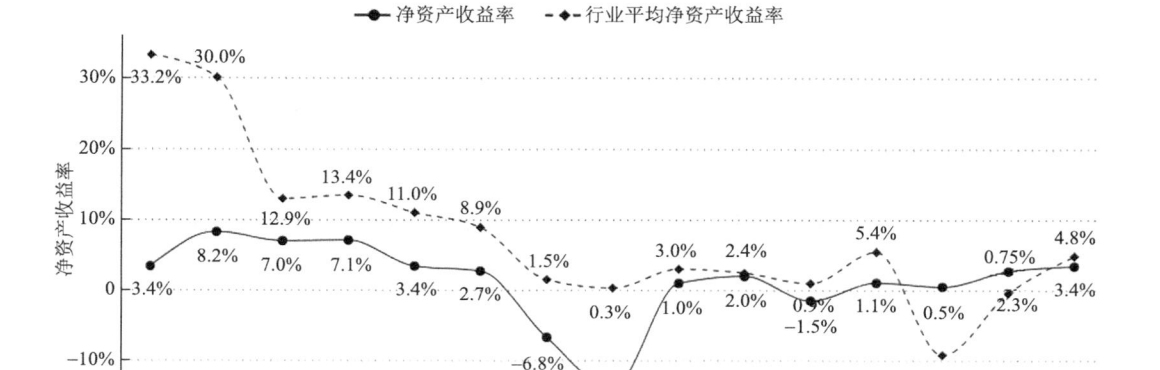

图 7-74　2006—2020 年中船科技与行业平均净资产收益率

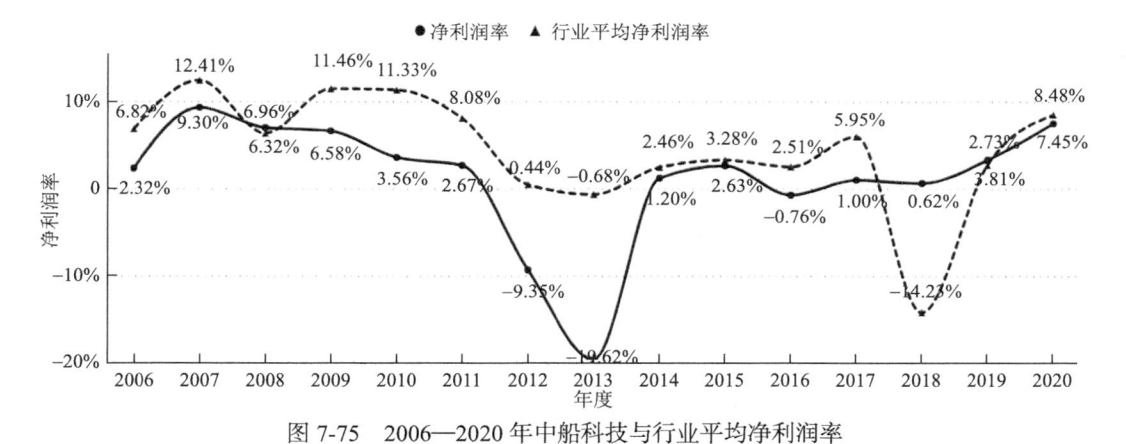

图 7-75　2006—2020 年中船科技与行业平均净利润率

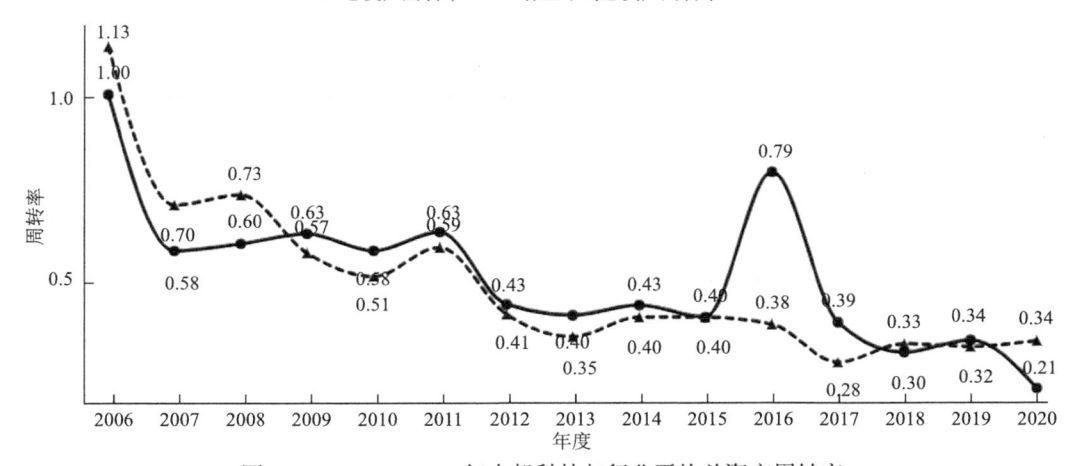

图 7-76　2006—2020 年中船科技与行业平均总资产周转率

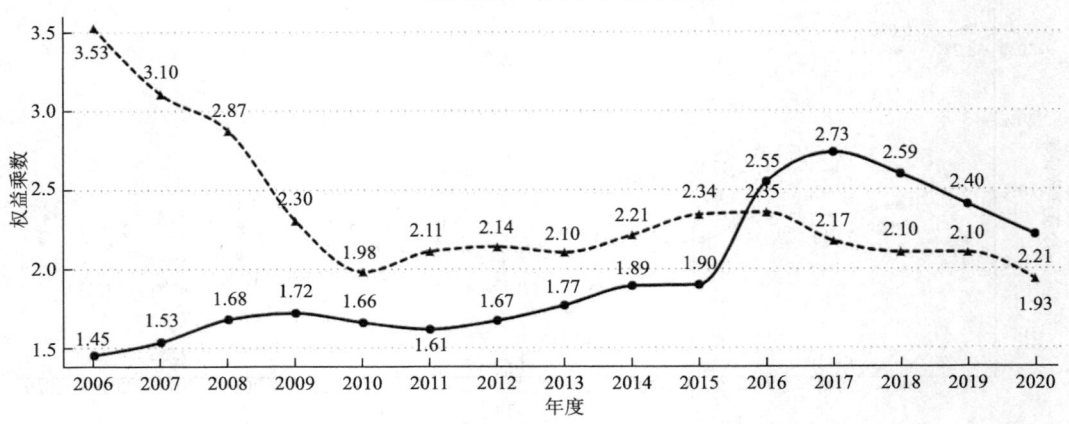

图 7-77 2006—2020 年中船科技与行业平均权益乘数

二、主要财务指标雷达图可视化分析

图 7-78 为 11 家船舶制造业上市公司 2020 年主要财务指标雷达图。该图需要从 Power BI 官网中获取视觉对象文件"Radar Chart by MAQ Software"。获取并导入该视觉对象文件后,将"公司代码"图表文件中的"公司名称"拖至"Category"框中,将主要财务指标拖至"Values"框中,然后在"格式"中进行颜色、图例、标题、背景等相关设置后,即可实现图 7-78 的可视化结果。图 7-78(a)显示 2020 年 11 家船舶制造业上市公司的整体情况,圆心为各项财务指标当年最小值,圆边界为各项财务指标当年最大值。点击右侧图例中的公司名称,如点击"中船科技",即可获得图 7-78(b)的展示效果。图 7-78(b)清晰地展示了中船科技各项财务指标在 2020 年 11 家船舶制造业上市公司中所处的位置。可以看出,2020 年,中船科技的净资产收益率、毛利率偏低、核心利润率处于中下游水平,这表明中船科技当年的盈利能力较弱,尤其是主业的盈利能力更弱。中船科技的营业收入增长率偏低,这表明公司当年的销售表现相对于同受疫情影响的其他公司而言较差。中船科技的总资产周转率、固定资产周转率、存货周转率偏低,应收款项周转率更低,这表明公司当年的资产运用效率与同业其他公司相比较弱。中船科技的资产负债率偏高,流动比率和速动比率偏低,这表明公司当年的长期和短期偿债能力较弱,具有较高的财务风险。中船科技的自由现金流比率的表现可圈可点,在船舶制造业 11 家上市公司中名列第 1,这表明 2020 年中船科技主业获取现金的能力最好,获取的现金流不仅能够满足固定资产等长期资产更新改造和发放现金股利的需求,还有部分剩余,可用于清偿债务,降低企业的财务风险。但由于企业的资产负债率偏高,导致主业获取的现金流只能清偿少部分债务,并使得中船科技的现金充裕率在船舶制造业上市公司中处于偏低状态。如果想了解其他年度各项财务指标的横向比较结果,可以点击"年度"切片器的"年度"按钮。

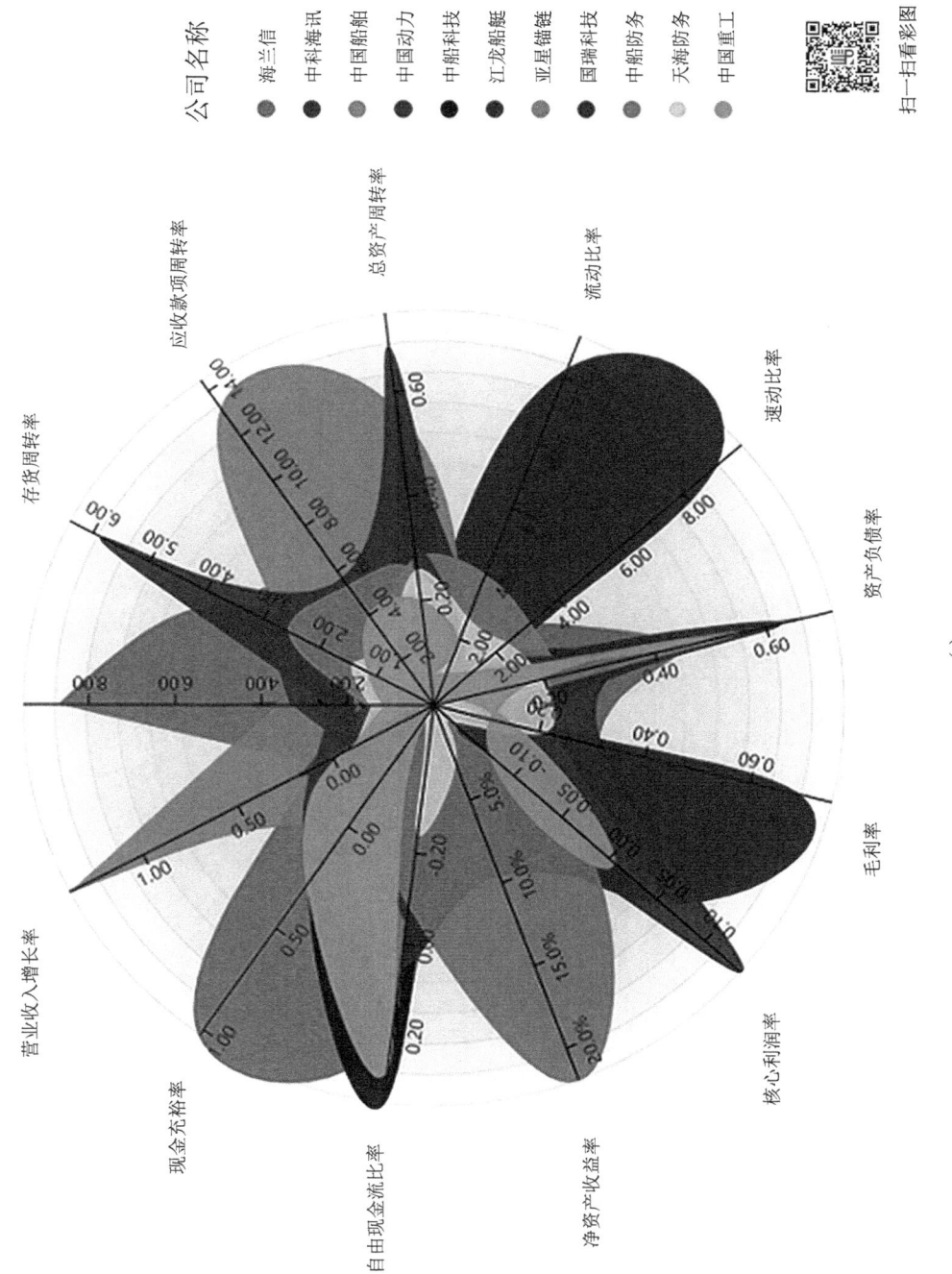

(a)

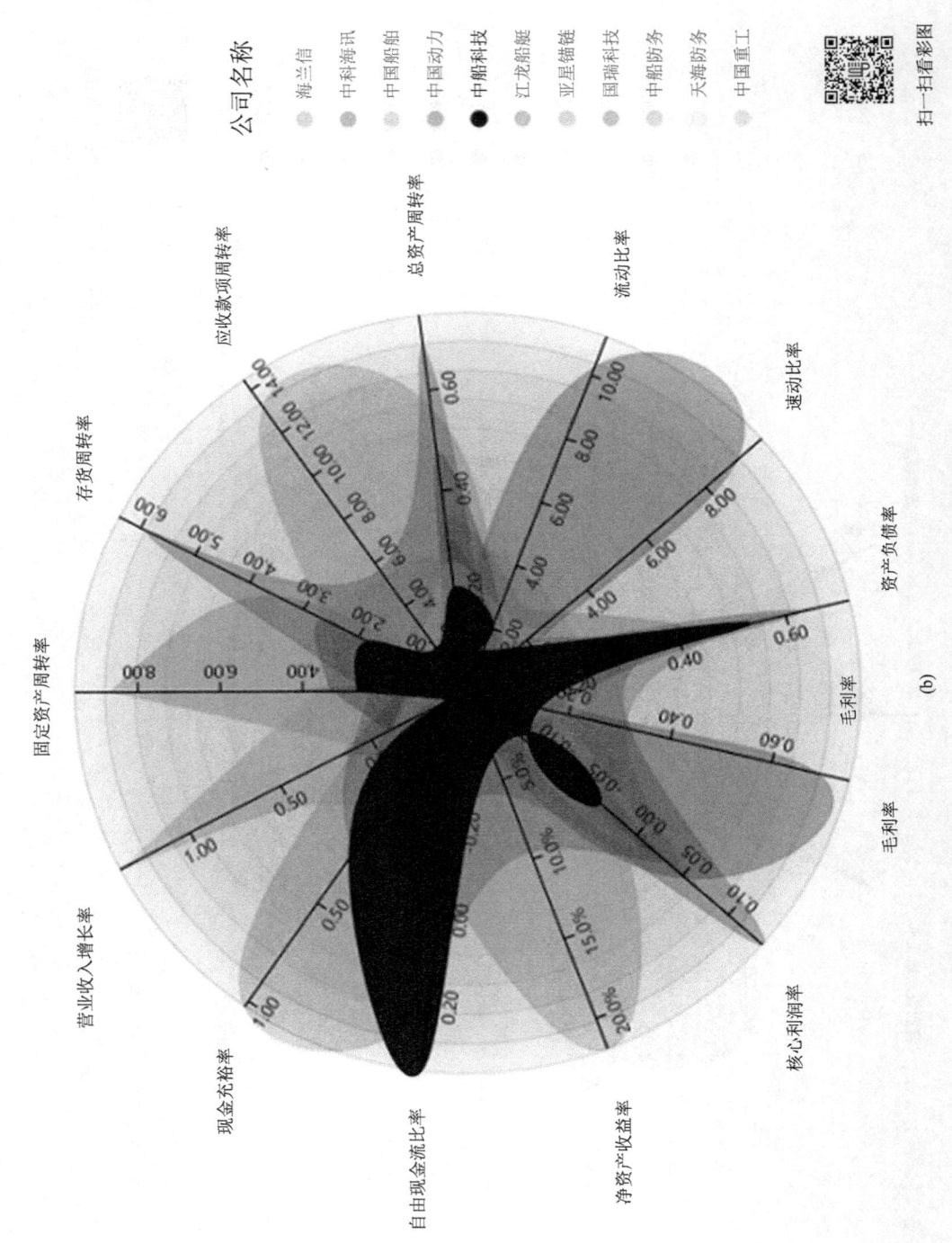

图7-78 11家船舶制造业上市公司2020年主要财务指标雷达图
(b)

本 章 要 点

本章选取中国船舶制造业上市公司的真实案例，以其年度报告等公开数据为基础，阐释了运用商务智能分析技术对上市公司进行商务智能动态分析的过程。通过本章的学习，应当理解和掌握将商务智能分析技术与哈佛财务分析框架有机融合在一起，对上市公司进行商务智能动态分析的方法和过程，掌握对上市公司的经营战略、投资战略、融资战略、运营效益和综合评价进行商务智能动态分析与可视化的方法与流程。

本章主要知识点如下。

（1）哈佛财务分析框架中战略分析的宏观数据与行业数据源自行业协会官网或者行业的统计年鉴，公司业务范围数据源自财经网站中的"公司资料"。战略分析及可视化需要依据母公司资产负债表和合并资产负债表的资产结构等数据，创建相关度量值，依据可视化结果，判定上市公司战略属于经营主导型还是属于投资主导型。

（2）基于战略视角，在区分企业战略类型的基础上，采用商务智能分析技术（Power BI），按照经营战略、投资战略、融资战略、运营效益和综合评价五个维度对上市公司进行动态智能的财务分析。

（3）上市公司经营战略的商务智能分析与可视化需要创建经营性资产相关度量值，从资产的整体规模、应收项目、存货、固定资产、无形资产和货币资金等维度进行商务智能动态分析与可视化。

（4）上市公司投资战略的商务智能分析与可视化可细分为控制性投资分析与可视化和金融性投资分析与可视化。控制性投资分析与可视化主要以长期股权投资为主。控制性投资分析主要对控制性投资规模结构、控制性投资扩张性效应、控制性投资效益和控制性投资现金流进行商务智能分析与可视化。

（5）上市公司融资战略的商务智能分析与可视化主要从企业的融资结构和融资风险两个方面展开。融资结构分析包括资本结构、债务结构、所有者权益结构分析与可视化。融资风险分析包括企业短期债务的偿还能力分析和长期债务偿还能力的分析。

（6）上市公司运营效益的商务智能分析与可视化主要通过盈利能力与盈利质量两个角度进行。企业盈利能力的分析主要通过营业收入、毛利率、期间费用、核心利润、净资产收益率等指标展开。盈利质量的分析主要包括营业收入含金量分析、营业成本付现率分析、净利润含金量分析和核心利润质量分析等。

（7）上市公司综合评价的商务智能分析与可视化主要通过杜邦分析体系可视化与主要财务指标雷达图可视化分析实现。

复习思考题

1. 如何实现哈佛财务分析框架中的战略分析可视化？

2. 哈佛财务分析框架中的财务分析应当从哪几个维度进行？每一个维度又可以细分为哪几个方面？
3. 如何实现经营战略分析的可视化？需要创建哪些度量值？
4. 如何实现投资战略分析的可视化？需要创建哪些度量值？
5. 如何实现融资战略分析的可视化？需要创建哪些度量值？
6. 如何实现运营效益分析的可视化？需要创建哪些度量值？
7. 如何实现综合评价分析的可视化？需要创建哪些度量值？

练 习 题

基于第六章选取的上市公司及其所属行业，对该公司的战略进行可视化分析，在判定公司战略的基础上，对该公司的经营战略、投资战略、融资战略、运营效益和综合评价进行商务智能动态分析及可视化，完成该公司的商务智能财务分析报告。

【案例分析】守正创新：小米与格力的"十亿赌约"

案例导引：2013年12月12日，在中央电视台财经频道主办的第十四届中国经济年度人物颁奖盛典上，中国互联网领袖小米集团董事长兼首席执行官雷军与中国制造业"铁娘子"格力电器董事长董明珠达成了一项惊天大赌约：如果小米集团的营业收入在5年之内超越格力电器，董明珠赔付雷军一元钱。董明珠霸气回应称：要赌就赌十个亿。

本案例主要介绍格力电器和小米集团"十亿赌约"后的经营发展状况和发展变化趋势。通过对本案例的学习，深刻认识守正和创新才是企业及个人高质量发展的秘诀。

用我五年烟火，换你十亿赌约

五年后，赌约到期，究竟是谁赢了这个赌约呢？

图7-79列示了格力电器和小米集团2014—2021年各年的营业收入以及2周期移动平均趋势线。不难看出，2014—2018年，格力电器的营业收入呈现先降后升的趋势，由2014年的1400亿元升至2018年的2000亿元，年均增长率为9.33%。小米集团也略呈先降后升的趋势，由2014年的743亿元升至2018年的1749亿元，年均增长率为23.87%。截至2018年，小米集团的营业收入仍未超过格力电器，未赢得赌约。但是，小米集团营业收入的增长速度明显高于格力电器，并于赌约结束1年后的2019年反超格力电器，并且逐渐拉开与格力电器的差距。2021年，小米集团的营业收入为3286亿元，为格力电器同年营业收入的1.73倍，而在2014年，格力电器的营业收入是小米集团的1.88倍。

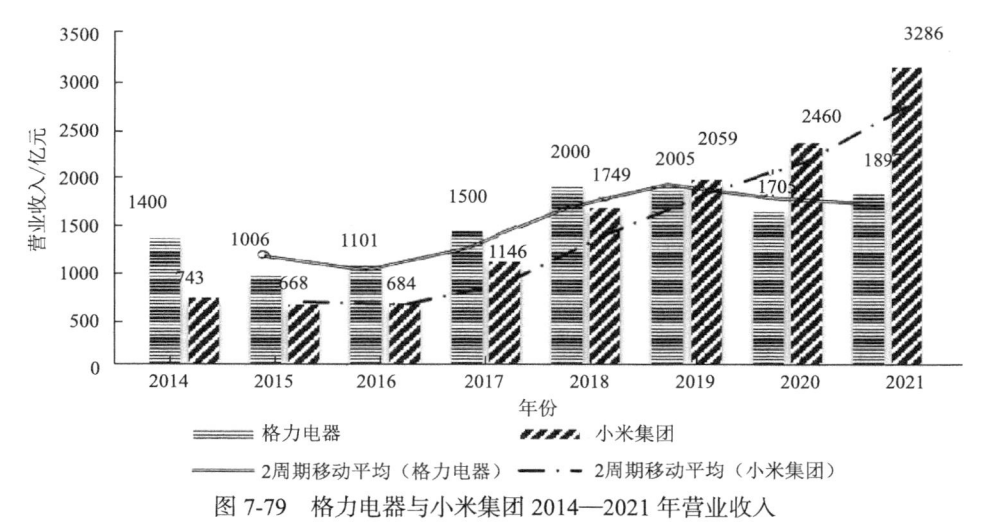

图 7-79 格力电器与小米集团 2014—2021 年营业收入

数据来源：Wind 数据库

满眼生机转化钧，天工人巧日争新

图 7-80 报告了格力电器和小米集团 2015—2021 年的研发支出。格力电器的研发支出比较稳定，每年研发支出在 60 亿元上下波动，而小米集团的研发支出则呈现明显的逐年上升趋势，由 2015 年的 15 亿元升至 2021 年的 132 亿元，年均增长率高达 43.69%。2021 年小米集团的研发支出为格力电器研发支出的 2.1 倍。

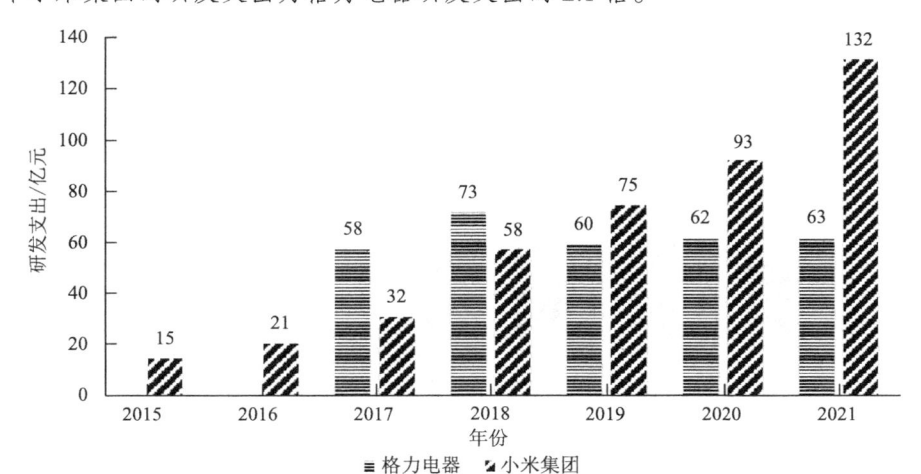

图 7-80 格力电器与小米集团 2015—2021 年研发支出

数据来源：Wind 数据库

图 7-81 和图 7-82 列示了格力电器与小米集团 2015—2021 年的营业收入构成情况。可以看出，格力电器的主业是空调，而小米集团的主业是智能手机。格力电器是传统制造业企业，小米集团是新兴互联网企业。虽然在主业上，两家公司并不相同，但两家公司都开始或已经布局物联网（internet of things，IoT）领域，格力电器开始培育智能交互、智能连接、智能云平台等业务。小米集团早已布局 IoT 与生活消费产品和

互联网服务，持续不断地大幅提高研发费用，已经成为"AI+IoT"领域的领军者，这使得小米集团的营业收入持续高速增长，最终一举超越格力电器，并逐渐拉开了与格力电器之间的差距。

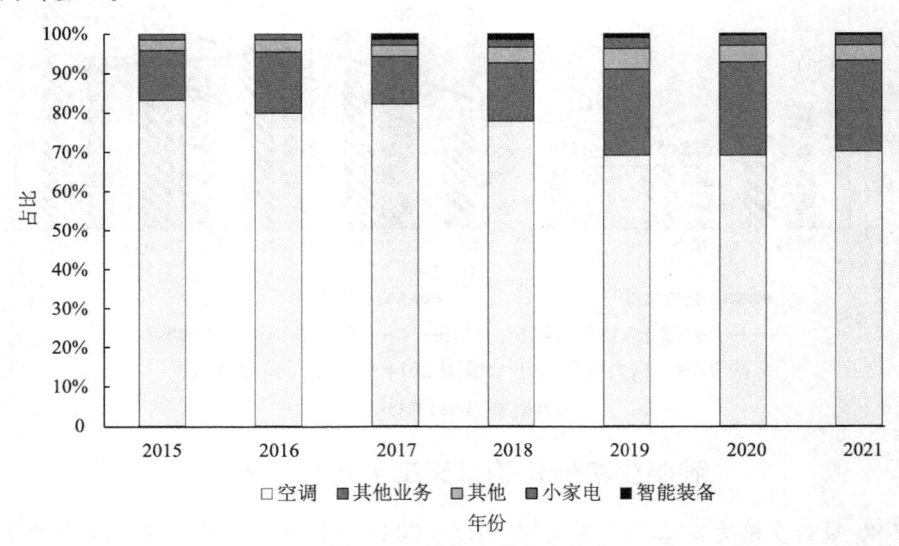

图 7-81 格力电器收入构成

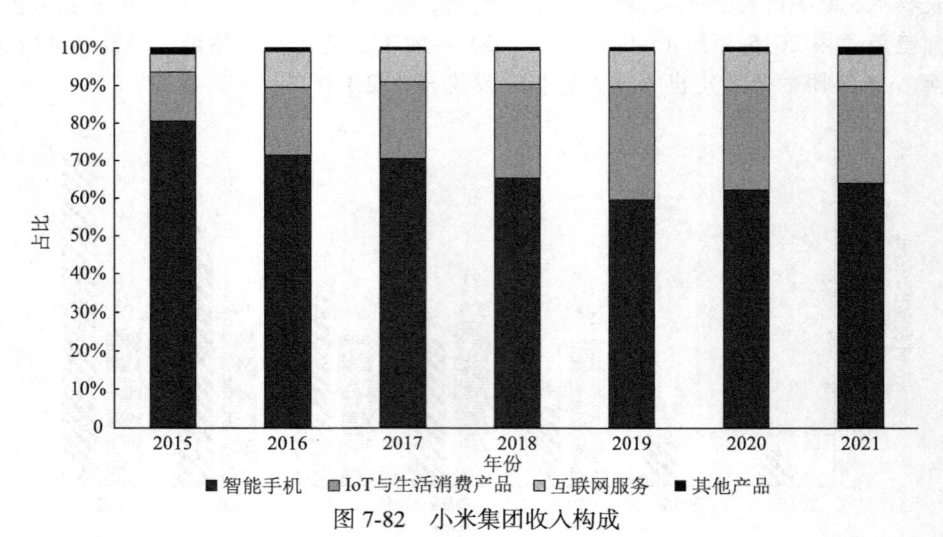

图 7-82 小米集团收入构成

参 考 文 献

柏拉图. 1986. 理想国[M]. 郭斌和, 张竹明, 译. 北京: 商务印书馆.
波特 M E. 2005. 竞争战略[M]. 陈小悦, 译. 北京: 华夏出版社.
财政部会计司编写组. 2018. 《企业会计准则第 22 号——金融工具确认和计量》应用指南[M]. 北京: 中国财政经济出版社.
陈汉亭. 2010. 新编会计学原理[M]. 广州: 暨南大学出版社.
崔智敏, 陈爱玲. 2010. 会计学基础[M]. 3 版. 北京: 中国人民大学出版社.
胡永胜. 2021. Power BI 商业数据分析[M]. 北京: 人民邮电出版社.
黄世忠. 2007a. 财务报表分析: 理论·框架·方法与案例[M]. 北京: 中国财政经济出版社.
黄世忠. 2007b. 财务报表分析的逻辑框架: 基于微软和三大汽车公司的案例分析[J]. 财务与会计, (10): 14-19.
贾宁. 2020. 贾宁财务讲义: 人人都需要的财务思维[M]. 北京: 中信出版集团.
姜国华. 2008. 财务报表分析与证券投资[M]. 北京: 北京大学出版社.
卡尼曼 D. 2012. 思考, 快与慢[M]. 胡晓姣, 李爱民, 何梦莹, 译. 北京: 中信出版社.
李瑛玫, 李潭. 2017. 会计学原理习题与实训[M]. 哈尔滨: 哈尔滨工业大学出版社.
列夫 B, 谷 F. 2018. 会计的没落与复兴[M]. 方军雄, 译. 北京: 北京大学出版社.
刘梅玲, 黄虎, 佟成生, 等. 2020. 智能财务的基本框架与建设思路研究[J]. 会计研究, (3): 179-192.
刘勤, 杨寅. 2018. 智能财务的体系架构、实现路径和应用趋势探讨[J]. 管理会计研究, (1): 84-90, 96.
马世权. 2018. 从 Excel 到 Power BI: 商务智能数据分析[M]. 北京: 电子工业出版社.
马世权. 2020a. 利用 Power BI 分析上市公司财务数据（一）[EB/OL]. https://zhuanlan.zhihu.com/p/125689170[2020-04-05].
马世权. 2020b. 如何用 Power BI 自定义函数批量爬取财务报表[EB/OL]. https://zhuanlan.zhihu.com/p/125731056[2020-04-05].
王莉华, 李士涛. 2011. 基础会计学[M]. 北京: 清华大学出版社.
肖星. 2020. 肖星的财务思维课[M]. 北京: 机械工业出版社.
肖振红, 李瑛玫. 2016. 会计学原理[M]. 哈尔滨: 哈尔滨工业大学出版社.
张新民. 2021. 从报表看企业: 数字背后的秘密[M]. 4 版. 北京: 中国人民大学出版社.
中国注册会计师协会. 2021. 会计[M]. 北京: 中国财政经济出版社.
朱小平, 秦玉熙, 袁蓉丽. 2021. 基础会计（原初级会计学）[M]. 11 版. 北京: 中国人民大学出版社.
Beaver W. 1966. Financial ratios as predictors of failure[J]. Journal of Accounting Research, 4: 71-111.
Dokhanchi A, Nazemi E. 2015. BISC: a framework for aligning business intelligence with corporate strategies based on enterprise architecture framework[J]. International Journal of Enterprise Information Systems, 11(2): 90-106.
Luhn H P. 1958. A business intelligence system[J]. IBM Journal of Research and Development, 2(4): 314-319.
Myers S C, Majluf N S. 1984. Corporate financing and investment decisions when firms have information that investors do not have[J]. Journal of Financial Economics, 13(2): 187-221.
Penman S H. 2013. Financial Statement Analysis and Security Valuation[M]. 5th ed. New York: McGraw-Hill Education.
Power D J. 2007. A brief history of decision support systems[EB/OL]. http://www.dssresources.com/history/dsshistory.html[2022-05-01].